Werner Glanz

Das große Isar Outdoor-Buch

Erlebnisreiche Wander- und Radtouren zwischen Karwendel und Deggendorf

J. BERG

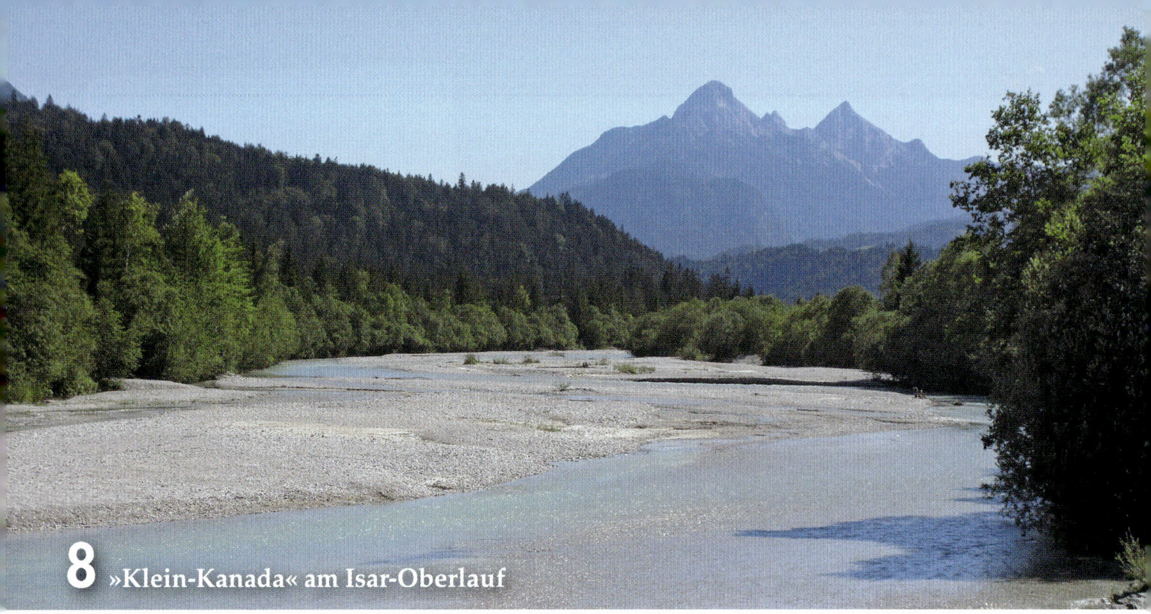

8 »Klein-Kanada« am Isar-Oberlauf

Inhalt

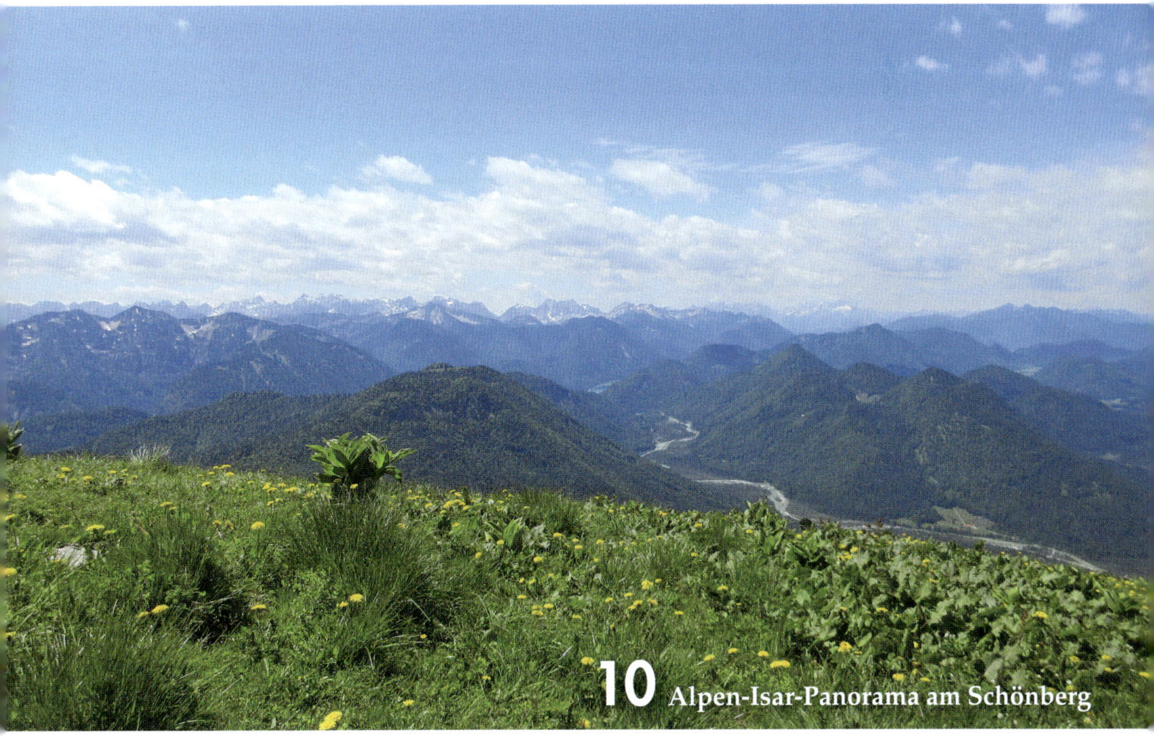

10 Alpen-Isar-Panorama am Schönberg

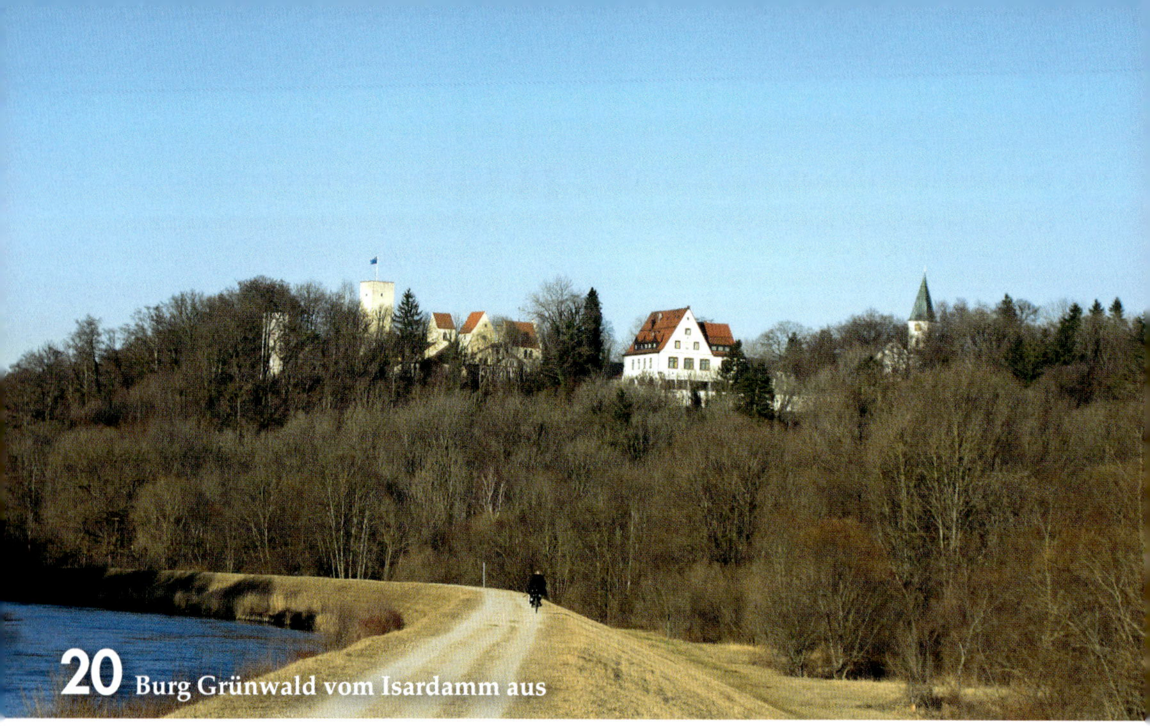

20 Burg Grünwald vom Isardamm aus

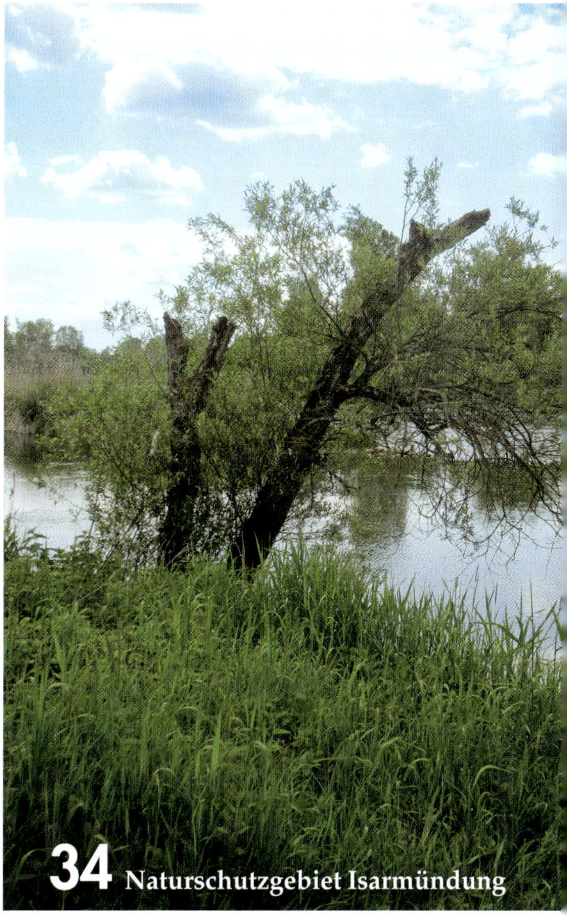

34 Naturschutzgebiet Isarmündung

Tourenüberblick

Tour		km		Hm							
1	Zum Isarursprung und auf den Halleranger	11,0 km	42,0 km	1130/1130 Hm	6.00 Std.	•					•
2	Sunntiger und Reps	7,1 km		600/600 Hm	3.30 Std.			•			
3	Pleisenspitze	20,0 km		1600/1600 Hm	9.30 Std.	•		•			•
4	Kranzberg	11,0 km		500/500 Hm	3.00 Std.	•	•	•	•	•	•
5	Der Isar-Natur-Erlebnisweg	8,1 km		100/100 Hm	2.30 Std.	•	•	•	•		•
6	Zwischen Mittenwald und Wallgau		28,5 km	310/310 Hm	2.45 Std.	•	•			•	•
7	Krepelschrofen	5,2 km		280/280 Hm	2.00 Std.		•	•	•		•
8	Von Klais durchs wilde Isartal nach Lenggries		47,0 km	400/650 Hm	3.30 Std.	•	•	•		•	•
9	Rund um den Rauchenberg		35,0 km	600/600 Hm	4.00 Std.	•					•
10	Schönberg und Seekar	12,8 km		950/950 Hm	5.30 Std.	•					•
11	Geierstein (Geigerstein)	10,0 km		720/720 Hm	4.15 Std.						•
12	Der Zwiesel	10,2 km		600/600 Hm	3.00 Std.		•		•		
13	Sunntratn (Sonntraten)	5,3 km		400/400 Hm	2.00 Std.		•		•		•
14	Zwischen Lenggries, Gaißach und Bad Tölz		27,2 km	300/300 Hm	2.30 Std.	•	•	•		•	•
15	Die große Radelrunde im Oberen Isartal		56,0 km	500/500 Hm	4.00 Std	•		•		•	•
16	Rund um die Pupplinger Au	22,6 km		280/280 Hm	5.00 Std.	•			•	•	•
17	Von Grünwald nach Wolfratshausen	22,5 km		180/160 Hm	4.30 Std.	•		•	•	•	•
18	Von der Ludwigsbrücke nach Schäftlarn		48,8 km	500/500 Hm	3.00 Std.	•		•			•
19	Von München nach Wolfratshausen	35,6 km		430/360 Hm	8.30 Std.	•		•	•	•	•
20	Von Grünwald zur Ludwigsbrücke	13,8 km		90/150 Hm	3.00 Std.	•	•	•	•	•	•
21	Durch den Englischen Garten	11,0 km		50/50 Hm	2.15 Std.	•	•	•	•		•
22	Vom Aumeister über Garching nach Freising		51,5 km	150/200 Hm	3.30 Std.	•	•	•		•	•
23	Von Hallbergmoos nach Garching	13,2 km		60/30 Hm	3.00 Std.	•	•	•	•		•

Tour			km		Hm							
24	●	Das Erdinger Moos südlich des Flughafens		60,8 km	150/160 Hm	4.30 Std.	●	●	●		●	●
25	●	Durch das nördliche Erdinger Moos		32,0 km	80/90 Hm	2.00 Std.	●	●			●	●
26	●	Der Mittlere Isarkanal		67,0 km	200/300 Hm	5.00 Std.	●		●		●	●
27	●	Von Landshut nach Moosburg		35,5 km	190/190 Hm	2.30 Std.	●	●				●
28	●	Südlicher Landshuter Höhenwanderweg	19,5 km		290/330 Hm	5.00 Std.	●		●	●		
29	●	Landshuter Höhenwanderweg: Rundwanderweg E3	7,7 km		110/110 Hm	2.00 Std.	●	●	●	●		
30	●	Spaziergang über Landshut	11,7 km		300/270 Hm	3.00 Std.	●	●	●	●		●
31	●	Landshuter Höhenwanderweg: Rundwanderweg N3	14,0 km		250/250 Hm	3.30 Std.	●	●		●		
32	●	Rund um Landshut		31,4 km	100/100 Hm	2.30 Std.	●	●	●		●	●
33	●	Auf dem Bockerlbahn-Radweg		42,1 km	330/330 Hm	2.30 Std.	●	●			●	●
34	●	Rundfahrt an der Isarmündung		34,0 km	120/120 Hm	2.30 Std.	●	●	●			●
35	●	Durch das Naturschutzgebiet Isarmündung	20,9 km		80/70 Hm	4.00 Std.		●		●		●

Vorwort

Warum einen Isarführer?

Eine solche Frage hat sich für mich nicht gestellt, bin ich doch in der Nähe der Isar groß geworden und meine ersten Ausflüge führten oft an ihren Ufern entlang. Schon als Kind wollte ich wissen: Wo kommt der Fluss her und wo fließt er hin? Auch später war ich immer wieder an der Isar unterwegs, zu Fuß, mit dem Rad und auch auf Skiern. Ja, Anfang der 1960er-Jahre lag im Winter im Isartal noch so viel Schnee, dass man bei Icking Ski fahren konnte. Dass ein Fluss nichts Statisches ist, sondern sich ständig verändert, ist eine der Erfahrungen, die man zwangsläufig macht, wenn man an der Isar lebt. So soll dieses Buch dem interessierten Wanderer auf diesen Ausflügen (so hießen Mikroabenteuer früher) das Land an diesem wohl bayerischsten aller Flüsse näherbringen. Hierzu dienen auch die Kastentexte zu geschichtlichen, natur- und heimatkundlichen Themen.

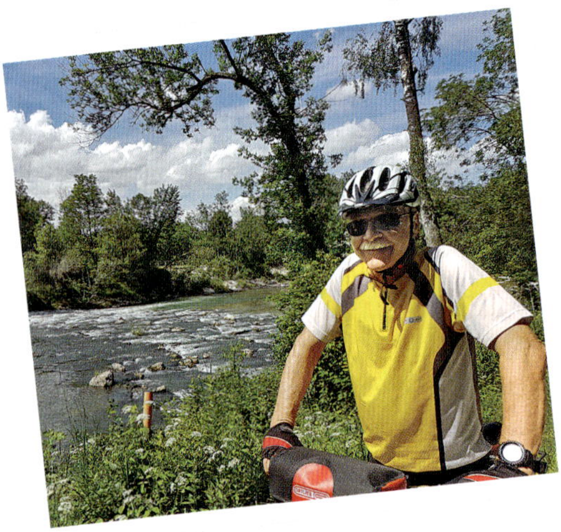

Auf Radtour an der Mittleren Isar

Rechte Seite: Gegenüber dem Kranzberg ragen die Wettersteinspitzen auf.

Und noch einen Grund möchte ich nennen, warum es für mich wichtig war, einen Tourenführer für das Gebiet der Isar zu schreiben: In letzter Zeit kam es immer häufiger zu Konflikten zwischen den Menschen der Metropolregion München und den Bewohnern der südlichen Landkreise. Dieses Buch soll auch den Ausflüglern zeigen, dass man nicht nur im Süden der Landeshauptstadt seine Freizeit verbringen kann. Vielleicht kann es so dazu beitragen, dass sich die Situation wieder ein bisserl entspannt. Und dass auch die weniger bekannten Schönheiten des Hügellandes im Mittleren und Unteren Isartal einer größeren Zahl von Wanderern, Radfahrern und Naturfreunden nähergebracht werden.

Werner Glanz

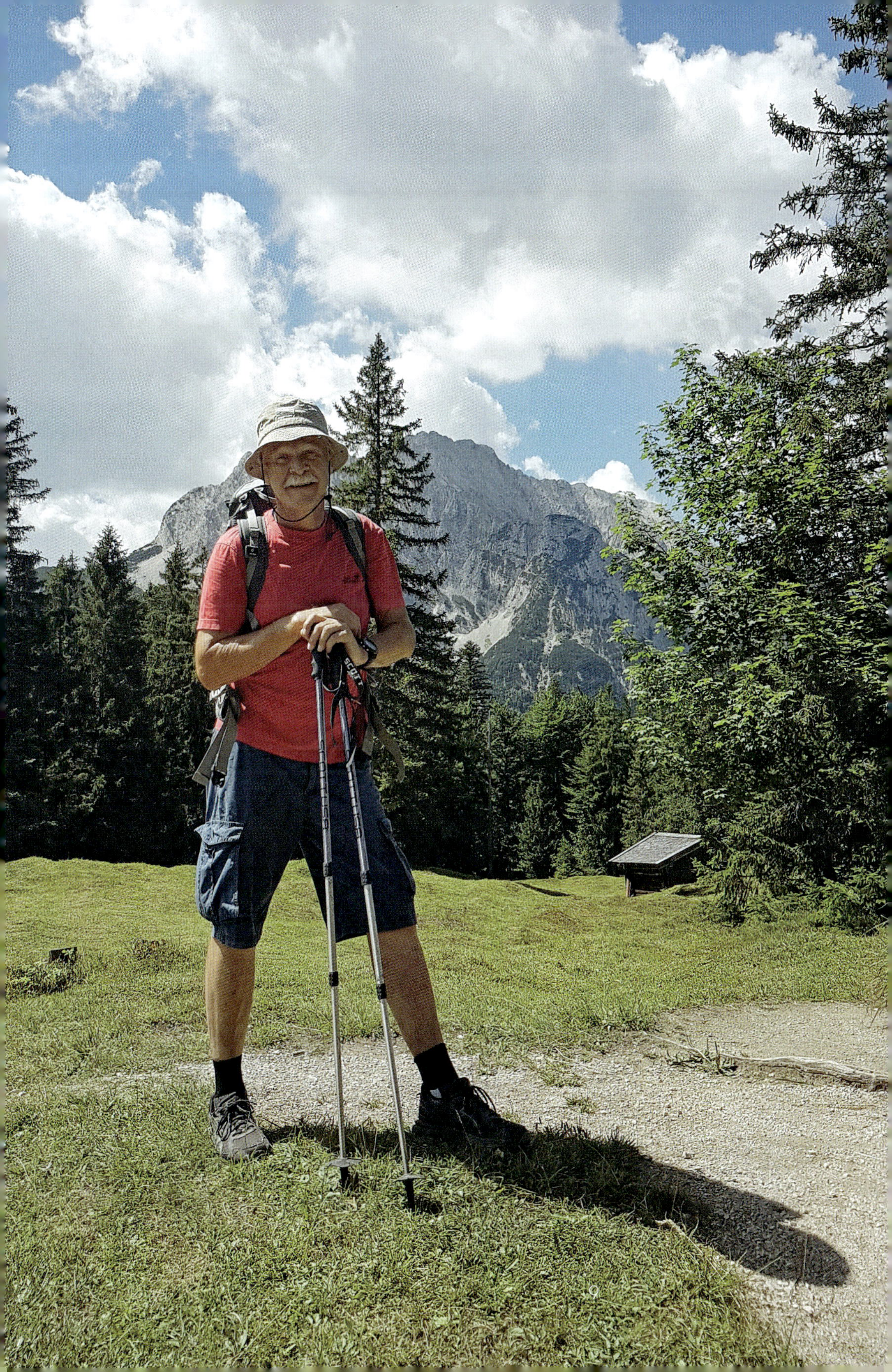

Praktische Informationen

Anforderungen

In diesem Buch werden überwiegend leichte/blaue Wanderungen und Radtouren vorgestellt. Als **mittelschwer/rot** eingestuft sind zwei Bergwanderungen (2, 3) und zwei Radtouren (15, 33). In die Kategorie **schwer/schwarz** fallen zwei Bergtouren mit Kletterstellen (10, 11) sowie die Mountainbike-Tour 9 um den Rauchenberg wegen der ruppigen Abfahrt. Bei einigen Wanderungen muss man aber schwindelfrei und trittsicher sein. Zu beachten ist, dass die meist roten bzw. weiß-rot-weißen Markierungen in den Bergen nichts mit der Schwierigkeitseinstufung zu tun haben.

Und noch eine klare Ansage zu Kondition und Fitness: Man lasse sich nicht zu einer Tour verleiten, der man nicht gewachsen sein könnte, gelten doch diese Bewertungen nur für »normale«, gute Verhältnisse. Und für 1200 Höhenmeter benötigt man halt mindesten drei Stunden für den Aufstieg und etwa zwei Stunden für den Abstieg.

Nicht immer findet sich ein richtiges Brückerl.

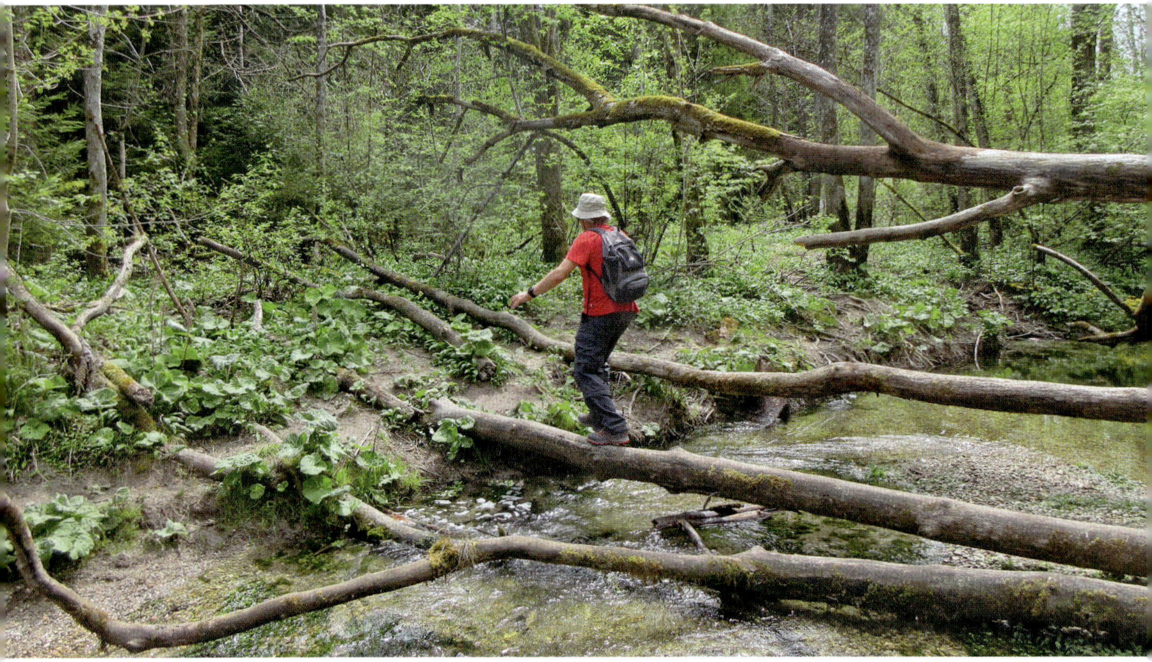

Geh- und Fahrzeiten

Alle angegebenen Zeiten sind hilfreiche Anhaltspunkte und verstehen sich als reine Geh- bzw. Fahrzeit. Oft sind Varianten möglich, mit denen man die Touren verlängern oder auch abkürzen kann. Für Pausen, etwa zum Fotografieren oder für eine Brotzeit oder Einkehr, muss man extra Zeit einplanen.

Beste Jahreszeit

Während fast alle in diesem Buch vorgeschlagenen Radtouren und Wanderungen das ganze Jahr über möglich sind, sind Bergtouren meist nur im Sommer und Herbst möglich. Ein bisschen mitdenken schadet aber nicht. So sind im Hochsommer etwa an der Isar viele Stechmücken unterwegs, im späten Herbst kann es schon kalt sein und schneller finster werden.

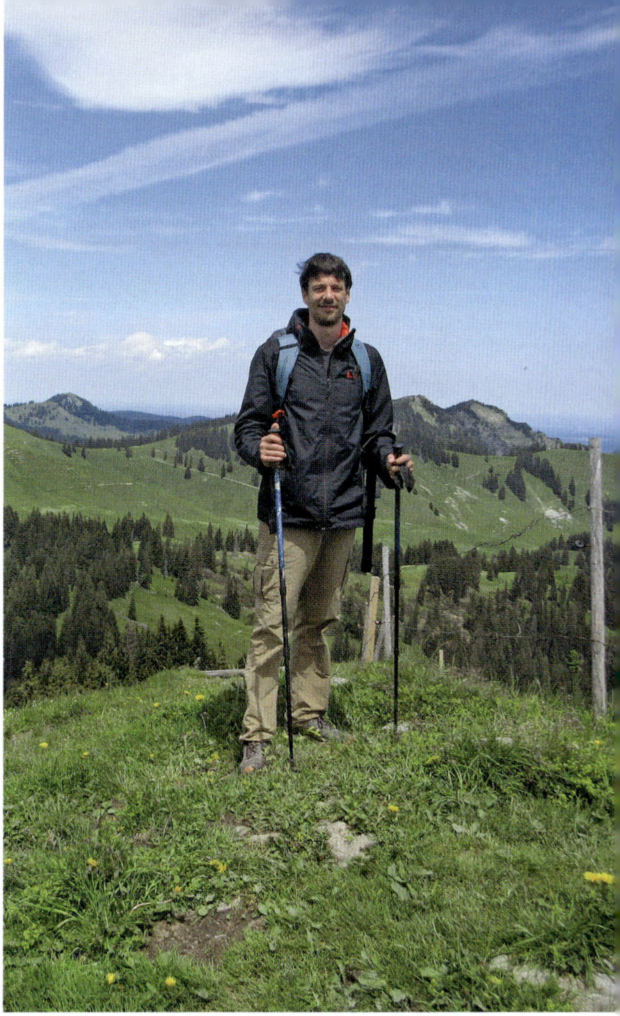

Unterwegs in den bayerischen Voralpen – mit der richtigen Ausrüstung

Ausrüstung und Bekleidung

Falsche Ausrüstung und Kleidung kann ebenso dazu beitragen, uns eine Tour zu verleiden. Bei Wanderungen im Flachland braucht es keine schweren Bergstiefel, aber Joggingschuhe sind halt für die schmalen Pfade im Hochgebirge ebenfalls ungeeignet und gefährlich. Kurze Hosen sind im Hochgebirge und wegen der Zeckengefahr auch im Auwald nicht unbedingt die erste Wahl. Ungeschicktes Hantieren mit Bergstöcken hat schon manchen Sturz verursacht und ein zu schwerer Rucksack den Träger zum Straucheln gebracht.

Immer sollte man ein aufgeladenes Handy, ein kleines Erste-Hilfe-Set, eine kleine Brotzeit, ausreichend Getränke, Müllbeutel, Sonnen- und Mückenschutz, Regenbekleidung und vor allem im Winter eine Stirnlampe in den Rucksack packen.

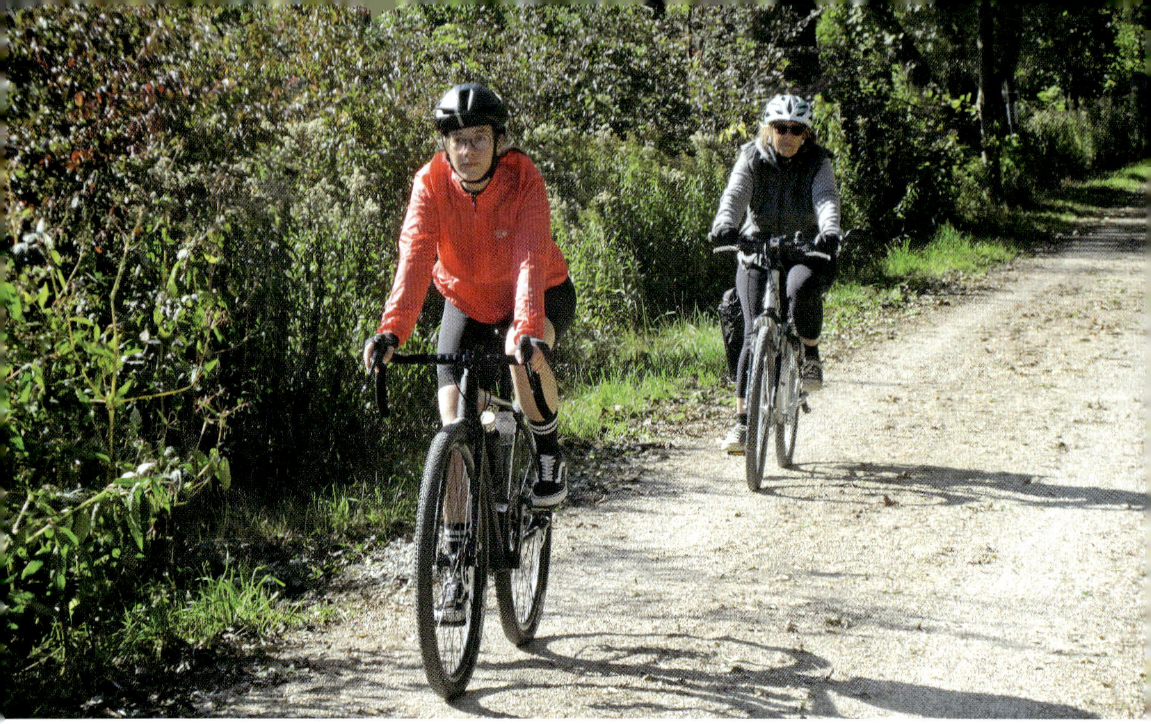

Nicht immer kann man am Ufer der Isar so entspannt radeln.

Für die Radtouren in diesem Buch benötigt man ein verkehrssicheres Fahrrad, am besten aus dem Fachhandel, also ein Touren-/Trekkingrad, Pedelec oder Mountainbike. Von einem Rennrad ist abzuraten. Es sollte möglichst dicke Reifen besitzen, dann ist der Rollwiderstand zwar größer, man kann aber auch gröbere Schotterstraßen befahren. Und wenigstens einmal im Jahr bzw. vor einer großen Tour sollte man sein Radl durchchecken lassen. Ohne Helm zu fahren ist meiner Meinung nach indiskutabel und Handschuhe schützen bei einem Sturz die Handflächen vor schmerzhaften Schürfwunden. Grundsätzlich braucht man nicht unbedingt eine spezielle Bekleidung zum Radfahren, man achte aber darauf, dass die Bewegung nicht eingeschränkt wird und nichts scheuert. Grundsätzlich rate ich aber zu einer gepolsterten Radhose, lang für die kalte Übergangszeit, kurz für den Sommer. Oberteile und Jacken sollten hinten länger geschnitten sein. Wichtig sind auch leichte Schuhe mit einer stabilen Sohle. Von speziellen Radschuhen mit Klicksystemen rate ich aber Anfängern ab. Sie übertragen zwar die Kraft besser auf die Pedale, aber bei Schiebestrecken sind sie sehr unbequem und das sichere Ein- und Ausklicken muss geübt werden. Eine Radbrille ist meiner Meinung nach unverzichtbar. Die Augen müssen vor Mücken und aufgewirbeltem Staub geschützt werden. Der Fahrtwind kann die Augen tränen lassen, was im Extremfall eine Bindehautentzündung zur Folge hat.

Wohin mit dem ganzen Zeug, das man unterwegs braucht? Sehr praktisch sind hier wasserdichte (!) Satteltaschen, ein Flaschenhalter und eine Lenkertasche mit einem Fach für die Radkarte. Mountainbiker werden sich mit einem kleinen Biker-Rucksack behelfen müssen. Und das muss alles mit: Fahrradpumpe, Radschloss, ein paar Reparaturwerkzeuge (Schraubendreher/-schlüssel etc.), ein Erste-Hilfe-Set, aufsteckbare Reservelampen für vorne und hinten, Regenzeug, ein Handtuch sowie Reservekleidung, die man aber erst am Ende der Tour anzieht, falls man nass geworden ist.

Vor der Tour steht eine Überprüfung an: Funktionieren die Bremsen und die Beleuchtung? Sind die Reifen aufgepumpt? Ist der Akku voll geladen? Ist die Kette gespannt und eingefettet?

Meist wird empfohlen, Flickzeug und Werkzeug mit dabeizuhaben, aber ein modernes Fahrrad kann heute nicht mehr so einfach repariert werden, besonders wenn man nicht der geschickteste Radlschrauber ist. Also hier noch zwei ganz heiße Tipps: Es gibt ein Universal-Pannenspray zum schnellen Reparieren und Aufpumpen von Platten ohne Schlauchwechsel. Und sowohl der führende deutsche Fahrradclub wie auch der größte Automobilclub Deutschlands bieten (in Deutschland) kostenlose Pannenhilfe bei Radtouren. Aber halt nur für Mitglieder.

Der Aumeister ist eine von vielen Einkehrmöglichkeiten in Münchens Englischem Garten.

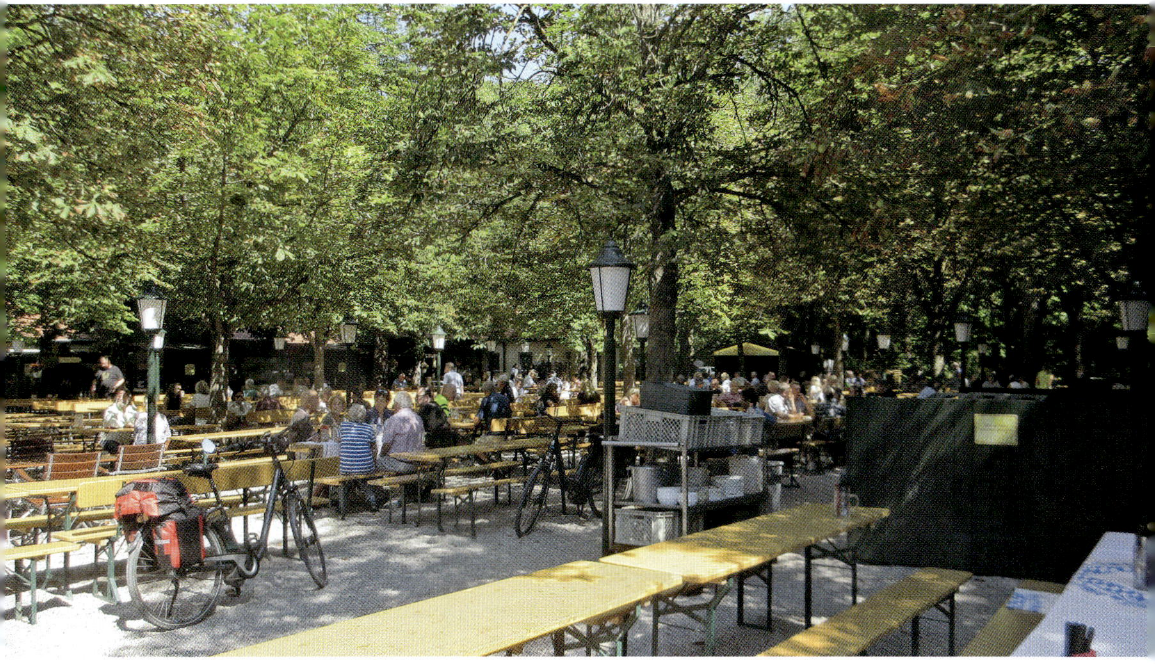

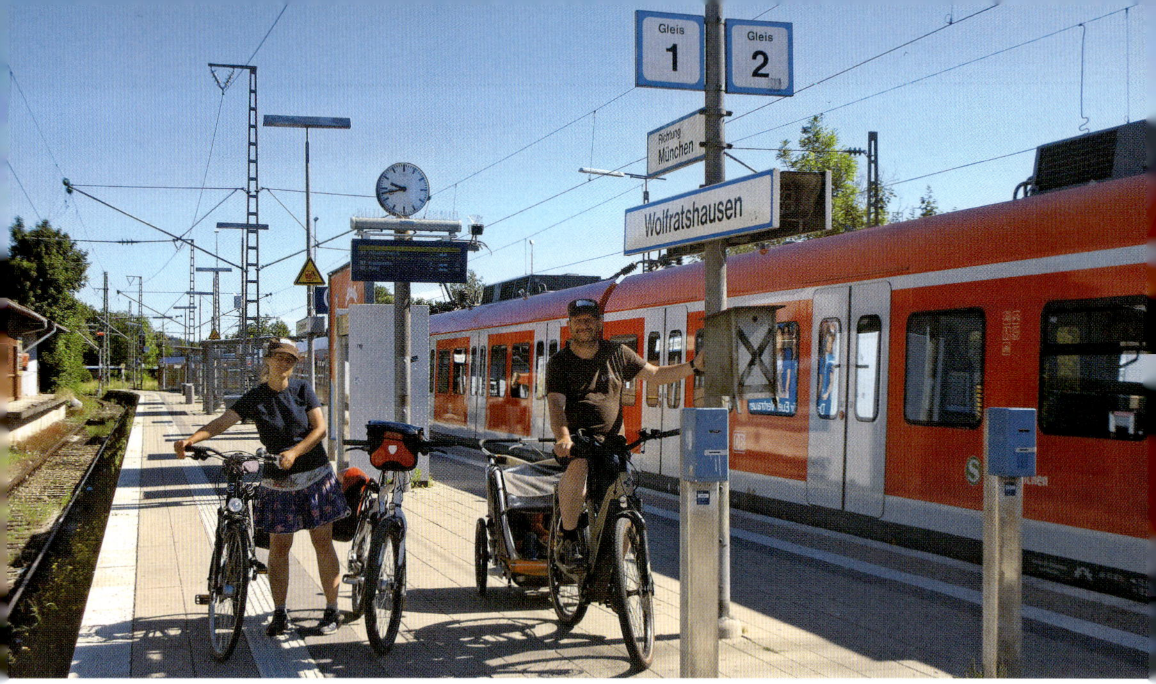

Die Anreise mit dem ÖPNV ist eine gute Option.

Anfahrt

Angesichts des bisweilen hohen Verkehrsaufkommens in den Erholungsgebieten entlang der Isar südlich von München bietet sich für Wanderer bei zahlreichen Touren die Anfahrt mit Bus und/oder Bahn an, bei Streckentouren und im Münchner Stadtgebiet ist dies ohnehin i. d. R. sinnvoller. Für Radler bieten Regional- und Nahverkehrszüge die Möglichkeit zur Fahrradmitnahme in dafür vorgesehenen Waggons, außer in den Hauptverkehrszeiten in den Münchner U- und S-Bahnen.
Ob und wie die Anfahrt mit öffentlichen Verkehrsmitteln möglich ist, wird in der jeweiligen Toureninfo beschrieben. Fahrpläne und nützliche Informationen findet man auch im Internet, z. B. unter bayern-fahrplan.de (Bahn- und Busverbindungen in ganz Bayern und angrenzenden Regionen).

Brotzeit und Einkehr

Öffnungszeiten von Gaststätten, bewirtschafteten Hütten und anderen Einkehrmöglichkeiten sind nicht extra angegeben, weil sich diese immer wieder ändern können. Bitte informieren Sie sich vor der Tour, z. B. anhand der Internetadressen, die – wenn vorhanden – in der Toureninfo angegeben sind. Und nehmen Sie sicherheitshalber immer eine kleine Brotzeit und ausreichend Getränke mit.

Orientierung

Nicht immer werden die kleinen Kärtchen in diesem Buch ausreichen. Hier gilt es, eine grundsätzliche Entscheidung zu treffen: Verlasse ich mich auf eine App oder bevorzuge ich eine althergebrachte Karte. Beides hat Vor- und Nachteile. Ist der Akku leer, hat man auch ein Orientierungsproblem.
Ich persönlich habe immer noch eine »richtige Karte« dabei. Für die Bergtouren benötigt man Wanderkarten im Maßstab 1:25.000, für viele Wanderungen reicht der Maßstab 1:50.000 und für Radtouren oft auch 1:70.000 bis 1:100.000. Noch ein Hinweis: Karten können schnell veralten.

Gefahren

Sowohl durch Schnee und Eis als auch durch Unwetter können manche Wege unpassierbar werden. Nicht nur im Hochgebirge sind Gewitter eine ernste Gefahr. Bei angesagter Gewittergefahr ist man gut beraten, auf eine Tour zu verzichten. Hat man aber das Pech, in ein Unwetter zu geraten, versuche man, so schnell wie möglich einen sicheren Standort zu erreichen, etwa sein Auto oder eine Hütte. Ist das nicht möglich, Blitzschutzstellung einnehmen: Füße eng zusammenstellen (wegen der Spannungsbrücke) und hinhocken. Blitze schlagen nämlich bevorzugt (leider nicht immer) in erhöhte Geländepunkten ein. Man meide auch wassergefüllte Senken oder Gräben, denn Wasser leitet elektrischen Strom.
Vorsicht ist auch angebracht, wenn man direkt am (steilen) Ufer unterwegs ist, sei es zu Fuß oder mit dem Fahrrad: Stürze in den Fluss oder gar einen Kanal sind immer lebensbedrohend. Aufgrund der steilen Gerinne und Böschungen ist es oft fast unmöglich, ohne Hilfe wieder aus einem Kanal herauszuklettern. Für Rettungsversuche gilt: Eigensicherheit geht vor!

Die Isar kann auch gefährlich sein – man beachte den Strudel!

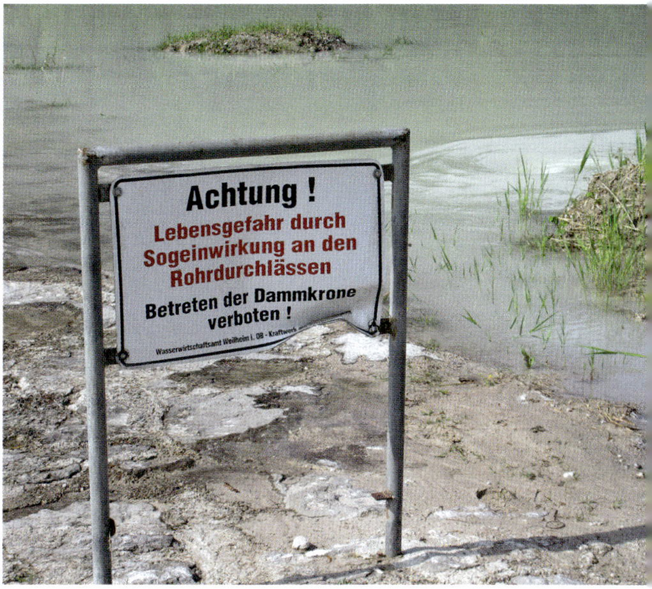

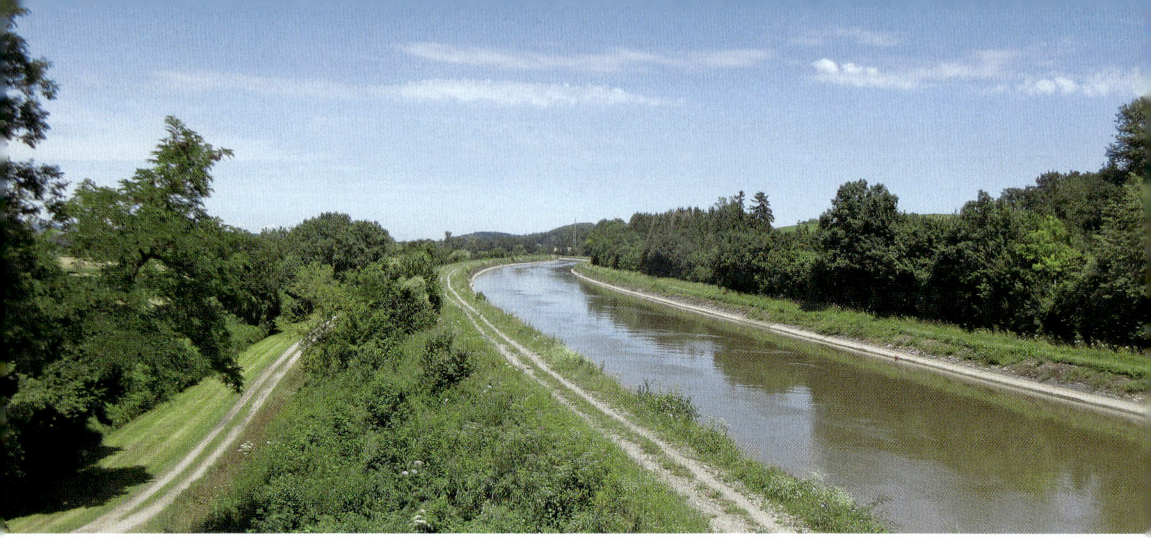

Der Isarwerkskanal beim Kloster Schäftlarn

Gefährliche Tiere gibt es im Bereich der Isar eher nicht, wenn sich nicht gerade wieder ein Problembär bei uns herumtreibt. Selbst die Kreuzotter, die einzige heimische Giftschlange, stellt normalerweise keine Gefahr dar, wenn man sie nicht gerade aufschreckt, etwa beim Sonnen auf einem Stein. Man muss aber mit der immer größer werdenden Gefahr rechnen, von einer Zecke gebissen zu werden. Die Wanderbekleidung bietet einen gewissen Schutz gegen ihre Bisse: Feste Schuhe, lange Hosen und Hemden mit langen Ärmeln machen es den Parasiten schwerer. Die Haut sollte größtenteils bedeckt sein, und auch Zeckenschutzmittel sind hilfreich.

Baden

Kann oder darf man in der Isar baden? Grundsätzlich gilt sie nicht als Badegewässer. Das hat mehrere Gründe. Im Oberlauf ist das Wasser selbst im Sommer meist zu kalt, außerdem befindet man sich fast überall in einem Naturschutzgebiet, wo das Betreten der Kiesbänke verboten ist. Trotzdem wird im Sommerhalbjahr das Baden streckenweise toleriert, z. B. in der Pupplinger Au. Im Stadtgebiet suchen natürlich die Münchner Abkühlung in der Isar. An der Mittleren Isar bis zum Zufluss des Amperkanals in Moosburg wird Baden geduldet, die Wasserqualität ist aber nicht unbedingt die beste.

Es sei ausdrücklich darauf hingewiesen, dass Fließgewässer grundsätzlich Gefahren bergen. Eine gute Alternative zum Baden in der Isar stellen die Baggerseen und Freibäder dar, auf die in den Tourenbeschreibungen hingewiesen wird.

Durch München – hier an der Maximilianskirche – führen schöne Radwege oft direkt an der Isar entlang.

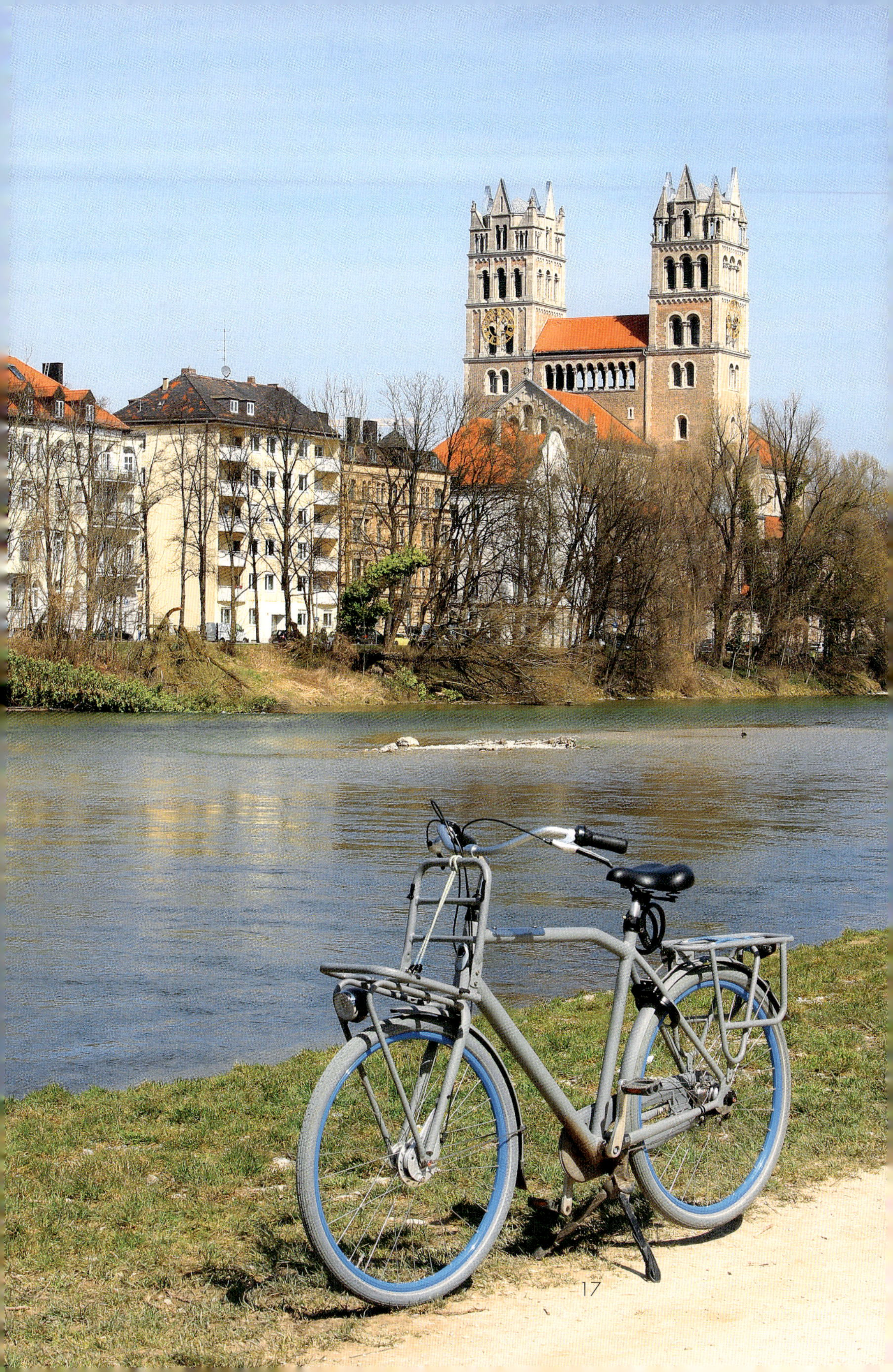

Die Isar – naturräumliche Gegebenheiten

Die Isar entspringt im **Hochgebirge des Karwendels** und fließt durch das Hinterautal hinab nach Scharnitz. Es finden sich in den urtümlichen Bergwäldern nur wenige gerodete Almflächen, z. B. im Gebiet der Kastenalm.

Der folgende Abschnitt bis Lenggries wird oft Oberes Isartal genannt, besser aber ist der Begriff **Oberlauf**. Ab der Grenze kann die Isar noch weitgehend natürlich durch den Riedboden fließen. Zum Schutz vor Hochwasser wurde sie bei Mittenwald begradigt. Ein kurzes Stück unterhalb darf sie noch frei fließen, dann mündet sie in den ersten Stausee bei Krün. Dort wird der größte Teil ihres Wassers dem Walchensee zugeführt, dem Wildfluss bleibt meist nur ein kümmerlicher Rest. Der folgende Abschnitt zwischen Wallgau und dem Sylvensteinspeicher wird liebevoll »Klein-Kanada« genannt. Denn nur in diesem Abschnitt kann man die Isar als letzten alpinen Wildfluss in Bayern bezeichnen. Kleine und große Wasserläufe umfließen ausgedehnte Kies- und Schotterbänke im breiten Flussbett.

An günstigen Stellen können – wenigstens bis zum nächsten Hochwasser – Pionierpflanzen wachsen. Nur während der Schneeschmelze im Frühling führt die Isar so viel Wasser, dass sich die Sand- und Schotterbänke dynamisch verändern können.

Im **Sylvensteinspeicher** ist neben der Faller Klamm auch das Dorf Fall versunken. Seine Bewohner wurden in den neuen Ort gleichen Namens umgesiedelt. Seit seiner Inbetriebnahme im Jahr 1959 erfüllt der Stausee vor allem zwei Funktionen: In Trockenzeiten garantiert er eine gewisse Mindestwassermenge unterhalb des Speichersees, bei Hochwasser bietet er den Orten zwischen Bad Tölz und München Schutz vor Überflutungen.

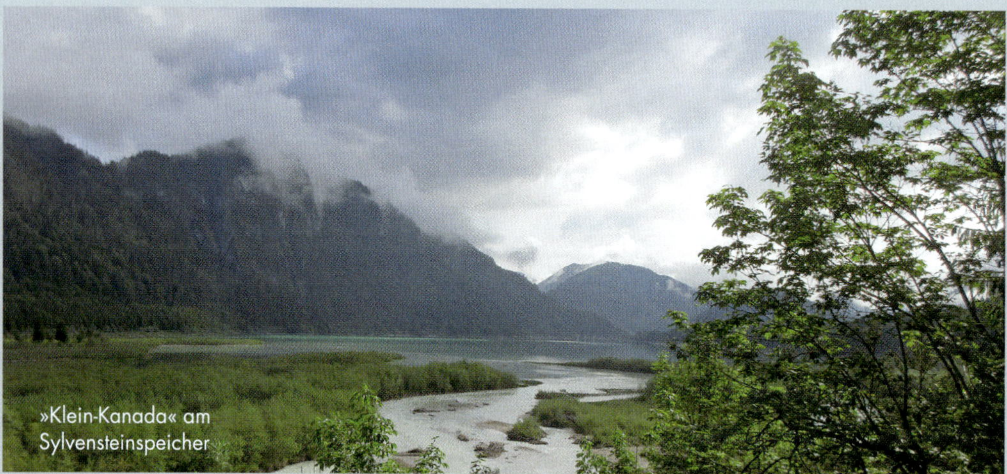

»Klein-Kanada« am Sylvensteinspeicher

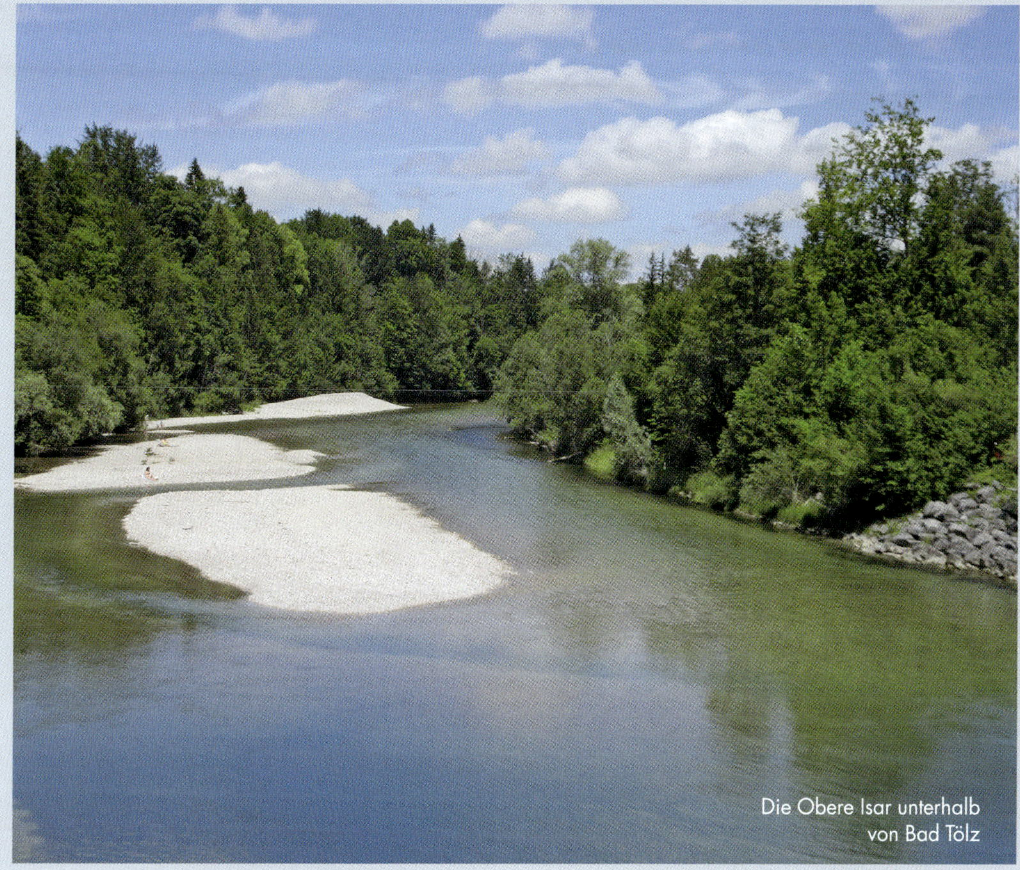

Die Obere Isar unterhalb von Bad Tölz

Bei Lenggries beginnt das **Obere Isartal**. Nahezu das gesamte Gebiet ist als Natur- bzw. als Landschaftsschutz ausgewiesen. Nördlich des Sylvensteinstausees erstreckte sich nach der letzten Kaltzeit bis nach Bad Tölz ein riesiger See. Hier staute ein Molasseriegel, der heutige Tölzer Kalvarienberg, den Fluss. Auch unterhalb konnten die Wassermassen nicht ungehindert abfließen und bildeten bis Schäftlarn jahrtausendelang den sogenannten Wolfratshausener See, bis die Isar sich schließlich auch bei Mühlthal durch die Moränen der letzten Kaltzeit fraß. Hier fließt sie auch heute noch frei und wild. Links und rechts des Ufers findet man Terrassen und breite Talauen, die von der Isar immer wieder aufgeschüttet und weggerissen wurden. Charakteristisch für die Landschaft der Ascholdinger bzw. Pupplinger Au sind die Schneeheide-Kiefernwälder, in Bayern ein überaus seltener Auwald. Im Bereich des **Durchbruchstals** zwischen Schäftlarn und Großhesselohe wird die Isar von Leitenwäldern begleitet. Infolge der starken Geländeneigung blieb hier die Natur sich selbst überlassen. Am steilen rechten Isarufer ziehen sich bewaldete Hänge quer durch die Stadt München.

Ab der Nordgrenze der Landeshauptstadt spricht man von der **Mittleren Isar**. Bis zur Mündung finden sich – heute natürlich nur noch an günstigen Standorten – nun Auwälder. Diese Auen wurden ursprünglich regelmäßig überflutet. So wurden die Kiesbänke durch das Wegspülen bzw. die Anlandung von Geschiebe zerstört oder neu geschaffen, der Flusslauf geändert und Altarme vom Flussbett abgeschnitten. Die »Auwälder an der Mittleren Isar« erstrecken sich als größtes Auwaldschutzgebiet Bayerns auf etwa 50 Kilometer Länge vom Norden Münchens bis nach Landshut. Die Mittlere Isar strömt zuerst durch die Untere Münchner Schotterebene. Bis Garching findet sich hier das Gfild, früher war das eine karge Heidelandschaft. Dann folgen die sogenannten Moose, z. B. das Erdinger Moos. In Bayern werden Niedermoore so genannt. Dort, wo die Schotterschicht zu dünn wird, tritt das gestaute Grundwasser an die Oberfläche und bildete früher Sümpfe. Als Moosburger Trichter bezeichnet man die Gegend, wo die Isar in die Niederbayerische Tertiär-Hügellandschaft eintritt. In diesem Abschnitt finden sich am rechten Isarufer wieder Leitenwälder, während das linke Ufer sanft ansteigt und seit der Jungsteinzeit intensiv landwirtschaftlich genutzt wird.
Ab Landshut spricht man dann von der **Unteren Isar**. Sie wird oft nicht mehr als Fluss wahrgenommen, bildet sie doch weitgehend eine Kette von Stauseen, die inzwischen jedoch wieder von der Natur zurückerobert wurden und wo wertvolle Biotope, etwa für Wasservögel, entstanden. Nach den Ausläufern der Unterbayerischen Hügellandschaft fließt die Isar durch den landwirtschaftlich intensiv genutzten Gäuboden. Zwischen den Deichen begleitet nur noch eine schmale Au den Fluss. Erst kurz vor der **Isarmündung** in die Donau ist die Landschaft wieder naturbelassen. Hier wurde ein Großteil der Auenlandschaft 1990 als Naturschutzgebiet ausgewiesen und das Infozentrum Isarmündung bei Moos gibt Einblick in das Ökosystem.

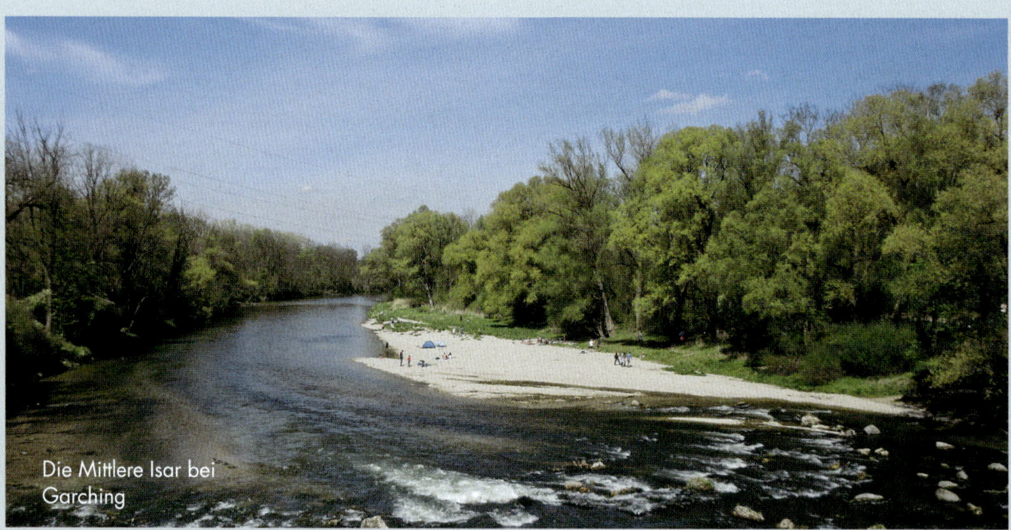
Die Mittlere Isar bei Garching

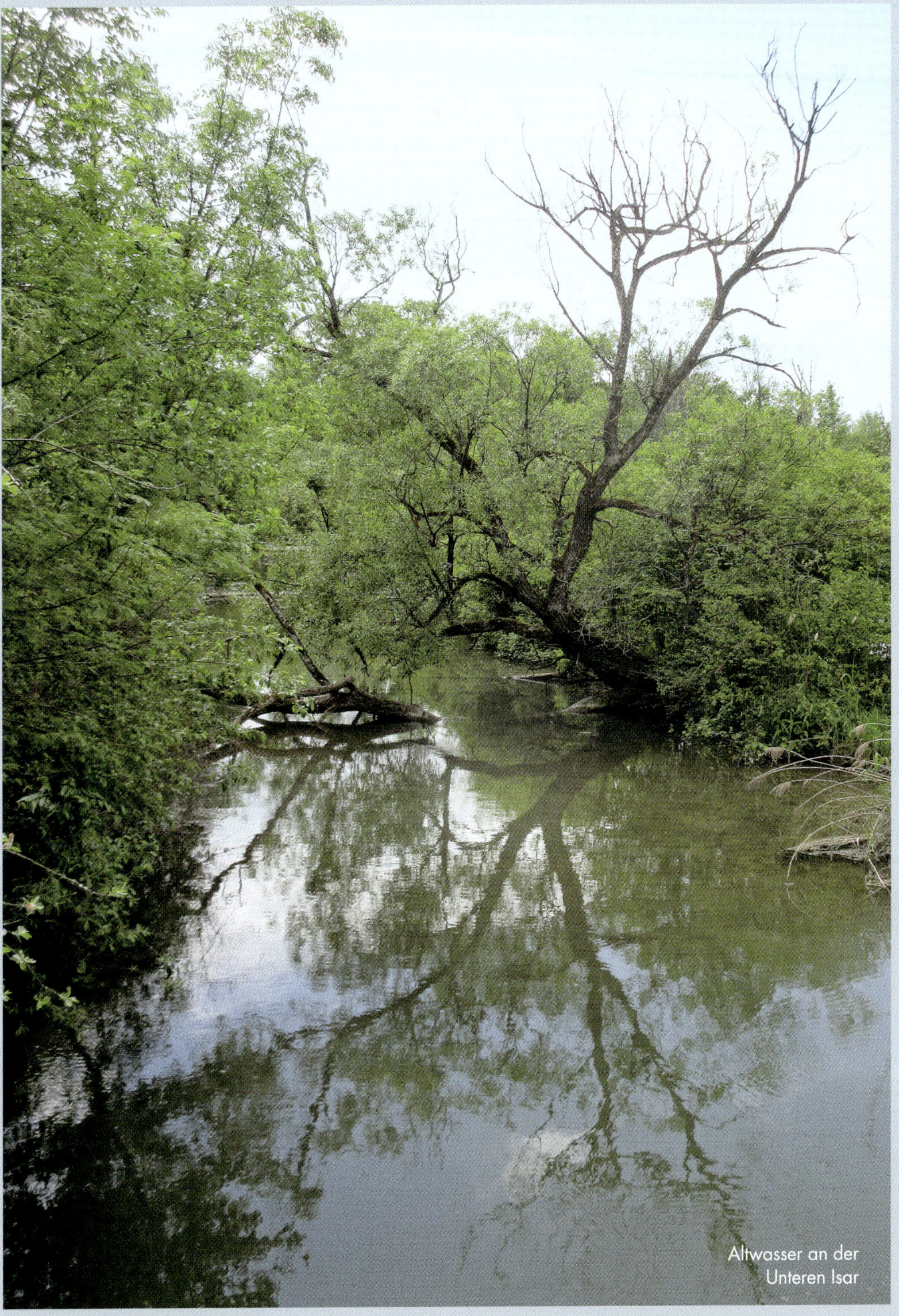

Altwasser an der Unteren Isar

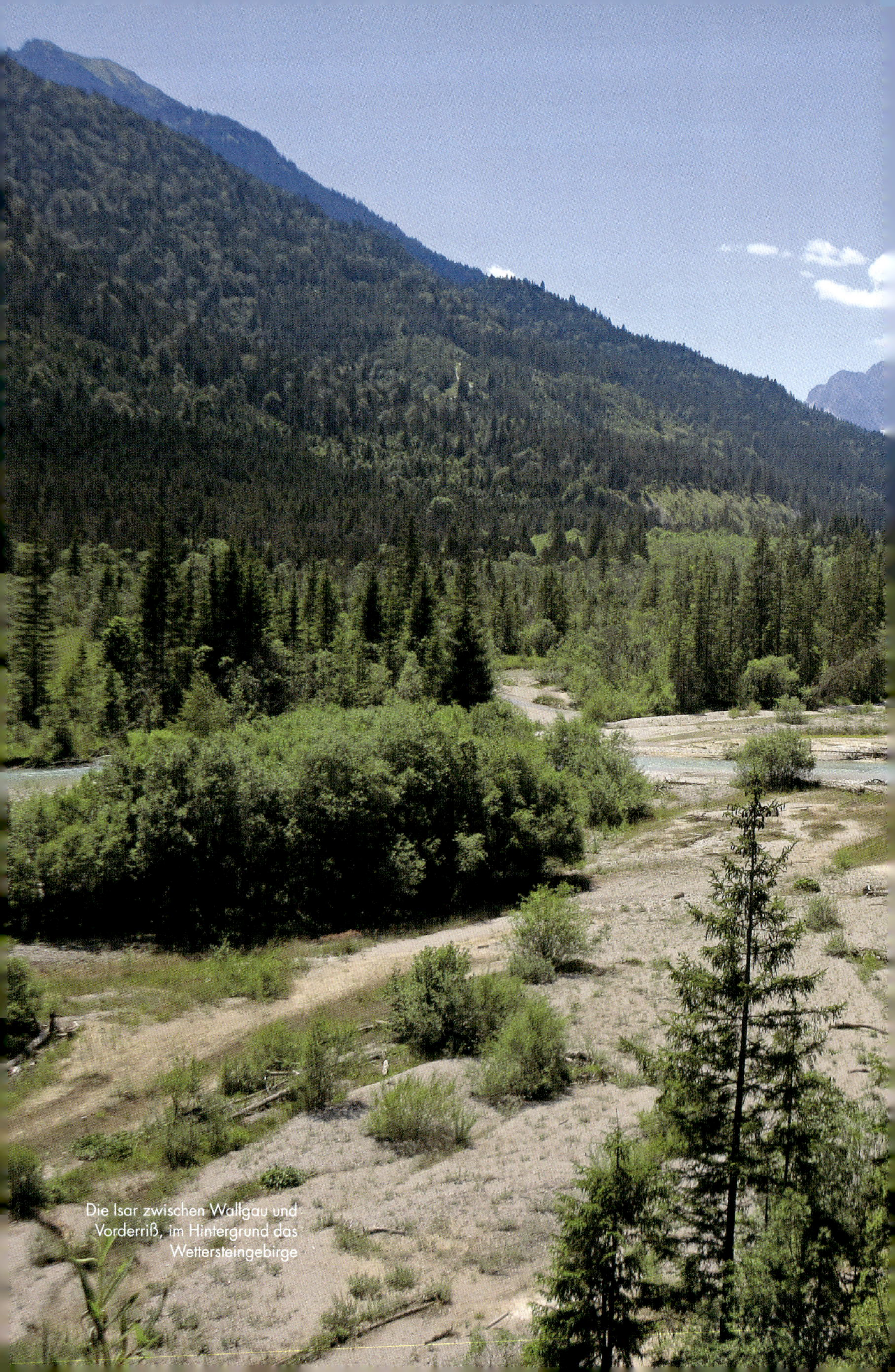

Die Isar zwischen Wallgau und Vorderriß, im Hintergrund das Wettersteingebirge

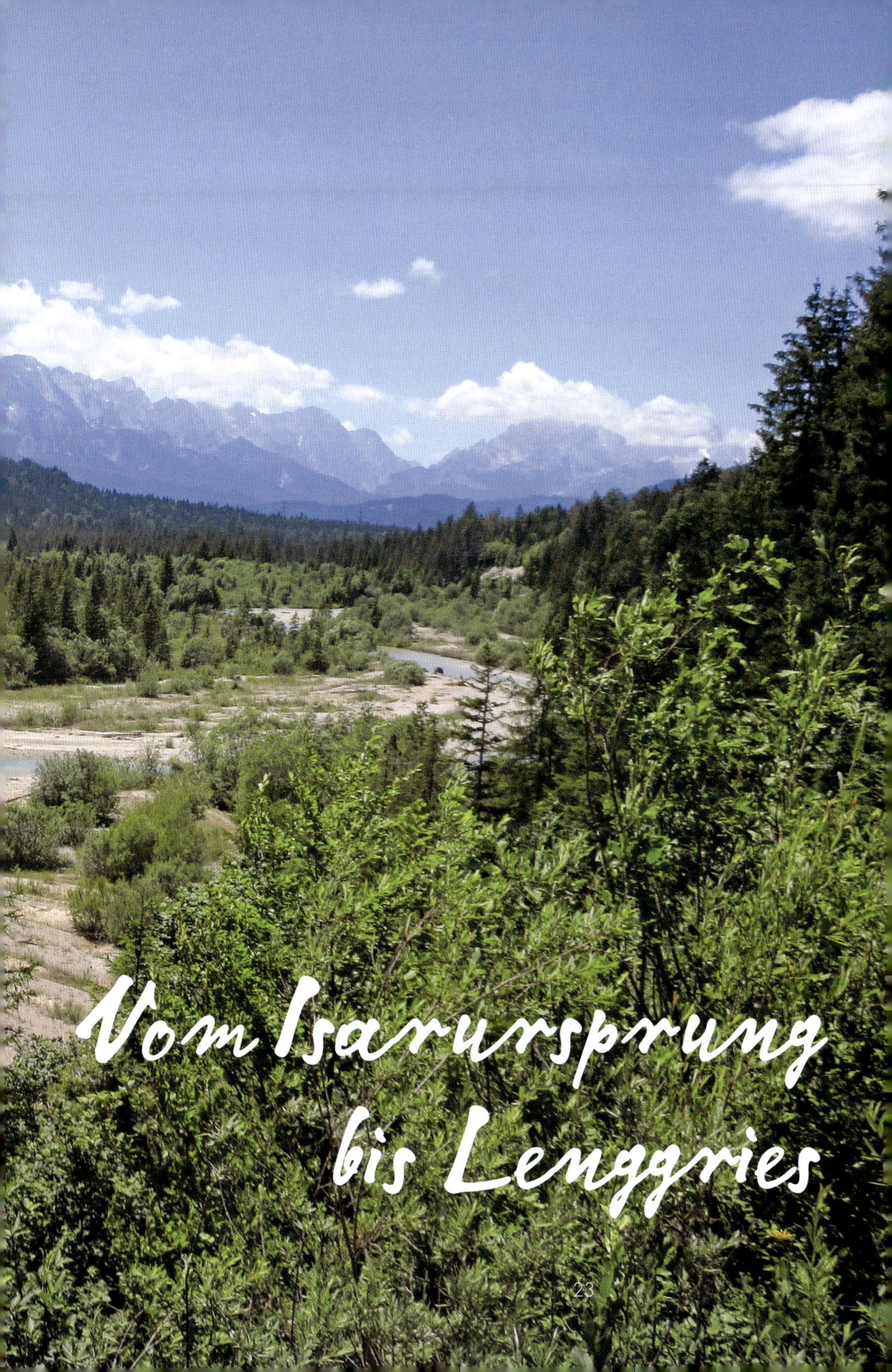

Vom Isarursprung bis Lenggries

1 Zum Isarursprung und auf den Halleranger

Zu Fuß ein Schlauch, mit dem Rad eine genussvolle Tagestour

leicht	42,0 km	600 Hm	3.00 Std.
mittel	11,0 km	530 Hm	3.00 Std.

Tourencharakter
Radtour: Bis Kastenalm wenig befahrene Asphalt- und Forststraßen mit mäßiger Steigung
Bergtour: Steiler Forstweg (z. T. ruppig, mit MTB abwärts schwierig zu befahren), dann über Almflächen zum Hallerangerhaus und zur Almhütte

Ausgangs-/Endpunkt
Bahnhof Mittenwald
GPS: 47.439917,11.265299

Anfahrt
ÖPNV: Mit der Bahn über Garmisch nach Mittenwald
Auto: Auf der A 95 und der B 2 nach Mittenwald; Parkplatz am Bahnhofsplatz

Einkehr
Cafés und Gaststätten in Mittenwald und Scharnitz; Kastenalm (kastenalm.at); Hallerangerhaus (hallerangerhaus.at) und Halleranger-Alm (halleranger-alm.at), auch Übernachtung möglich

Karte
Alpenvereinskarte Nr. 5/1 Karwendelgebirge West, 1:25.000

Information
alpenwelt-karwendel.de, karwendel.org

In einem Isartourenbuch darf die Isarquelle bzw. der Isarursprung natürlich nicht fehlen. Ob man jetzt den Isarursprung oder die (angeblich) sieben Isarquellen auf dem Halleranger als den »richtigen Geburtsort« der Isar ansieht, sei jedem selber überlassen.

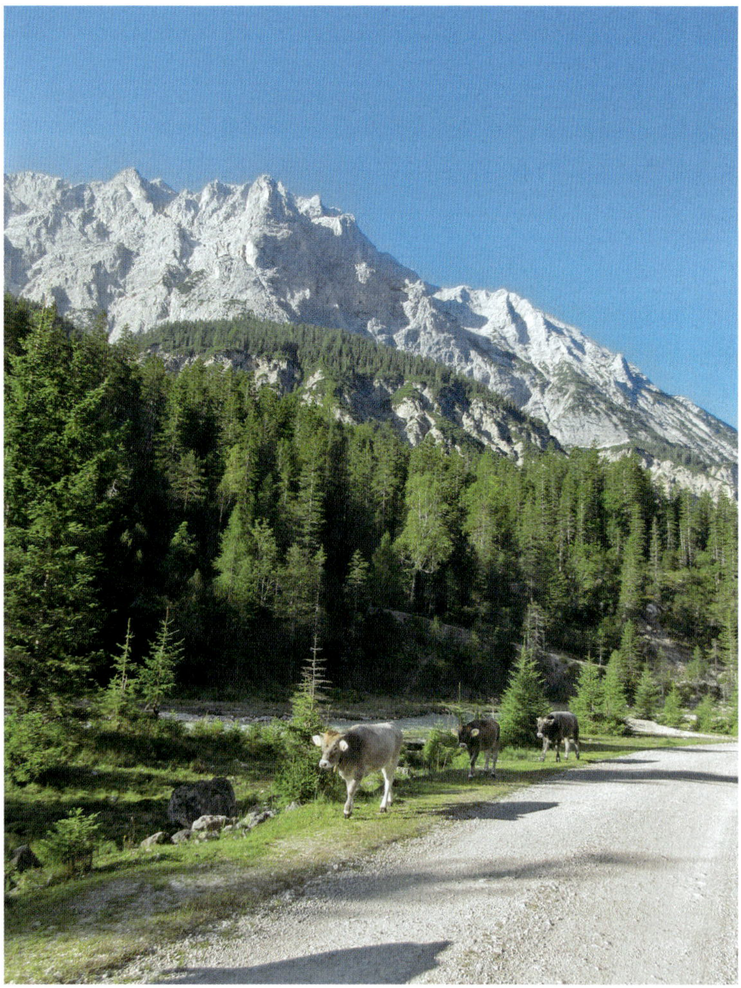

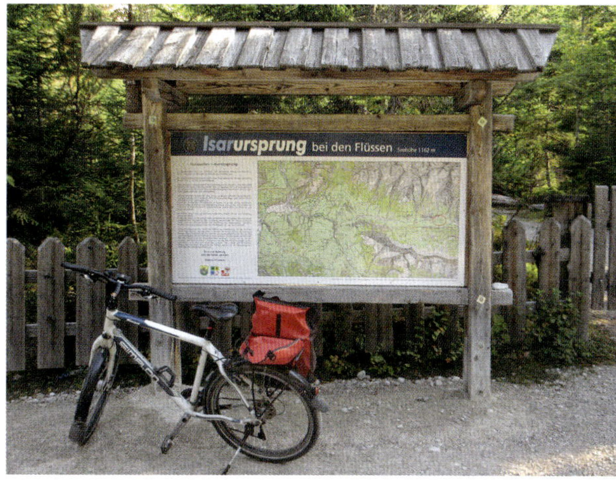

Der Isarursprung »bei den Flüssen«

Linke Seite: Im malerischen Hinterautal

Die Radtour In Mittenwald fahren wir vom Bahnhof die Arnspitzstraße nach Süden, biegen links in die Albert-Schott-Straße ein und weiter geradeaus an der Bahn entlang zum Mauthweg, der in die Innsbrucker Straße mündet. Hier links, dem Wegweiser des Isarradwanderwegs nach Scharnitz folgend, über die Isar und gleich dahinter in die Riedlkopfstraße abbiegen. Sofort darauf wieder nach rechts über die Isar fahren. Nun am Parkplatz vor den Tennisplätzen vorbei an der Riedbodenalm nach Süden.

Kurz vor Scharnitz lassen wir den Wanderparkplatz links liegen, radeln noch ein Stück isaraufwärts, den Wegweisern »Karwendeltäler« folgend und fahren unter der B 177 hindurch nach Scharnitz. Über eine Brücke auf die andere Isarseite fahren wir die Isarpromenade entlang zur Innsbrucker Straße. Hier geht es ein weiteres Mal über den Fluss zum Gasthof Goldener Adler. An der Kirche dann links in die Hinterautalstraße. Nun kann man sich nicht mehr verfahren, der Weg ist gut ausgeschildert. An der Isarlodge Wiesenhof (Hotel Garni) endet die asphaltierte Straße. Links führt eine Forststraße hinauf zur Pleisenhütte, wir aber strampeln geradeaus weiter. Nach etwa einer bis eineinhalb Stunden ist der Isarursprung »bei den Flüssen« erreicht. Bei den Infotafeln lassen wir das Rad stehen.

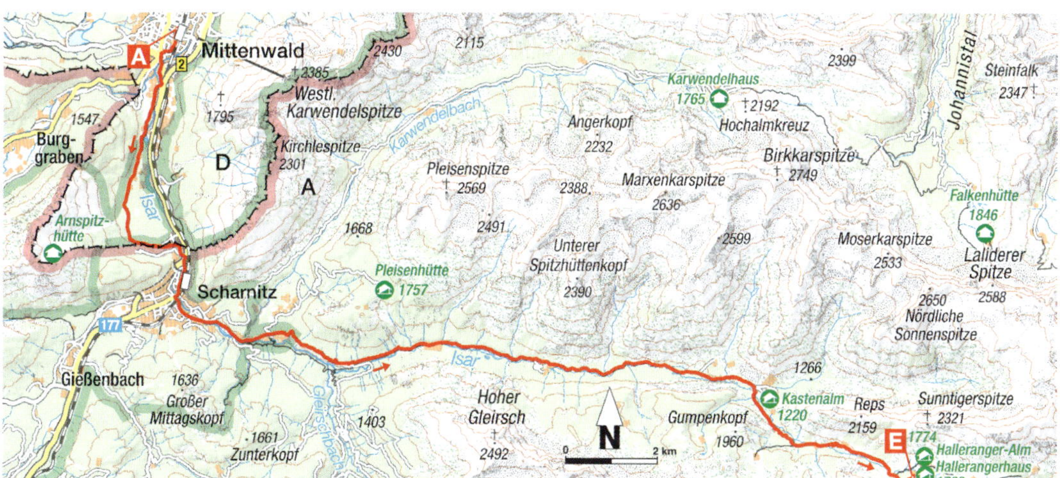

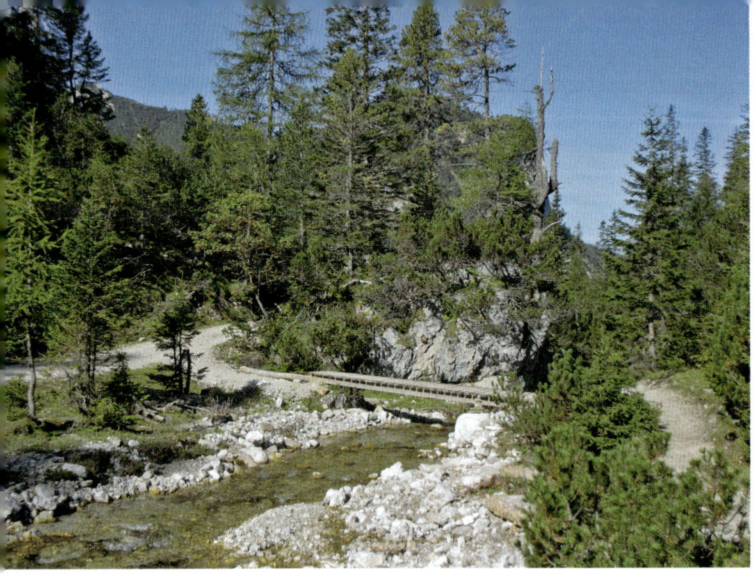

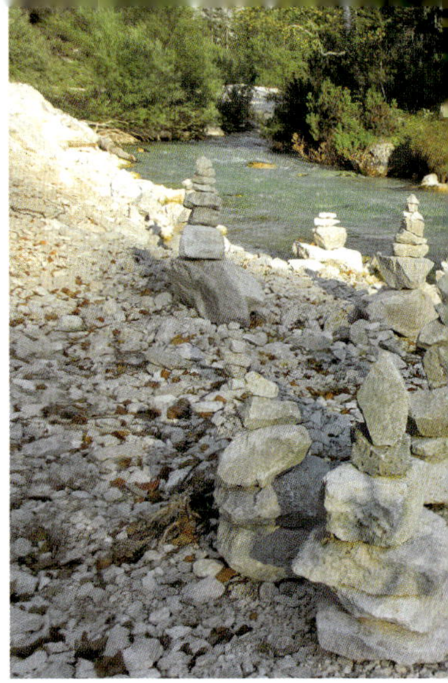

Holzsteg über den Lafatscher Bach

Mitte: Gruppe von Stoamandln an der jungen Isar

In weiteren zehn Minuten ist das Radldepot an der Kastenalm erreicht. Ab dort geht es nun zu Fuß weiter, nur erfahrene Biker können sich den Weg zum Halleranger zutrauen. Dieser ist bergauf zwar steil, mit einem E-Bike aber gut machbar. Problematisch ist jedoch die Abfahrt, diese ist ruppig (Sturzgefahr).

Die Bergwanderung Wir folgen dem anfangs sehr steilen Forstweg Richtung Halleranger. Nach etwa 40 Minuten haben wir das Steilstück hinter uns gebracht. Nach etwa 10 Minuten überqueren wir mithilfe eines kleinen Holzstegs den Lafatscher Bach und

Wissenswertes

Isarquelle oder Isarursprung? Jetzt wird es kompliziert: Es gibt nämlich nicht nur eine Isarquelle, sondern mehrere und sogar einen offiziellen Isarursprung. Der Hauptzufluss der Isar ist der Lafatscherbach, der angeblich aus sieben Quellen oben am Halleranger entspringt. Im Bereich der Kastenalm versickert er jedoch, kommt aber im Bereich »Bei den Flüssen« zusammen mit anderen Bächen wieder ans Tageslicht. Deshalb wird der Ort unterhalb der Kastenalm offiziell als Isarursprung bezeichnet, weil – so die Begründung – als Ursprung eines Flusses jener Platz bezeichnet wird, ab dem ganzjährig Wasser rinnt. Und somit ist die Isar auch verschieden lang: Ab den Quellen des Lafatscherbaches sind es etwa 295 km, vom Isarursprung genau 292,26 km.

Der Halleranger (eigentlich Haller Anger) wurde von Süden erschlossen. 1439 überließ der Tiroler Landesfürst der Stadt Hall im Lafatschtal, also jenseits des Joches im Quellgebiet der Isar, ein großes Neuraut (ein Almgebiet, das gerodet werden soll). Ab 1581 wurde diese Alm »Haller Anger« genannt.

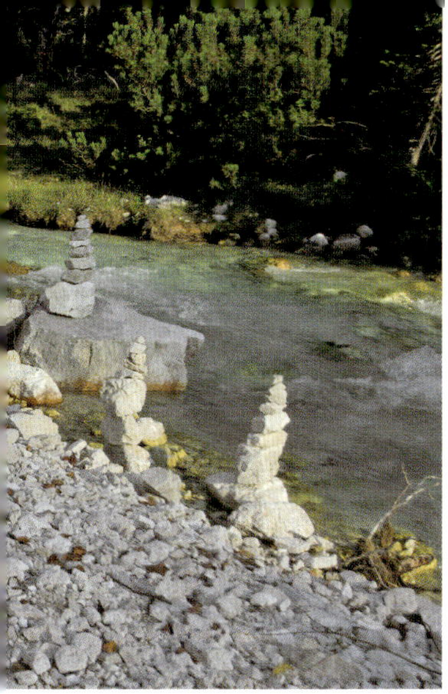

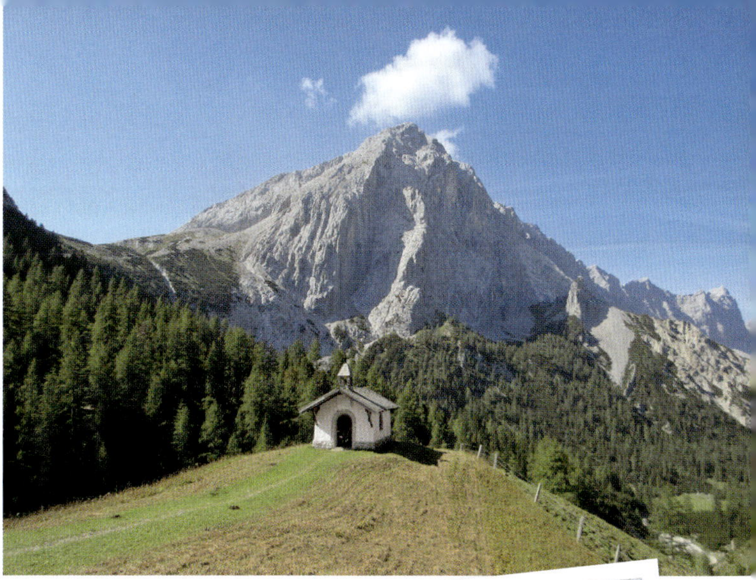

erreichen den Lafatscher Niederleger (1577 m). Weiter geht es über die weiten Almflächen der Kohleralm zu einer Verzweigung: Links kommt man innerhalb einer Viertelstunde zur privaten Halleranger-Alm (1771 m), rechts zum Hallerangerhaus des DAV (1768 m). Wer übernachten will, wird als Alpenvereinsmitglied auf Letzterem nächtigen, aber auch die Alm bietet für Bergsteiger eine Unterkunft.
Die berühmte Hallerangerkapelle mit der Grabstätte von Ludwig Graßler, dem Erfinder des Traumpfads München–Venedig, steht neben der Halleranger-Alm, man muss sie unbedingt besuchen: Die Kapelle mit der Nordwand des Kleinen Lafatschers ist eines der schönsten Fotomotive des Karwendels.

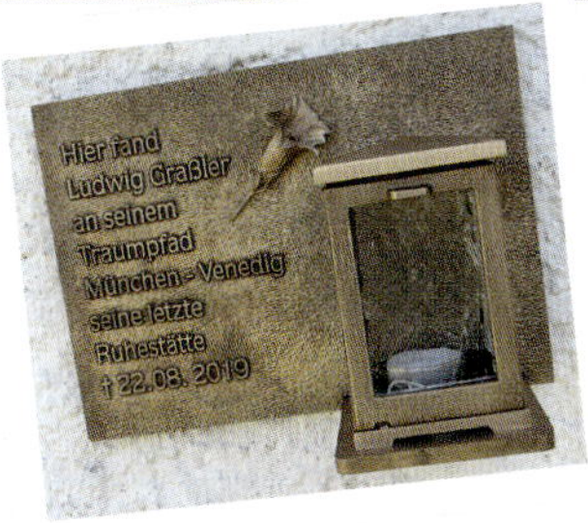

Hier liegt Ludwig Graßler an einem seiner Lieblingsplätze begraben.

Ganz oben: Die Kapelle auf dem Halleranger vor dem Kleinen Lafatscher

Varianten

- Man kann die Tour abkürzen, indem man nur bis zum Isarursprung fährt. Die zehn Minuten bis zum Radlparkplatz sollte man aber schon noch fahren, denn in der Kastenalm (1220 m) kann man vor der Rückfahrt auf eine Brotzeit einkehren. Von Mittenwald aus mit dem Rad ca. 1,5 bis 2 Std.
- Die Tour lässt sich verlängern, wenn man noch den Reps (2159 m), die Sunntigerspitze (2321 m) oder gar beide besteigt (siehe Tour 2).

Hinweis Die Tour ist nicht für den Winter geeignet, denn die Forstwege werden nicht geräumt und können vereist sein. Außerdem droht im Hinterautal an einigen Stellen Lawinengefahr. Man sollte die Warnungen auf den Lawinentafeln unbedingt beachten!

2 Sunntiger und Reps

Die beiden Hausberge des Hallerangers

mittel | 7,1 km | 600 Hm | 3.30 Std.

Tourencharakter
Bergwanderung auf mit markierten Steigen erschlossene Karwendelgipfel, die stellenweise Trittsicherheit verlangt

Ausgangs-/Endpunkt
Halleranger-Alm bzw. Hallerangerhaus; Anfahrt mit dem Rad bzw. Wanderung durch das Hinterautal zum Halleranger siehe Tour 1
GPS: 47.356454, 11.480294 (Almhütte),
47.354876, 11.477161 (Alpenvereinshütte)

Anfahrt
ÖPNV: Mit der Bahn über Garmisch nach Mittenwald oder Scharnitz, dann per Rad/zu Fuß zum Halleranger
Auto: Auf der A 95 und der B 2 nach Mittenwald oder weiter auf der B2/B177 nach Scharnitz, dann per Rad/zu Fuß zum Halleranger

Einkehr
Unterwegs keine; Übernachtung und Bewirtung in der Halleranger-Alm (halleranger-alm.at) und im Hallerangerhaus (hallerangerhaus.at)

Karte
Alpenvereinskarte Nr. 5/1 Karwendelgebirge West, 1:25.000

Information
karwendel.org, seefeld.com

Vom Halleranger bleibt genug Zeit, neue Gipfelziele zu entdecken, schnell bestiegen sind Sunntiger (2321 m) und Reps (2159 m). Und eine Übernachtung hier oben ist wahrlich ein Erlebnis, besonders wenn die Karwendelgipfel bei Sonnenuntergang rosafarben leuchten.

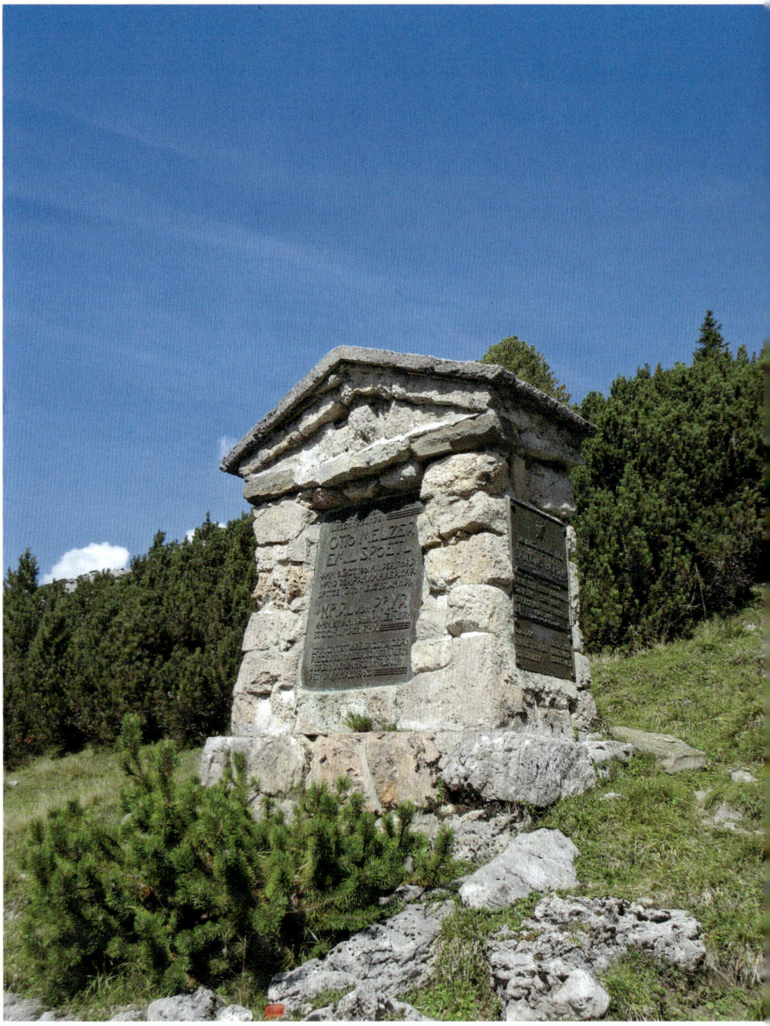

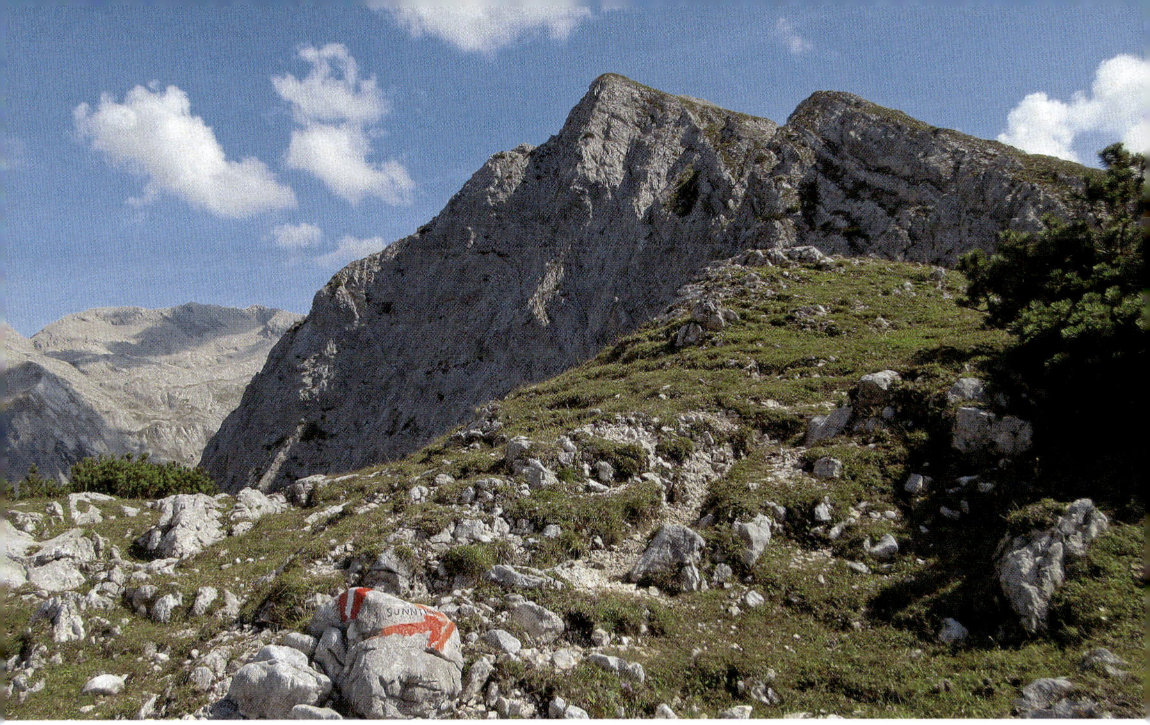

Gut markierter Anstieg zum Sunntiger

Die Bergwanderung Ein Wegweiser zeigt uns den Aufstieg vom Halleranger zum Sunntiger. Rechts von dem schon von unten gut erkennbaren Pfad befinden sich die sieben Isarquellen. Wir steigen nun durch Latschen empor. Am Melzerdenkmal schwenkt der Anstieg nach rechts. Nach etwa einer Stunde erreichen wir den Sattel zwischen dem Reps und dem Sunntiger.

Wissenswertes

Die **Sunntigerspitze** ist einer der relativ leicht ersteigbaren Karwendelgipfel. Sein Name hat nichts mit einem mythischen tibetischen Geistwesen zu tun, sondern bezeichnet einen sonnigen, im Dialekt »sunntigen« Bergrücken. Der **Reps** bekam wahrscheinlich von Bergknappen seinen Namen. Mit dem Ausdruck »Röpps« bezeichnete man gebrochenes Gestein. Man findet dort noch Stollenlöcher aus der Zeit des Bergbaus.

Beim Anstieg kommen wir am **Melzerdenkmal** vorbei. Es erinnert an Otto Melzer, der am 6. Oktober 1901 eine Erstbegehung der Nordwand der Östlichen Praxmarerkarspitze wagte und dabei infolge eines Wettersturzes mit seinem Gefährten Emil Spötl ums Leben kam.

Linke Seite: Das Melzerdenkmal erinnert an den herausragenden Innsbrucker Alpinisten Otto Melzer, der mit seinem Bergkameraden tödlich verunglückte.

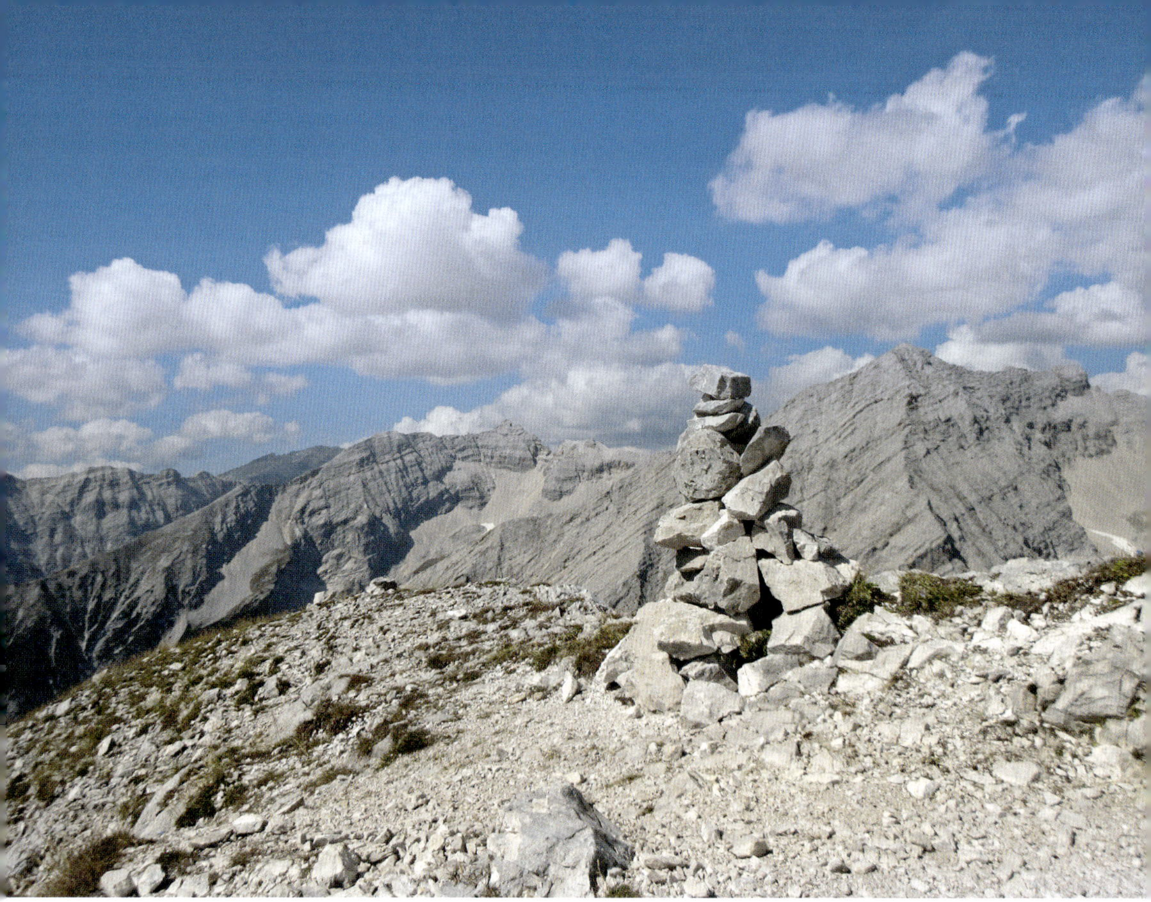

Gleich ist es geschafft – kurz unterhalb vom Sunntigergipfel

Nun heißt es, sich zu entscheiden: dem kühn aufragenden Sunntiger auf den Leib rücken oder zum etwas bescheiden wirkenden Reps hinüberwandern? Zu empfehlen ist beides, wobei zu beachten ist, dass es auch der unscheinbare Pfad zum niedrigeren Reps in sich hat, wandert man doch nahe der Abbruchkante des Berges.

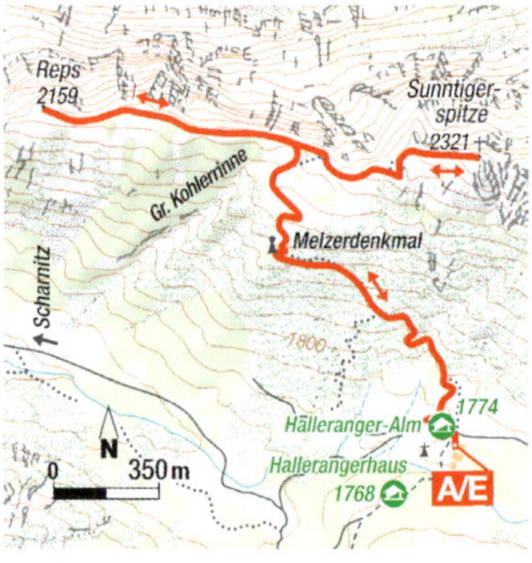

Zum Sunntiger geht es nach rechts über einen schrofigen Gratbuckel. Danach queren wir in der Südflanke auf Steigspuren steil hinauf zu einem grasigen Absatz am Westgrat. Diese Stelle merken wir uns gut für den Abstieg, man könnte sonst vor einem ungangbaren Felsabbruch stehen. Über den Grat kommen wir nun zum Gipfelaufbau. Der Anstieg führt rechts der Gratkante in steilem Geröll etwas ausgesetzt zum Gipfelkreuz. Oben hat man nun Zeit, die Aussicht auf die Karwendelberge zu genießen, z. B. die Gipfel über dem Rossloch, und als besonderer Blickfang die Nordwand des Kleinen Lafatschers. Der Abstieg ist gleich dem Anstieg.

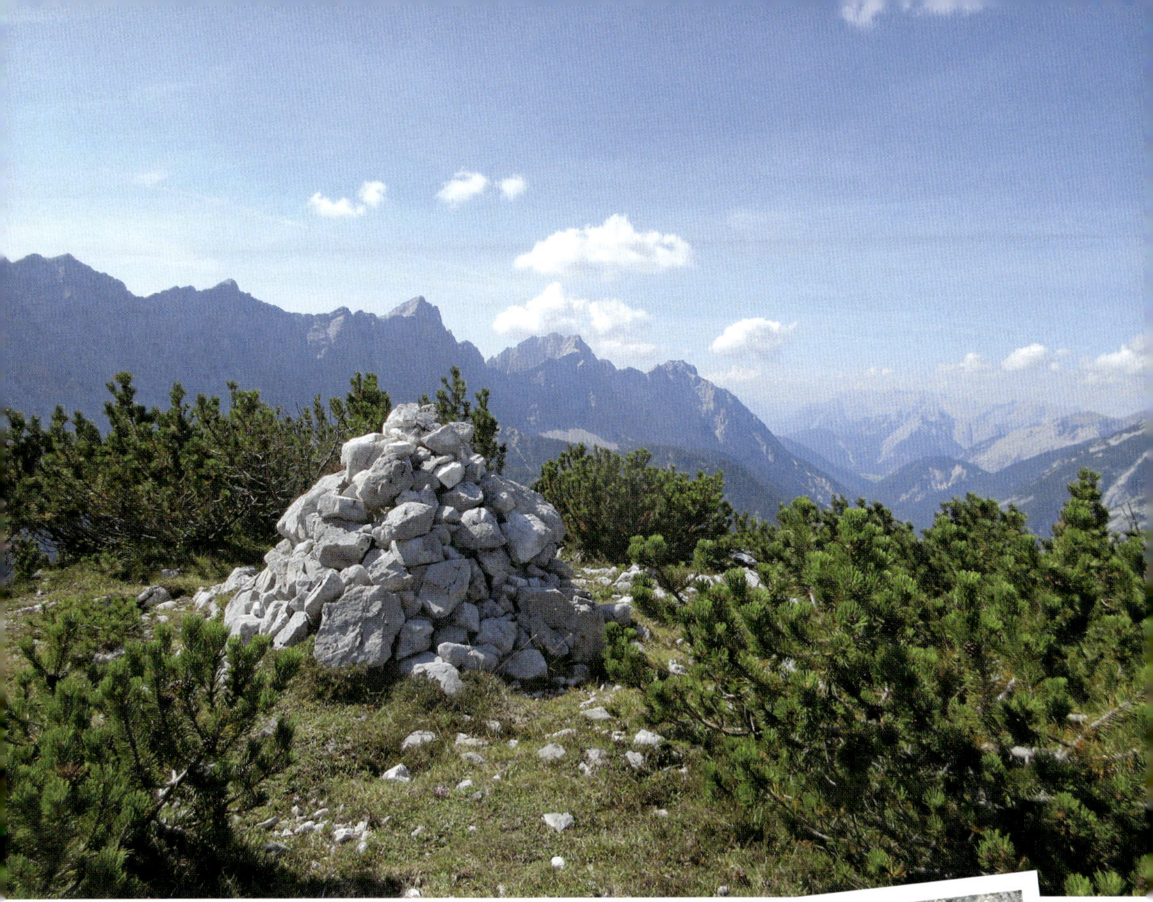

Der Pfad zum Reps führt vom Sattel links durch Latschen und Matten relativ eben zum Gipfel. Unterwegs heißt es aufpassen, der Gratrücken bricht nach Norden 700 Meter in das Rossloch ab. Hin und wieder verlieren sich die Steigspuren. Nach einem knappen Kilometer hat man den Gipfelsteinmann erreicht.

Der Abstieg vom Reps und zum Halleranger ist gleich dem Anstieg. Kurz vor dem Abzweig zum Sunntiger führt der Weg über einen natürlichen Tunnel bzw. ein Loch im Gratrücken, von dem man einen schaurigen Blick hinunter ins Rossloch hat.

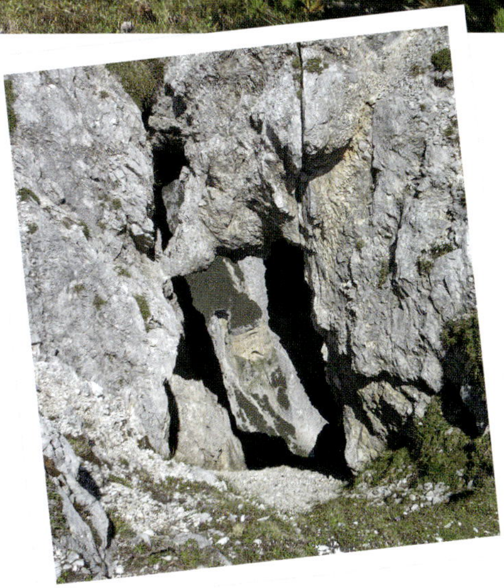

Blick durch das Felsloch hinab zum Rossloch

Hinweis Die beste Jahreszeit für diese alpine Tour ist Juni bis Oktober, in der Saison, wenn die Hütten geöffnet sind. Die beiden Gipfel sind im Winter auch wegen Lawinengefahr nicht zugänglich.

Ganz oben: Steinpyramide am Gipfel des Reps

3 Pleisenspitze

Großer Karwendelgipfel mit phänomenaler Aussicht

mittel	20,0 km	1600 Hm	9.30 Std.

Tourencharakter
Gesperrte Fahrstraße bis zur Hütte, dann unschwieriger, markierter und z. T. felsiger Bergsteig

Ausgangs-/Endpunkt
Bahnhof Scharnitz bzw. Parkplätze »Karwendeltäler«
GPS: 47.391682, 11.267016 (Bahnhof)

Anfahrt
ÖPNV: Mit der Bahn über Garmisch und Mittenwald nach Scharnitz
Auto: Auf der A 95 und der B 2 nach Mittenwald und weiter auf der B 2/B 177 nach Scharnitz; Parkplatz P2 Länd oder P3 Schraffelbrücke, beide gebührenpflichtig

Einkehr
Pleisenhütte (pleisenhütte.at), auch Übernachtung

Karte
Alpenvereinskarte Nr. 5/1 Karwendelgebirge West, 1:25.000

Information
karwendel.org, seefeld.com

Der Aussichtsgipfel Pleisenspitze (2569 m) ist einer der wenigen Karwendelgipfel, die man mit nur geringen Schwierigkeiten und ohne langen »Talhatscher« besteigen kann. Schon deshalb ist dies für angehende Bergsteiger eine Tour, die einmal »gemacht werden muss«.

Die Bergwanderung Vom Bahnhof oder dem Parkplatz in Scharnitz wandern wir in Richtung Isarursprung bis zum Ende der asphaltierten Fahrstraße zur Isarlodge Wiesenhof (Hotel Garni) im Hinterautal. Dort zweigt links der Anstieg zur Pleisenhütte ab. Immer auf der breiten Fahrstraße bleibend erreichen wir nach etwa zweieinhalb Stunden die Pleisenhütte (1757 m). Links der Schutzhütte geht es weiter. Der Steig führt z. T. auf Schratten durch eine interessante Karstlandschaft. Nach einer knappen Viertelstunde zweigt rechts der Toni-Gaugg-Steig ab.

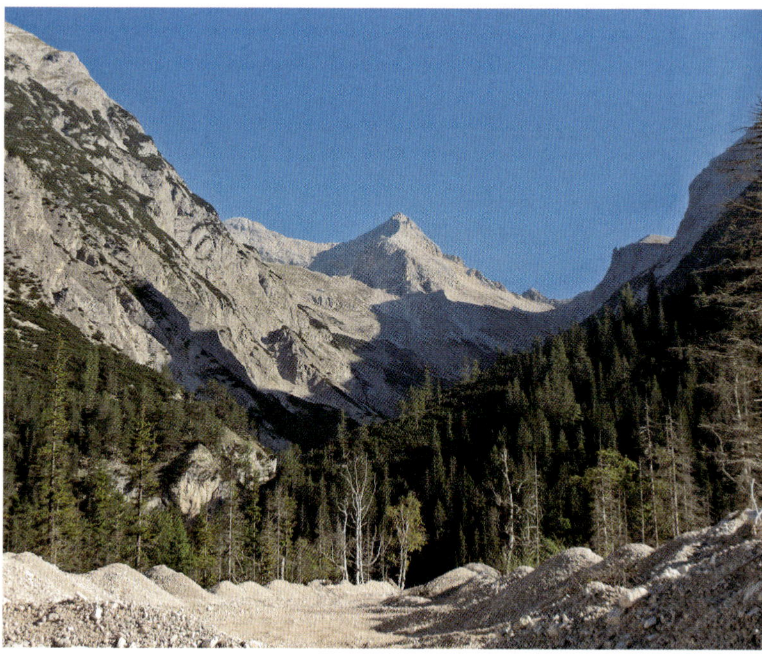

Karwendelriesen über Schuttkaren

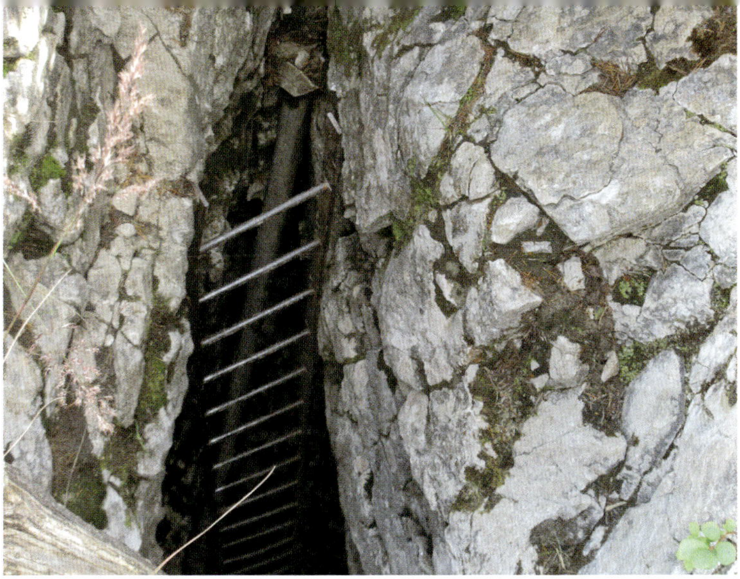

Links: Waghalsig – als der Pleisentoni hier das Elchskelett fand, gab es noch keine Steighilfe.

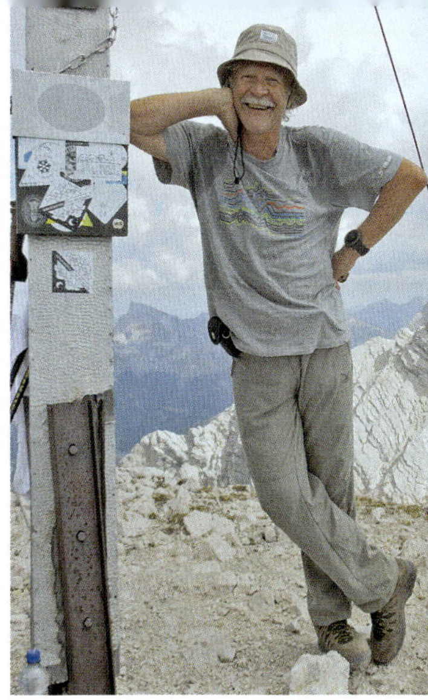

Rast am Gipfelkreuz der Pleisenspitze

Gleich dahinter befindet sich links die kleine Schachthöhle, in welcher der »Pleisentoni« (siehe S. 35) auf der Suche nach einer Quelle das 8000 Jahre alte Skelett eines jungen Elchs gefunden hat. Es befindet sich heute unten im Naturpark-Infozentrum Scharnitz. Der Weiterweg führt durch Latschen hinauf zum Vorderkar, quert nach rechts zum hinteren Pleisengrat und über ihn zum Gipfel. Der Weg ist immer deutlich erkennbar und mit weiß-roten Farbklecksen bzw. Steinmännern markiert, man kann sich also nicht verlaufen.

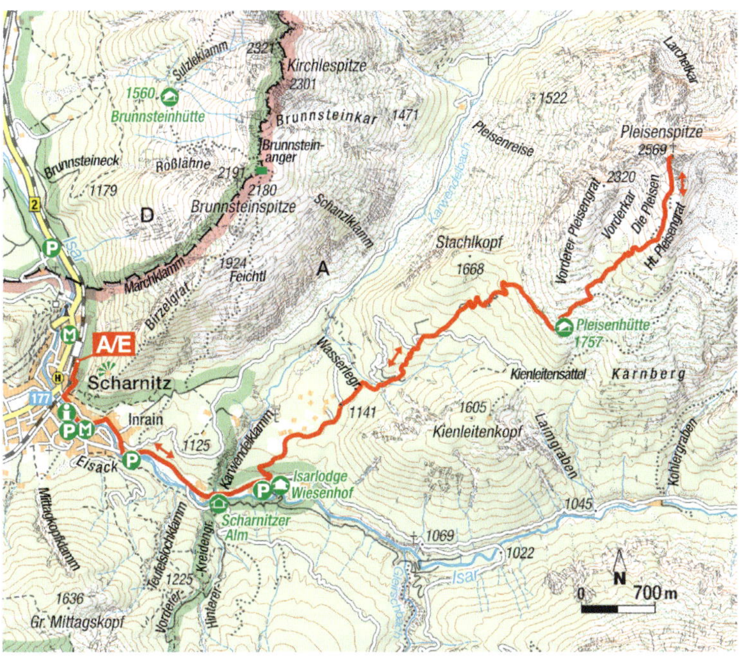

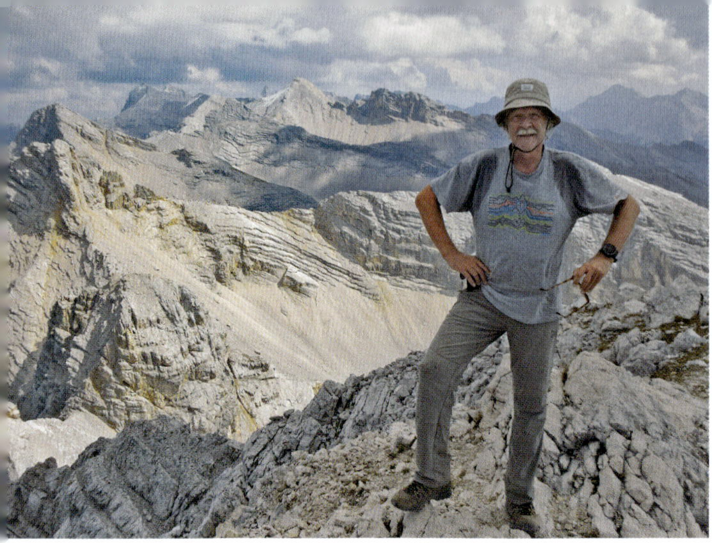

Sobald man ausgeschnauft und sich die Gipfelbrotzeit einverleibt hat, kann man sich dem Panorama widmen. Besonders der Blick auf die Höhenwüste des fast 40 Kilometer langen Karwendelhauptkammes ist atemberaubend. Hier schlängelt sich der Toni-Gaugg-Steig durch die Kare hinüber zum Karwendelhaus. Wer diesen begehen will, braucht eine Bärenkondition, alpine Erfahrung, die passende Ausrüstung und eine gehörige Portion Mut. Er ist also nichts für unerfahrene Gelegenheitswanderer. Aber auch die weitere Rundsicht, die vom Gleiersch und den westlichen Karwendelriesen hinüber zum Wettersteinmassiv, der Nördlichen Karwendelkette, zur Soierngruppe und hinaus in die Bayerischen Vorberge reicht, sucht ihresgleichen.

Das Karwendel – eine Wüste aus grauen, schroffen Felswänden

Der Abstieg ist gleich dem Aufstieg. Unterwegs empfiehlt sich noch mal die Pleisenhütte zur Einkehr, wo man sich stärken und das Panorama genießen kann.

Scharnitz vor der Kulisse der Pleisenspitze

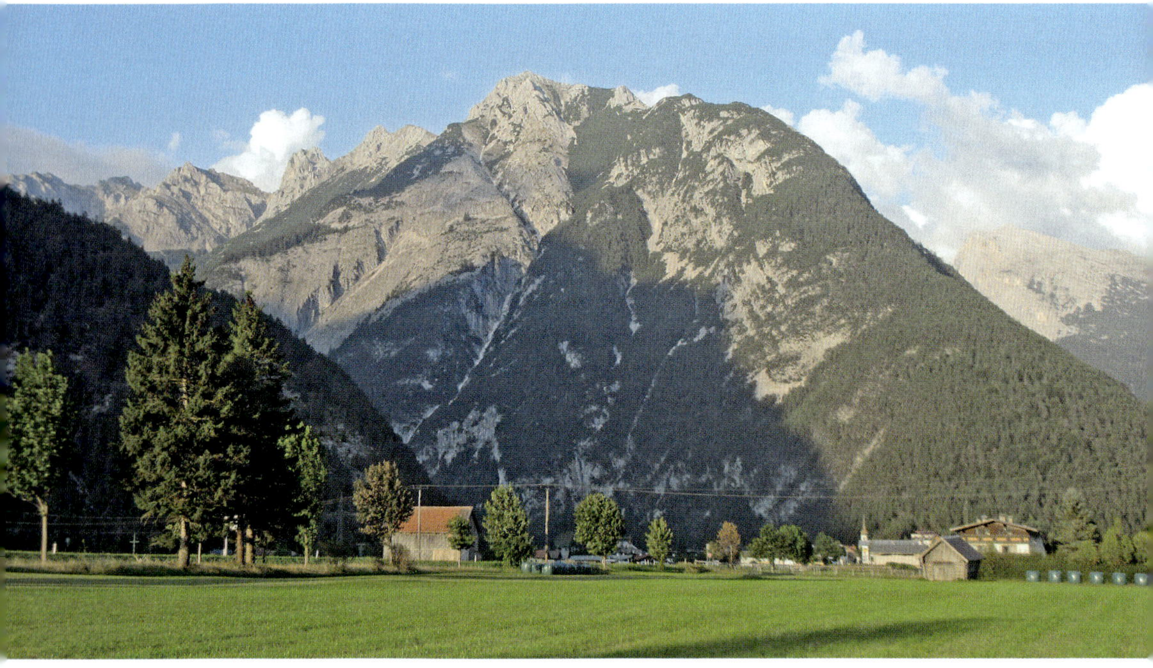

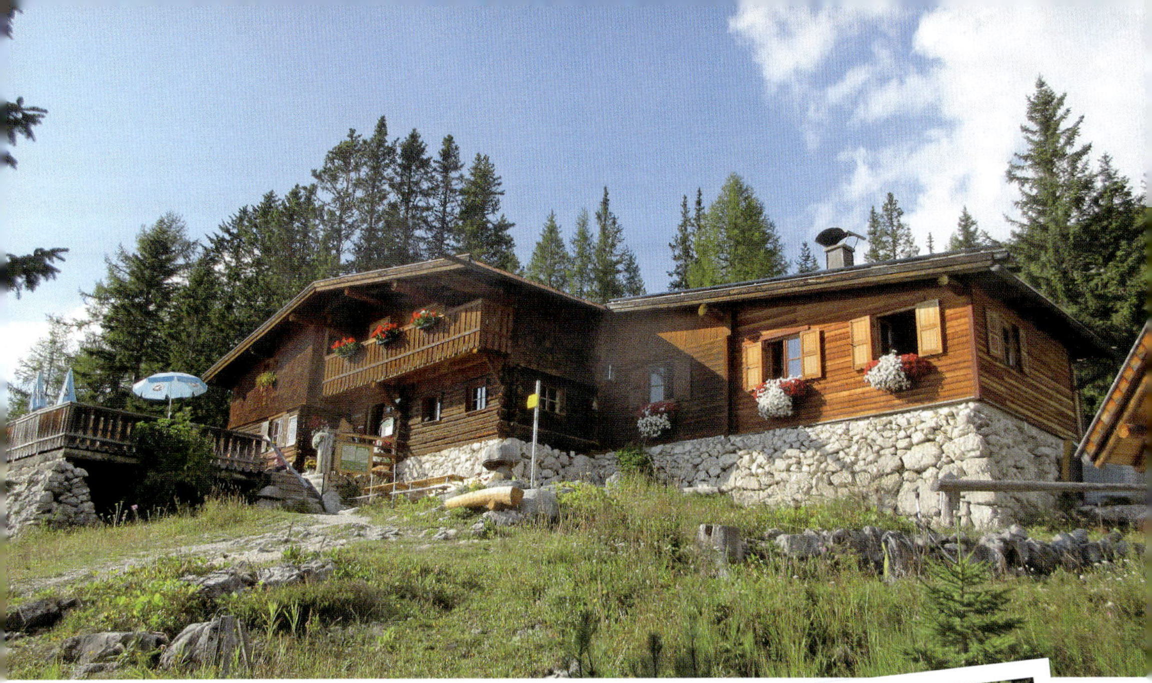

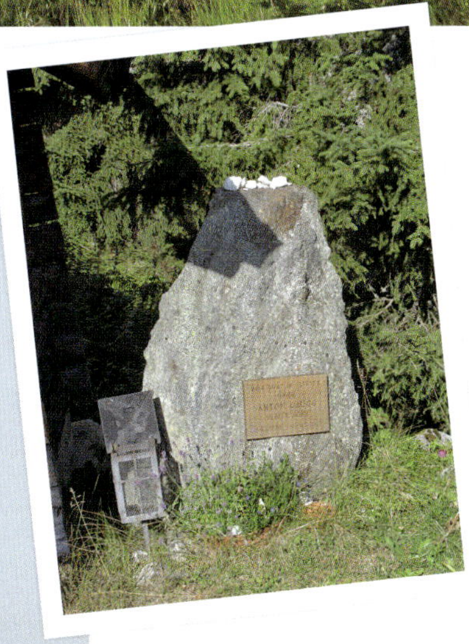

Erinnerung an den Pleisentoni neben seiner Hütte

Ganz oben: Schon mancher ist hier »hängengeblieben«. Der Weg zum Gipfel führt über die Terrasse der Pleisenhütte.

Wissenswertes

Als **Pleisen** werden baumfreie, alpine Matten (Wiesen über der Baumgrenze) bezeichnet. Man findet sie meist im Kammbereich, wo der Wind oft stark weht und einen Bewuchs nicht aufkommen lässt. Die Bezeichnung wird wahrscheinlich vom Wort blasen abgeleitet.

Als **Toni Gaugg**, später vielen Bergsteigern nur als »Pleisentoni« bekannt, am 17. Dezember 1949 aus russischer Kriegsgefangenschaft heimkehrte, hatte er erst einmal genug von der großen weiten Welt. Einige andere Dinge waren ihm wichtiger, sollte er sein geliebtes Karwendelgebirge denn noch einmal sehen. So schwor er, auf der Birkkarspitze ein Gipfelkreuz aufzustellen und unter der Pleisenspitze eine Hütte zu bauen. So rodete der Hüttenwirt aus Scharnitz unterhalb des Gipfels ein Stück Land und baute eigenhändig ein Blockhaus. Da nur ein schmaler Pfad hinaufführte, trug er das gesamte Baumaterial selbst den Berg hinauf, nur Bäume für das Bauholz schlug er vor Ort. Im Laufe der Jahre wuchs diese Blockhütte durch An- und Zubauten zur heute ansehnlichen Pleisenhütte. 2007 verstarb das allseits beliebte Original. Der Pleisentoni wurde an seinem Lieblingsort begraben: bei der Kapelle gleich neben der Hütte.

4 Kranzberg

Ein Wanderparadies zu jeder Jahreszeit

leicht | 11,0 km | 500 Hm | 3.00 Std.

Tourencharakter
Sehr leichte, gut markierte Bergwanderung auf breiten Wanderwegen, auch für kleinere Kinder geeignet

Ausgangs-/Endpunkt
Mittenwald, Talstation Kranzbergbahn
GPS: 47.444394, 11.256781

Anfahrt
ÖPNV: Mit der Bahn über Garmisch nach Mittenwald; vom Bahnhof ca. 20 Min. Fußweg zur Talstation
Auto: Auf der A 95 und der B 2 nach Mittenwald; Parkplatz an der Kranzbergbahn

Einkehr
Zahlreiche Möglichkeiten, z. B. Berggasthof St. Anton, Gasthaus Ferchensee (ferchensee.eu), Lautersee Alm (lauterseealm.de), Lautersee Stub'n (hotel-lautersee.de); zahlreiche Möglichkeiten in Mittenwald

Karte
KOMPASS Wanderkarte 790 Garmisch-Partenkirchen, Mittenwald, 1:35.000

Information
alpenwelt-karwendel.de/kranzberg-mittenwald

Der Hohe Kranzberg (1391 m) – wie er offiziell heißt – ist ein Ganzjahresziel, er kann mit der richtigen Ausrüstung auch im Winter bestiegen werden. Und im Sommer hat man die Gelegenheit, im Ferchensee und im Lautersee zu baden. Na, Lust bekommen?

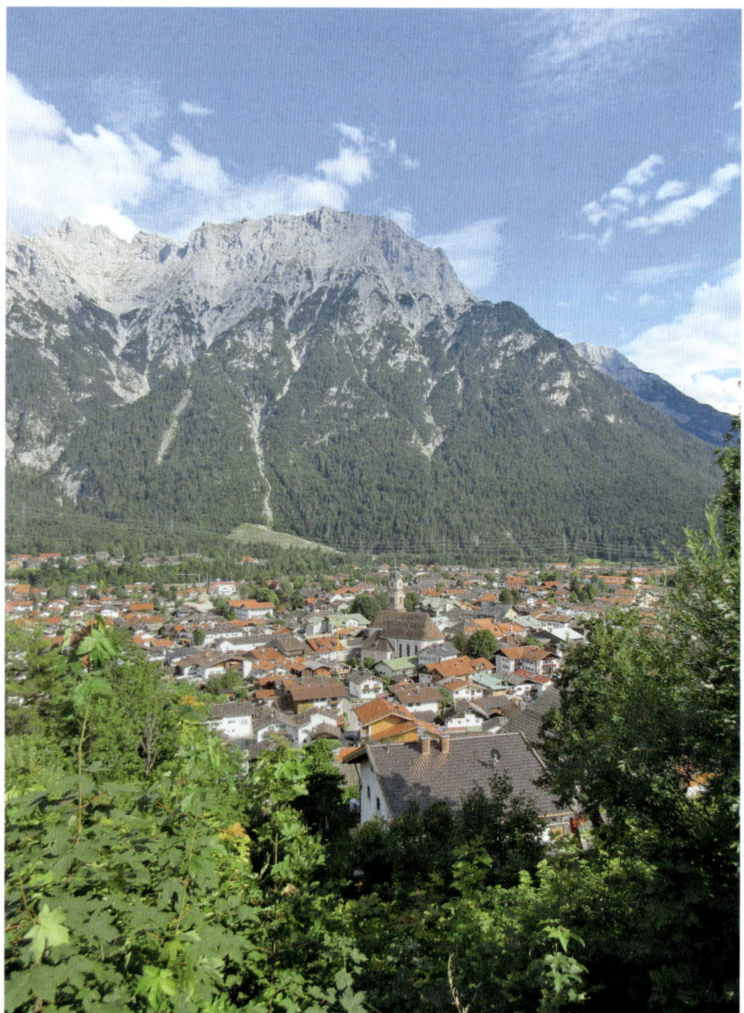

Blick über Mittenwald auf die Gipfel des Mittenwalder Höhenweges

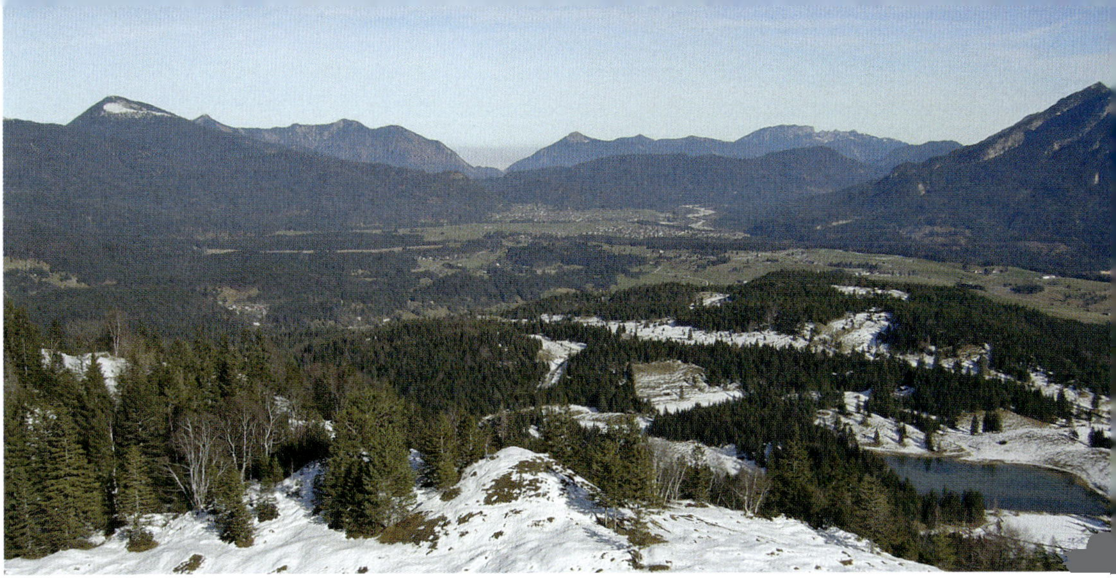

Panorama vom noch schneebedeckten Kranzberg über das Isartal bei Wallgau

Die Bergwanderung Von der Talstation der Kranzbergbahn folgen wir dem ausgeschilderten Wanderweg 830 Richtung Kranzberg und Berggasthof St. Anton. Dafür braucht man rund 45 Minuten. Oder man fährt gleich mit dem Sessellift. Auf dem Weg 832 kommen wir dann in einer halben Stunde zum kleinen Gipfel des Kranzbergs, wo ein »Panoramakino« mit Holzliegen zur kurzen Rast einlädt. Dann steigen wir den Weg 813 zum Ferchensee ab, am gleichnamigen Gasthof lässt es sich gut einkehren. Im Sommer werden wir aber gleich in den See hüpfen.

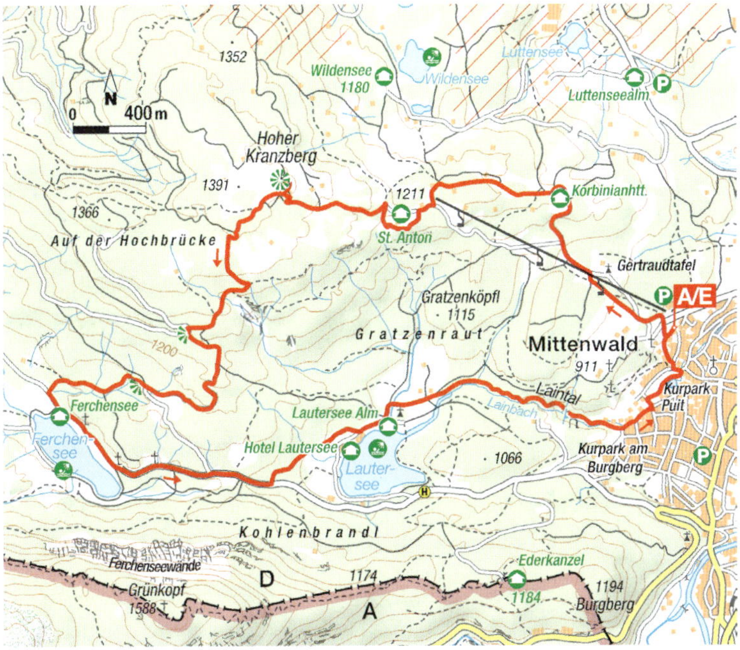

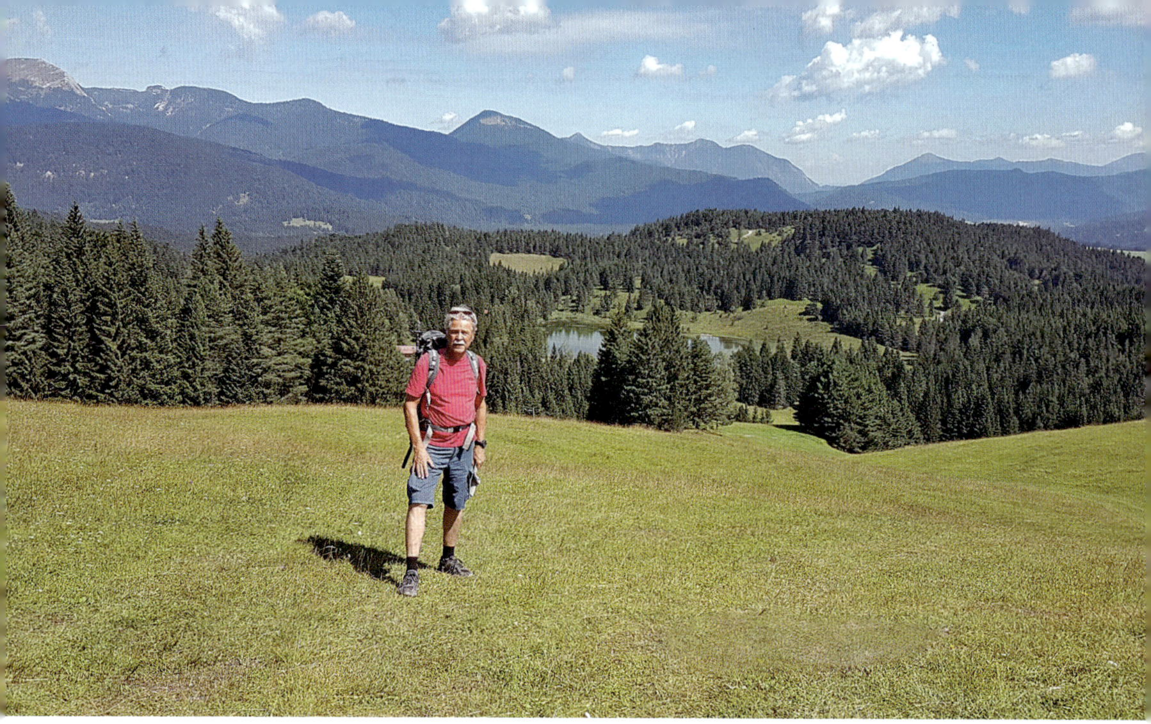

Blick vom Hohen Kranzberg über den Wildensee

Der Rückweg führt nun auf dem Weg 820 zum Lautersee. Hier locken die Lautersee Alm, die Lautersee Stub'n und das Strandbad. Zurück zum Parkplatz können wir nun unter mehreren Möglichkeiten wählen, vorbei an der Kapelle Maria Königin nehmen wir entweder den Weg 824 oder den Weg 828, am schönsten ist meiner Meinung jedoch der Weg entlang des Lainbachs.

Sind wir mit der Bahn angereist, verlängert sich die Tour um zwei Kilometer. Vom Bahnhof gehen wir die Bahnhofstraße zur Pfarrkirche St. Peter und Paul. Über die Straße Im Gries, vorbei am Kurpark Puit und über den Schillerweg kommen wir zum

Frühjahrserwachen bei der Kapelle Maria Königin

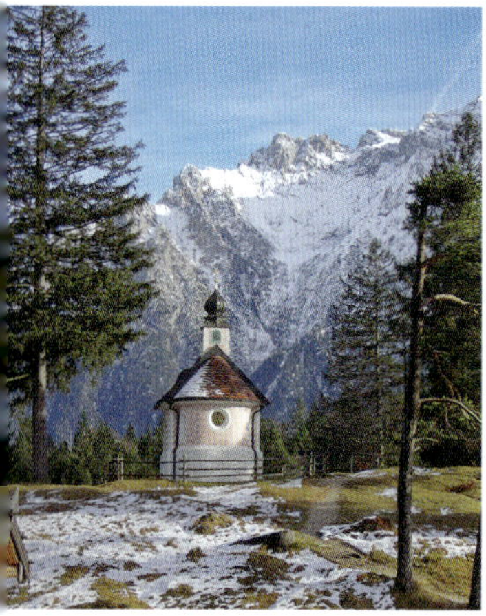

Wissenswertes

Der **Kranzberg** hat seinen Namen vermutlich von der »Kran-Beer«, so hieß früher im baierischen Dialekt die Wacholderbeere, der Wacholderstrauch selbst wurde »Kranzn« genannt. Dieses Wort ist heute mehr oder weniger in Vergessenheit geraten und kommt nur noch in alten Flurbezeichnungen vor. Wahrscheinlich ist der Name vom Tal hochgewandert, also vom Kranzbach, an dem vermutlich Wacholderbüsche wuchsen. Der Kranzberg ist demnach der Gipfel über dem Kranzbach.

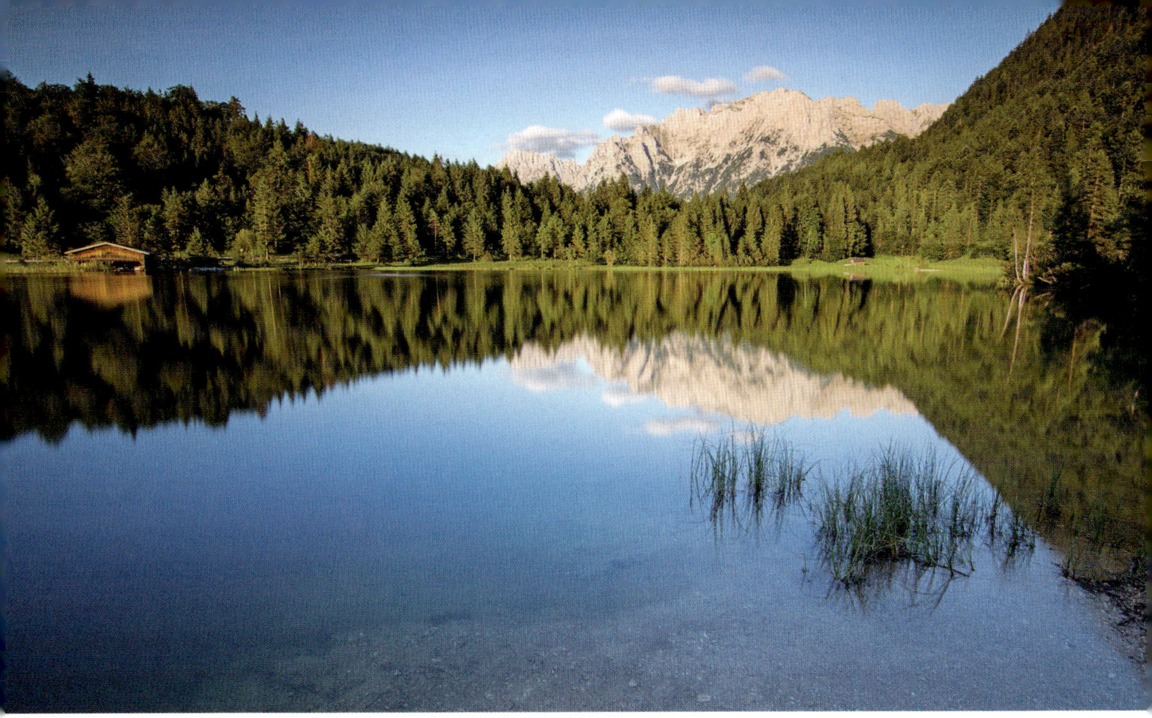

Parkplatz an der Talstation. Hier fädeln wir in die Hauptroute ein. Ab dem Kurpark geht es auf dem gleichen Weg zurück.

Malerische Abendstimmung am Ferchensee, überragt von den Gipfeln der Nördlichen Karwendelkette

Varianten Wie bereits gesagt, gibt es mehrere Möglichkeiten, am Kranzberg zu wandern:

- Wer eine längere Tour plant, geht zuerst zum Wildensee hinauf (Wegnummer 810), dann auf dem Wanderweg 809 weiter zum Hohen Kranzberg. Hier trifft man wieder auf die Hauptroute.
- Um die Sache abzukürzen, kann man vom Berggasthof St. Anton auch auf dem Wanderweg 824 gleich zum Lautersee absteigen und dann links auf dem Weg 828 zum Parkplatz zurückkehren.
- Während der Wandersaison fährt auch ein Bus zum Lauter- und Ferchensee.

Hinweise

- Achtung, die Kranzbergbahn fährt wegen Revisionsarbeiten meist im April und im November/Dezember nicht.
- Im Winter führt von der Bergstation bei St. Anton eine Rodelbahn hinunter zum Parkplatz (Länge etwa 1,6 Kilometer und als rot/mittelschwer eingestuft).
- Lautersee und Ferchensee sind herrliche Naturbadeseen – im Sommer unbedingt Badezeug mitnehmen!

5 Der Isar-Natur-Erlebnisweg

Ein interessanter Rundweg an den Ufern der Oberen Isar

leicht | 8,1 km | 100 Hm | 2.30 Std.

Tourencharakter
Sehr leichte Wanderung, auch für gehfeudige Kinder ab 6 Jahren geeignet. Der Themenweg ist grün beschildert.

Ausgangs-/Endpunkt
Krün, Ortsmitte
GPS: 47.505729, 11.278437

Anfahrt
ÖPNV: Mit der Bahn über Garmisch nach Mittenwald, weiter mit Buslinie 9608 nach Krün, Haltestelle Kranzbach
Auto: Auf der A 95 und der B 2 nach Garmisch, weiter bis Ausfahrt B 11 und auf dieser nach Krün

Einkehr
Am Tourenanfang bzw. -ende mehrere Möglichkeiten in Krün

Karte
KOMPASS Wanderkarte 790 Garmisch-Partenkirchen, Mittenwald, 1:35.000

Information
alpenwelt-karwendel.de/a-der-isar-natur-erlebnisweg-bei-kruen

Wer diese Gegend nur von der B 2 aus kennt, wird überrascht sein, welch romantische Landschaft trotz Isarkraftwerk und Gewerbegebiet sich hier bei Krün versteckt. Die Runde kann zudem durch den Besuch einer beeindruckenden Klamm ergänzt werden.

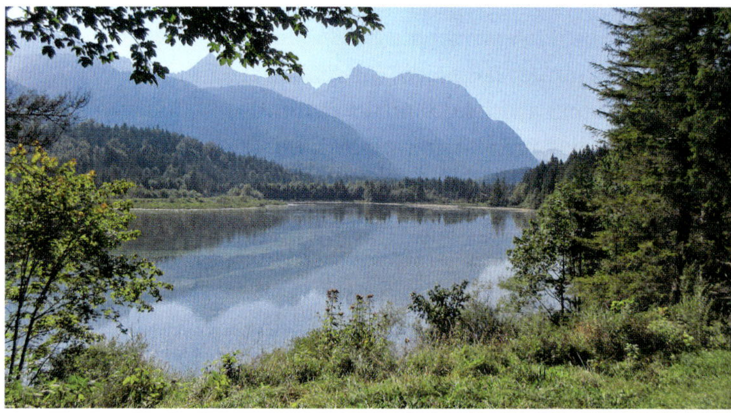

Rechts oben: Der Isarstausee bei Krün wird umrundet.

Die Wanderung Von der Ortsmitte Krün gehen wir zuerst zum Maibaum, weiter über die Schöttlkarspitzstraße zum Rathaus und von dort über den Obernachkanal entlang der Soiernstraße hinab zur Isar. Vor der Isarbrücke wandern wir rechts isaraufwärts auf dem Kieselsteinlehrpfad zum Stauwehr Krün. Um dieses und die Umspannstation herum kommen wir, entlang des Gewerbegebietes Krün-Süd, zum Isarstauseesteig. Wir folgen dem Weg entlang des Stausees bis zur Flößerbrücke, überqueren die Isar und erreichen bei der Staumauer das Isarfloß (siehe S. 42), wo ein paar Bänke zu einer gemütlichen Rast einladen.

Weiter isarabwärts treffen wir bei der Forststraße auf den Abzweig in die Hüttlebachklamm. Die Infotafeln leiten uns weiter, bis wir wieder zurück zur Krüner Brücke kommen. Hier gehen wir nun auf dem bereits bekannten Weg zurück in die Ortsmitte von Krün.

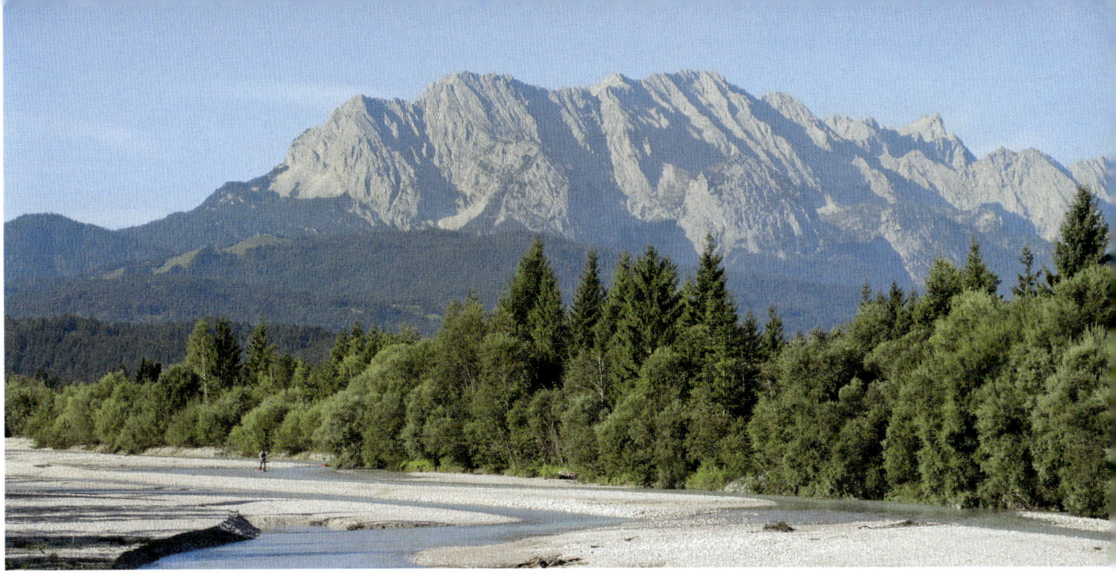

Blick auf die östlichen Wettersteingipfel

Varianten

- Wem der Erlebnisweg alleine zu kurz ist, der kann leicht noch die Hüttlebachklamm mitnehmen. Wo man wieder auf den Forstweg trifft, zweigt der Steig nach rechts in die Klamm ab. Der Abstieg zum Isar-Natur-Erlebnisweg ist beschildert, einige Infotafeln werden dabei allerdings ausgelassen; ca. zwei Kilometer und 200 Höhenmeter zusätzlich.
- Für Familien mit kleineren Kindern ist der Flößerspielplatz über einen kleinen Abstecher schnell zu erreichen.

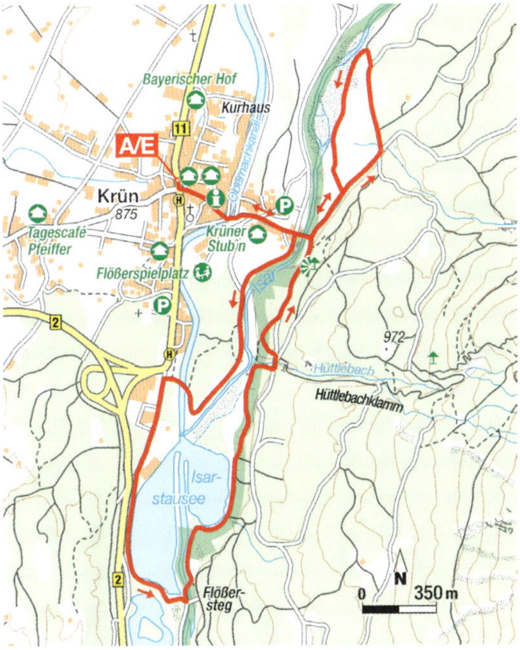

Wissenswertes

Die Isar durchquert im Alpenbereich v. a. Schichten der Trias, also Kalkgesteine. Somit müssten eigentlich alle **Isarkiesel** hellgrau bis weiß sein. Das ist aber nicht der Fall. Warum? Während der Eiszeit transportierte der Inntalgletscher Gesteine des Alpenhauptkamms ins heutige Isartal. Und so findet man auch farbiges kristallines Gestein wie Gneise, Granite, Amphibolite. Allen, die mehr über Isarkiesel bzw. regionale Natursteine wissen möchten, sei ein Besuch des kleinen Naturmuseums »Haus der Steine« (Finzbachstr. 1) in Krün empfohlen, ebenso die Internetseite isar-kiesel.de.

Flößerei auf der Isar

Jahrhundertelang war die Isar eine einspurige Hauptverkehrsstraße in Süd-Nord-Richtung. Alles, was man aus dem Karwendelgebirge Richtung München und weiter nach Niederbayern transportierte, wurde der Isar anvertraut. Die Flößerei diente nicht nur dem Waren-, sondern auch dem Personentransport, denn: »Mit dem Floß geht's schneller als wia mi'm Roß.« Wichtige Ausgangspunkte der Isar-Flößerei waren Mittenwald, Krün, Wallgau, Lenggries und Tölz.

Nach der Gründung der Stadt München wurden Unmengen Baustoffe benötigt, vor allem Holz und Kalk. Um die Versorgung damit sicherzustellen durfte kein Floß die Stadt passieren, ohne dass seine Ladung drei Tage den Münchner Bürgern zum Kauf angeboten wurde. Das stand seit dem 13. Jahrhundert in einer vom Münchner Rat erlassenen Flößerordnung, die wie heute die Straßenverkehrsordnung alles bis ins Detail regelte. So war z. B. die Breite eines Floßes genau festgelegt, oberhalb Münchens galt die Münchner Floßstange: 16 Schuh. Umgekehrt war auch die Höhe der Brücken »genormt«, ein Mann auf dem Floß durfte mit ausgestreckter Hand die Brücke nicht berühren können.

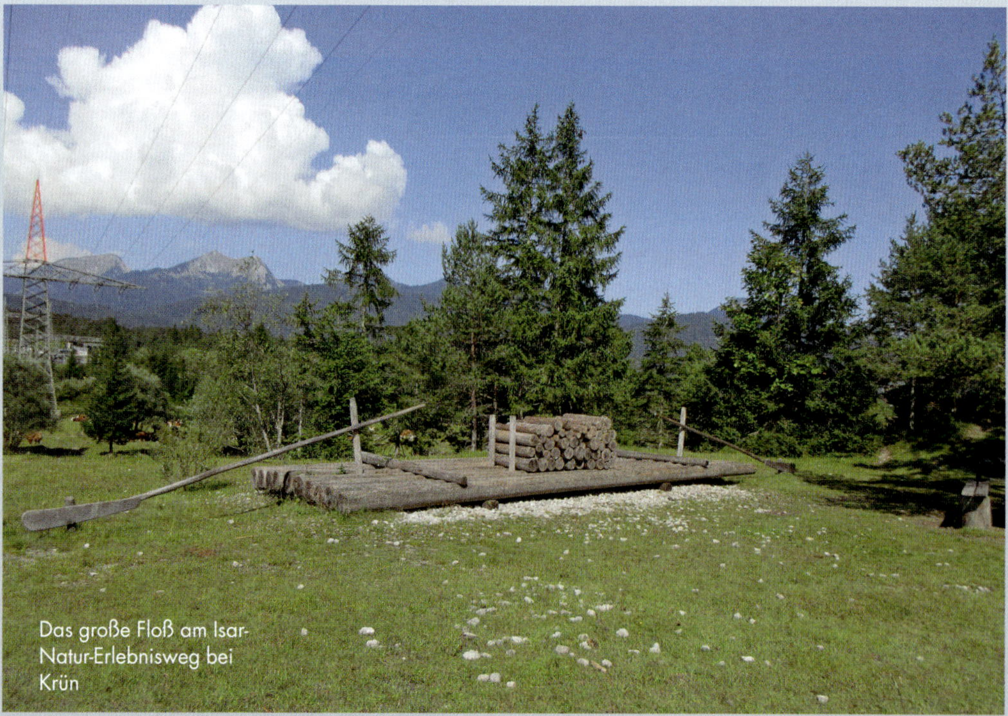

Das große Floß am Isar-Natur-Erlebnisweg bei Krün

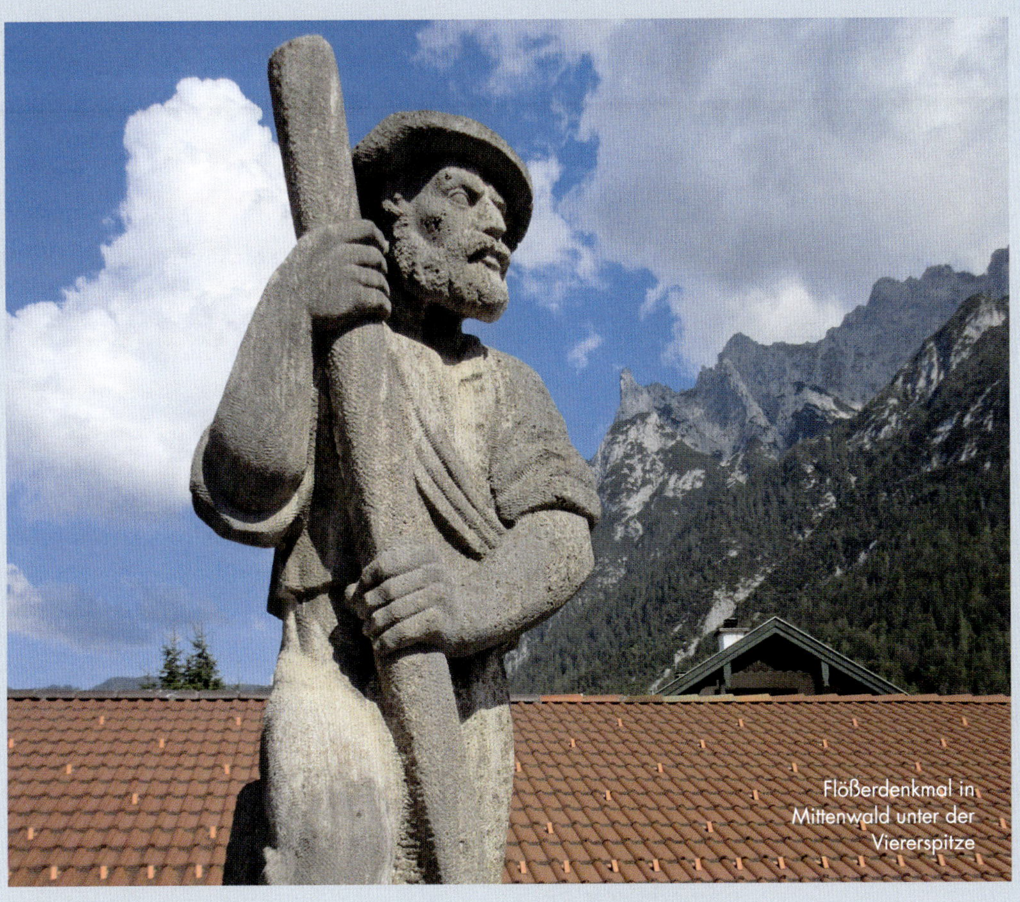

Flößerdenkmal in Mittenwald unter der Viererspitze

Um 1500 steuerten knapp 3000 Flöße jährlich die Lände in München an, zwischen 1860 und 1876 waren es etwa 8000. Doch diese Blütezeit war bald vorbei. Durch die Errichtung von Wasserkraftwerken, die Ableitung der Isar in den Walchensee und den Bau von Eisenbahnlinien kam die Flößerei auf der Isar nach dem Ersten Weltkrieg schnell zum Erliegen. Heute fahren nur noch sogenannte Gaudiflöße zwischen Mai und September von Wolfratshausen nach München.
Von der Flößerei ist die Trift zu unterscheiden. Hier warf man Baumstämme einfach in den Fluss und fischte diese sogenannten Tölzer Prügel weiter unten wieder heraus. Heute kennen sie vor allem Schleckermäuler: In Tölzer Konditoreien werden unter diesem Namen Pralinen in fünf verschiedenen Geschmacksrichtungen angeboten, die Holzstämmen nachempfunden sind – außen rau und innen mild.
Die alten Flößertraditionen werden von Vereinen in Lenggries, Wolfratshausen und München-Thalkirchen immer noch aufrechterhalten. Interessantes zur Flößerei auf der Isar und anderen Flüssen in Bayern findet man unter floesserstrasse.eu.

6 Zwischen Mittenwald und Wallgau

Radeln am Isarufer und über die Buckelwiesen

leicht	28,5 km	310 Hm	2.45 Std.

Tourencharakter
Leichte Radtour auf meist wenig befahrenen Autostraßen, Rad- und Feldwegen, eine kurze, sehr steile Steigung von der B 2 hinauf zum Kircherl Maria Rast auf den Buckelwiesen

Ausgangs-/Endpunkt
Mittenwald, Bahnhof
GPS: 47.439917, 11.264956

Anfahrt
ÖPNV: Mit der Bahn über Garmisch nach Mittenwald
Auto: Auf der A 95 und der B 2 nach Mittenwald; Parkplatz am Bahnhofsplatz

Einkehr
Gaststätten in Mittenwald, Krün und Wallgau; Auhütte bei Wallgau; Goas-Alm (goas-alm.de) auf den Buckelwiesen nördlich von Mittenwald

Karte
KOMPASS Wanderkarte 790 Garmisch-Partenkirchen, Mittenwald, 1:35.000

Information
alpenwelt-karwendel.de

Bei dieser Tour findet man auf engstem Raum völlig unterschiedliche Landschaftsbilder vor: Auwälder, einen künstlich angelegten See und die Buckelwiesen. Und ständig blicken die Gipfel des Karwendels und des Wettersteingebirges auf uns herab oder wir zu ihnen empor.

Die Radtour Wir fahren am Mittenwalder Bahnhofsplatz Richtung Norden und biegen an der Dammkarstraße nach rechts ab. Nachdem wir über die Brücke gefahren sind, folgen wir der Isar knappe zwei Kilometer weit, bis wir die Edelweißkaserne erreichen. Dort biegen wir rechts ab, fahren durch eine Unterführung unter der B 2 hindurch und erreichen einen Radweg nach Norden (Wegweiser »Wallgau, Walchensee«). Nun geht es – immer gut beschildert – ein Stück an der B 2 entlang, bis uns erneut Wegweiser nach rechts unter der Bundesstraße zum Gewerbegebiet Krün-Süd leiten. Hier biegen wir rechts ab und fahren gegen den Uhrzeigersinn in Richtung Süden um den Isarstausee herum. Über die Flößerbrücke kommen wir auf die rechte Isarseite und zum Isar-Natur-Erlebnisweg.

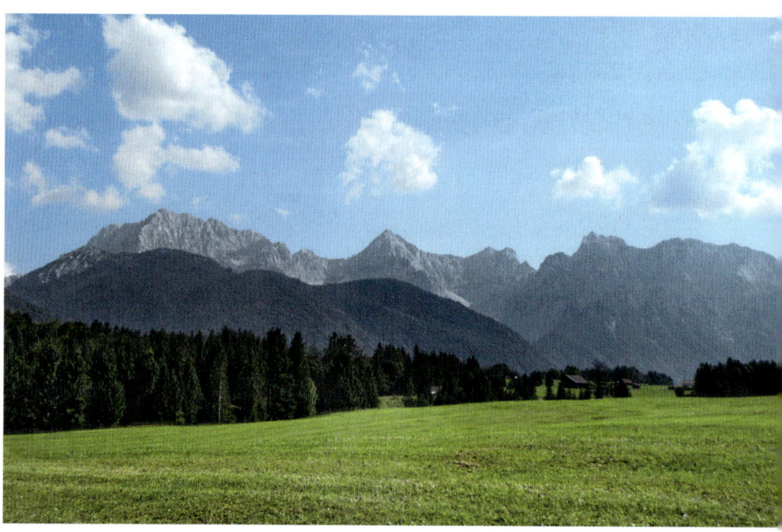

Karwendelgipfel über den Buckelwiesen

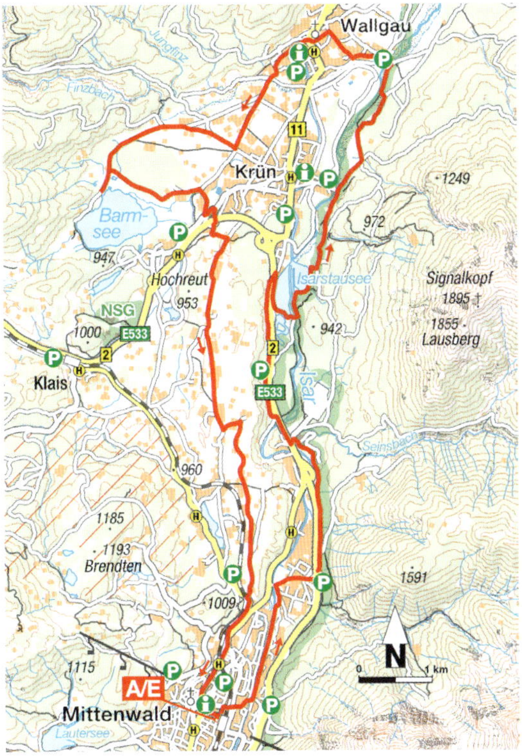

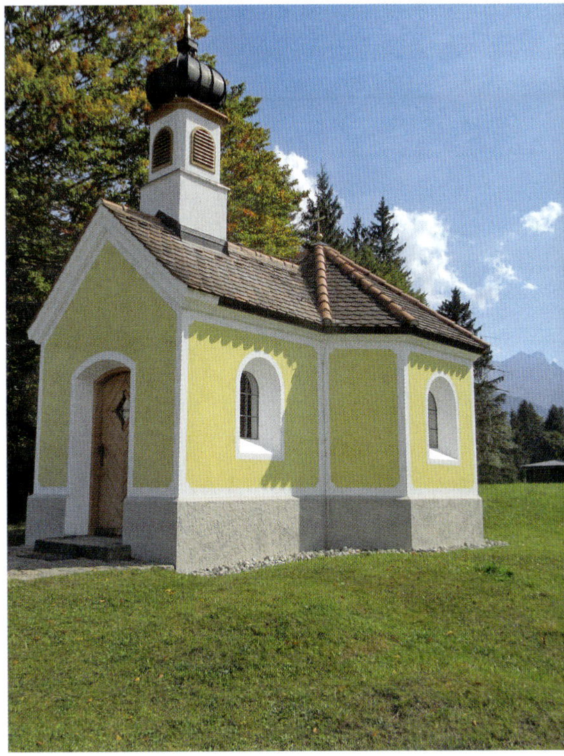

Die schmucke Kapelle Maria Rast ist ein wundervolles Platzl zum Rasten.

An der Krüner Isarbrücke zweigt links die Variante ab. Wir aber fahren weiter der Isar entlang bis zur Wallgauer Isarbrücke. Wir überqueren sie und fahren über die Isar-, die Flößer- und schließlich die Soiernstraße zur Kirche von Wallgau hinauf. Beim Dorfplatz treffen wir auf die B 11 und folgen gegenüber der Barmseestraße. Nach knapp vier Kilometern stoßen wir auf die von links aus Krün kommende Krottenkopfstraße. Hier mündet die Variante wieder in die Originalroute.

Wir biegen rechts ab und fahren immer geradeaus bis zum Badeplatz am Barmsee. Wegweiser helfen bei der Orientierung. Nach einem erfrischenden sommerlichen Bad geht es ein Stück zurück. Nach etwa 300 Metern biegt rechts ein beschilderter Rad- und Fußweg in den Wald ab. Nach ihm leitet uns ein Wegweiser nach rechts hinab und unter der B 2 hindurch. Wir folgen dem Radweg neben der Bundesstraße etwa einen Kilometer nach Osten. Dann geht es sehr steil die Hochstraße hinauf zum Kircherl Maria Rast. Wir radeln nun auf der nur noch leicht ansteigenden Straße in südlicher Richtung (Wegweiser »Mittenwald«). Die

Goas-Alm wäre noch einmal eine wunderbare Gelegenheit für eine ausgiebige Brotzeit mit einem beeindruckenden Panorama der Werdenfelser Bergwelt.

Schließlich führt die Straße mit mäßigem Gefälle am Schmalensee vorbei zur Landstraße nach Mittenwald hinab. Dem Wegweiser »Mittenwald Zentrum« folgend, kommen wir über die Mühlfeld- und die Tiefkarstraße wieder zur Dammkarstraße. Hier biegen wir rechts ab, überqueren das Bahngleis und in Kürze ist unser Ausgangspunkt, der Mittenwalder Bahnhof, wieder erreicht. Ein Abstecher in das Zentrum von Mittenwald wäre nicht verkehrt – im Gegenteil, sogar sehr zu empfehlen.

Varianten

- Man kann die Tour abkürzen, wenn man z. B. gleich bei der Krüner Isarbrücke die Soiernstraße nach Krün hinauffährt und bei der Kirche rechts abbiegt. Nach etwa 200 Metern biegt man links in die Krottenkopfstraße ein und trifft nach etwa 800 Metern wieder auf die Originalroute. Die Route verkürzt sich dabei um etwa 6 Kilometer.
- Oder man fährt nicht zum Baden an den Barmsee, sondern biegt schon vorher links ab, was im Sommer aber schade wäre.

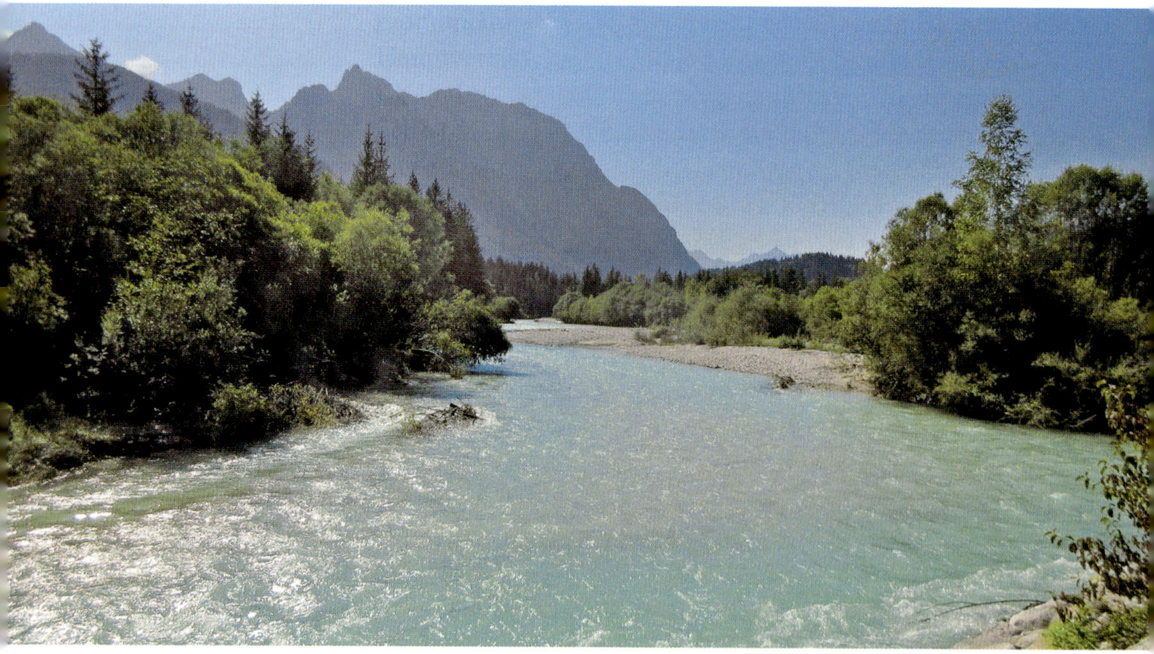

Der Oberlauf der Isar ist ein Paradies für Kajakfahrer.

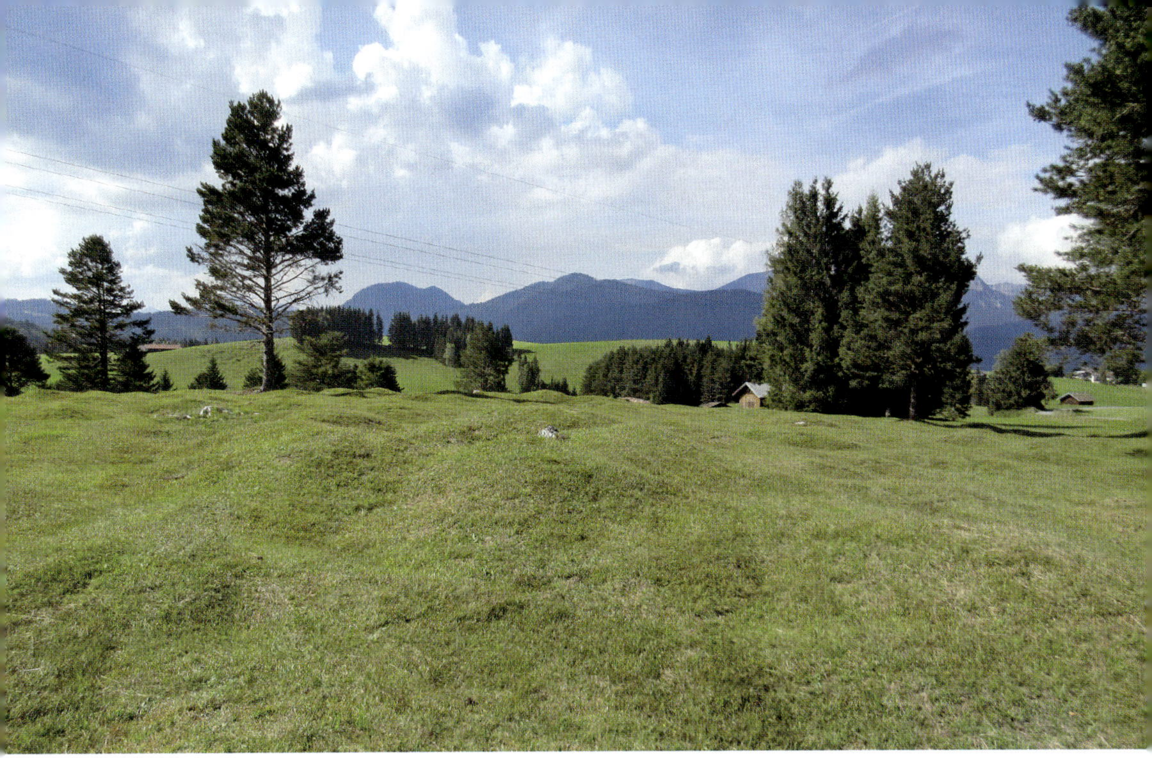

Die Buckelwiesen – unscheinbar und geheimnisvoll

Hinweis Die Radrunde kann man vom späten Frühjahr bis weit in den Herbst hinein unternehmen, solange halt noch kein Schnee liegt. Will man aber auch baden, so sind natürlich nur die Sommermonate zu empfehlen.

Wissenswertes

Der Höhenrücken zwischen Klais, Mittenwald und Krün ist übersät von kleinen Wiesenbuckeln, er stellt den größten Restbestand an **Buckelwiesen** im gesamten Alpenraum dar. Diese grasbdeckte wellige Hügellandschaft gibt es nämlich nicht nur hier im Werdenfelser Land, sie ist, besser, sie war auch in vielen größeren Tälern der Kalkalpen zu finden. Dort entstanden Buckelwiesen auf den kalkreichen, eiszeitlichen Moränen- und Schotterablagerungen der letzten Eiszeit. Sie sind also – geologisch betrachtet – sehr jung, das heißt höchstens ein paar tausend, manche sogar nur wenige Hundert Jahre alt. Da die Buckel die Bewirtschaftung der Wiesen behinderten, wurden viele ab 1920 eingeebnet. An ungünstigen Standorten, vor allem an steileren Hängen blieben aber noch größere Bereiche erhalten. Achtung: Die Buckelwiesen sind geschützte Biotope und Lebensraum gefährdeter Arten. Man soll sie deshalb nicht betreten und auf den Wegen bleiben.

Die schmucke Kapelle **Maria Rast**, die an einem der lokalen Jakobswege liegt, mutet schon recht alt an. Sie wurde aber erst im Jahre 1998 allein durch die freiwillige Mithilfe der Krüner Bevölkerung erbaut.

7 Krepelschrofen

Unbedeutender Klapf mit grandioser Aussicht

leicht | 5,2 km | 280 Hm | 2.00 Std.

Tourencharakter
Sehr leichte, gut markierte Bergwanderung auf breiten Wanderwegen, auch für kleinere Kinder geeignet

Ausgangs-/Endpunkt
Wallgau, Parkplatz Zentrum
GPS: 47.521102, 11.283157

Anfahrt
ÖPNV: Mit der Bahn über Garmisch nach Mittenwald, weiter mit Buslinie 9608 nach Wallgau, Haltestelle Rathaus
Auto: Auf der A 95 und der B 2 nach Garmisch und Wallgau; mehrere Parkplätze im Ort

Einkehr
Unterwegs keine, also Brotzeit und Getränke mitnehmen; mehrere Gaststätten und Cafés in Wallgau

Karte
KOMPASS Wanderkarte 790 Garmisch-Partenkirchen, Mittenwald, 1:35.000

Information
alpenwelt-karwendel.de/krepelschrofen-wallgau

Der Krepelschrofen ist der Hausberg von Wallgau. Besonders bei schönem Wetter ist der Blick auf »Klein-Kanada«, das Karwendel und das Wettersteingebirge unvergleichlich. Da die Tour recht kurz ist, bietet es sich an, nachher noch den Barmsee zum Baden anzusteuern.

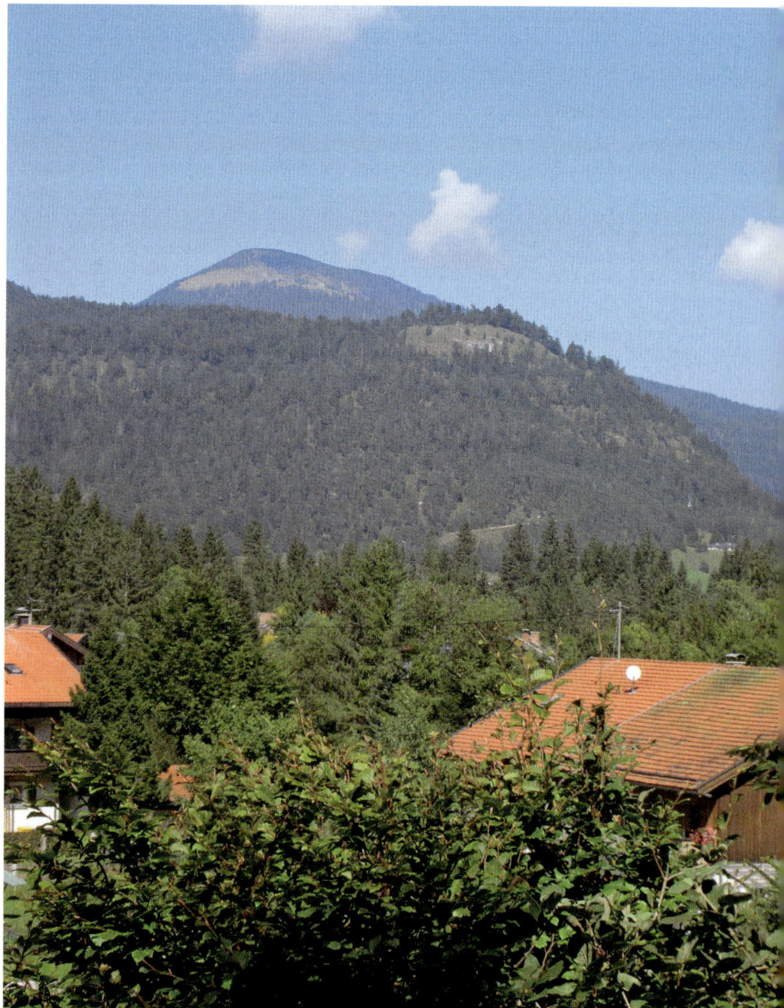

Der Krepelschrofen ist der Hausberg von Wallgau.

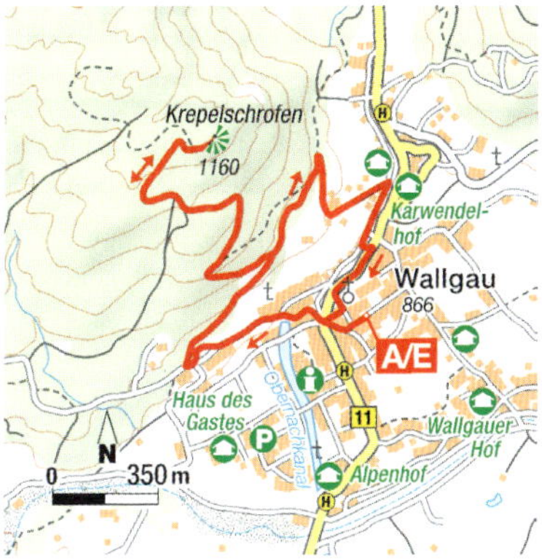

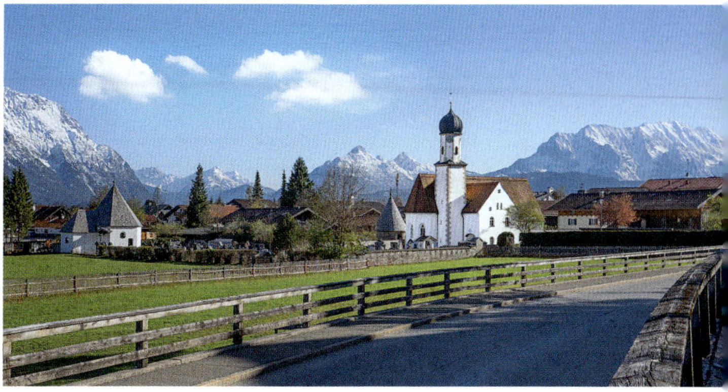

Frühling in Wallgau mit der Pfarrkirche St. Jakob vor der noch verschneiten Bergkulisse

Die Bergwanderung Wir starten in Wallgau am Parkplatz am Friedhof. Zuerst müssen wir den Ort durchqueren, also gehen wir rechts die Soiernstraße entlang, biegen rechts in die Schulstraße ein, überqueren den Dorfplatz und biegen links in den Weg Sonnleiten ab. Der Weg führt zuerst an einem Marterl vorbei,

Wissenswertes

Im Ortsnamen **Wallgau** versteckt sich der Ausdruck Walchen oder Welsche. So wurden im Mittelalter Romanen, also Vulgärlateinisch oder Italienisch sprechende Menschen, genannt. Als Welschland bezeichnete man damals Italien und Frankreich. Als Zuflucht vor den in die Alpentäler eindringenden germanischen Bajuwaren zogen sich die Romanen nach dem Abzug der römischen Legionäre in diesen abgelegenen Teil der bayerischen Alpen zurück. Im Jahr 763 wird der Ort erstmals in der Gründungsurkunde des Klosters Scharnitz als »walhogoi« erwähnt, also als Gau der Walchen oder Welschen. Auch die Namen Scharnitz (Scarantia) und Partenkirchen (Partanum) gehen auf die Römerzeit zurück, beide Orte lagen an der Via Raetia, einer Fernstraße, die von Augsburg über Partenkirchen und Scharnitz nach Innsbruck führte.

Mit **Klapf** bezeichnen (Münchner) Bergsteiger etwas despektierlich einen kleinen unbedeutenden Berg oder Gipfel, den man – im Gegensatz zu sogenannten »Renommiergipfeln« nicht unbedingt bestiegen haben muss. Die altehrwürdigen Alpenvereinsführer brandmarkten ihn mit dem Attribut »keinerlei Bedeutung für Bergsteiger«, etwa weil er unter 1500 Meter hoch ist. Ein Klapf hat aber einige nicht zu unterschätzende Vorzüge. Er ist meist nicht besonders hoch, also ist die Aussicht oft besser als von höheren Bergen. Er ist schnell bestiegen, und wenn das Wetter umschlägt, kommt man schneller wieder ins Tal. Außerdem trifft man meist nur auf wenige Mitwanderer, meist Einheimische oder Insider. Übrigens, auch ich habe einen »Lieblingsklapf«. Er liegt nicht im Isartal. Nur so viel sei verraten: Man kann auf einen der bayerischen Seen herabschauen.

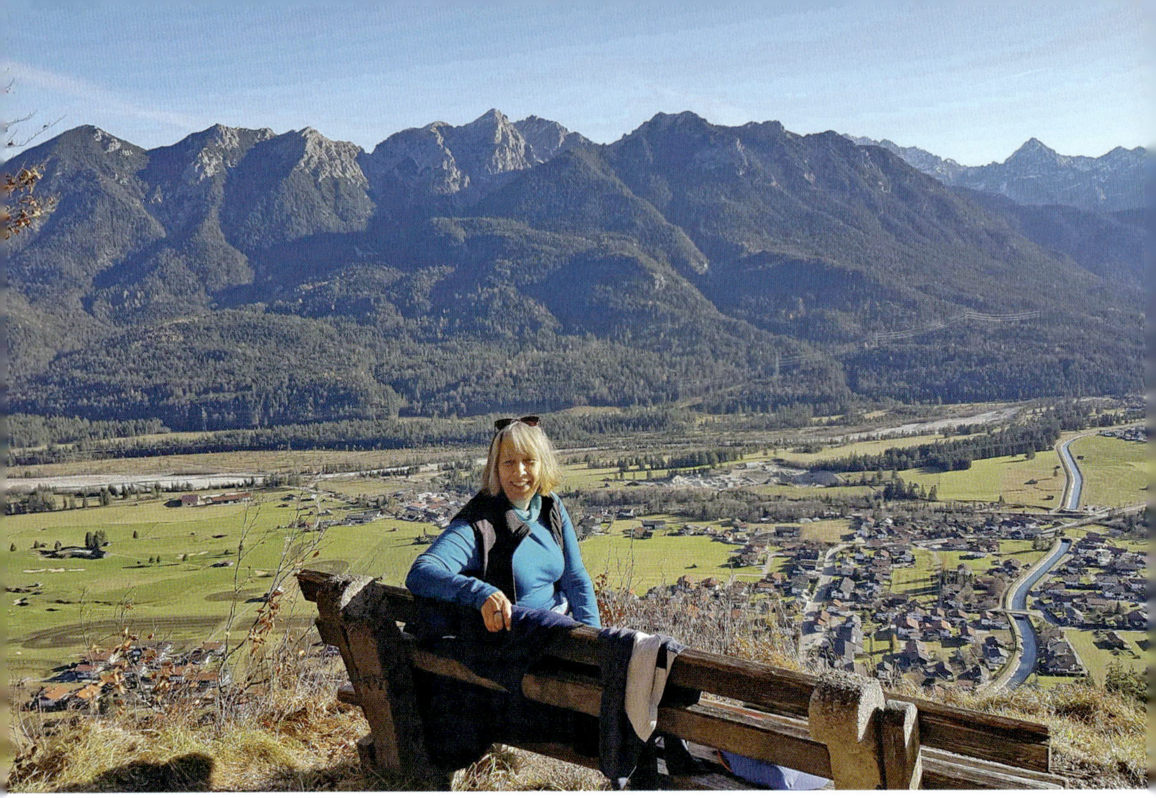

Panorama vom Feinsten: Blick auf Wallgau und die Soierngruppe

bald darauf sieht man rechts das große Kreuz auf der Puit, einer Bergwiese. Dann zweigt unser Weg rechts ab, nach etwa 200 Metern geht im spitzen Winkel nach rechts ein breiter Wanderweg ab. Ab hier ist der Anstieg bis auf den Gipfel gut bezeichnet, sodass man sich nicht mehr verlaufen kann (Weg 418). Der Weg ist als Magdalena-Neuner-Panoramaweg gekennzeichnet, unterwegs finden wir immer wieder Informationstafeln, die uns die einzelnen Stationen des Lebens und der Karriere der in Wallgau beheimateten erfolgreichsten deutschen Biathletin nahebringen.

Nach etwa einem halben Kilometer nehmen wir die Abzweigung links aufwärts und kommen nach etwa einer Stunde zum Gipfelchen des Krepelschrofen (1160 m). Dort finden wir mehrere Bänke zum Rasten und Brotzeitmachen. Bei schlechtem Wetter würde uns sogar eine kleine Gipfelhütte mit offener Veranda Schutz vor Regen und Wind bieten.

Wir steigen den Weg bis zum Gipfelabzweig wieder ab und halten uns hier links. Nach etwa 100 Metern zweigen wir beim Wegweiser rechts ab und erreichen über die Krepelschrofenstraße, die Simetsbergstraße und die Walchenseestraße wieder die Ortsmitte von Wallgau.

Von Klais durchs wilde Isartal nach Lenggries

8

Durch Klein-Kanada in den Isarwinkel

Klein-Kanada sagen manche zum obersten Isarwinkel. Und man könnte wirklich glauben, hier in der Wildnis Nordamerikas zu sein, wäre da nicht die Bundesstraße zu hören, die durch das enge Tal führt. Weil die Landschaft aber wirklich beeindruckend ist, muss man halt damit leben.

leicht	47,0 km	400/650 Hm	3.30 Std.

Tourencharakter
Z. T. häufig befahrene Mautstraße (mit Geschwindigkeitsbegrenzung für Kfz), Nebenstraßen, geteerte Radwege und Feldwege; ohne eine gute topografische Karte wird man manchmal Orientierungsprobleme bekommen.

Ausgangspunkt
Klais, Bahnhof
GPS: 47.482931, 11.23822

Endpunkt
Lenggries, Bahnhof
GPS: 47.679882, 11.573617

Anfahrt
ÖPNV: Mit der DB Regio über Garmisch nach Klais; von Lenggries zurück mit der BRB Oberland
Auto: Nicht sinnvoll, da Streckentour

Einkehr
Mehrere Gaststätten und Cafés in Klais, Krün, Vorderriß, Fall und Lenggries

Karte
KOMPASS Fahrradkarte 3337 Münchens Süden, Alpenvorland 1:70.000

Information
alpenwelt-karwendel.de, toelzer-land.de

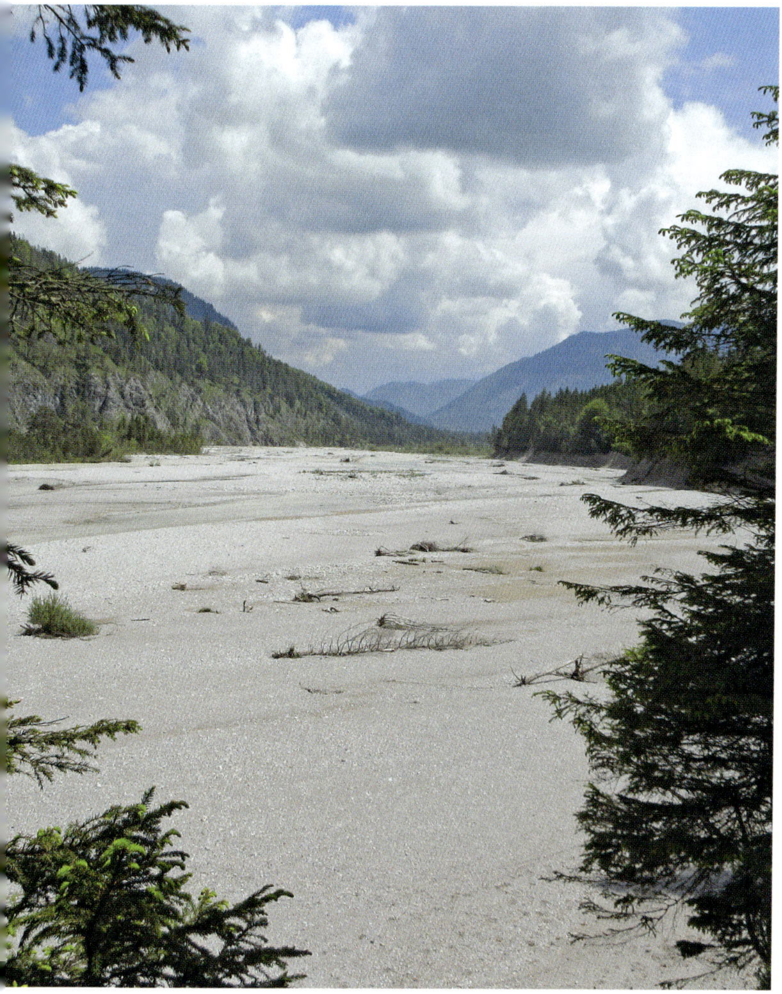

Die Isar bei Vorderriß – oder was von ihr übrig ist

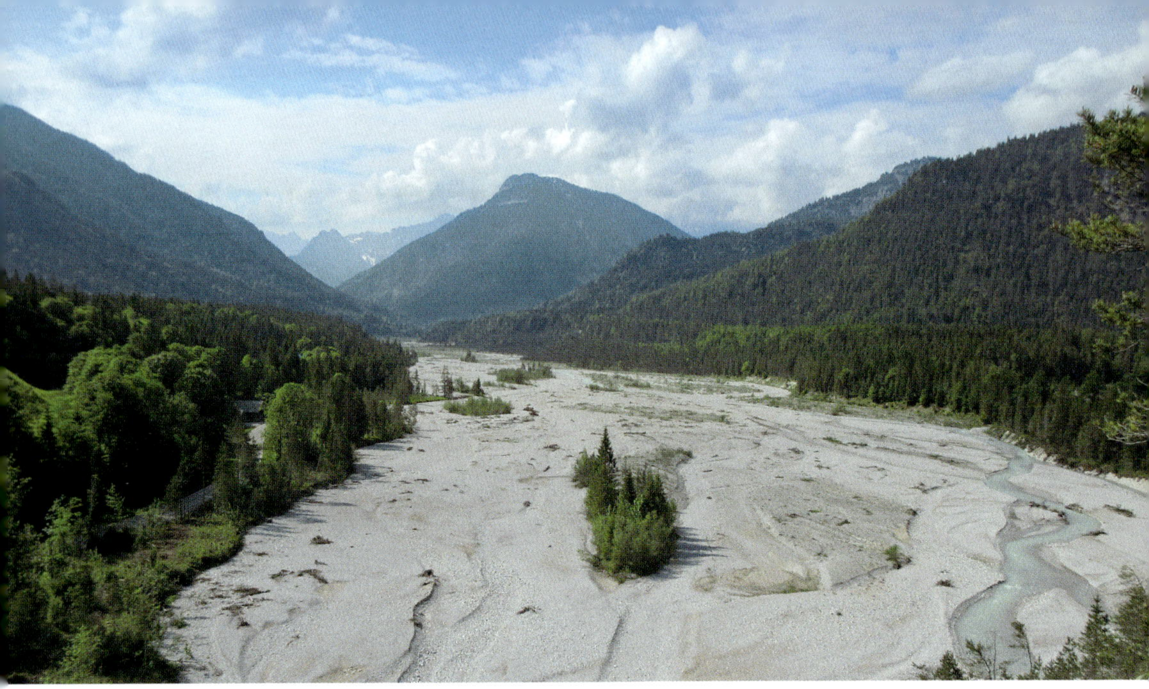

Ein Wildfluss bahnt sich immer seinen eigenen Weg.

Die Radtour Wir starten am Bahnhof in Klais, besuchen aber noch eine archäologische Sehenswürdigkeit, die Reste der Römerstraße. Dazu fahren wir den Elmauer Weg nach Süden, stellen das Radl schon nach einem halben Kilometer an den Straßenrand und gehen über den Kranzbach zum etwa 200 Meter langen Teilstück der Via Raetia.

Wissenswertes

In **Klais** befindet sich der höchste Bahnhof Bayerns, er war bis 2007 auch der höchstgelegene Intercity-Bahnhof. Der Ort hatte schon immer mit Fernverkehr zu tun, führte doch die Via Raetia hier entlang, eine Römerstraße, die das Etschtal bei Bozen mit Augusta Vindelicorum, dem heutigen Augsburg, verband. Ein kleines Stück kann bei Klais begangen werden. Man sieht noch deutlich die Spurrillen im Fels. Klais könnte von dieser »Geleisestrecke« seinen Namen haben.

Anschließend treten wir noch ein kurzes Stück die Straße Richtung Elmau hinauf. Beim Parkplatz etwa 200 Meter vor der Mautstelle biegen wir links ab. Nach etwa einem Kilometer überqueren wir die Staatsstraße und die Gleise der Mittenwaldbahn und fahren links in den Feldweg. Nach etwa 100 Metern geht es nach rechts, bei der nächsten Kreuzung geradeaus und dann rechts zum Tennsee. Wir fahren durch den Campingplatz und am Kranzbach entlang. Kurz vor der B2 zweigen wir rechts ab und radeln noch ein Stück neben dem Bach her. Bei der nächsten Einmündung halten wir uns links und erreichen in Kürze die B2. Hier kommt von links die Variante über den Fernradweg Königsee–Bodensee.

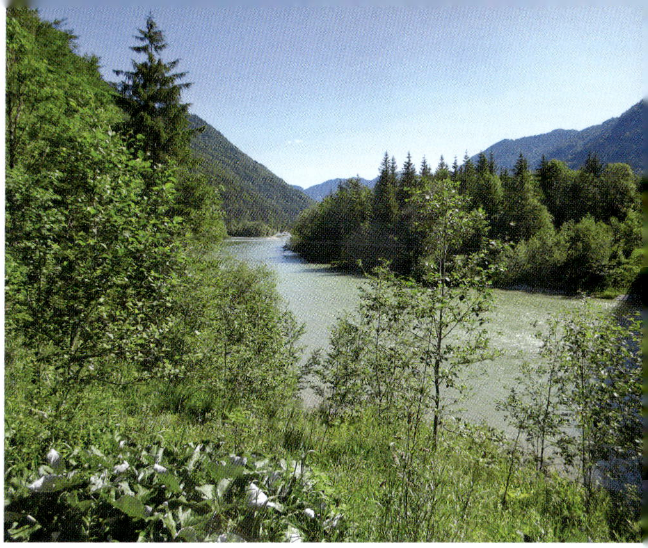

Nur selten führt die Isar beim Ochsensitzer so viel Wasser.

Wir fahren durch die Unterführung, folgen dann der Straße »Am Bärnbichl« durch die Ortschaft und biegen nach ihr rechts in die Feldstraße ein. Von Krün führt die Hauptroute an der Kirche vorbei über die Fischbachalmstraße und Soiernstraße hinunter zur Krüner Isarbrücke. Egal ob links oder rechts der Isar: Es geht nun flussabwärts zum Wallgauer Isarsteg. Der Weiterweg auf der rechten Uferseite ist nur Mountainbikern angeraten, mit einem Tourenrad fährt man besser auf die linke Isarseite, am Wanderparkplatz rechts, kurz darauf links. Nach einem kurzen, knackigen Anstieg kommt man zur Mautstraße nach Vorderriß.

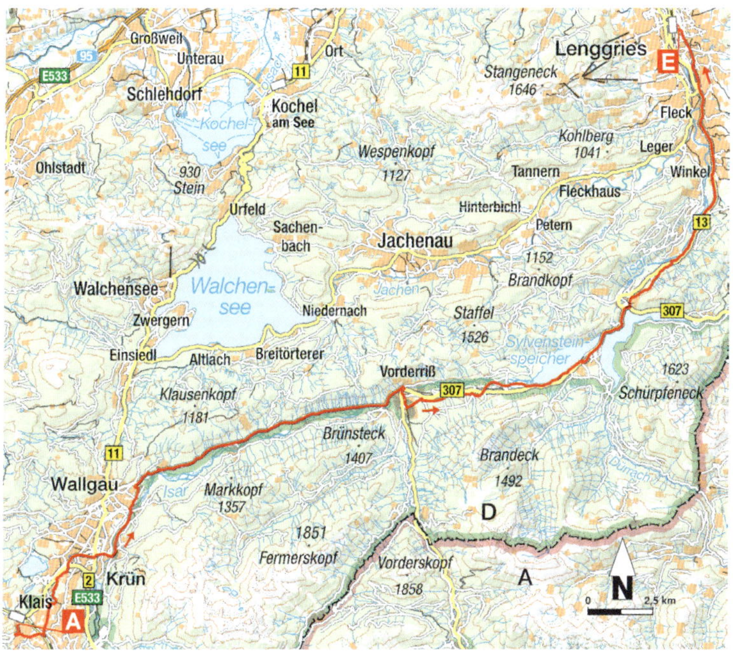

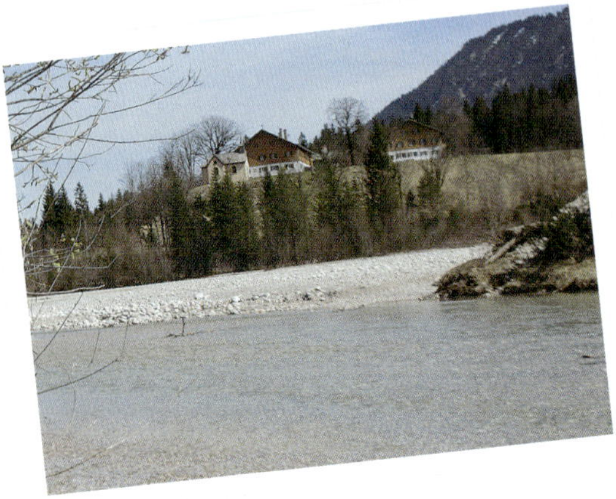

Auf der nächsten Etappe kann man sich nicht verfahren, nach etwa 12 Kilometern kommen wir zum Gasthaus Vorderriß. Zwischen Vorderriß und dem Sylvensteinspeicher nehmen wir nicht (!) die B 307, denn diese ist – zumindest an den Wochenenden – stark befahren. Wir folgen also etwa einen Kilometer der Straße nach rechts in Richtung Hinterriß. Dort weist ein Schild nach links (»Bayerische Staatsforsten«). Wir treten kurz die kleine Straße zum Forsthaus Vorderriß hinauf. Dort führt ein Forstweg nach rechts zu den Parkplätzen für die Besucher der Wildfütterung. Hier radeln wir geradeaus in den Wald hinein. Bald darauf erreichen wir die B 307, fahren aber sofort wieder rechts am Zaun des Wildgeheges entlang. Bei der nächsten Abzweigung biegen wir links ab. Nun bleiben wir immer auf dem Hauptweg ohne auf Abzweigungen zu achten. Nach etwa 2 Kilometern kommen wir zu einer Lichtung. Hier geht es links zu einer Schranke und weiter zur Bundesstraße. Wir überqueren sie und fahren sofort rechts den kleinen, etwas überwucherten Wirtschaftsweg hinab.

Im Forsthaus Vorderriß verbrachte Ludwig Thoma seine ersten Lebensjahre.

Blick nach dem Tunnel auf die türkisfarbene Isar

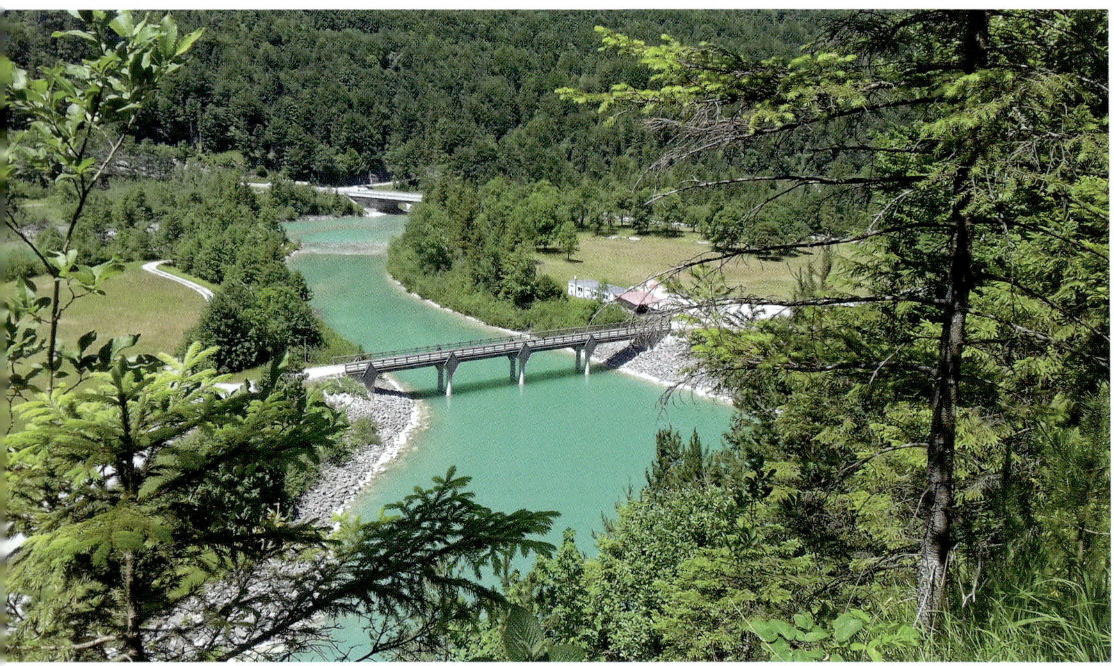

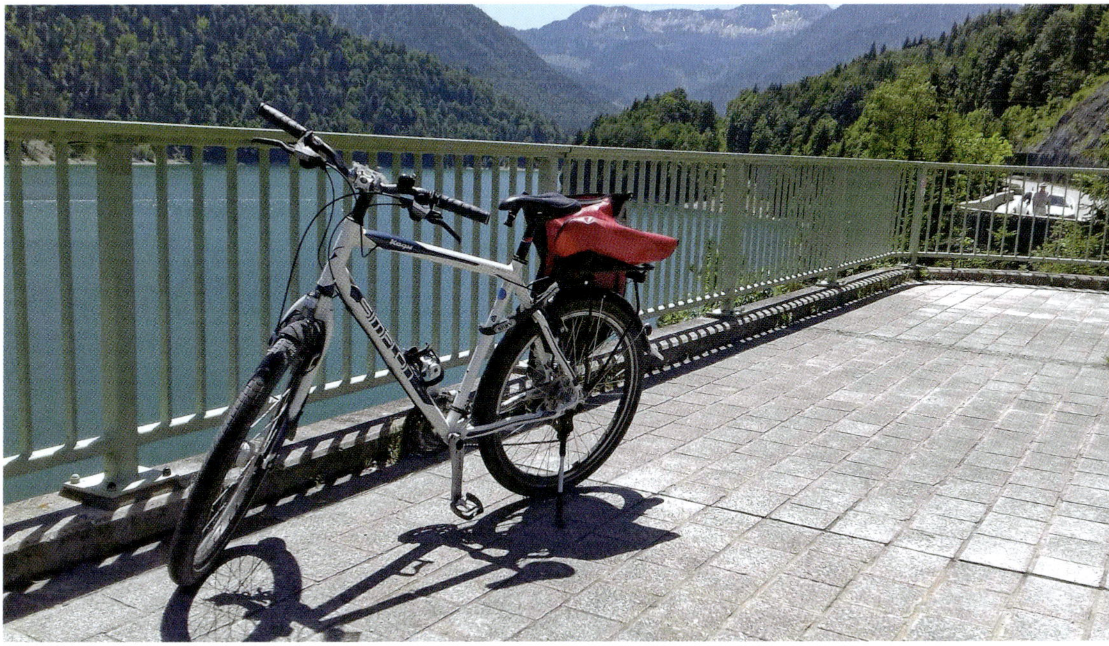

Der Weg führt, nach Regenfällen etwas batzig und manchmal auch etwas überwachsen, zur Geschiebesperre kurz vor dem Sylvensteinspeicher. Hier zweigen wir links ab, um sofort wieder – noch vor der Isar – in den Fahrweg rechts abzubiegen. Am Isarufer entlang kommen wir zum Badeplatz in Fall.

Nicht zu glauben: Hier lag einst das Dorf Fall.

Die Pfarrkirche St. Jakob in Lenggries

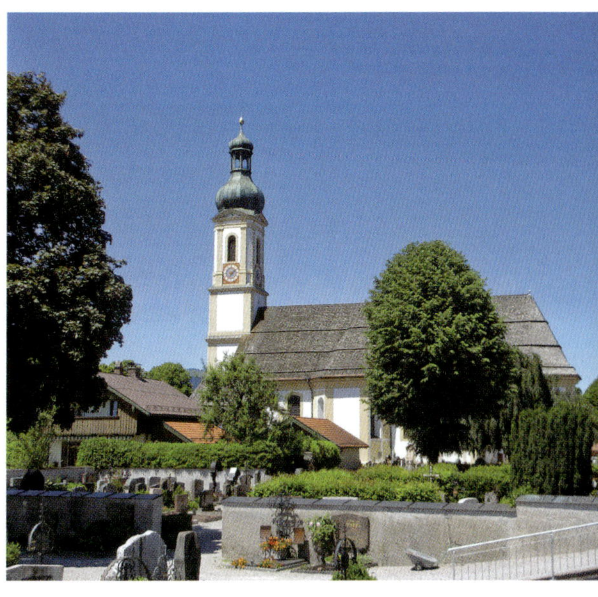

Es bleibt uns jetzt nicht erspart, für etwa 2,5 Kilometer auf der B 307 zu radeln, um von Fall zum Damm des Sylvensteinspeichers zu kommen. Gerade an Wochenenden kein reines Vergnügen. Weiter nach Lenggries folgen wir dem Isarradweg. Dazu fahren wir zuerst auf dem Damm kurz nach rechts und biegen dann links in den kleinen Tunnel ab (Wegweiser »Lenggries)«. Der Weiterweg ist »a g'mahds Wieserl« (bairisch für kein Problem mehr). Der Isarradweg führt geteert rechts und links der Bundesstraße bequem über die Bretonenbrücke nach Lenggries. Der Bahnhof befindet sich rechts der Bundesstraße in der Nähe des Ortszentrums.

9 Rund um den Rauchenberg

Eine gar nicht so leichte Mountainbike-Tour

schwer | 35,0 km | 600 Hm | 4.00 Std.

Tourencharakter
Bis auf kurze Stellen gut befahrbar, Teerstraßen, Feld- und Waldwege, wenig befahrene Autostraßen, z. T. aber auch ruppige Schotterpisten. Sanfter, aber stetiger Anstieg hinauf zum Sylvensteinspeicher, steile Anstiege und Abfahrten zwischen Sylvensteinspeicher und der Jachenau

Ausgangs-/Endpunkt
Lenggries, Bahnhof
GPS: 47.68019, 11.573946

Anfahrt
ÖPNV: Mit der BRB Oberland über Bad Tölz nach Lenggries
Auto: Auf der A 8 Salzburg bis Ausfahrt Holzkirchen und auf der B 13 über Bad Tölz nach Lenggries; oder auf der A 95 bis Ausfahrt Sindelsdorf, auf der B 472 nach Bad Tölz und weiter auf der B 13 nach Lenggries; Parkplatz am Bahnhof

Einkehr
Gaststätten und Cafés in Lenggries, Fleck und Leger

Karte
KOMPASS Wanderkarte 06 Walchensee, Kochelsee, Sylvensteinstausee, 1:25.000

Information
toelzer-land.de, lenggries.de

Schon im alten Isar-Radlbuch wurde diese Route als Alternative zur B 13 angepriesen. Was sich damals als ziemlich sportliche Variante darstellte, ist heute eine beliebte Mountainbike-Tour. Doch die Abfahrt in die Jachenau hat es in sich: teilweise steil und ruppig.

Die Radtour Wir nehmen vom Bahnhof in Lenggries die Demmeljochstraße nach Süden, fahren halb rechts in die Scharfreiterstraße bis zur Waldfriedhofstraße. Dort könnten wir rechts zum Isarradweg abbiegen. Es gibt aber eine weitaus reizvollere, nur unwesentlich längere Möglichkeit, nach Fleck zu kommen. Dazu biegen wir nach links ab in die Waldfriedhofstraße, überqueren die Sylvensteinstraße und strampeln weiter bis zum Schloss Hohenburg. Einen knappen halben Kilometer weiter geht es beim großen Wanderparkplatz rechts ab nach Mühlbach.

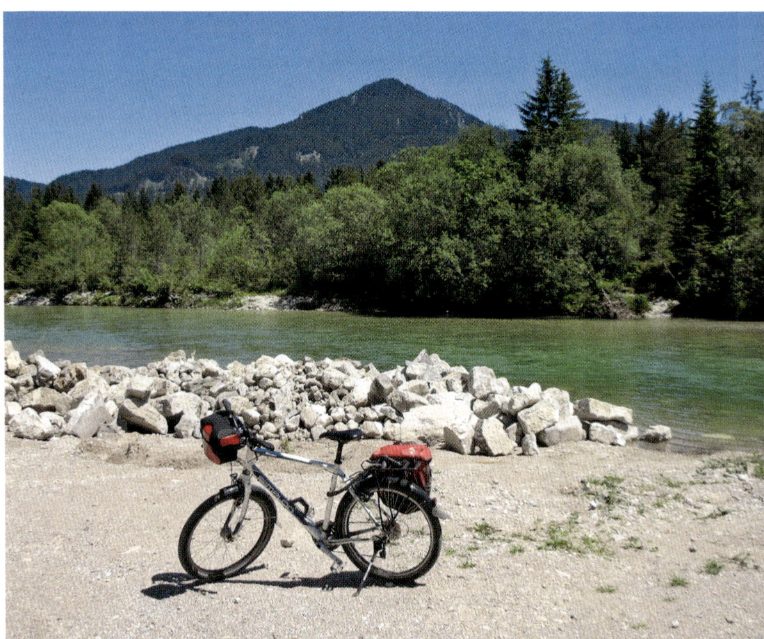

Lauschiges Badeplätzchen in der Nähe der Jachenmündung

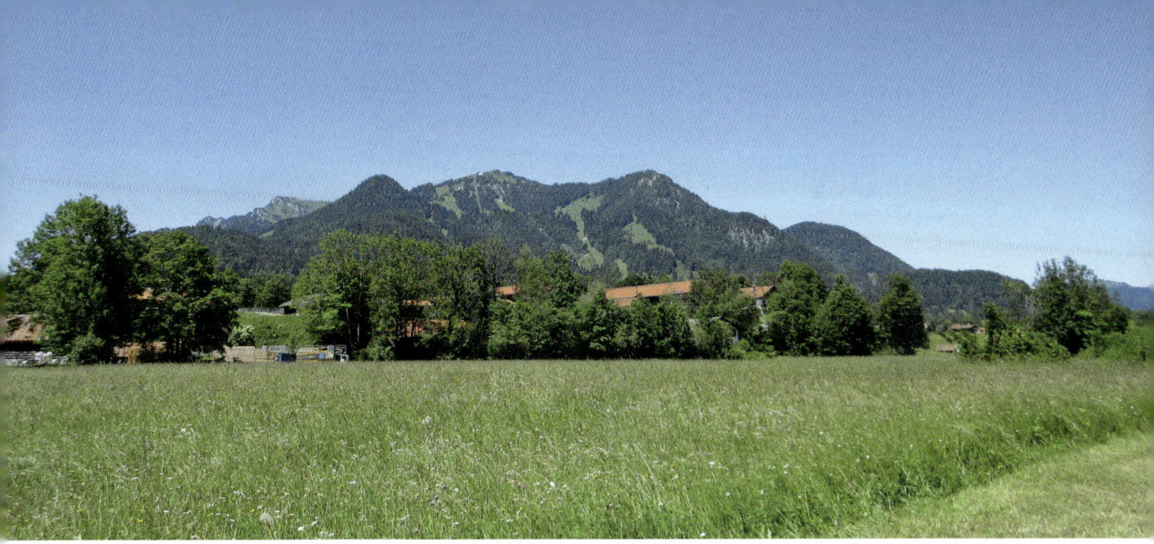

Die sanften Berge des Isarwinkels – Blick auf das Brauneck von Süden

Dort zweigen wir bei der ersten Möglichkeit rechts ab, fahren gleich nach der Ruine der Guflmühle über den Bach und sofort darauf wieder links über die Teerstraße zum Weiler Holz. Nun geht es auf einem Forstweg geradeaus weiter, nach etwa einem Kilometer erreichen wir einen Wanderparkplatz. Hier biegen wir nun rechts ab und kommen bald nach Fleck. Jetzt nach links, der Isarradweg führt in meist angenehmer Steigung neben der Straße hinauf zum Sylvensteinspeicher. Nach einer letzten Steigung geht es noch durch einen Tunnel, der uns auf den Damm und zur B 307, der Deutschen Alpenstraße, bringt.

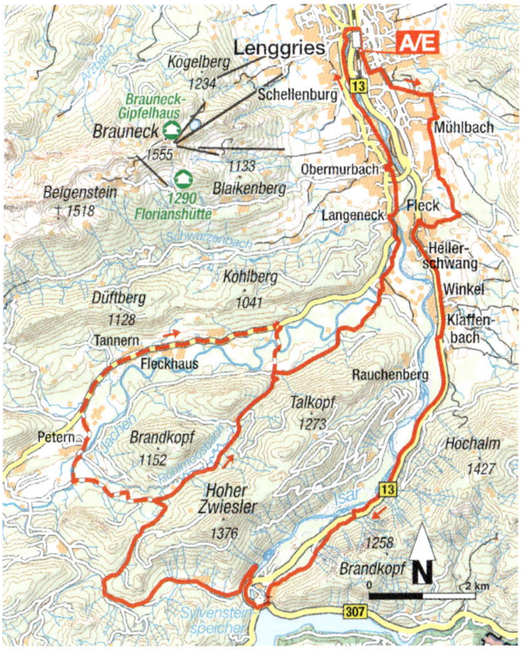

Wissenswertes

Die **Jachenau** ist ein etwa 15 km langes Seitental westlich der Isar. Sie wird von der aus dem Walchensee entspringenden Jachen durchflossen. Es ist das einzige Ost-West-Tal, das in Oberbayern dauerhaft besiedelt ist, da in diesen Tälern das Klima einfach zu unwirtlich ist. Nicht so in den Sommermonaten, dann hat die Jachenau vom Morgen bis zum Abend Sonne. Und es gibt noch eine Besonderheit: Das Tal wurde ab 1200 n. Chr. von oben nach unten besiedelt, also vom Walchensee jachenabwärts, gehörte es doch bis zur Säkularisation dem Kloster Benediktbeuern.

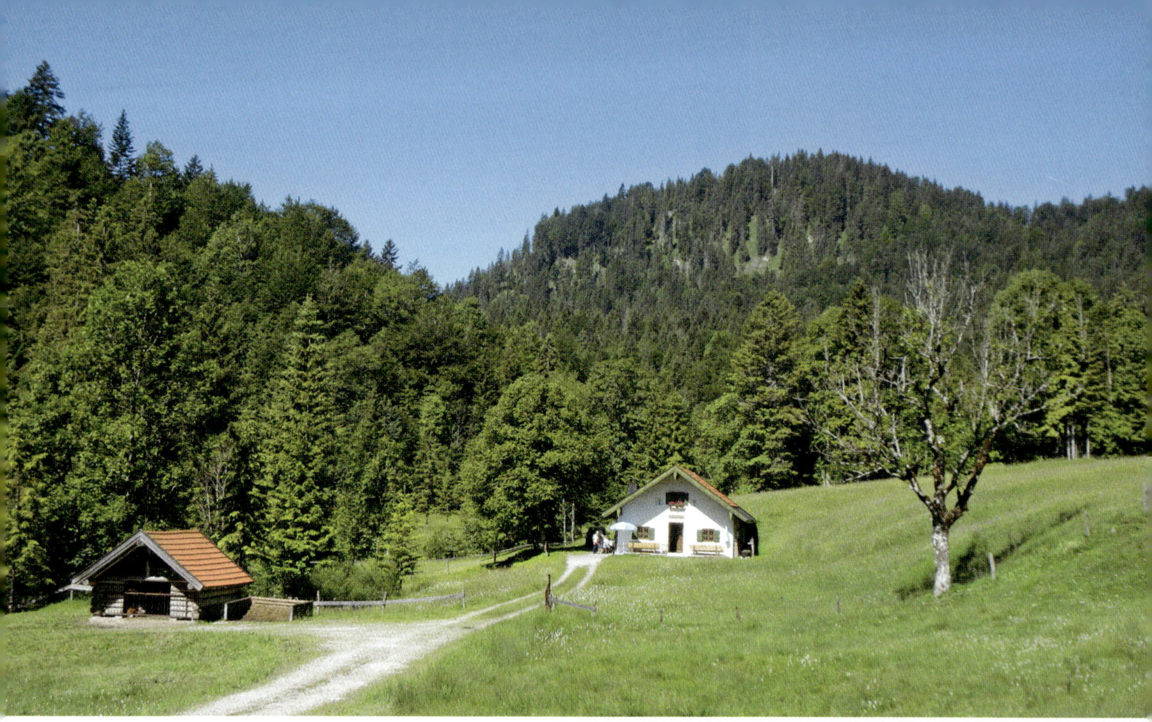

Ab der Schronbachalm wird es steiler.

Hier ist eine ausgiebige Fotopause angebracht, wunderschön ist der Blick auf den Stausee. Wenn der Sylvensteinspeicher genügend gefüllt ist, dann wird man an einen norwegischen Fjord erinnert. Bei der Weiterfahrt ist besondere Vorsicht geboten, denn wir müssen ein kurzes Stück auf der meist stark befahrenen B 307 den Berg hinab in Richtung Lenggries fahren. Kurz vor der Isarbrücke zweigt links steil der anfangs geteerte Wirtschaftsweg hinauf ins Schronbachtal ab (Wegweiser). Oberhalb der ersten Kehre wird es flacher. Wir treten hinauf zur unbewirtschafteten Unteren Schronbachalm, in deren Umfeld malerische Gumpen im Sommer zum Bad einladen. Dieser Tipp kann nicht als Ausplaudern des letzten Geheimnisses des Isarwinkels gelten, wurde er doch bereits von einer Heimatzeitung veröffentlicht – sehr zum Ärger der Einheimischen.

Nun strampeln wir z. T. sehr steil hinauf bis zu einer Wegteilung. Nach links zweigt der Fußweg über die Grabenalm hinunter in die Jachenau ab. Wir aber müssen uns den Wildengraben entlang weiter bergauf quälen (Beschilderung »Forststraße Röhrmoostal, Lenggries, Leger«). Eine Abzweigung führt nach rechts in eine Wildruhezone, wir beachten sie nicht und strampeln weiter bergauf. Nach einer ersten, allerdings kurzen steilen Abfahrt geht die Variante geradeaus hinab nach Höfen in der Jachenau. Hier müssen wir scharf rechts in Richtung Röhrmoostal abbiegen

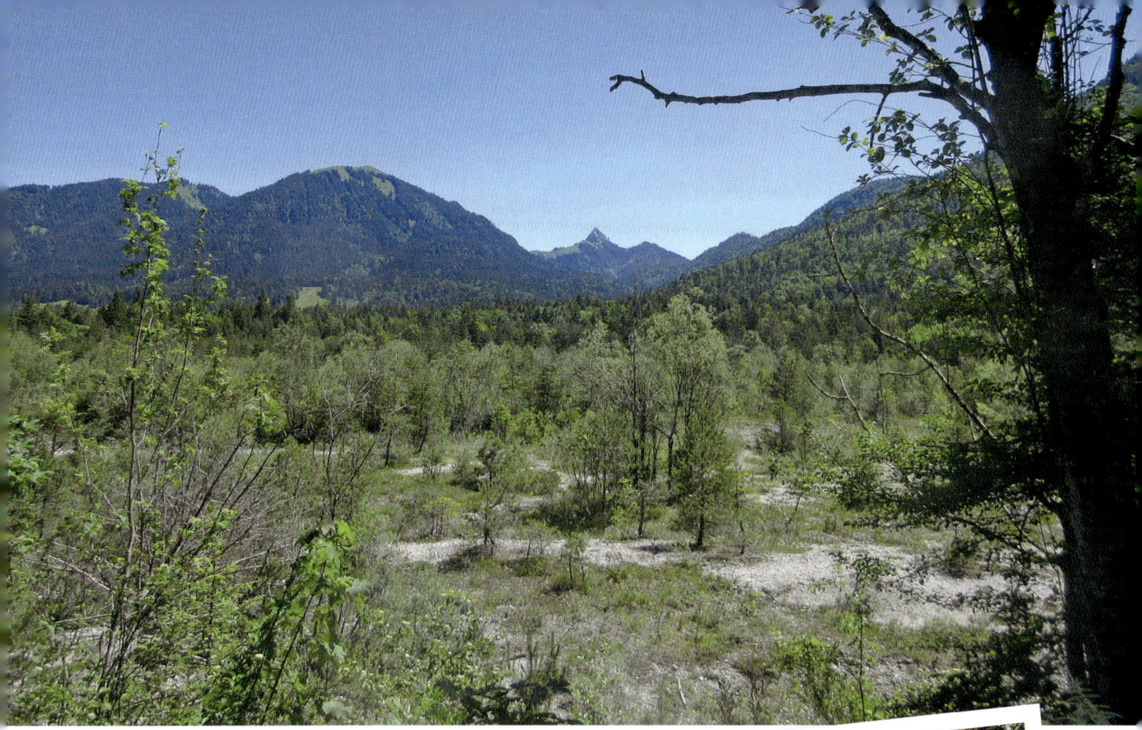

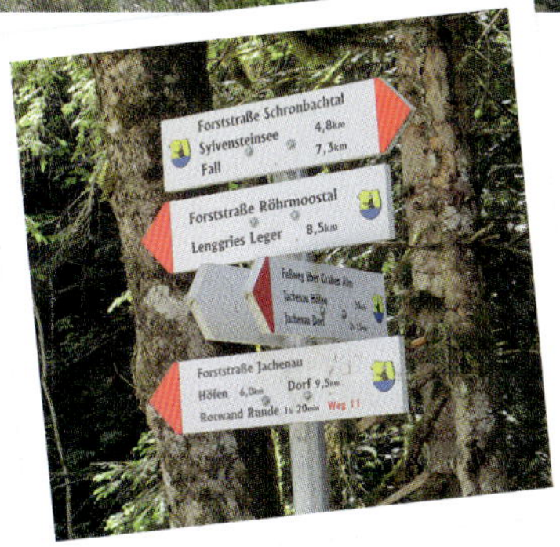

(der Wegweiser ist etwas versteckt) und erreichen so die lang gestreckten Wiesen der Rehgrabenalm. Die folgende Abfahrt ist steil und ruppig, man sollte also vorsichtig und kontrolliert fahren. Nach etwa einem guten Kilometer kommen wir zum neuen Radweg, der von Lenggries in die Jachenau führt. Er leitet uns immer gut beschildert nach rechts entlang der Jachen, später der Isar zuerst hinaus nach Leger und weiter zur Bretonenbrücke. Nun geht es entweder auf der linken oder auf der rechten Isarseite zurück zum Bahnhof in Lenggries.

Keine Möglichkeit, sich zu verfahren – die Gemeinde Lenggries hat alle Wege gut markiert.

Ganz oben: »Wildfluss Isar« oberhalb von Lenggries: Da die Isar meist zu wenig Wasser führt, wachsen die Auenflächen immer mehr zu.

Varianten

- Man kann von der Scharfreiterstraße in Lenggries direkt zum Isarradweg gelangen. Die Tour verkürzt sich dadurch um etwa 2 Kilometer.
- Auch den »Schlenzer« über Hohenburg und den Weiler Holz kann man auf dem Isarradweg umfahren.
- Falls wir nach Höfen abzweigen, verlängert sich die Tour um etwa 5 Kilometer.

Hinweis Idealerweise fährt man die Runde mit einem Mountainbike, und selbst dann wird man eventuell an einigen Stellen schieben. Wichtig: Die Bremsen müssen vollkommen in Ordnung sein, sonst kann es schnell gefährlich werden.

10 Schönberg und Seekar

Wanderung auf zwei ungleiche Brüder

schwer | 12,8 km | 950 Hm | 5.30 Std.

Tourencharakter
Gut markierte Bergtour, außer am Mariaeck; meist einfach zu begehende Bergsteige, im Übergang zwischen Schönberg und Seekar aber eine relativ schwierige, versicherte Kletterstelle

Ausgangs-/Endpunkt
Wanderparkplatz Schönberg bei Lenggries-Fleck
GPS: 47.650949, 11.598505

Anfahrt
ÖPNV: Mit der BRB Oberland über Bad Tölz nach Lenggries; dann zu Fuß (3,5 km) oder mit dem Taxi zum Wanderparkplatz Fleck
Auto: Auf der A 95 bis Ausfahrt Sindelsdorf und auf der B 472 nach Bad Tölz; weiter auf der B 13 Richtung Lenggries, in der Ortschaft Fleck gleich nach der Kapelle links abzweigen und dann noch ca. 1 km zum Wanderparkplatz

Einkehr
Lenggrieser Hütte (lenggrieser huette.de); nach der Tour in Fleck und Lenggries; bei der Variante unterwegs keine

Karte
KOMPASS Wanderkarte 182 Isarwinkel, Bad Tölz, Lenggries, 1:50.000

Information
toelzer-land.de, lenggries.de

Der Schönberg (1620 m) und das Seekar (1601 m) könnten unterschiedlicher nicht sein, obwohl beide in den Augen der »richtigen Bergsteiger« nur niedrige Wiesenbuckel sind. Auf den einen steigen aber nur wenige Gebietskenner, der andere wird von den Besuchern der Lenggrieser Hütte gerne noch als Zugabe mitgenommen.

Die Bergtour Wir starten am Wanderparkplatz bei Fleck. Nach etwa einem knappen halben Kilometer zweigt ein Forstweg links von der asphaltierten Straße ab. Der Weg führt in der Nähe des Almbachs zur Großen Tanne bei der sogenannten Bauernrast. Ein Stück weiter, nach der Weide für Zackelschafe, zweigt links ein bisschen unscheinbar der schmale Steig hinauf nach Maria Eck ab, er trägt die Alpenvereinskennzeichung 624. Steil und nach Regenfällen auch ziemlich rutschig führt er uns durch

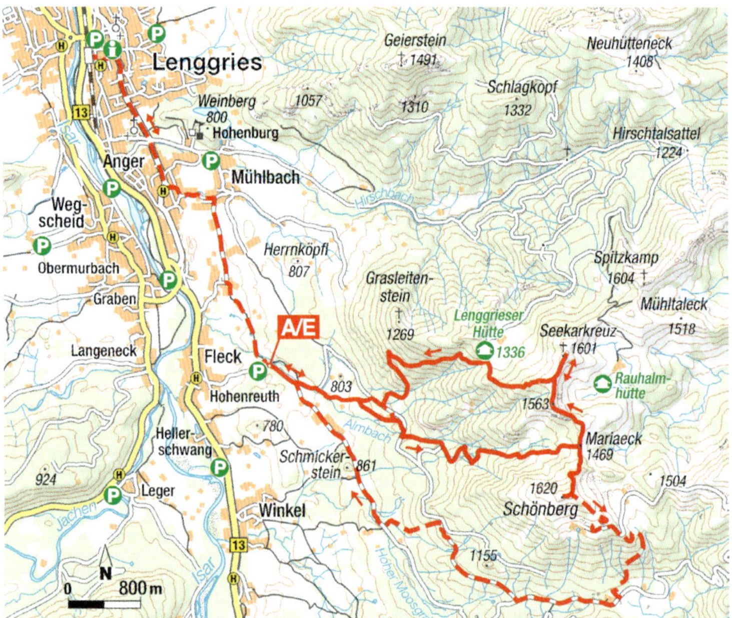

Wald, später auch über eine etwas sumpfige Wiese, hinauf nach Mariaeck. Der Sattel mit einem Bildstock an einer Fichte mit der Gottesmutter Maria wird auch Zinnengatterl genannt. Dort befinden sich jede Menge Wegweiser, aber natürlich fehlt der zum Schönberg (Stand Frühjahr 2022).

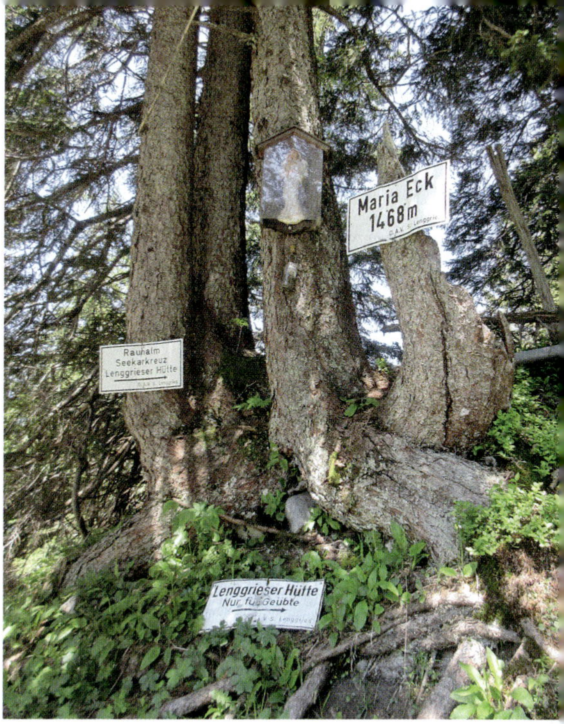

»Verkehrsknotenpunkt« Mariaeck

Man kann sich trotzdem nicht verlaufen: Links geht es zum Seekar und zur Lenggrieser Hütte (unser Weiterweg nach dem Gipfel), halb rechts zur Tegernseer Hütte und scharf rechts direkt am Zaun entlang hinauf zu unserem ersten Gipfel. Der Pfad führt steil, teils über unangenehm zu begehendes Wurzelwerk, teils malerisch zwischen Felsen hindurch hinauf zur Gipfelwiese. Das sind etwa 150 Höhenmeter. Wir brauchen also noch etwa eine halbe Stunde zum höchsten Punkt. Das Gipfelkreuz steht aber etwa 50 Höhenmeter unterhalb, damit man es vom Tal aus sehen kann. Also wieder ein Stück runter. Auf einer eingezäunten Bank lässt es sich gut rasten, der Panoramablick sucht seinesgleichen.

Blick vom Schönberg-Gipfel auf die südlichen Isarwinkler Berge: links Ross- und Buchstein, rechts Guffert

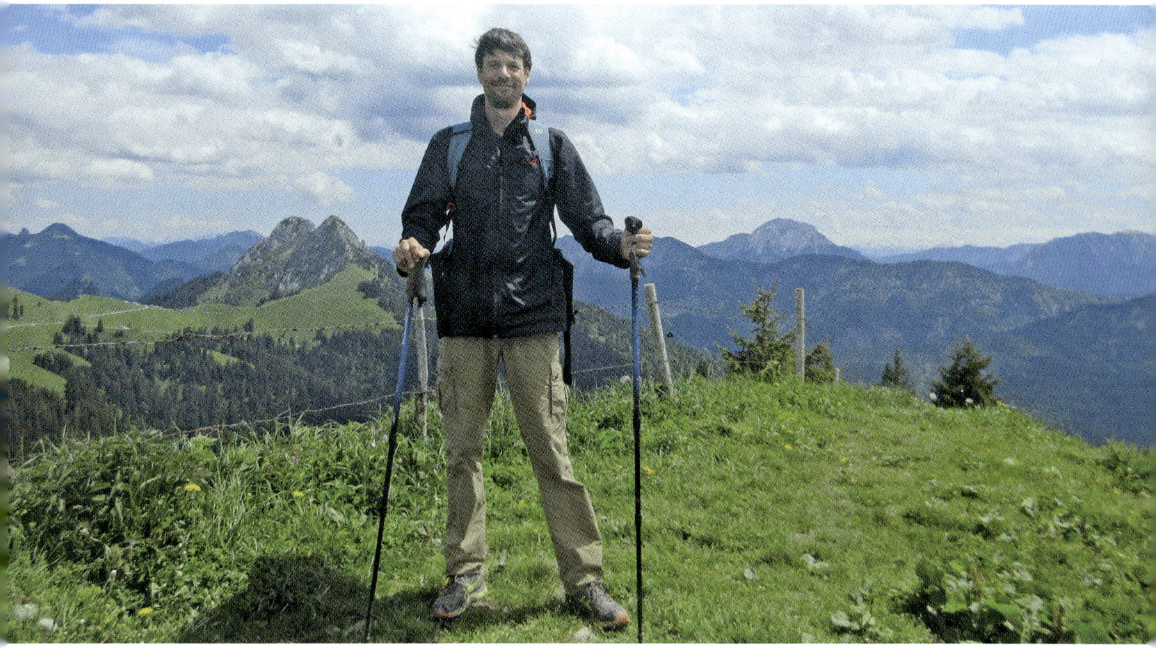

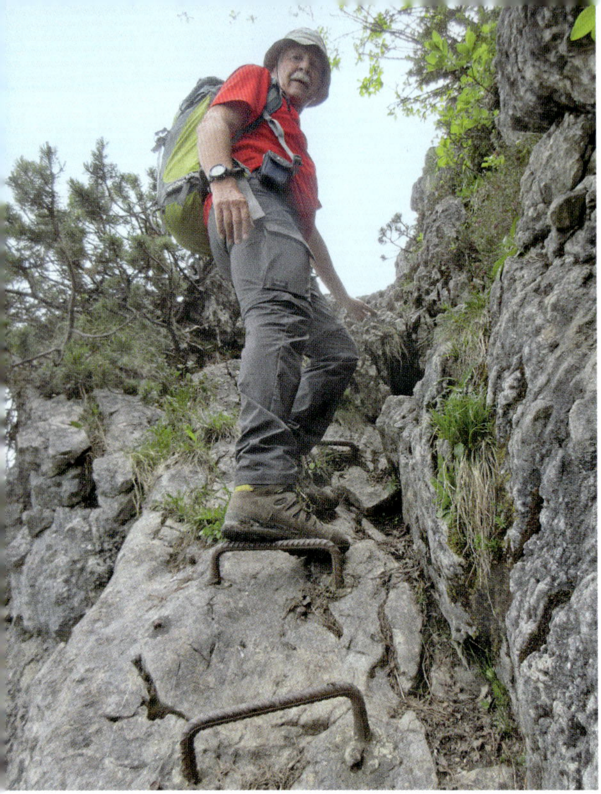

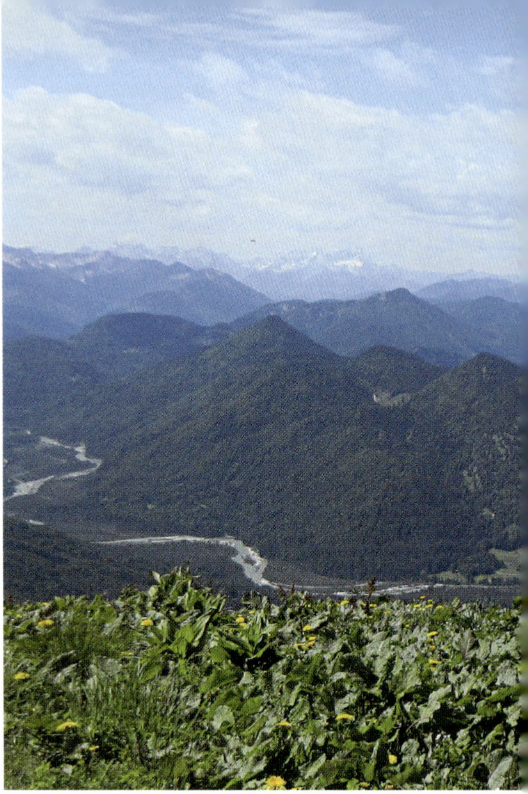

Das Klettersteigerl beim Übergang zum Seekar

Nun müssen wir wieder zurück, also steigen wir zuerst erneut hinauf zum eigentlichen Gipfel und dann vorsichtig wieder ab zum Mariaeck: Dort folgen wir den Wegweisern Richtung Lenggrieser Hütte und Seekar. Jetzt wird es zünftig, hier wartet nämlich die Schlüsselstelle der Tour auf uns. Der schmale Steig (621) führt über den Bergrücken, abschnittsweise recht exponiert durch eine steile Bergwiese zu einer felsigen Wegpassage. Hier heißt es, durch ausgesetzte Felsen zu klettern, wobei aber Krampen (Trittklammern) und eine Stahlleiter über die schwierigsten Stellen hinweghelfen. Für bergerfahrene Könner ist dies der Höhepunkt der Wanderung, für weniger Geübte ein Graus. Letztere können aber die Schlüsselstelle auf der Variante über die Schönbergalm umgehen (s. u.).

Wissenswertes

Das **Seekar** wurde früher auch Silberkopf genannt. Unterhalb des Gipfels, in der kesselförmigen Karmulde der Seekaralm, lag ein kleiner See, der schon lange verlandet ist, aber in alten Karten noch verzeichnet war. Man kann seine Umrisse auf Satellitenfotos gut erkennen, weil das Gras im Sumpfboden anders gefärbt ist.

Der Weiterweg führt am Kamm zum Seekarsattel und dort nach rechts zum zweiten Gipfel der Tour. Hier werden wir nun nicht mehr allein sein, denn das Seekar ist eines der beliebtesten Gipfelziele des Isarwinkels, auch oder gerade wegen der

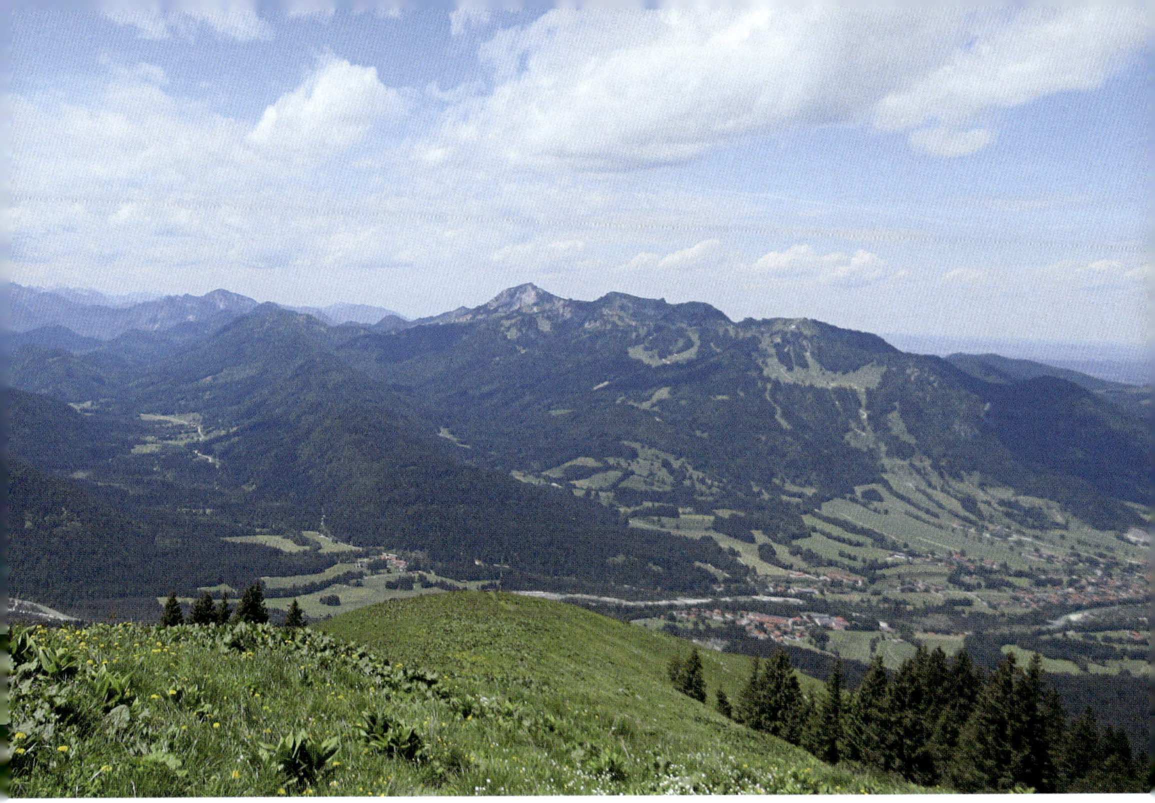

Schönberg-Panorama mit Tiefblick ins Isartal bei Lenggries

nahe gelegenen Lenggrieser Hütte, zu der wir nun absteigen. Nach der ausgiebigen und sicher auch verdienten Brotzeit machen wir uns an den Abstieg. Es geht über den Grasleitensteig hinab. Dieser ist zuerst ein steiler, mit vielen Wurzeln garnierter Pfad, später wird er zu einem breiten Wirtschaftsweg. Nach einem guten Kilometer zweigt links der Weg nach Fleck ab. Er bringt uns in der Nähe der Bauernrast wieder zu unserem Anstiegsweg und zurück zum Wanderparkplatz.

Varianten

- Wer sich den felsigen Übergang zum Seekar nicht zutraut, muss nicht auf demselben Weg wieder absteigen. Man wandert von der Gipfelwiese nach Süden hinab zur Schönbergalm. Hier führt ein Almweg nach Osten. Auf ihm steigen wir in etwa einer Stunde zur Röhrlmooskapelle bei der gleichnamigen Alm ab. Dort biegen wir nach rechts ab und erreichen auf der Forststraße (631) in eineinhalb Stunden den Wanderparkplatz bei Fleck.
- Wem die beiden Gipfel nicht genügen, der kann hinter der Lenggrieser Hütte in einer Viertelstunde noch den Grasleitenkopf (1433 m) besteigen. Ein weiterer Abstieg über den Grasleitenstein würde für uns aber einen ziemlichen Umweg bedeuten. Also zurück zur Hütte und wie oben beschrieben absteigen.

11 Geierstein (Geigerstein)

Überraschend alpine Tour zwischen Isarwinkel und Tegernsee

schwer | 10,0 km | 720 Hm | 4.15 Std.

Tourencharakter
Gut markierte Bergtour, im Gipfelbereich eine relativ schwierige Kletterstelle

Ausgangs-/Endpunkt
Lenggries, Bahnhof bzw. Wanderparkplatz Schloss Hohenburg
GPS: 47.68019, 11.573946 (Bahnhof),
47.671124, 11.592003 (Wanderparkplatz)

Anfahrt
ÖPNV: Mit der BRB Oberland über Bad Tölz nach Lenggries
Auto: Auf der A 8 Salzburg bis Ausfahrt Holzkirchen und auf der B 13 über Bad Tölz nach Lenggries; oder auf der A 95 bis Ausfahrt Sindelsdorf, auf der B 472 nach Bad Tölz und weiter auf der B 13 nach Lenggries, Wanderparkplatz Schloss Hohenburg

Einkehr
Unterwegs keine, also Brotzeit mitnehmen; Abstecher zur Lenggrieser Hütte (lenggrieser huette.de) möglich

Karte
KOMPASS Wanderkarte 182 Isarwinkel, Bad Tölz, Lenggries, 1:50.000

Information
toelzer-land.de, lenggries.de

Der Geigerstein (1491 m) – die Bergsteiger nennen ihn aber lieber Geierstein, klingt halt alpiner – kann zwar nicht als Geheimtipp bezeichnet werden, aber im Gegensatz zum gegenüberliegenden Brauneck ist hier relativ wenig los.

Die Bergtour Starten wir am Bahnhof, folgen wir den Wegweisern in Richtung »Kalvarienberg« bzw. »Schloss Hohenburg«. Wir gehen die Bahnhofstraße nach Osten und biegen nach etwa 300 Metern rechts in die Karwendelstraße ein. Kurz hinter dem Parkplatz geht es links, wir folgen dem Großherzogin-Maria-Anna-Weg bis zum Kalvarienberg. Über ihn erreichen wir den Hohenburger Schlossweiher. Ein Wegweiser zeigt hier zum »Geierstein«.

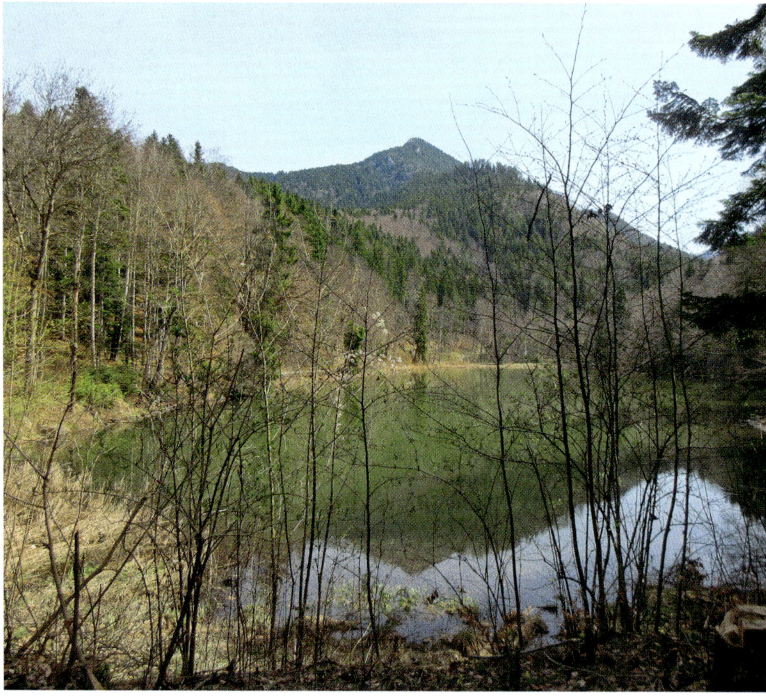

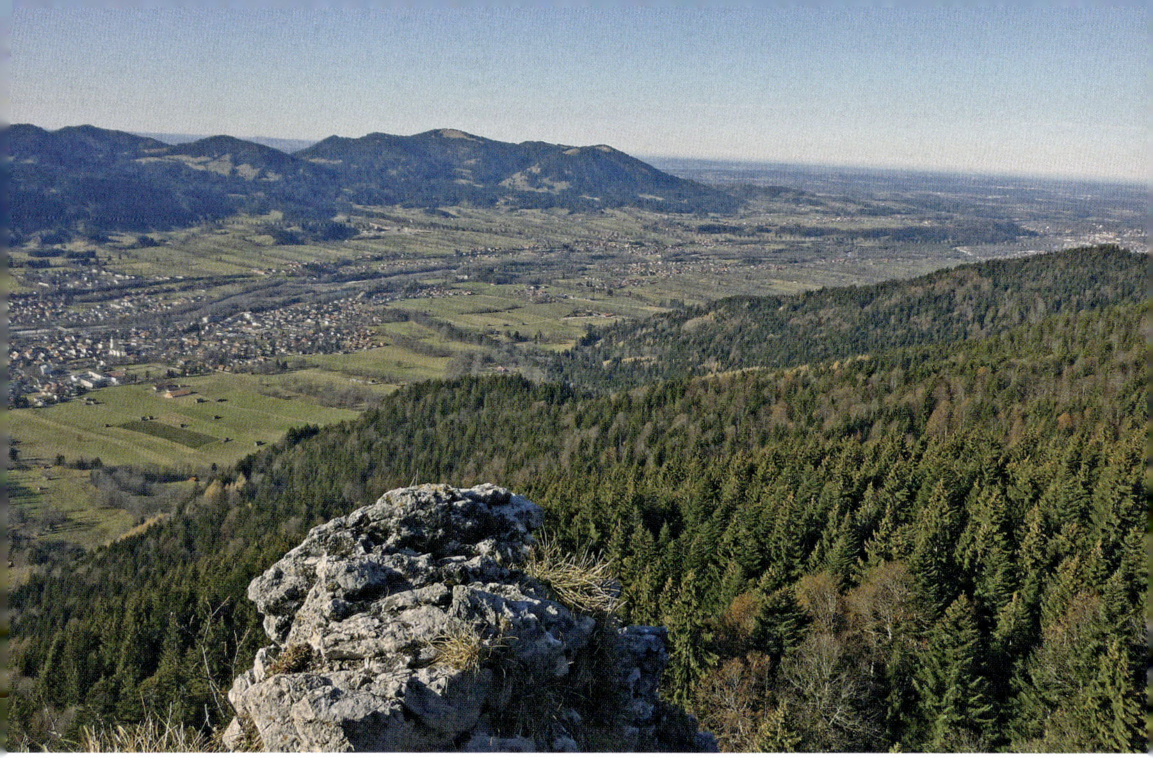

Blick vom Gipfel des Geiersteins über die Haglandschaft zwischen Lenggries und Bad Tölz

Ausgangspunkt für Autofahrer ist der gebührenpflichtige Parkplatz beim Schloss Hohenburg. Rechts neben dem Schloss führt ein bezeichneter Weg (»Geierstein«) nach Norden über eine kleine Brücke in den Wald. An der nächsten Brücke halten wir uns am linken Ufer des Hohenburger Schlossweihers, bis uns ein Wegweiser nach links in den Wald schickt. Ab hier findet man stets rote Bezeichnungen. Ab dem Markeck, einem kleinen Felssporn (1054 m), hat man noch eine halbe Stunde zum Geierstein vor sich. Hier genießt man endlich einen tollen Rundumblick – wenn das Wetter passt.

Wissenswertes

Eine **Reib'n** (gesprochen Reim) nennen bairisch sprechende Bergsteiger eine ausgedehnte Rundtour. Es gibt davon in den Bayerischen Voralpen eine ganze Reihe, sie setzen meistens eine bärige Kondition voraus: Wer sie in seinem Tourenbuch stehen hat, erntet bei Kennern Bewunderung, bei Otto Normalbergsteiger Unverständnis. Viele Berggeher haben auch ihre Lieblingsreib'n, deren genauer Tourenverlauf der obersten Geheimhaltungsstufe unterliegt.

Linke Seite: Am Hohenburger Schlossweiher beginnt unser Aufstieg.

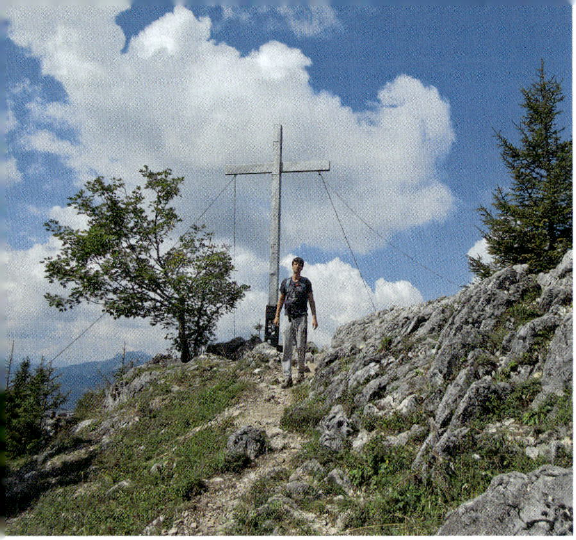

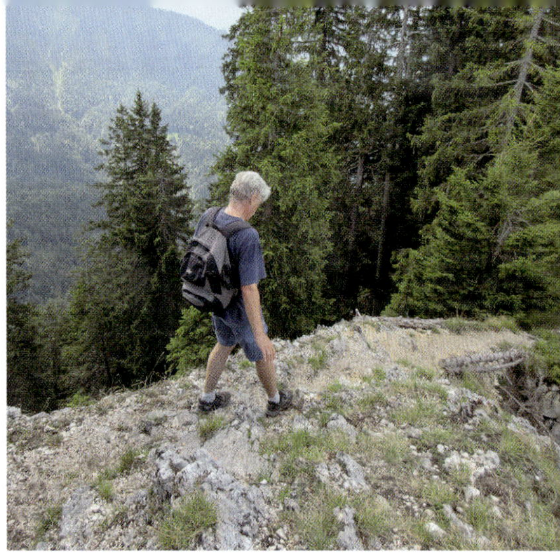

Gipfelkreuz auf dem Geierstein

Rechts: Ausgesetzter Steig hinab vom Geiersteingipfel

Der Abstieg führt zuerst eben ein Stück am Gipfelgrat entlang und dann über eine kleine, aber nicht zu unterschätzende Kletterstelle recht steil nordöstlich hinab. Besonders wenn es batzig ist, heißt es hier ein bisserl vorsichtig sein. In etwa 20 Minuten erreichen wir auf einem teils rutschigen Pfad eine Wegkreuzung auf einer Almwiese. Dort treffen wir auf den Maximiliansweg (610), der nach links zurück nach Lenggries führt. An dieser Stelle zweigt rechts die Variante zum Fockenstein ab. Durch den Wald steigen wir ab zum Reigerbach. Gleich nach ihm biegen wir links in einen Wirtschaftsweg ein und wandern über Wiesen zurück nach Lenggries, das wir in der Nähe des Naturfreibads erreichen. Geht man dort den Großherzogin-Maria-Anna-Weg nach rechts, kommt man wieder zum Bahnhof, geht man ihn nach links, führt er zurück zum Parkplatz bei Hohenburg.

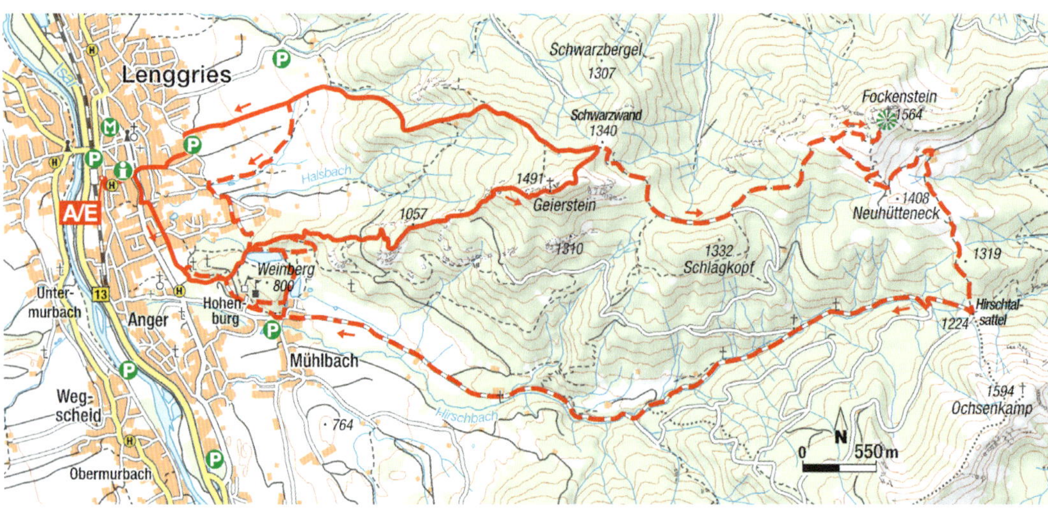

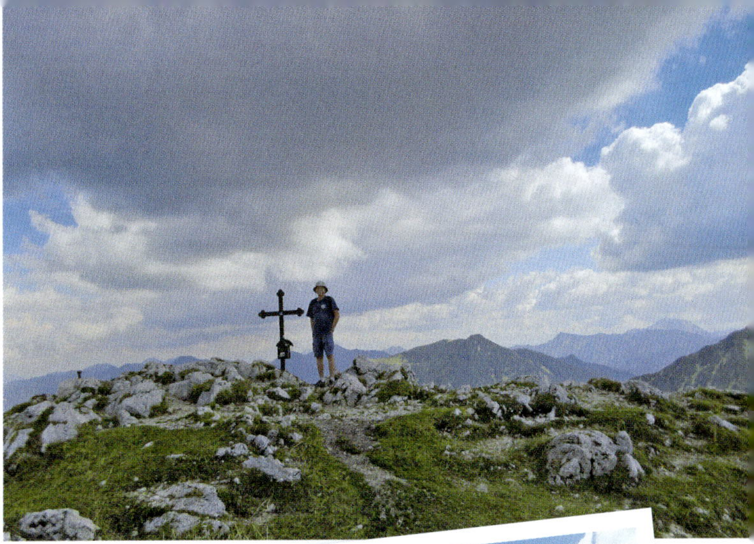

Variante Ein direkter Übergang auf dem Kamm des Geiersteins nach Osten ist nicht möglich. Wir gehen also dort, wo der Abstieg auf den Maximiliansweg trifft, nach rechts. Der Pfad führt zuerst durch eine wildromantische Landschaft unterhalb der Nordabstürze des Geiersteins. Bei P. 1261 stoßen wir auf eine Forststraße, wir halten uns links und folgen ihr etwa einen halben Kilometer, dann zweigen wir an einer Kreuzung links ab und steigen übers Markköpfl im Wald auf. Bald darauf erreicht man die Almwiesen unterhalb des Fockensteins. Durch die fast parkähnliche Landschaft, vorbei an einer Wegabzweigung erreichen wir die Gipfelfelsen. Hier ist der markante Klemmblock ein beliebtes Fotomotiv, ambitionierte Bergsteiger lassen es sich nicht nehmen, auf ihm ein bisserl herumzukraxeln. Über einen unschwierigen Schofenrücken kommen wir zum Gipfelkreuz. Das Panorama lässt nicht nur dem einheimischen Bergsteiger das Herz aufgehen.
Wir gehen wieder zurück zur Wegabzweigung, wobei wir wegen der Erosionsschäden streng auf dem ausgewiesenen Weg bleiben. Dort geht es links ab, um den Buckel des Neuhüttenecks herum und hinunter zum Hirschtalsattel. Hier führt ein bezeichneter Pfad links den Hang zu den Kampen hinauf und der breite Wirtschaftsweg nach links zur Lenggrieser Hütte, wo eine gepflegte Brotzeit auf uns warten würde. Wir aber nehmen den schnellsten Abstieg rechts entlang des Hirschbachs hinaus zum Parkplatz beim Schloss Hohenburg. Für Bahnfahrer sind es noch ein paar Kilometer weiter nach Lenggries.

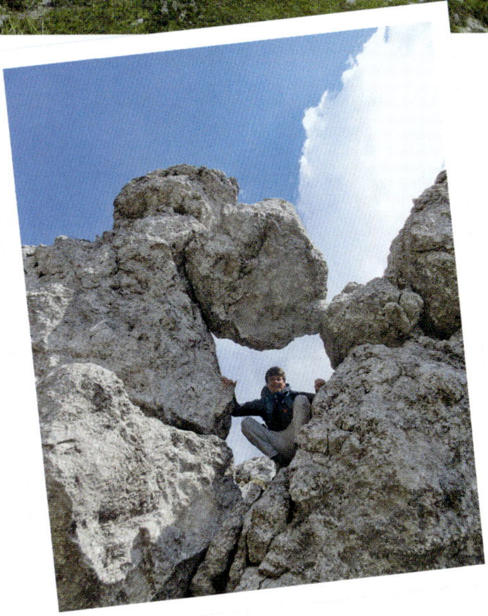

Der Klemmblock kurz unter dem Fockensteingipfel

Ganz oben: Selten wird man auf dem Fockenstein so alleine sein.

Tipp Zur Erfrischung und Regeneration nach der Tour kann man in Lenggries entweder das Naturfreibad (Großherzogin-Maria-Anna-Weg 17) oder das Erlebnisbad Isarwelle (Goethestraße 22a) besuchen.

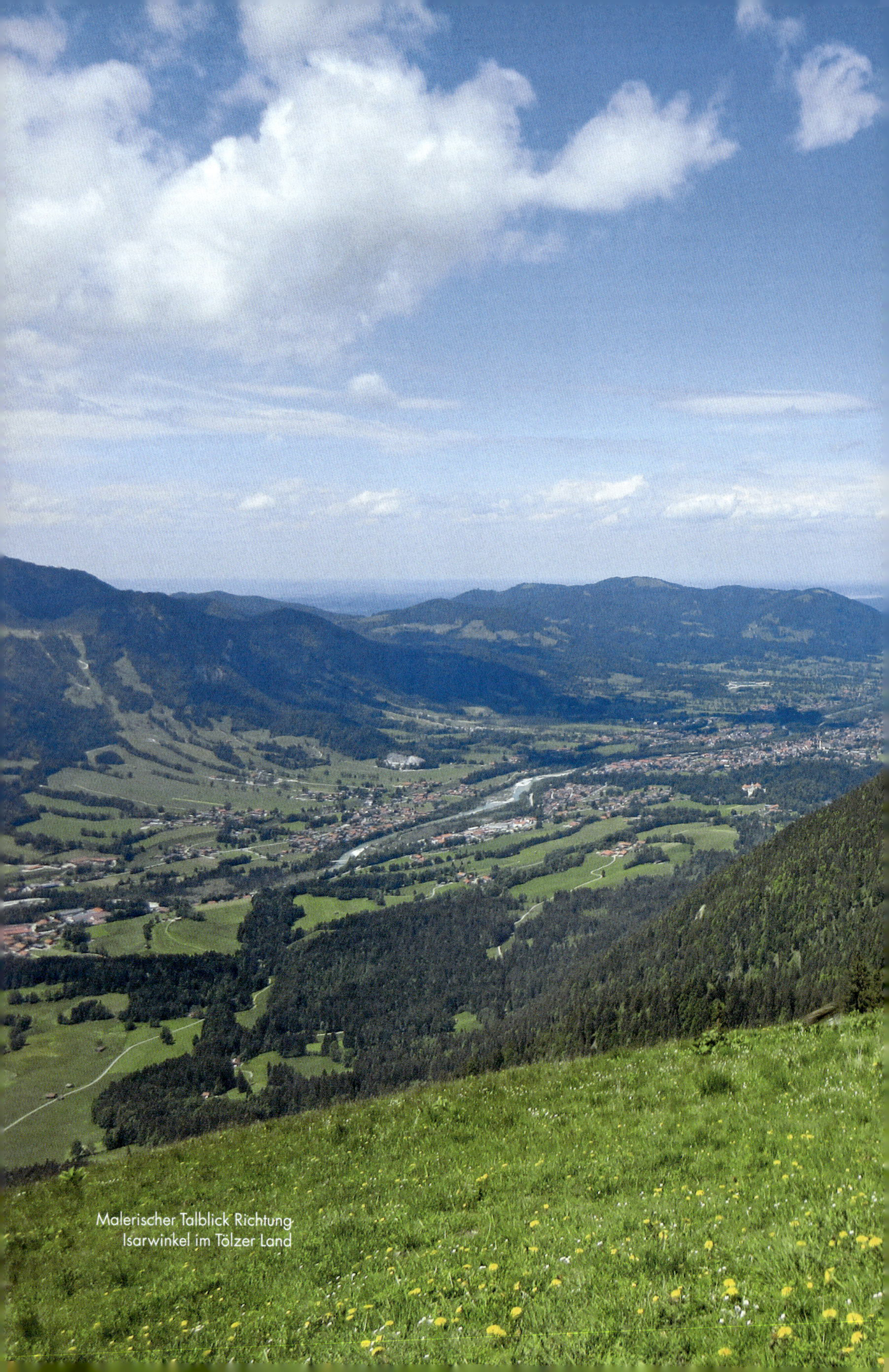

Malerischer Talblick Richtung Isarwinkel im Tölzer Land

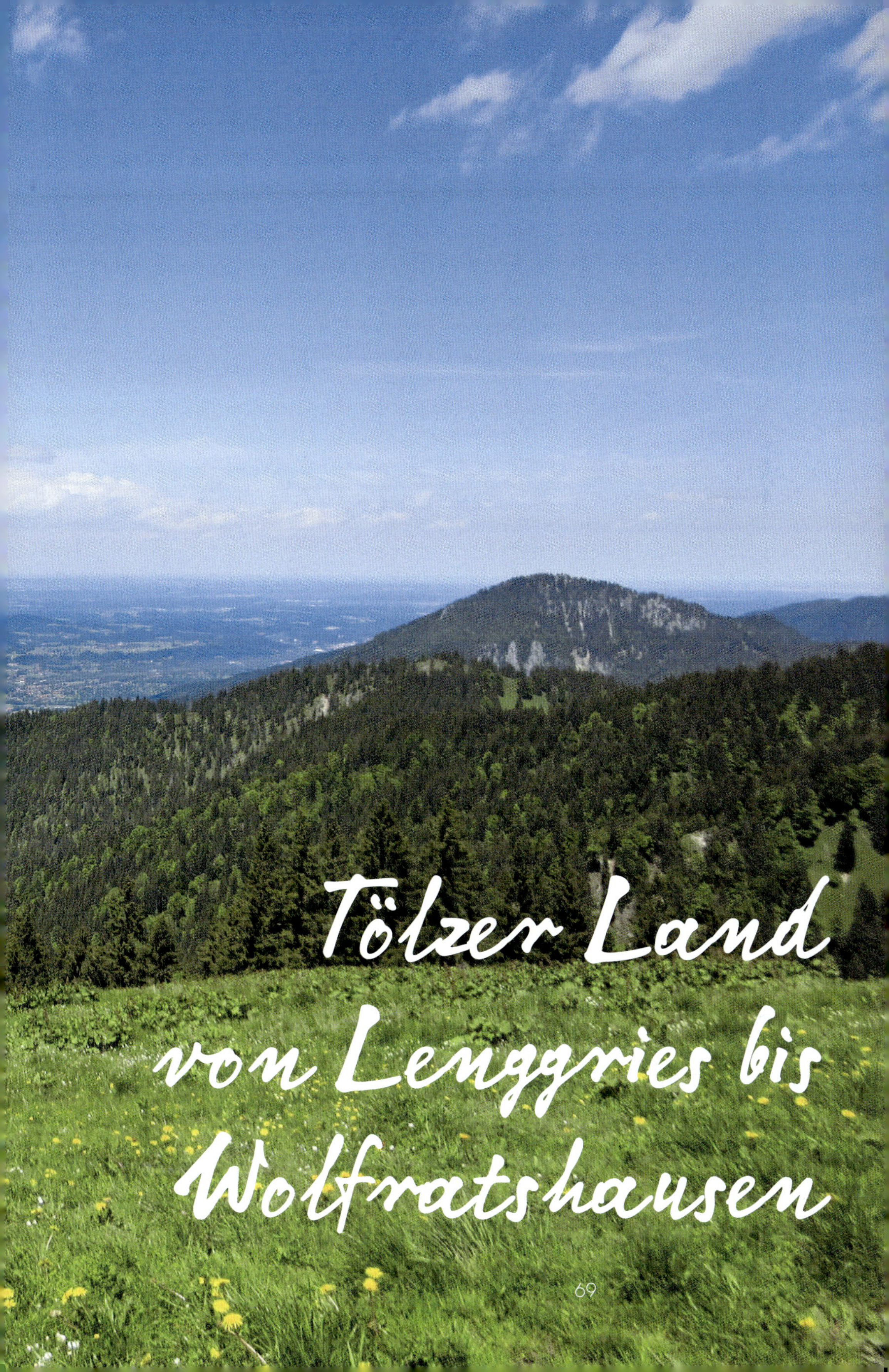

Tölzer Land von Lenggries bis Wolfratshausen

12 Der Zwiesel

Die wenig bekannte Rückseite des Blombergs

leicht	10,2 km	600 Hm	3.00 Std.

Tourencharakter
Leichte Bergwanderung auf gut markierten Forstwegen und manchmal ziemlich rutschigen Bergsteigen

Ausgangs-/Endpunkt
Wanderparkplatz Waldherralm
GPS: 47.722971, 11.531932

Anfahrt
ÖPNV: Keine Verbindung
Auto: Auf der A 95 bis Ausfahrt Sindelsdorf und auf der B 472 Richtung Bad Tölz bis Abfahrt Wackersberg/Bad Tölz-West/Kurzone-West; in Wackersberg auf der Lehenstraße nach Lehen, Parkplatz Zwiesel

Einkehr
Unterwegs keine; beim Wanderparkplatz die Waldherralm Wackersberg (waldherralm.de); bei der Variante das Blomberghaus (der-blomberg.de/blomberghaus)

Karte
KOMPASS Wanderkarte 7 Murnau, Kochel, 1:50.000

Information
der-blomberg.de

Der Zwiesel (1348 m) gehört jetzt nicht zu den spektakulärsten Gipfelzielen der Bayerischen Alpen. Wenn man aber bei der Besteigung des Gipfelchens keinen Spaß am Bergsteigen (zugegeben Bergwandern) findet, dann bekommt man den auch nicht auf den höheren Bergen.

Die Bergwanderung Am Parkplatz an der Waldherralm orientieren wir uns an den Schildern Richtung B1/B2 und »Über Schnoader Alm zum Zwiesel«. Wir folgen dem flachen Forstweg rechts des Steinbachs. Auch an einem Abzweig, auf dem es nach rechts zum Blomberg hinaufgeht, bleiben wir weiter auf der Forststraße. Nach etwa 30 Minuten biegt sie rechts ab und kommt zu einem Brückerl über den Steinbach. Eine rote Markierung am Geländer zeigt: Hier geht es links über den Bach und gleich darauf führt eine Stahltreppe nach oben. Das nächste

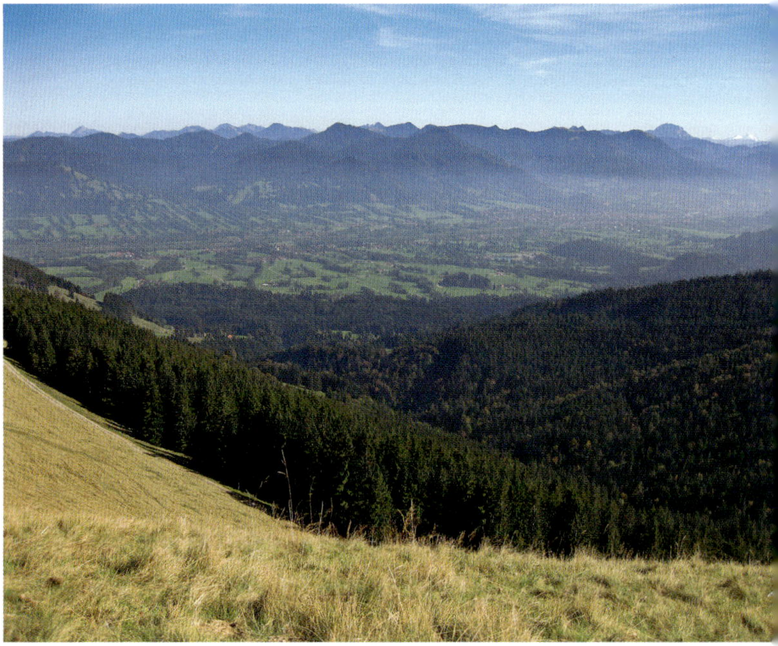

Ein »geschenkter« Herbsttag auf dem Zwiesel

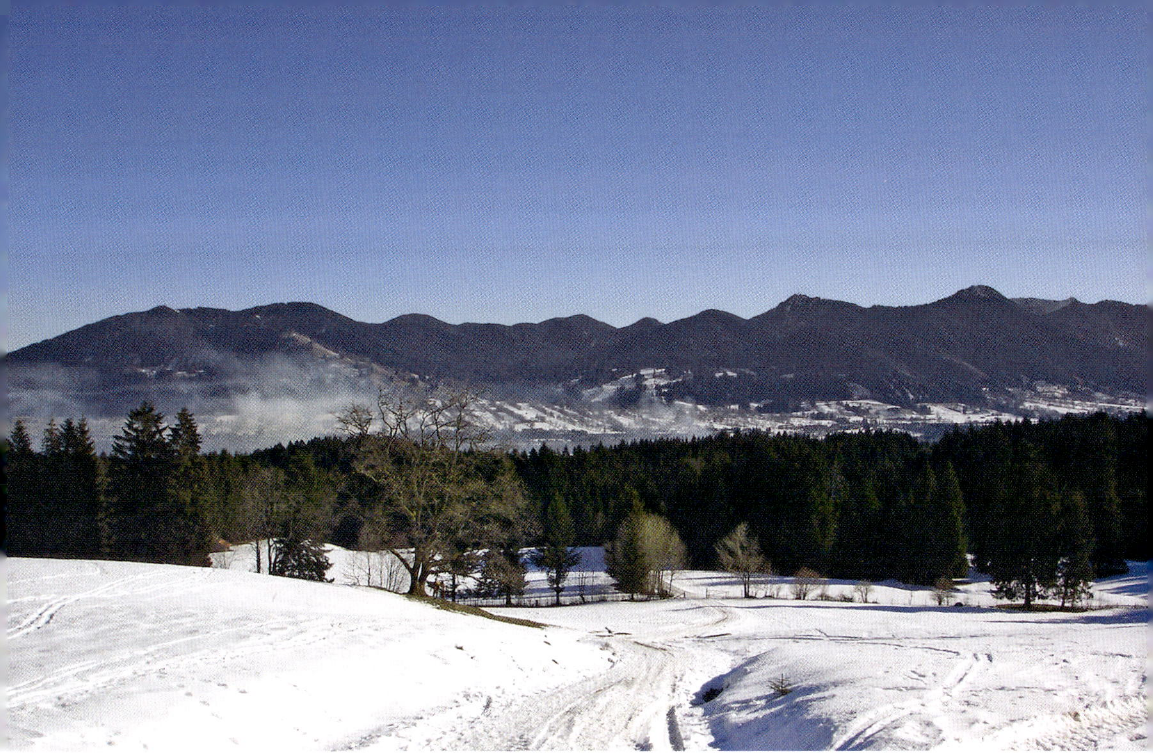

Die Tour ist auch wintertauglich.

Stück auf den Wiesen der verfallenen Seiboldsalm ist ziemlich steil. Regenfälle und der schmelzende Schnee im Frühjahr können den Steig in eine batzige Rutschpartie verwandeln. Dann sind Stöcke durchaus von Vorteil.

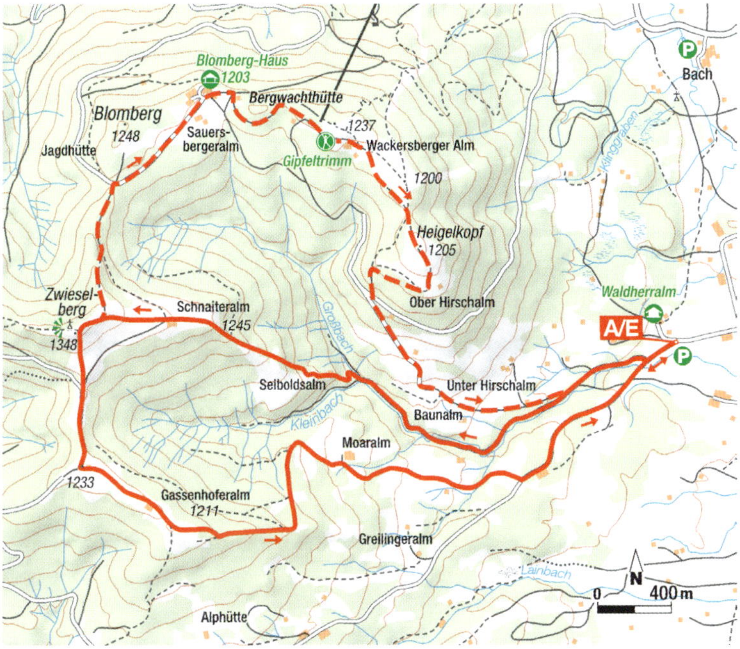

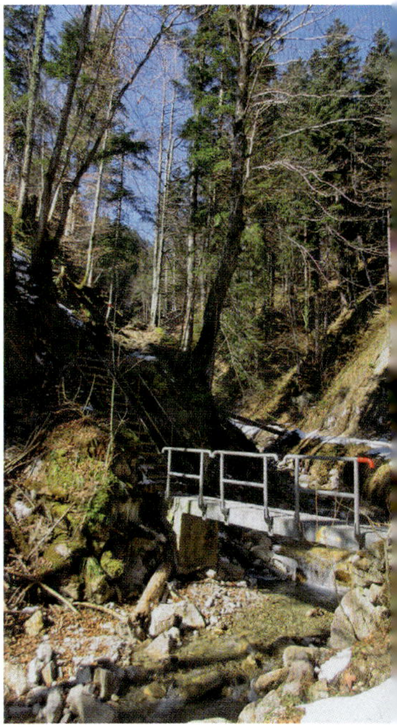

Hier heißt es aufpassen: das Brückerl über den Steinbach.

Unser Weiterweg führt über Wiesen und auch durch Wald, immer wieder mal rot markiert, hinauf zu einer quer verlaufenden Forststraße. Hier steigen wir geradeaus weiter den Pfad hinauf, der zur unbewirtschafteten Schnoaderalm (auch Schnaiter- oder Zwieselalm genannt) führt. Schon bald sehen wir unser Gipfelchen, den Zwiesel. Dem Pfad über den Bergrücken folgend erreichen wir bald das Gipfelkreuz. Für die geringe Höhe hat die Aussicht wirklich einiges zu bieten. Nun ist eine Brotzeit angesagt, und falls die Bänke bereits belegt sind (und das sind sie so gut wie immer), dann müssen wir uns halt in die Wiese setzen.

Unser Abstieg führt direkt nach Süden hinunter – und zwar ziemlich steil. Wem das zu gach ist, der wandert am besten zurück zur Schnoaderalm und biegt bei ihr scharf rechts ab. Unterhalb des Zwiesels kommen beide Wege wieder zusammen. Dort folgen wir dann dem breiten Forstweg. Nach einem kurzen Waldstück kommen wir zu einer Weggabelung. Hier folgen wir den Schildern in Richtung »Gassenhofer Alm zur Waldherralm 464« nach links. Unser Abstieg führt nun aussichtsreich und bequem zur Gassenhofer Alm und weiter – gut markiert und beschildert (»Waldherralm« bzw. 464 oder B2) – auf einem Forstweg zurück zum Parkplatz.

Der Gipfel des Zwiesel lässt sich auch im Winter bezwingen.

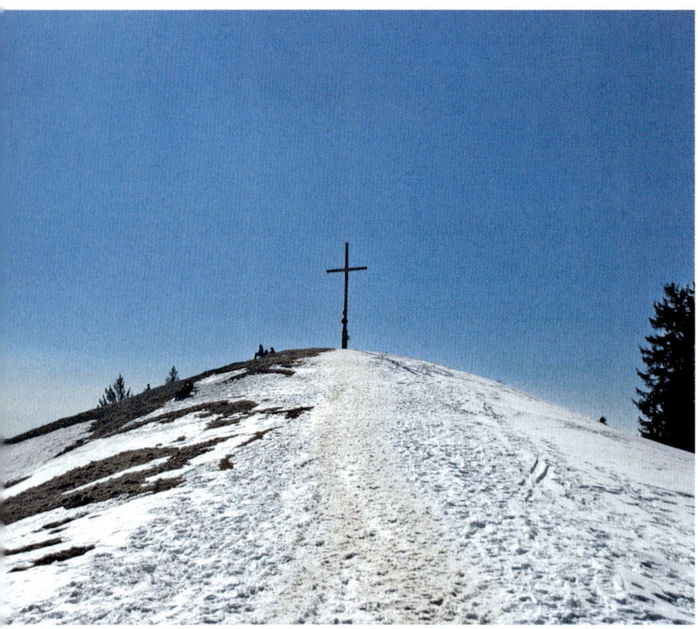

Wissenswertes

Eine **Zwiesel** ist eine Steinschleuder, die man sich früher selbst aus einer Astgabel und Gummibändern gebastelt hat. Zwiesel bedeutet also Gabelung, z. B. eine Straßen- oder eine Flussgabelung. Das Wort ist mit dem Zahlwort zwei verwandt. Wenn man auf die Landkarte schaut, dann erkennt man, dass sich am Gipfel des Zwiesels der Bergkamm gabelt.

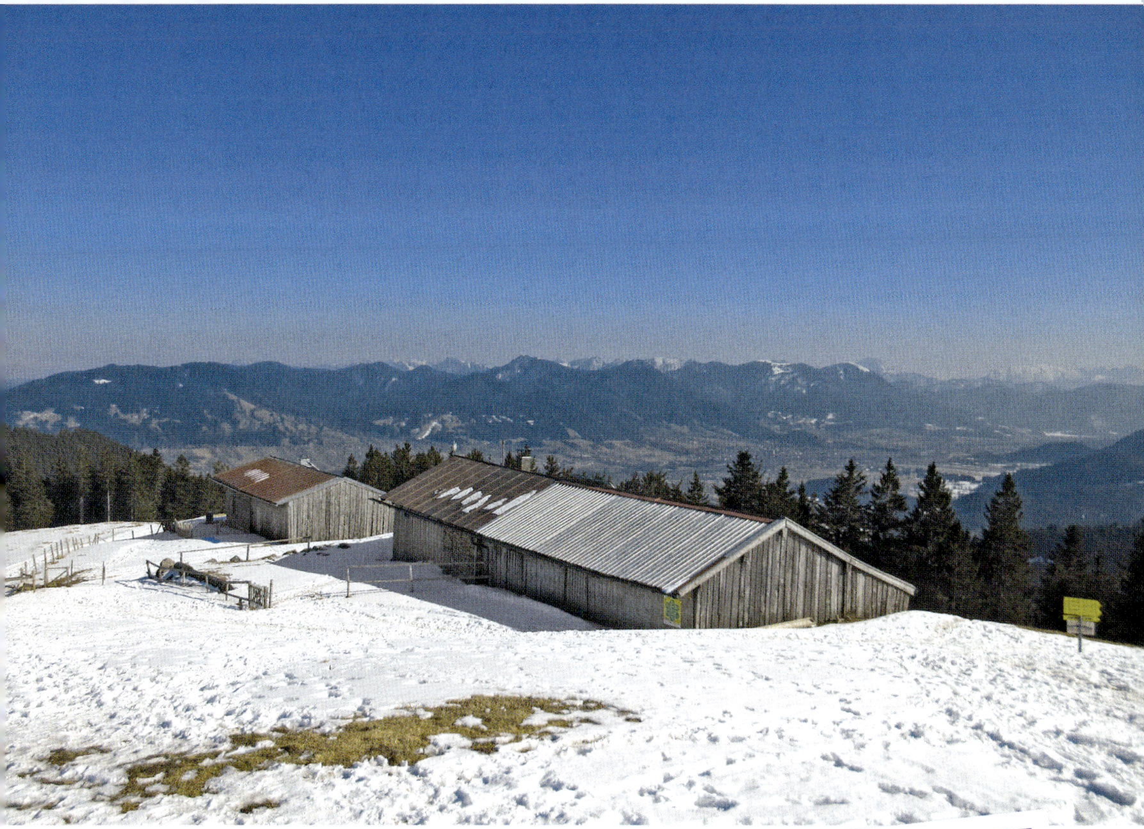

Varianten

- Natürlich kann man auch mit der Seilbahn hochfahren, den Gipfel des Zwiesels mitnehmen und wie im Tourenvorschlag über die Gassenhofer Alm zur Waldherralm absteigen. Durch die Haglandschaft westlich von Wackersberg wandert man zur Seilbahn zurück. Die Wege sind alle hervorragend markiert, man kann sich also nicht verlaufen. Die Gehzeit beträgt dann etwa vier Stunden, dabei 250 Hm im Aufstieg und 800 Hm im Abstieg.
- Statt über die Gassenhoferalm abzusteigen, wandert man hinüber zum Blomberghaus. Dann geht es weiter zur Bergstation der Seilbahn und vorbei an der Wackersberger Alm zum Heiglkopf. Von ihm führt ein gut bezeichneter Weg zurück zu Waldherralm. Man muss dann mit etwa 4,5 Stunden reiner Gehzeit rechnen.

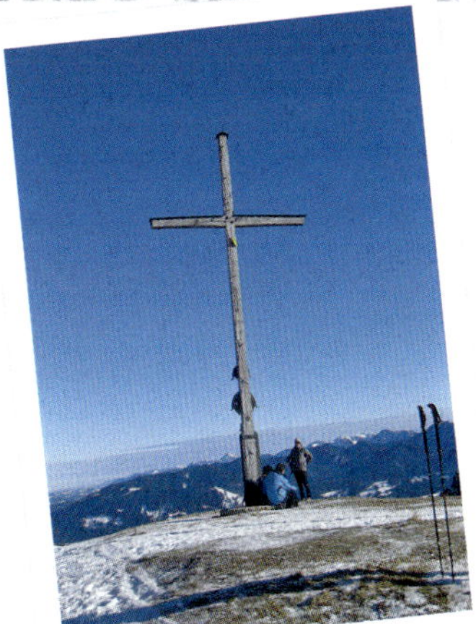

Kleiner Berg, großes Kreuz – am Zwiesel-Gipfel

Ganz oben: Gleich ist man oben, mit Rückblick auf die Schnoaderalm.

Hinweise

- Achtung, Ende Oktober bis Anfang November fährt die Blombergbahn wegen Revisionsarbeiten nicht.
- Die Tour ist das ganze Jahr über möglich, vorausgesetzt man hat die richtige Ausrüstung für den Winter (z. B. Stöcke, Grödel).

Die Tierwelt an der Isar

Säugetiere: Im Karwendel bekommt man schon mal ein Murmeltier oder ein Gamsrudel zu sehen, im Gebiet der Benediktenwand leben sogar Steinböcke. Im Winter kann man bei Wildfütterungen in Vorderriß auch Rotwild beobachten. In den Isarauen nördlich von München und Moosburg existiert sogar ein offizielles Rotwildgebiet. Weiter finden sich Rehe, Feldhasen, Füchse, Biber, Nutria, Bisamratten und in Niederbayern auch wieder Wildschweine. Waschbären gibt es noch keine, man erwartet aber in nächster Zeit eine Zuwanderung. Immer wieder liest man, dass Bären und vor allem Wölfe gesichtet werden, wie im Sommer 2022 im Landkreis Garmisch-Partenkirchen. Dann ist die Aufregung groß und die Diskussion um den Schutzstatus des Wolfes hitzig, besonders wenn auf den Almen Schafe oder Jungrinder gerissen wurden.

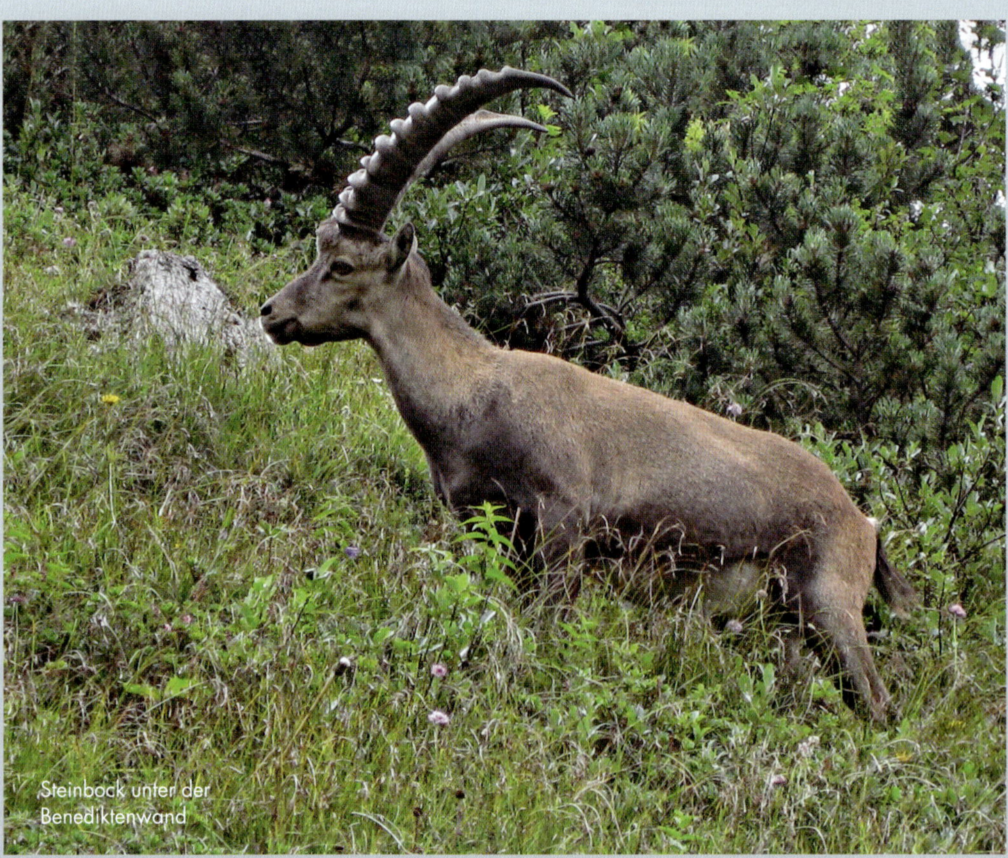

Steinbock unter der Benediktenwand

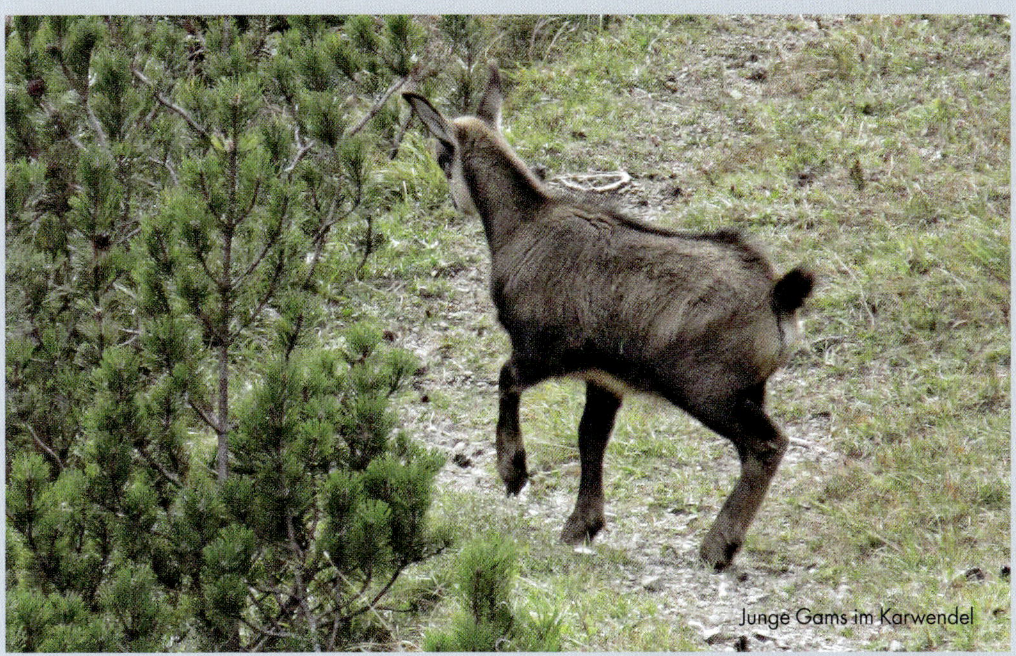

Junge Gams im Karwendel

Vögel: An der Isar findet man überwiegend und wenig überraschend Wasservögel. Die Flussseeschwalbe und der Flussuferläufer sind als Kiesbrüter auf große, unbewachsene Kiesbänke angewiesen. Vor allem in den Städten und an den Speicherseen findet man verschiedene Entenarten: nicht nur die allseits bekannten Stockenten, sondern auch Moorenten, Tafelenten, Löffelenten und wie sie alle heißen. Häufig trifft man Grau- und Kanadagänse an, nicht nur als Wintergäste, und auch die Anzahl von Höckerschwänen erstaunt. In den aunahen Wiesen kann man häufig Grau- und Silberreiher beobachten. Einen Eisvogel oder eine Wasseramsel wird man hingegen nur selten zu Gesicht bekommen. Bei Fischern nicht besonders beliebt ist der ganzjährig geschützte Kormoran, der eine natürliche Vermehrung der Isarfische mehr und mehr erschwert. Im Gebirge lebt noch das selten gewordene Auerhuhn, ebenso der in den Felsen brütende Steinadler sowie der Mauerläufer oder der Dreizehenspecht.

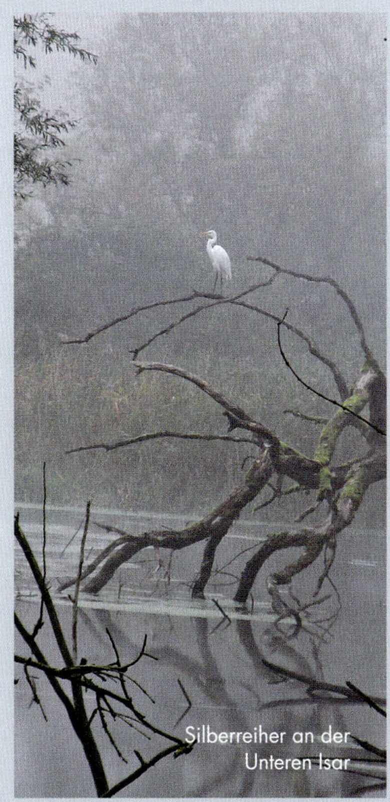

Silberreiher an der Unteren Isar

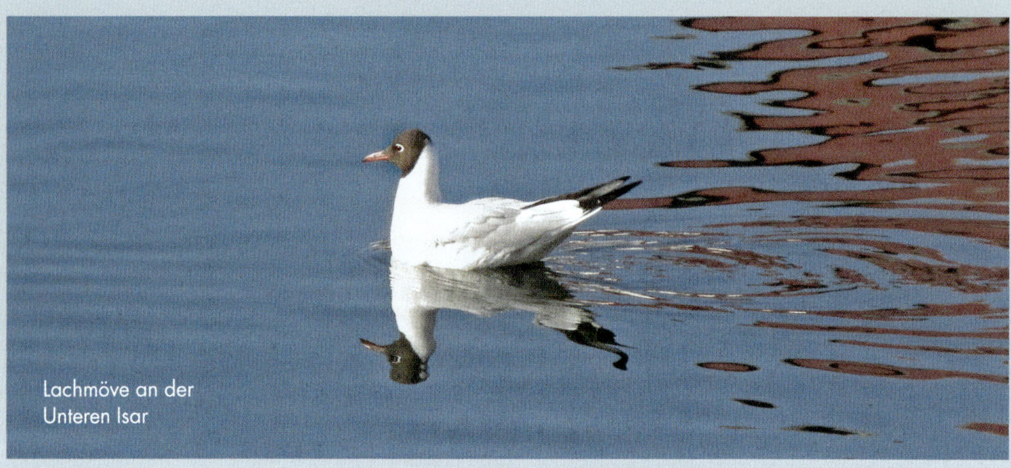

Lachmöve an der Unteren Isar

Reptilien: Heimische Reptilien findet man in den Isarauen häufig, darunter die einzige Giftschlange Bayerns, die aber für den Menschen eher ungefährlich ist: die Kreuzotter. Hinzu kommen die ungiftigen Ringel- und Schlingnattern sowie Eidechsen und Blindschleichen, ebenfalls eine Eidechsenart und keine Schlange.

Amphibien: In den noch verbliebenen natürlichen Lebensräumen kommen, vor allem an der Unteren Isar, einige gefährdete Amphibienarten vor, z. B. die Wechsel- und Erdkröte. Im Isarmündungsgebiet gibt es sogar noch eine kleine isolierte Population des in Bayern vom Aussterben bedrohten Moorfroschs.

Insekten: Natürlich sind auch jede Menge Insekten zu finden, angefangen bei Schmetterlingen und Wildbienen über Heuschrecken und Wasserkäfer bis hin zu Köcher-, Stein- und Eintagsfliegen bzw. deren Larven im Wasser. Besonders im Mündungsgebiet gibt es die sogenannten Isar-Staunzen, gefühlt fledermausgroße Mücken, die schon so manchen Wanderer in die Flucht geschlagen haben.

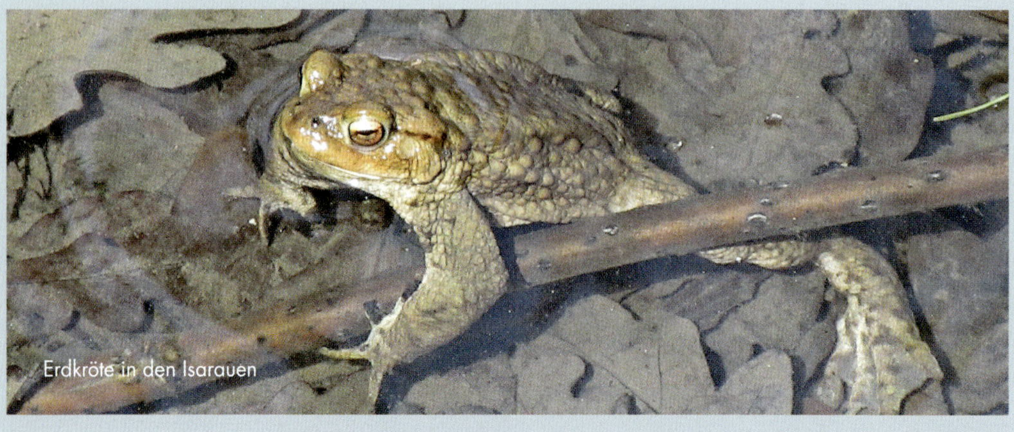

Erdkröte in den Isarauen

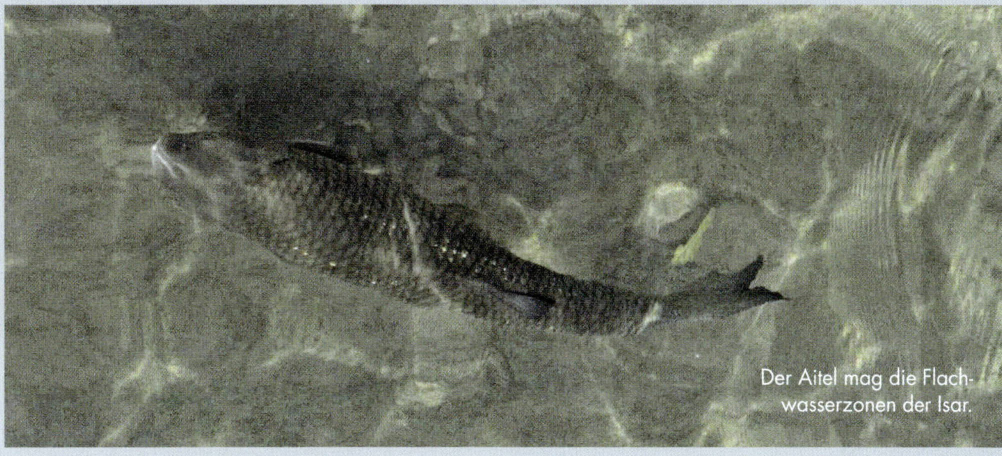

Der Aitel mag die Flachwasserzonen der Isar.

Fischregionen: Man teilt einen Fluss in fünf Fischregionen ein. Benannt werden diese nach einer Leitfischart, die hier optimale Lebensbedingungen findet. Neben dieser gibt es aber noch eine ganze Reihe von Fischarten, deren Ansprüche an das Gewässer ähnlich sind. Die Isar besitzt aber nur drei Regionen, da sie nicht ins Meer, sondern in einen Strom, die Donau, mündet. So fehlen ihr die unteren beiden, die Brachsen- und die Kaulbarsch-Flunder-Region.
Am Oberlauf der Isar, in der Forellenregion, herrscht eine sehr starke Strömung, das Wasser wird durch kleine Stromschnellen und Wasserfälle stark mit Sauerstoff angereichert. Seine Temperatur liegt auch im Sommer bei höchstens 10 °C, auf dem Grund findet man nur Felsgestein, Geröll und groben Kies, aber keine Pflanzen. Der Leitfisch, also der typische Bewohner dieser Region, ist die Bachforelle. Weitere Fischarten sind hier z. B. die Groppe, die Elritze und das Bachneunauge. Die Forellenregion der Isar reicht von der Quelle bis etwa Lenggries.
Auch die nächste Region wird noch zu den Gebirgsflüssen gezählt, sie wird nach der Äsche benannt. Bei der Isar ist das der Abschnitt zwischen Lenggries und der Einmündung der Amper bei Moosburg a. d. Isar. In dieser Äschenregion ist die Strömung immer noch stark und der Sauerstoffgehalt des Wassers hoch. Es gibt aber bereits mehr Pflanzen und die sommerliche Wassertemperatur steigt hier schon bis 15 °C. Am Boden finden sich Geröll und Kies unterschiedlicher Körnung. Neben der Äsche findet man auch die Nase, Gründling, Quappe und den Huchen.
Die Barbenregion erstreckt sich zwischen Moosburg und der Mündung. Der Fluss wird breiter und die Strömung schwächer, hier finden sich auch große Stauseen. Der Sauerstoffgehalt des Wassers schwankt, denn das Wasser ist deutlich wärmer als in der Äschenregion. Am Ufer finden sich viele Wasserpflanzen, oft verwehren dichte Schilfgürtel den Zugang zum Freiwasser. Der Grund besteht aus feinkörnigem Kies und grobem Sand. Neben dem Leitfisch, der Barbe, finden sich hier auch Rotauge, Hecht und Zander, alles Fischarten, denen der geringere Sauerstoffanteil nicht schadet.

13 Sunntratn (Sonntraten)

Von Bergwanderern geschätzte Isarwinkler Aussichtsloge

leicht | 5,3 km | 400 Hm | 2.00 Std.

Tourencharakter
Leichte Bergwanderung auch für gehtüchtige Kinder ab 8 Jahren geeignet

Ausgangs-/Endpunkt
Wanderparkplatz bei Gaißach-Grundnern (gebührenpflichtig) bzw. Bahnhof Obergries
GPS 47.712404, 11.588634 (Wanderparkplatz), 47.707394, 11.56354 (Bahnhof)

Anfahrt
ÖPNV: Mit der BRB Oberland über Bad Tölz bis Obergries; dann zu Fuß nach Grundnern (siehe Variante)
Auto: Auf der A 95 bis Ausfahrt Sindelsdorf und auf der B 472 nach Bad Tölz; kurz weiter auf der B 13 Richtung Lenggries, dann links der Beschilderung Richtung Gaißach der Lenggrieser Straße bis Kellern folgen; dort links nach Grundnern und halb rechts zum Wanderparkplatz

Einkehr
Keine, also Brotzeit mitnehmen

Karte
KOMPASS Wanderkarte 182 Isarwinkel, Bad Tölz, Lenggries, 1:50.000

Information
toelzer-land.de, lenggries.de

Den Sunntratn (auch Sonntraten oder Schürfenkopf) als Geheimtipp zu bezeichnen, das wäre vor zehn Jahren noch möglich gewesen. Wer jemals oben war, versteht, dass heute der Andrang groß ist. Es gibt selten ein so nettes Gipferl, das bei so wenig Mühe das ganze Jahr über so einen fantastischen Ausblick bieten kann.

Die Bergwanderung Vom Wanderparkplatz gehen wir rund 50 Meter weit auf der Straße gegen Südosten und biegen dann nach links in einen Fahrweg ein. Bei der nächsten Wegverzweigung – rechts zweigt der beschilderte Sonntratenweg ab – gehen wir ge-

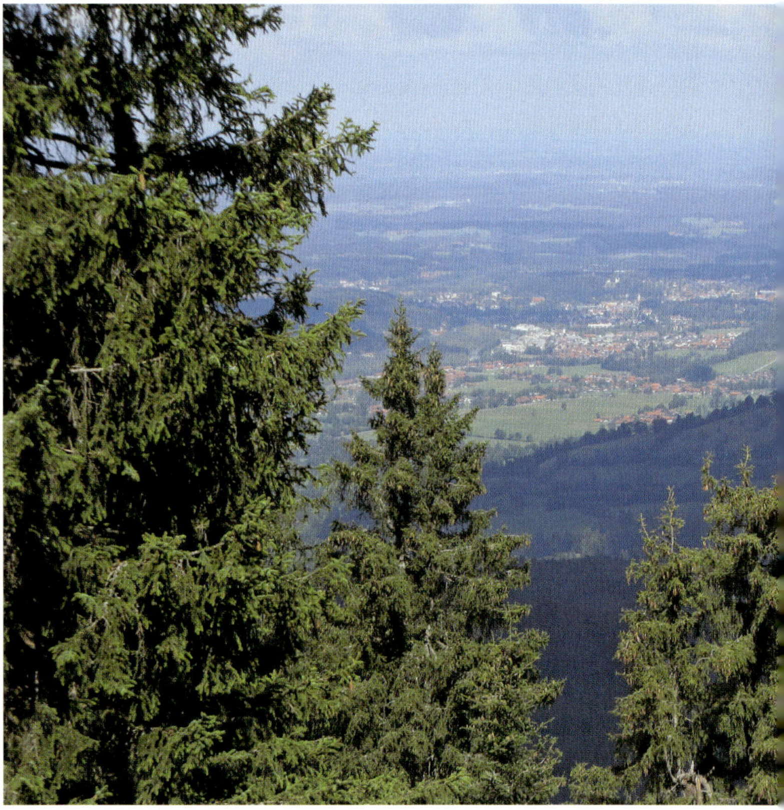

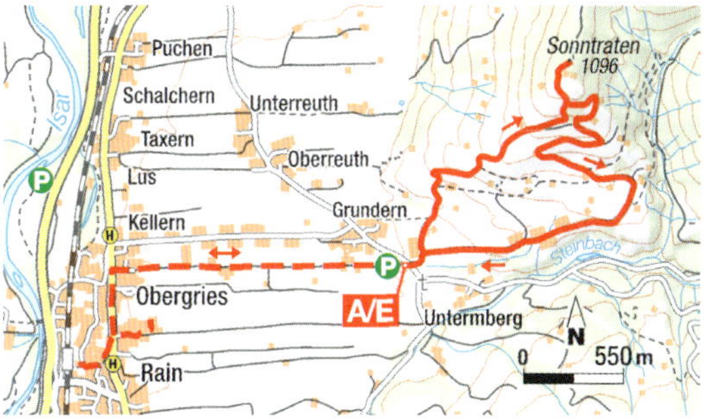

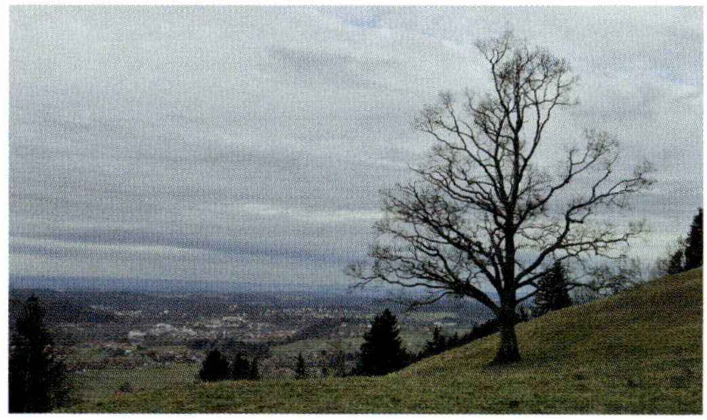

radeaus an zwei Stadel vorbei auf dem Sonntratensteig nach Norden. Nun folgen wir dem rot-weiß markierten Weg bis zu einem Knick nach rechts bergauf. Hier schnürt er sich zu einem schmalen Pfad zusammen, der auf Holztreppen mit ein paar Kehren ziemlich steil den Hang rechts des Zauns und einer Baumreihe hinaufzieht. Zweimal führt unser Weg durch ein Gatter. Bei einer Bank auf etwa 1000 Meter Höhe hält man sich links, der Anstieg führt in den Wald hinein und macht einige Kehren. Bald ist ein

Bei unsicherem Wetter bietet sich der Sunntratn als alpiner Spaziergang an.

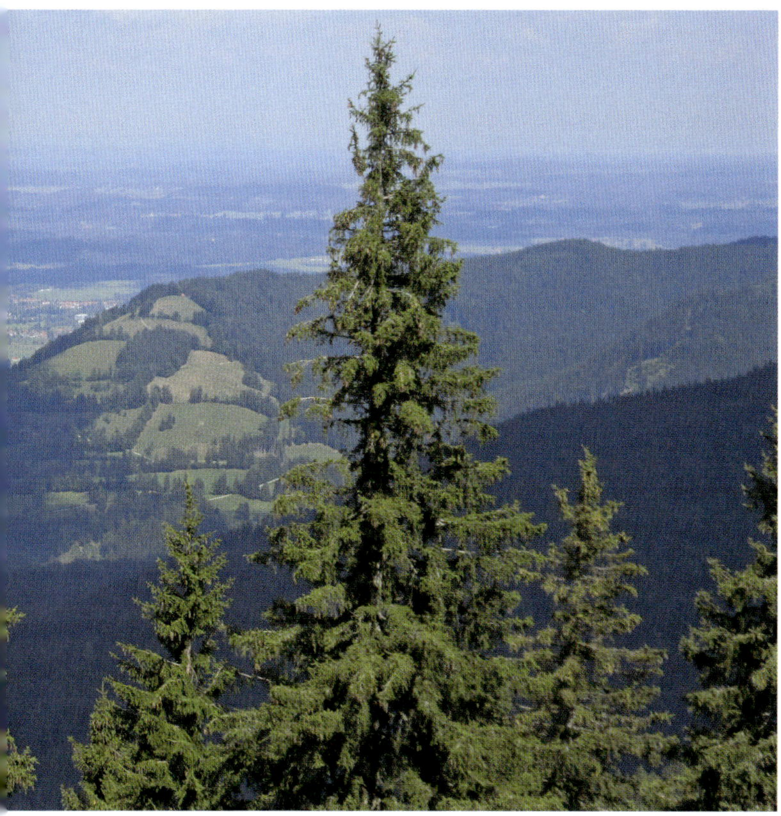

Blick vom Geierstein über den Sunntratn auf das Alpenvorland

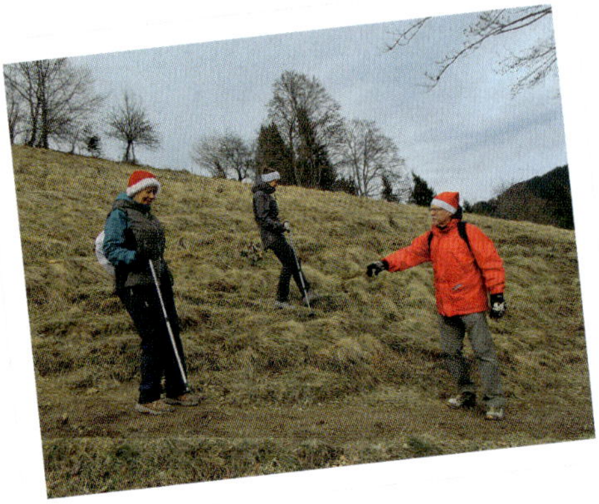

breiter Fahrweg erreicht, auf dem wir wieder auf den von rechts kommenden Sonntratenweg treffen. Wir steigen auf dem rechts abknickenden Pfad den grasigen Gipfelhang hinauf und kommen bei einem Drehkreuz zu einer Wiese mit einer Sitzbank. Am Zaun entlang kann man noch durch den Wald zu den Almhüttchen auf der Gipfelwiese gehen.

Beim Abstieg nehmen wir den Sonntratenweg. Dazu gehen wir den Grashang zurück bis zu der Stelle, wo unser Anstieg auf den breiten Fahrweg trifft. Hier halten wir uns aber nun nicht wieder in den Wald hinein, sondern nehmen links den breiten Weg. Nach etwa 50 Höhenmetern macht der Weg einen scharfen Knick nach Süden. Wir gehen weiter bis zum Waldrand, steigen über die Wiese weiter ab und treffen wieder auf einen breiten Fahrweg. In der Nähe eines Stadels kommt von rechts ein weiterer Wirtschaftsweg, wir gehen aber links auf den Wald zu und

Kurze Wanderung am Heiligabend

Zusammenbrechender Föhnsturm über dem Karwendel

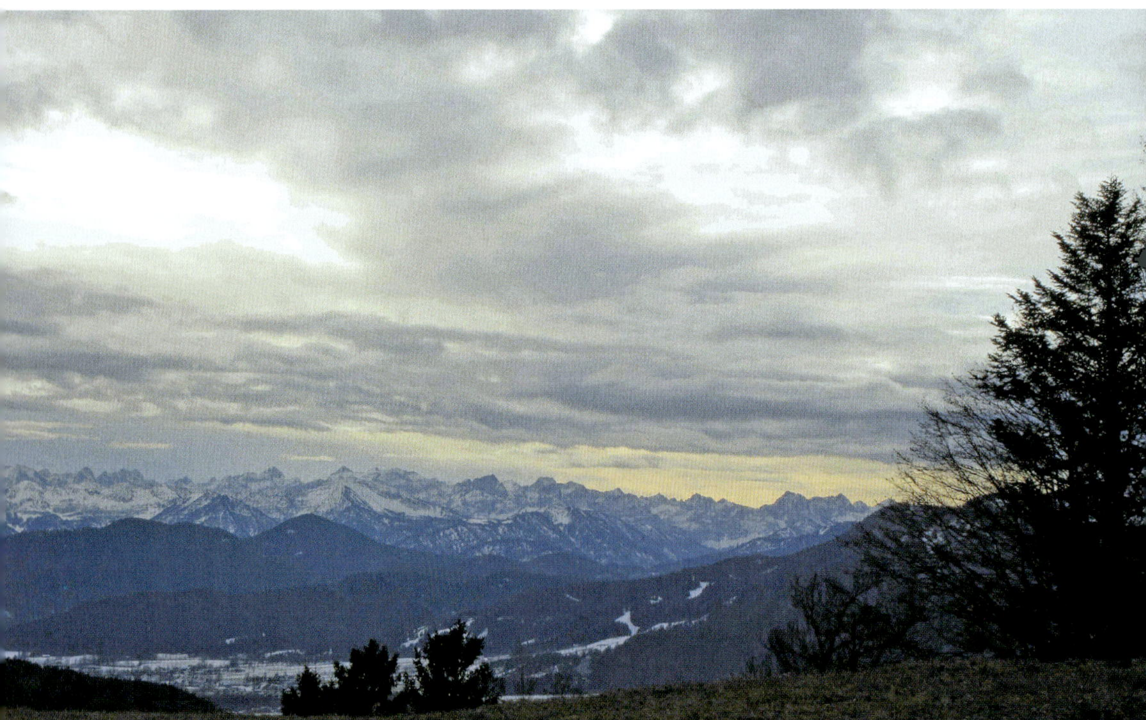

folgen weiter dem Sonntratenweg. Schließlich kommen wir wieder zur Wegteilung, wo der Sonntratensteig von rechts mit unserem Abstiegsweg zusammentrifft. Noch gute 200 Meter und wir haben unseren Ausgangspunkt am Wanderparkplatz erreicht.

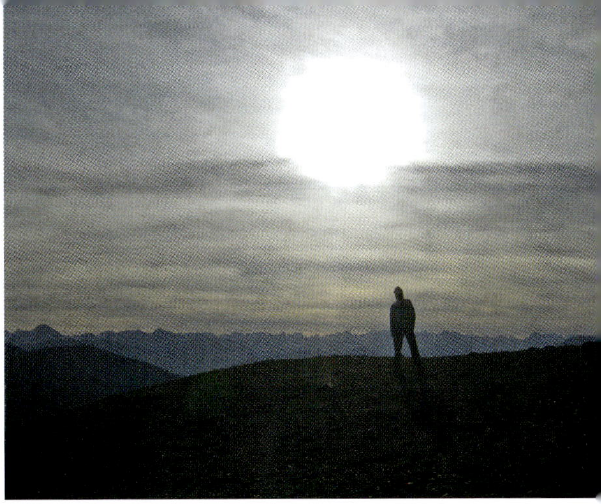

Fantastische Wolkenstimmung am Sunntratn

Variante Wer mit der Bahn angereist ist, wandert vom Haltepunkt Obergries nach Osten zum Griesweg und weiter über das Jacker-Steigl hinauf zur Lenggrieser Straße. Hier weiter Richtung Norden bis zum Ortsteil Rain. Hinter der Steinbeck-Kapelle biegen wir rechts ab und marschieren die schmale Autostraße etwa eineinhalb Kilometer weit zum Wanderparkplatz bei Grundnern.

Hinweis Die Tour ist das ganze Jahr über möglich, vorausgesetzt, man hat die richtige Ausrüstung (im Winter z. B. Grödel und Teleskopstöcke) und kann mit ihr auch richtig umgehen.

Wissenswertes

Laut Website des Gaißacher Schnabler- und Schlittenvereins e. V. soll eine Stammtischwette im Jahre 1928 die Geburtsstunde des **Gaißacher Schnablerrennens** gewesen sein. Schnabler, so heißen die großen hölzernen Transportschlitten, mit denen früher Baumstämme und Heu zu Tal gebracht wurden. Mit einem solchen Schlitten fährt ein Team aus zwei wagemutigen Rodlern den Lehener Berg einen Waldweg zum Zielhang hinab. Der Fahrer muss ein Gaißacher oder eine Gaißacherin, der Beifahrer darf auch ein »Auswärtiger« sein. Dies trauen sich nur die Mutigsten, denn es sind keine mechanischen Hilfsmittel wie etwa Bremsen erlaubt, das Gefährt wird nur mit Kraft und Geschick gelenkt. Am Zielhang kommt es dann noch zum finalen halsbrecherischen Sprung, den der Schlitten manchmal nicht unbeschadet übersteht, hoffentlich aber die beiden Schnabler. Das Rennats ist eine Mordsfaschingsgaudi, falls genügend Schnee liegt. Es findet normalerweise am 2. Sonntag im Januar statt. Genaueres erfährt man auf der Internetseite des Vereins: schnabler.de.

14 Zwischen Lenggries, Gaißbach und Bad Tölz

Durch die Haglandschaft des Vorderen Isarwinkels

leicht | 27,2 km | 300 Hm | 2.30 Std.

Tourencharakter
Nebenstraßen, geteerte Radwege und Feldwege

Ausgangs-/Endpunkt
Bad Tölz, Bahnhof
GPS: 47.760503, 11.573904

Anfahrt
ÖPNV: Mit der BRB Oberland nach Bad Tölz
Auto: Auf der A 95 bis Ausfahrt Sindelsdorf und auf der B 472 nach Bad Tölz; oder auf der A 8 Salzburg bis Ausfahrt Holzkirchen und auf der B 13 nach Bad Tölz; Parkplätze u. a. in Bahnhofsnähe

Einkehr
Gaststätten und Cafés in Bad Tölz, Gaißbach, Lenggries, Arzbach, Steinbach und Wackersberg

Karte
KOMPASS Wanderkarte 182 Isarwinkel, Bad Tölz, Lenggries, 1:50.000

Information
toelzer-land.de

Unsere Radtour führt durch den Vorderen Isarwinkel zwischen Bad Tölz und Lenggries. Dieser ist – trotz der Nähe zur Metropolregion München – noch immer eine bäuerliche Region. Hoffen wir, dass wir uns noch lange an ihr erfreuen können.

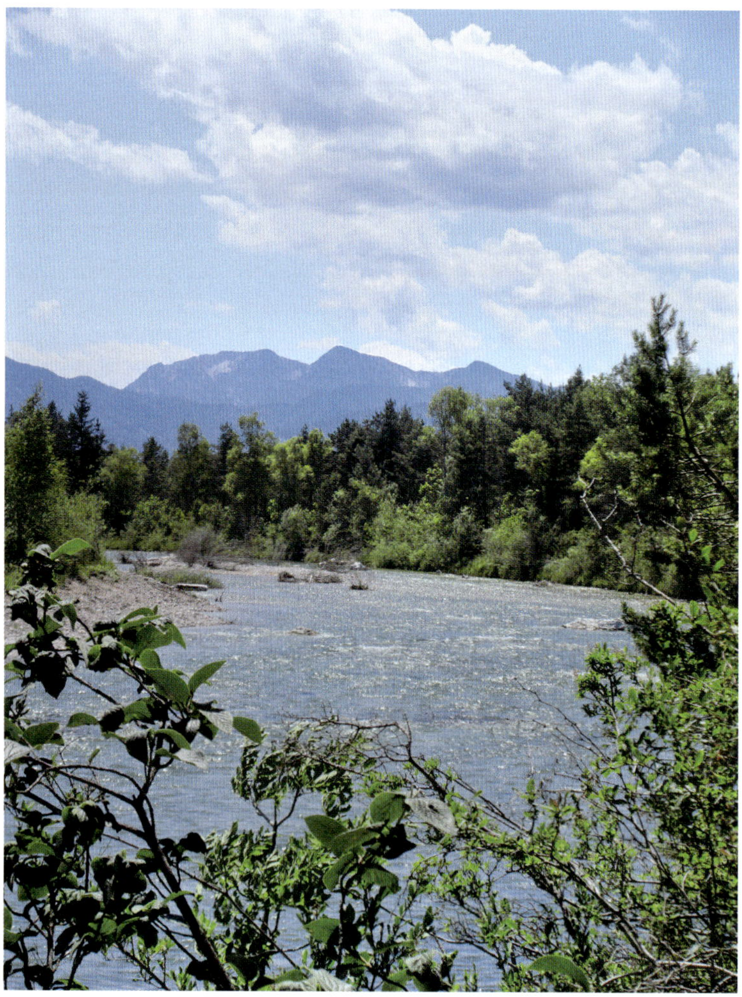

Blick vom Isarufer zu den Jöchern über dem Sylvenstein

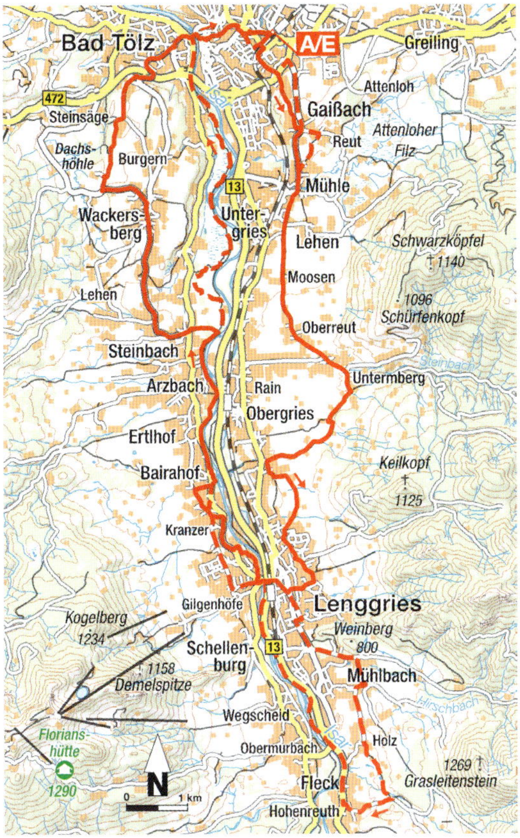

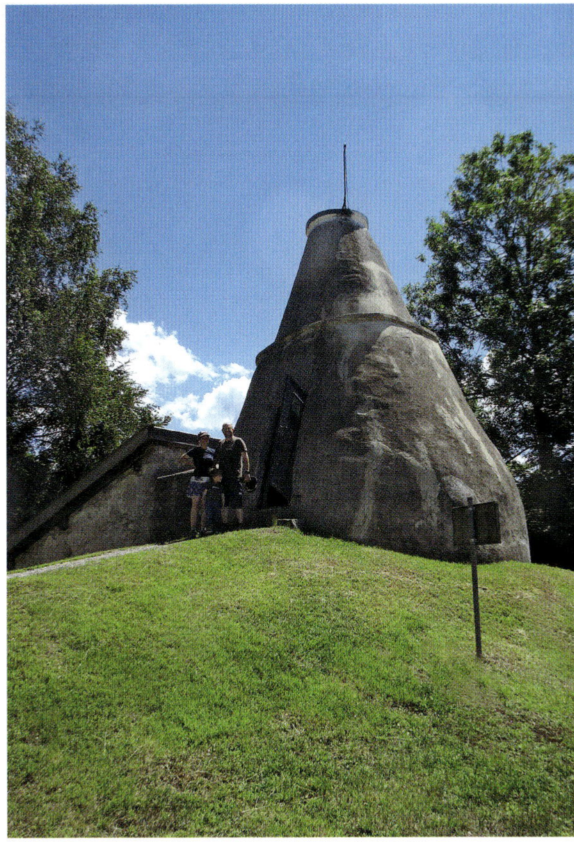

Einer der letzten Kalköfen an der Isar

Die Radtour Wir starten am Bahnhof in Bad Tölz und fahren die Landrat-Wiedemann-Straße hinab zur Sachsenkamer Straße, biegen links ab und gleich wieder rechts in die Kolpingstraße. Nun der Gaißacher Straße folgend überqueren wir die B 472 und fahren bergauf nach Gaißach. Um die Pfarrkirche St. Michael herum, am Krankenhaus vorbei, geht es hinunter zum Ortsteil Mühle. Nun radeln wir immer auf der Untermbergstraße über die Weiler Moosen, Unter- und Oberreut und Grundnern, zu den Ortschaften Steinbach und Unterluß durch die wunderschöne Haglandschaft nach Lenggries. Bis hierher sind wir etwa eine Stunde unterwegs, wir können also ohne schlechtes Gewissen in eines der Gasthäuser oder Cafés einkehren.

Unsere Rückfahrt erfolgt auf der linken Isarseite. Wir überqueren die Isarbrücke und biegen am Kreisverkehr in die Kalkofenstraße ein, kommen gleich darauf an diesem sehenswerten alten Kalkofen vorbei und fahren dann immer am Ufer der Isar weiter

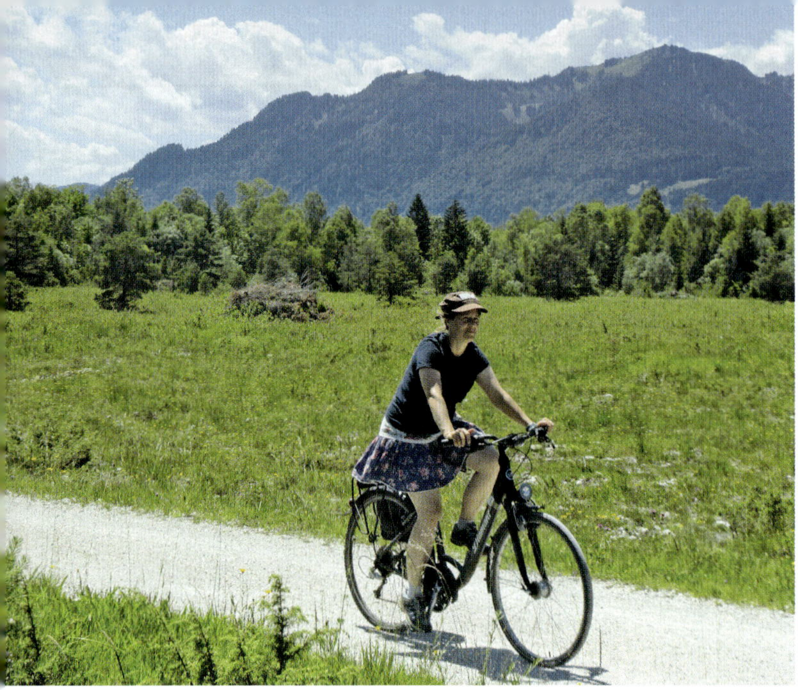

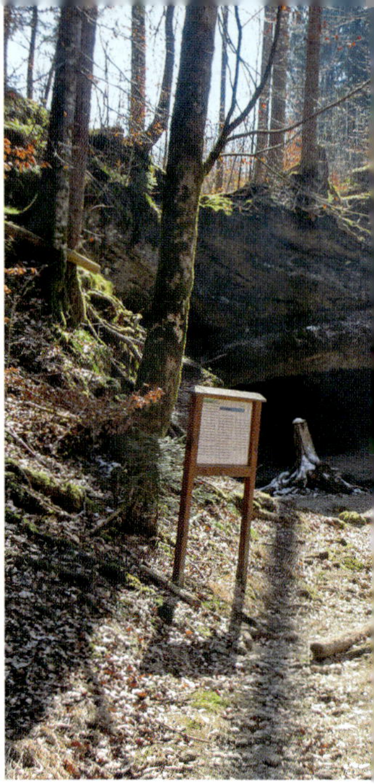

Unterwegs auf dem Isarradweg

Mitte: Das Naturdenkmal Dachshöhle ist ein einzigartiges Geotop.

Richtung Norden. Wir passieren nun Schlegldorf, überqueren den Arzbach und folgen ab dem Isarsteg dem Isarradweg bis zum Brückerl über den Steinbach. Hier geht es links zur Ortschaft Steinbach (schon wieder ein Steinbach). Dort überqueren wir die Hauptstraße und folgen der wenig befahrenen Autostraße »Am Steinbach« hinauf nach Wackersberg.

Wissenswertes

Die **Dachshöhle** ist ein sehenswertes Naturdenkmal. Sie ist eine Halbhöhle, das heißt, dass die Tiefe geringer ist als die Breite des Höhleneingangs. Deshalb weist sie auch keinen lichtlosen Höhlenteil auf. Man bezeichnet ein solches Geotop auch als Nischenhöhle, Felsdach, Abri und im Dialekt als eine Gufel. Ein solches Felsendach bot unseren Vorfahren Schutz vor Wind und Wetter, wohl auch vor wilden Tieren. Sie sind deshalb oft bedeutende archäologische Fundstätten. Die Dachshöhle entstand durch rückschreitende Erosion einer kleinen Quelle im Nagelfluh, einem Gestein, das aus mindeleiszeitlichen Schmelzwasserschottern zusammengebacken worden ist. Das Bachbett oberhalb liegt meist trocken, unterhalb ist eine kleine Quelle zu finden. Besonders schön ist ein Besuch im Winter, wenn sich in der Höhle Eiszapfen und Eisstalagmiten bilden.

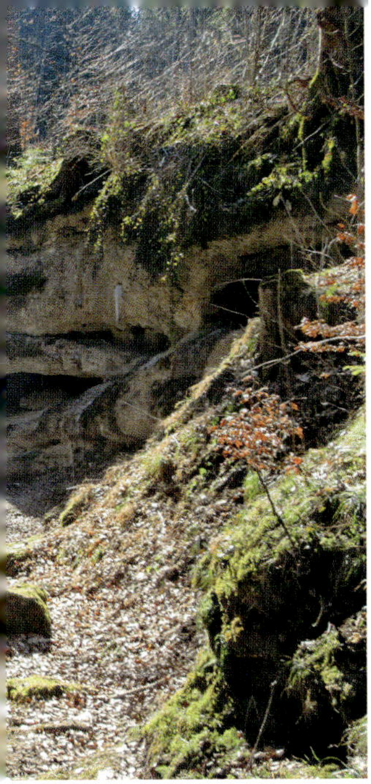

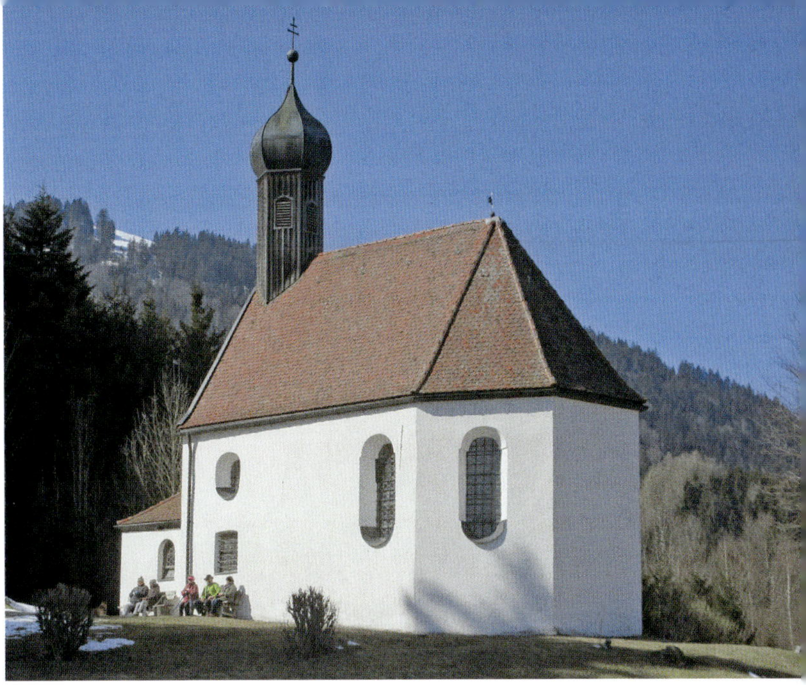

Unser Weiterweg führt auf der Amort- und Quellenstraße Richtung Westen. Nach einem knappen Kilometer geht es rechts ab zum Einödhof Hub. Am Feldkreuz wieder rechts haltend kommen wir zu einer Weggabelung am Waldrand. Hier, bei den Wegweisern, stellen wir das Rad ab und gehen in den Graben hinunter zur Dachshöhle, einer kleinen beeindruckenden Halbhöhle in einer Nagelfluhwand.

Die Pestkapelle bei Wackersberg

Unten: Bad Tölz ist erreicht.

Anschließend fahren wir am Waldrand weiter nach Norden zum Sonnershof. Erst hinter ihm biegen wir wieder links ab und fahren durch Wiesen den Sonnershofweg nach Norden zur Wackersberger Straße. Diese nun links hinab nach Bad Tölz, kommen wir über die Schützenstraße zur Tölzer Isarbrücke.
Über die sehenswerte Marktstraße – eine Fußgängerzone – schieben wir hinauf zum Kaspar-Winzerer-Denkmal und fahren dann die Salzstraße hinauf bis zur Bahnhofstraße, der wir nach rechts bis zu unserem Ausgangspunkt folgen.

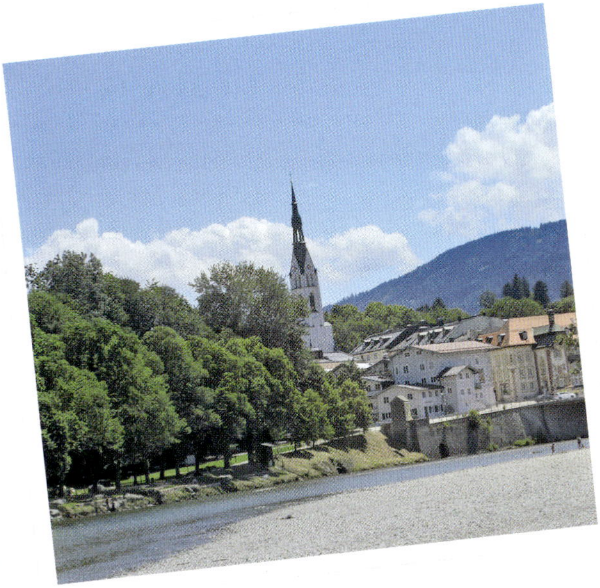

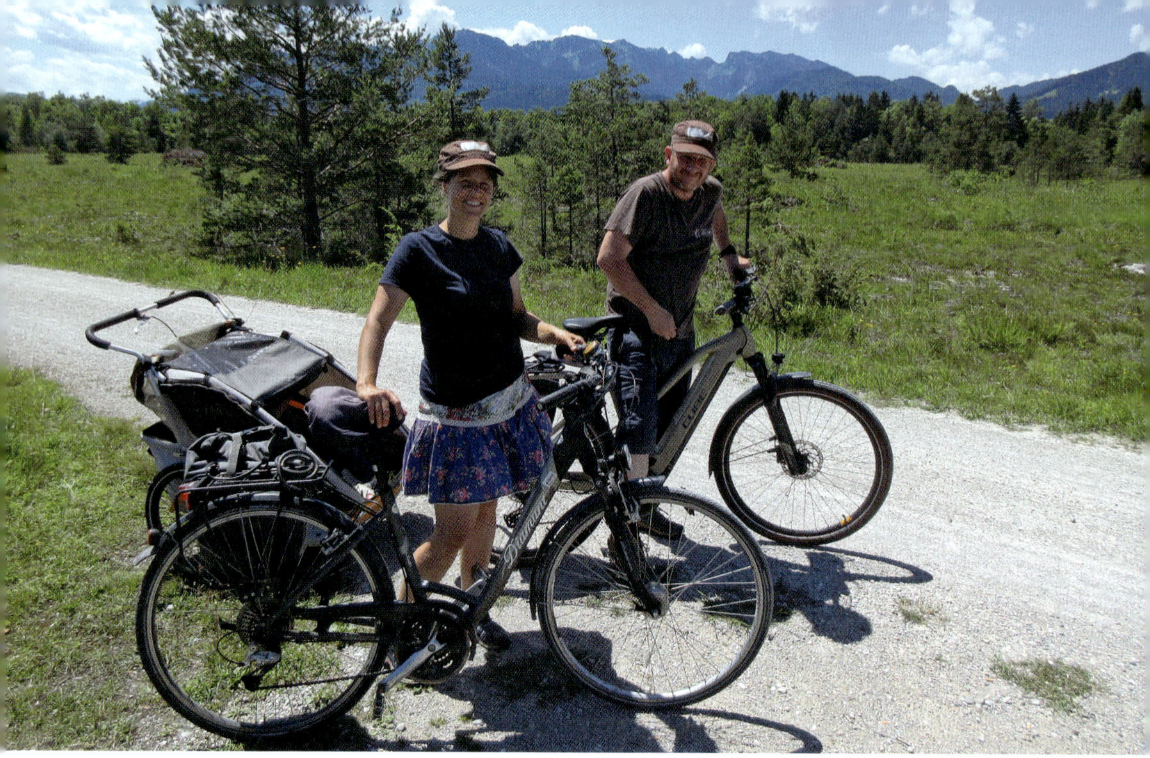

Bei herrlichstem Radlwetter im Vorderen Isarwinkel

Varianten

- Man kann noch über Hohenberg und Holz nach Fleck fahren, beim Papyrer einkehren und den Isarradweg entlang zurück nach Lenggries strampeln. So sind es etwa 10 Kilometer mehr.
- Wer nicht mehr die Steigung nach Wackersberg hinauftreten will, kann an der Brücke über den Steinbach gleich an der Isar entlang bis zur Tölzer Isarbrücke fahren, die Tour verkürzt sich dann nur geringfügig auf 25 Kilometer, man erspart sich aber etwa 100 Höhenmeter.
- In Wackersberg kann man gleich geradeaus auf der Wackersberger Straße nach Tölz fahren, lässt dabei das Geotop Dachshöhle links liegen und kommt dann auf eine Fahrstrecke von etwa 26 Kilometer.

Tipps

- Da die Tour nicht besonders lang ist, kann man – vorausgesetzt, die Kondition passt, von Grundern aus noch eine Bergwanderung auf den Sunntratn unternehmen (siehe Tour 13).
- Im Sommer können Wasserratten auch zum Baden gehen: Mit einem kleinen Umweg kommt man z. B. am Baggerweiher Lenggries vorbei. Außerdem gibt es da noch folgende Freibäder: das Erlebnisbad Isarwelle und das Naturfreibad Lenggries sowie das Freibad Arzbach.

Rechte Seite: In der Haglandschaft des Vorderen Isarwinkels

Wissenwertes

Unter dem Isarwinkel versteht man die Region entlang der Isar von Bad Tölz über Lenggries bis nach Wallgau. Auch die Jachenau zählt dazu. Der **Vordere Isarwinkel** zwischen Bad Tölz und Lenggries ist dabei kulturlandschaftlich etwas ganz Besonderes. Diese Gegend wurde im hohen Mittelalter kolonisiert, etwa um das Jahr 1300 war diese Besiedelung abgeschlossen. In ihren Grundzügen hat sie sich rechts der Isar zwischen Bad Tölz und Lenggries bzw. Arzbach und Wegscheid links der Isar bis heute erhalten. Jeder Bauer erhielt ein Flurstück, das von der Isarterrasse bis zu den angrenzenden Berghängen reichte. Das Anwesen dieser Waldhuten lag ursprünglich hochwassersicher direkt über dem Isarrain, der Isarterrasse. Die einzelnen Grundstücke sind bis heute durch lange Hecken aus hohen Sträuchern und Bäumen voneinander abgegrenzt. Das alte deutsche Wort für Hecke ist Hag, eine solche Landschaftsform wird deshalb Haglandschaft genannt. Die anschließenden Bergwiesen nennt man hier Traten. In Bayern ist und war eine Hofteilung eigentlich nicht üblich, der älteste Sohn bekam den Hof, die jüngeren Geschwister mussten gehen. Hin und wieder verstieß man aber doch gegen diese Regel, dann wurde der Geländestreifen noch schmäler oder der neue Hof wurde weiter Richtung Berg errichtet. So kam es zur Entstehung von kleinen Weilern.

Später wurde auch der Talboden am Isarufer besiedelt, das sogenannte Gries. Handwerker, Holzarbeiter und Flößer konnten sich hier niederlassen und ihrem Gewerbe nachgehen. Dass die großen Bauern auf die armen Griesler herabschauten, zeigt sich im Namen. Nannte man erwachsene Männer Häusler, Griesler, Mösler oder gar Grattler, so war das immer abwertend gemeint. Letzteres ist auch heute noch ein schweres Schimpfwort. Den einzelnen Flößer, Holzer oder Trifter wagte man nicht, so abschätzig zu bezeichnen, waren das doch meist stolze, rauhe und rauflustige Gesellen, die sich nichts gefallen ließen. Das ist bis heute so: Die Gaißacher (Goaßerer) werden von ihren Nachbarn nicht ohne Respekt als »die dritte Rass« bezeichnet.

Heute sind die Hecken und Traten geschützte Naturdenkmäler. Man kann diese Landschaft besonders schön von den Sunntratn (siehe Tour 13) aus überblicken.

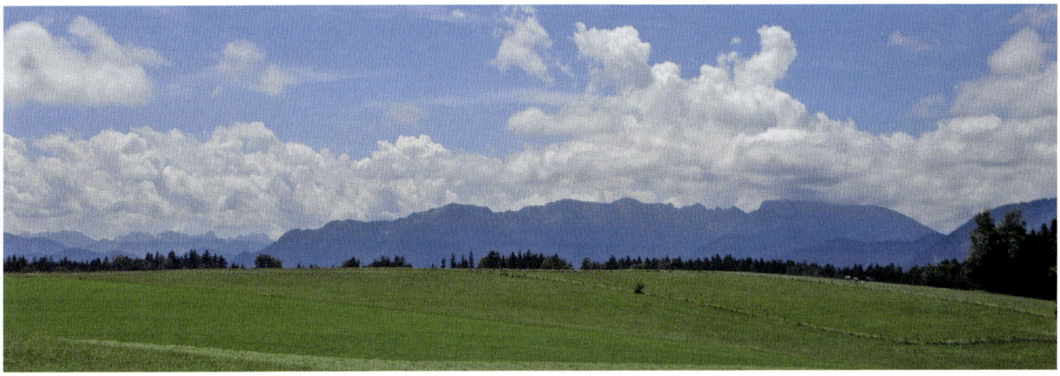

15 Die große Radelrunde im Oberen Isartal

Rund um den verschwundenen Wolfratshauser See

mittel | 56,0 km | 500 Hm | 4.00 Std

Tourencharakter
Bis auf kurze Stellen gut befahrbar, Teerstraßen, z. T. auch ruppige Schotterpisten, Feldwege, wenig befahrene Autostraßen; steile Anstiege zwischen Unterleiten und Kirchbichl, dem Kraftwerk Bad Tölz und Nodern, bei Rothenrain sowie von der Abzweigung zum Schußhof hinauf zum Malerwinkel

Ausgangs-/Endpunkt
S-Bahnhof Wolfratshausen bzw. Wanderparkplatz Puppling
GPS: 47.914346, 11.427146 (S-Bahnhof), 47.918686, 11.44953 (Wanderparkplatz)

Anfahrt
ÖPNV: S-Bahn-Linie 7 aus Richtung München nach Wolfratshausen (Endhaltestelle)
Auto: Auf der A 95 oder der B 11 nach Wolfratshausen

Einkehr
Gaststätten und Cafés in Puppling, Ascholding, Einöd, Kirchbichl, Ellbach, Bad Tölz, Rothenrain und Geretsried

Karte
KOMPASS Fahrradkarte 3337 Münchens Süden, Alpenvorland 1:70.000

Information
toelzer-land.de

Nicht immer kann man am Ufer der Isar radeln, stattdessen muss man auf das Hochufer des ehemaligen Wolfratshauser Sees ausweichen. Der ist zwar schon seit Langem verschwunden, seine steilen Ufer aber leider nicht. Bei dieser Runde kommen so knackige 500 Höhenmeter zusammen.

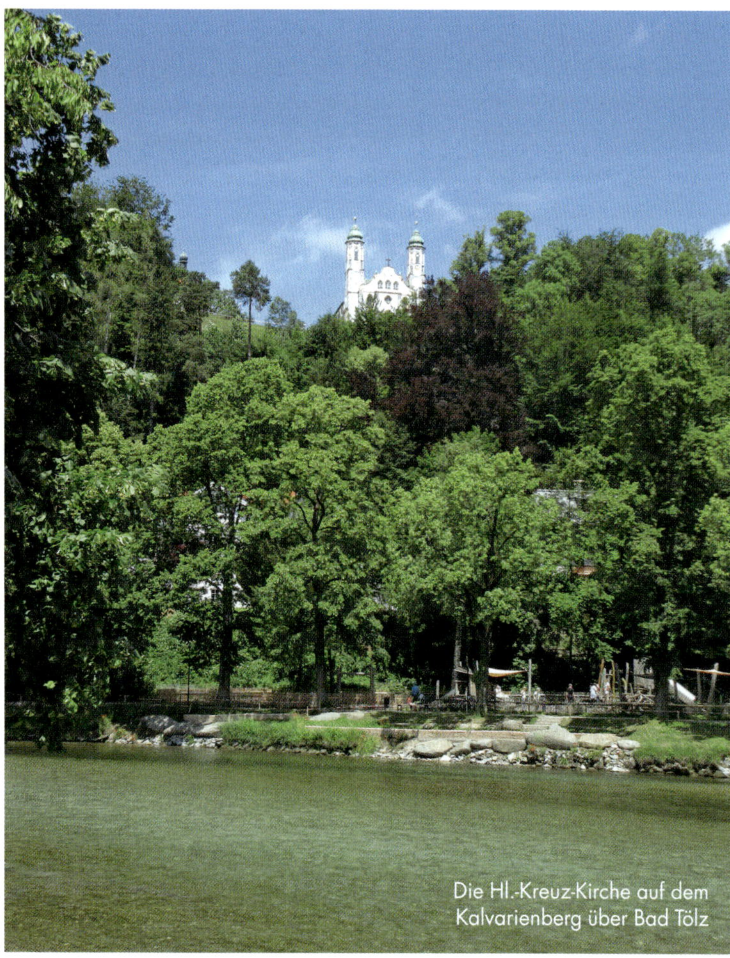

Die Hl.-Kreuz-Kirche auf dem Kalvarienberg über Bad Tölz

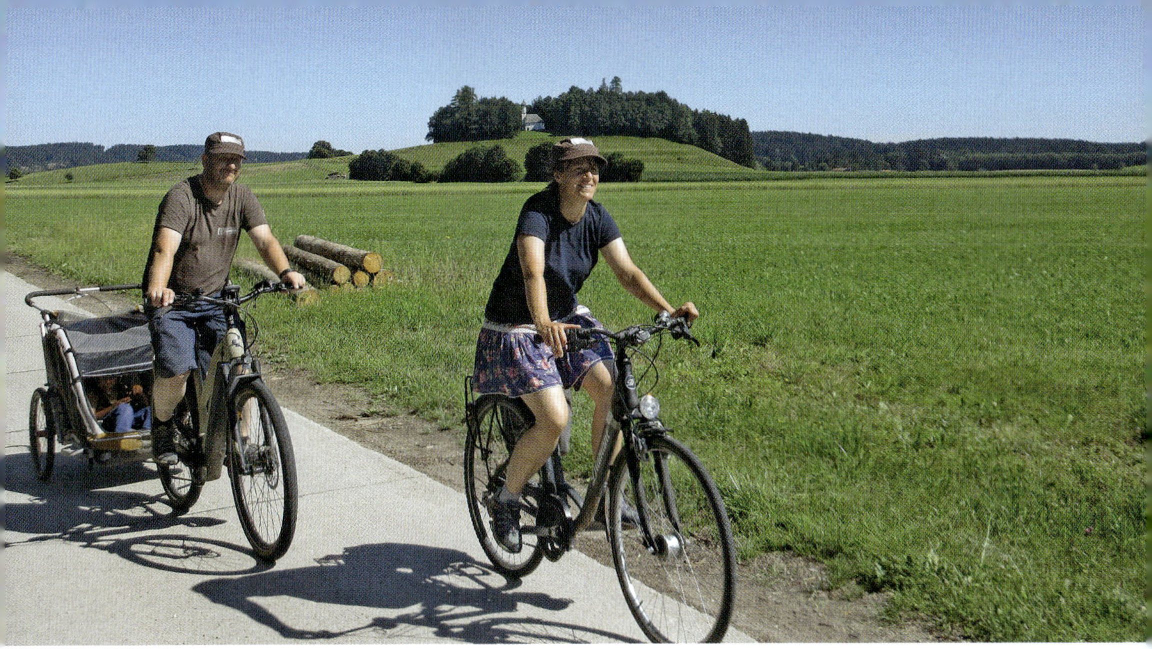

Südlich von Ascholding, im Hintergrund die St.-Georgs-Kapelle

Die Radtour Wir starten am S-Bahnhof Wolfratshausen. Zuerst fahren wir die Bahnhofstraße kurz nach Süden, biegen links in die Sauerlacher Straße ab und folgen ihr etwa zwei Kilometer weit bis zur Marienbrücke. Ab Puppling nehmen wir die wenig befahrene Autostraße nach Ascholding. Dort biegen wir kurz vor der Kirche in die Feldstraße rechts ab und strampeln geradeaus weiter nach Tattenkofen. Hier müssen wir links hinauf zur St 2072 und nehmen den Radweg zur Tattenhofener Brücke. Unser Weiterweg führt neben der Straße bis Einöd. Dort können wir rechts der Autostraße auf einem Feldweg bis kurz vor die Pestkapelle von Bairawies radeln. Hier wechseln wir die Straßenseite und fahren weiter neben der Straße her. In Unterleiten beim Gilgenhof führt der Radweg nach links und abseits der Autostraße durch Wald und Wiesen.

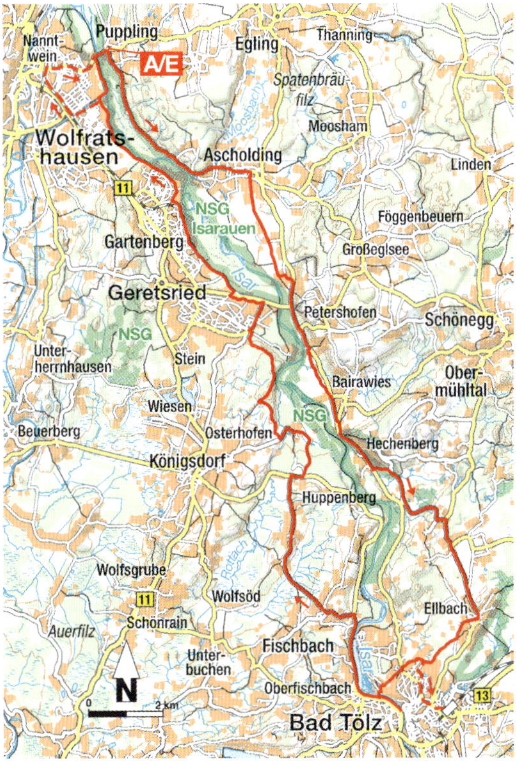

Nun biegt der Weg abermals nach links ab und führt hinauf auf das Hochufer. Bei der nächsten Weggabelung geht es sehr steil geradeaus hinauf nach Schnaitt. Ab hier ist die Straße nach Ellbach für Kfz gesperrt. Dort, am westlichen Ortsrand, fahren wir rechts. Nach einem guten halben Kilometer nehmen

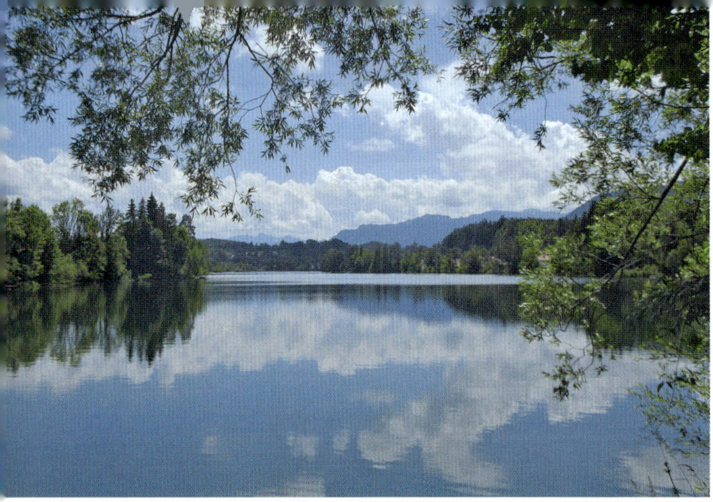

wir rechts die kleine Abzweigung kurz vor dem kleinen Fußballplatz. Der Weg führt nun etwa einen Kilometer durch Wald z. T. steil hinab zum Faistweg in Bad Tölz. Wir folgen ihm hinab zum Waldfriedhof. Bei diesem queren wir vorsichtig die Autostraße und fahren links weiter in Richtung Isar.

Am Isarstausee nördlich von Bad Tölz

Jetzt haben wir mehrere Möglichkeiten: Wenn es pressiert, fahren wir bei der Wegteilung gleich rechts über das Café Moraltalm am Isarstausee entlang zum Isarkraftwerk. Oder wir radeln geradeaus über den Ernst-Thissen-Isarsteg auf das andere Ufer und hier auf dem Isarradweg nach links zur Tölzer Isarbrücke. Hier kann man wunderbar an der Isarpromenade rasten, Brotzeit machen und auch baden – oder gleich nach rechts ebenfalls zum Isarkraftwerk radeln.

Unser Rückweg beginnt dort am Isarkraftwerk. Ab hier kann man sich nicht mehr verfahren, der Weg bis Wolfratshausen ist durchgehend als Isarradweg bzw. Fernradweg München–Venezia beschildert. Wir treten nun zur Leitzingerau hinauf und bie-

Wissenswertes

Während der letzten Eiszeit vor etwa 20 000 Jahren, der Würmeiszeit, stießen die Alpengletscher bis in die Gegend von Icking vor. Die Gletscher bewegten sich talwärts und transportierten dabei riesige Mengen Gestein mit sich. Durch ihr Gewicht, man nimmt an, sie waren stellenweise bis zu 600 Meter dick, schürften sie auch den Untergrund auf und ließen an ihrem Nordende, wo sie abschmolzen, gewaltige Schutthaufen liegen. Diese bildeten einen sichelförmigen Wall – die Endmoränen. Am Ende dieser Kaltzeit schmolz der Isar-Loisach-Gletscher. So entstanden dort mehrere, sich ständig verändernde Seen: der heute verschwundene **Wolfratshauser See** sowie der Ammersee und der Starnberger See. An manchen Stellen durchbrachen gewaltige Wassermassen die Endmoränen und flossen nach Norden ab. Dadurch fielen immer wieder einzelne Teile der Seen trocken und deren Gestalt veränderte sich ständig. Zuletzt durchbrach die Isar bei Schäftlarn den Schuttriegel und es entstand der Canyon des Isartals oberhalb Münchens.

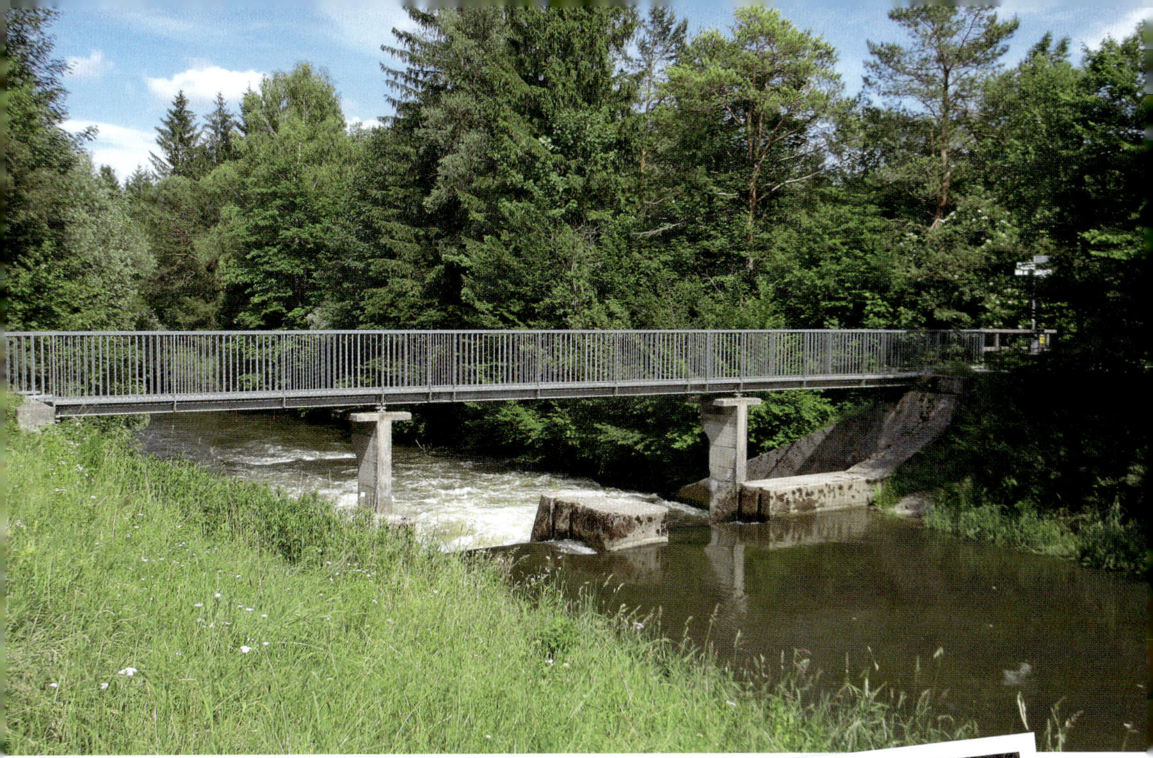

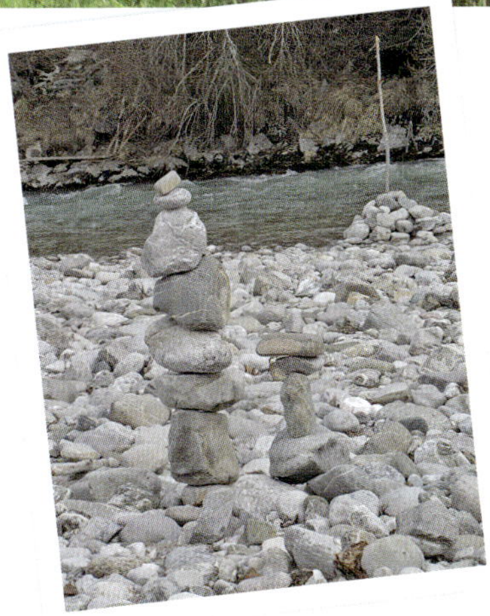

gen noch vor dem Steinbruch links ab. Dann geht es den Berg hinauf nach Norden, weiter nach Rothenrain und zur Autostraße Königsdorf-Bad Tölz. Hier kurz rechts (!) und gleich wieder links Richtung Rothmühle. Einen knappen halben Kilometer nach der Jugendsiedlung Hochland führt ein grob geschotterter Weg steil nach rechts hinauf zum Malerwinkel und von dort weiter zur Tattenkofener Brücke. Wir können aber auch auf besserem Weg über Osterhofen und Königsdorf dorthin gelangen. Weiter geht es gut bezeichnet nach Geretsried. Der nächste Abschnitt führt wenig reizvoll zwischen den Isarauen und dem Ort nach Norden. Über Waldram kommen wir zur Brücke über den Loisachkanal, fahren dort nach links, biegen an der B 11 rechts ab und folgen dem Radweg Geretsried–Wolfratshausen zum Wolfratshauser S-Bahnhof.

Außergewöhnlich, aber vergänglich: Stoamandln an der Isar

Ganz oben: Brücke über den Loisachkanal

Tipps Zur sommerlichen Abkühlung bieten sich zwei Badeseen an, die nicht direkt am Weg liegen: das Naturfreibad Eichmühle und der Bibisee. Zu Ersterem gelangt man von Ellbach, indem man die Schützenhausstraße bis zur St 2368 radelt, dann kurz links und gleich wieder rechts fährt. Diesem Weg folgt man bis zum Ellbach. Gleich links befindet sich das Bad. Zum Bibisee geht es über Osterhofen und Königsdorf entlang der B 11.

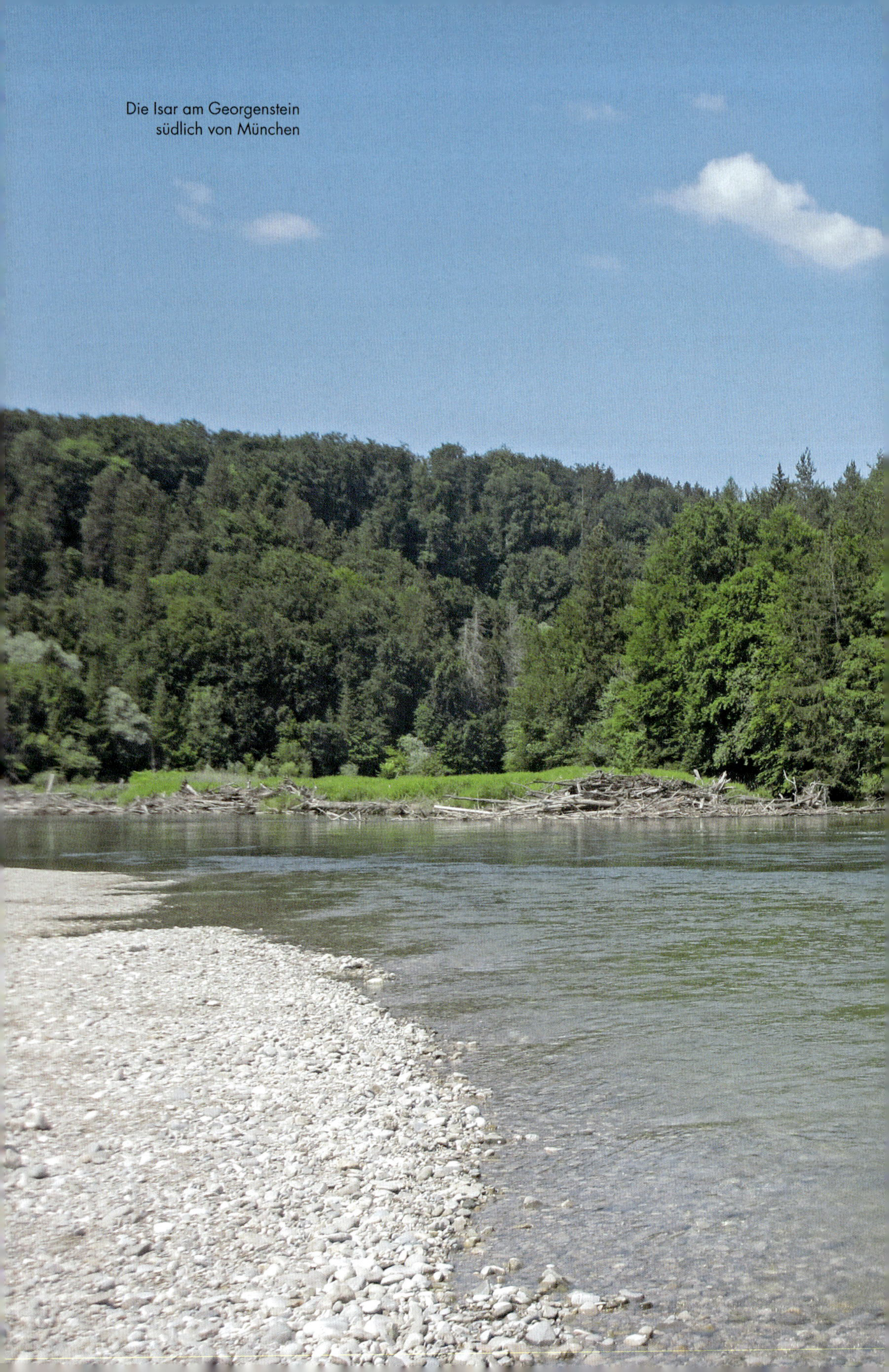

Die Isar am Georgenstein
südlich von München

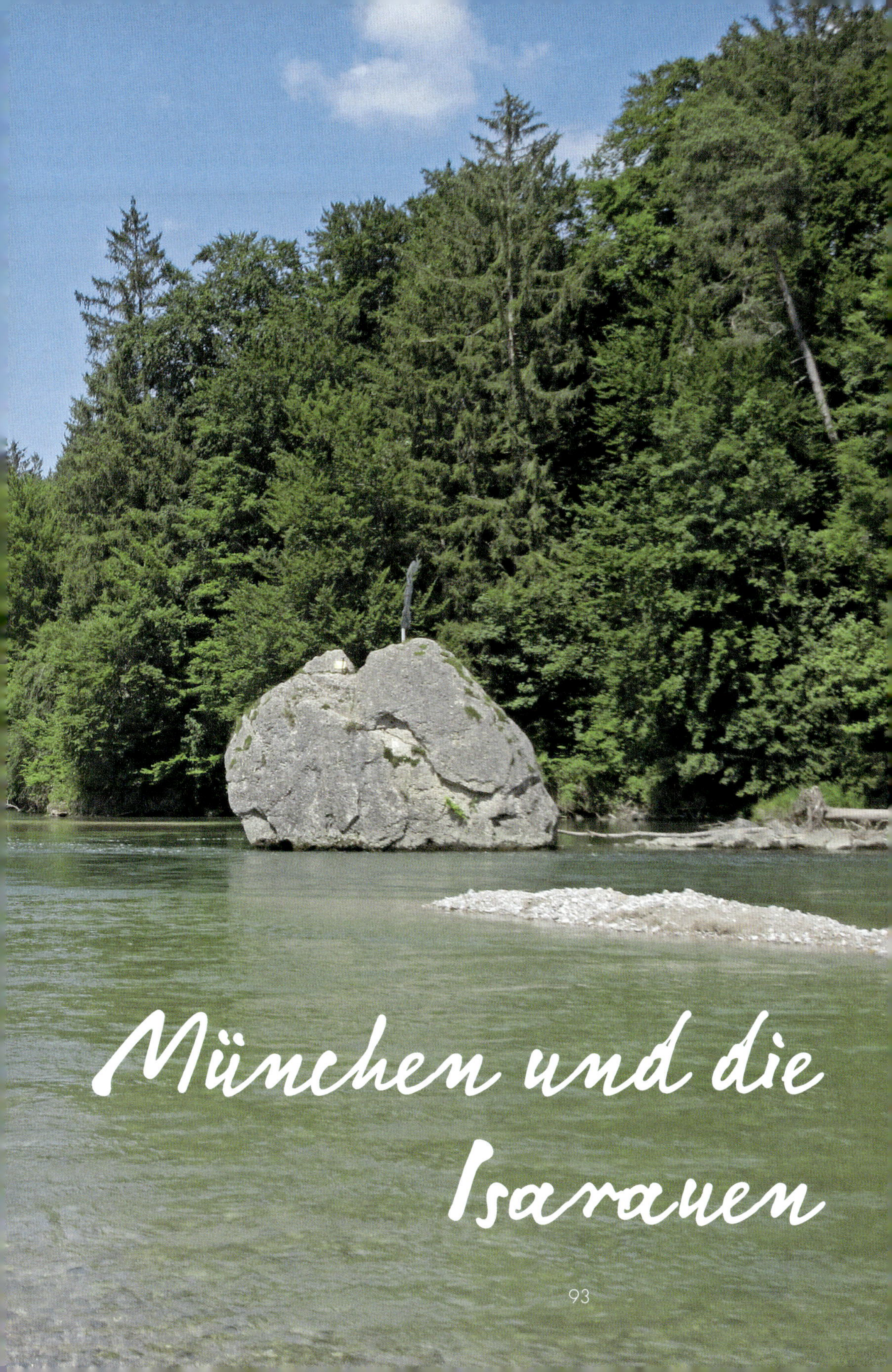

München und die Isarauen

16 Rund um die Pupplinger Au

Von Ebenhausen über Sachsenhausen nach Icking

leicht | 22,6 km | 280 Hm | 5.00 Std.

Tourencharakter
Meist einfache Wanderung auf Feld- und Wirtschaftswegen bzw. Wanderpfaden, die z. T. mit gelben Dreiecken des ITV markiert sind

Ausgangspunkt
S-Bahnhof Ebenhausen-Schäftlarn
GPS: 47.978647, 11.45368

Endpunkt
S-Bahnhof Icking
GPS: 47.95234,11.436596

Anfahrt
ÖPNV: S-Bahn-Linie 7 aus Richtung München bis Ebenhausen-Schäftlarn
Auto: Auf der A 95, Ausfahrt Schäftlarn, oder auf der B 11 nach Ebenhausen-Schäftlarn; dann empfiehlt sich Tourende in Ebenhausen-Schäftlarn (siehe Varianten).

Einkehr
Gaststätten beim Kloster Schäftlarn, in Dürrnstein, Puppling und Icking

Karte
KOMPASS Wanderkarte 180 Starnberger See, Ammersee, 1:50.000

Information
toelzer-land.de

Nur Insider kennen die Wege auf den beiden Hochufern, von wo man herrliche Ausblicke auf den Isarwinkel hat. Diese muss man sich aber verdienen, denn wir müssen rund 280 Höhenmeter rauf und runter. Am Wegesrand liegen aber Gasthäuser und im Sommer sorgt der Ickinger Eisweiher für Abkühlung.

Die Wanderung Wir starten am S-Bahnhof Ebenhausen-Schäftlarn. Wir gehen links zuerst die Professor-Benjamin-Allee entlang, biegen rechts in die Poststraße ab, überqueren die Wolfratshauser Straße, auf dieser noch ein kurzes Stück nach links und zweigen dann rechts in den Rodelweg ab. Nach etwa 100 Metern führt der Münchner Jakobsweg hinunter zum Kloster Schäftlarn. Nach gut einem Kilometer haben wir die Klosterkirche erreicht. Wer sie noch nicht kennt: Eine Besichtigung lohnt auf alle Fälle.

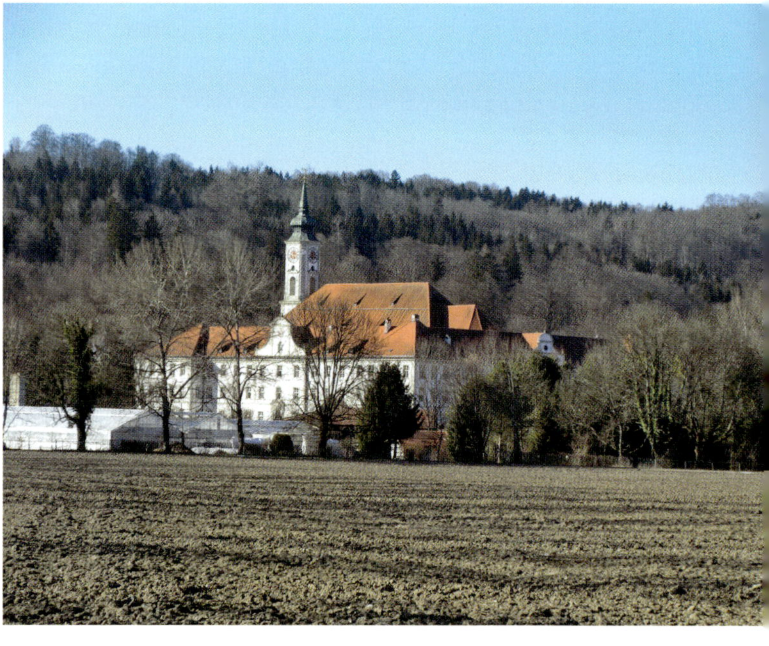

Kleinod am Beginn des »Isar-Canyons«: Kloster Schäftlarn

Wissenswertes

Das **Kloster Schäftlarn** wurde im Jahr 762 als Eigenkloster eines bajuwarischen Adeligen gegründet und zählt somit zu den bayerischen Urklöstern. Sehenswert ist der Neubau der Klosteranlage und Kirche St. Dionysos aus dem 18. Jh. Bedeutende Baumeister und Künstler des Rokoko wirkten an der Gestaltung mit. Zwischen 2006 und 2010 wurde sie umfassend renoviert. Und wie üblich darf in einem bayerischen Kloster das leibliche Wohl nicht zu kurz kommen. Neben einem Klosterladen gibt es zwei Klostergaststätten, gleich gegenüber das Klosterbräustüberl und ganz in der Nähe den Bruckenfischer. Heute ist das Kloster auch ein Anlaufpunkt für Pilger des Münchner Jakobswegs. Info: abtei-schaeftlarn.de

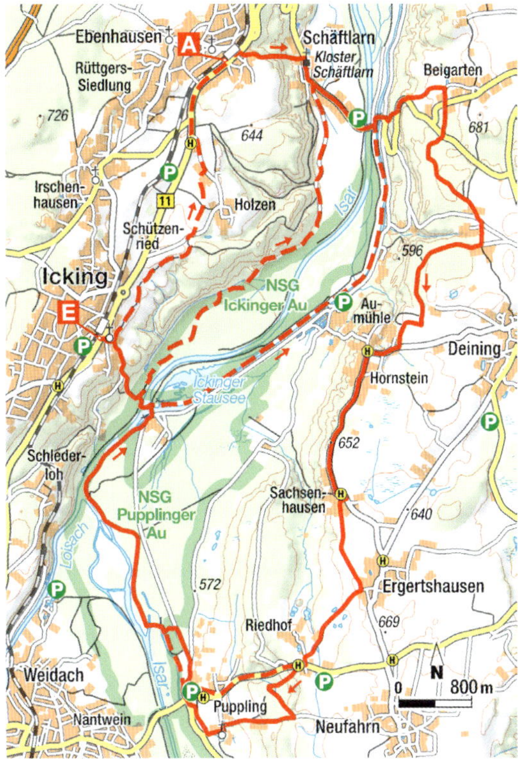

Unser Weiterweg führt auf dem Rad- und Fußweg neben der Landstraße zum beliebten Gasthaus zum Bruckenfischer. Wir überqueren sowohl die Isar als auch den Mühltalkanal, halten uns kurz rechts und folgen dem Weg das Isarhochufer hinauf. Noch vor dem Weiler Beigarten zweigen wir rechts ab und folgen den Bezeichnungen des ITV. Wir überqueren die St 2971 und erreichen nach gut einem Kilometer den Stollhof. Dahinter biegen wir nach dem Schindergraben rechts ab. Der Weg verläuft zuerst durch Wald, dann über Felder nach Hornstein. Hier führt ein Weg hinab zum Gasthaus Aumühle.

Wir aber wandern oben über den Hochleiten-Feldweg weiter nach Sachsenhausen und Ergertshausen. Dort, bei den ersten Häusern, zweigt unser Weiterweg rechts ab und führt quer durch den Golfplatz am Riedhof vorbei zu einer Bushaltestelle an der St 2070. Nun müssen wir auf dem Radweg etwa einen Kilometer entlang der doch recht stark befahrenen Autostraße hinunter nach Puppling laufen. Hier lädt uns das Gasthaus Aujäger zu einer frischen Maß Bier und zu bayerischen Schmankerln in seinen Biergarten ein.

Der Weiterweg führt isarabwärts, dabei können wir auf dem asphaltierten Dammweg laufen oder wir suchen uns einen Weg auf den wilden Pfaden entlang des Isarufers. Am Ickinger Wehr wechseln wir über eine enge Treppenanlage auf die linke Flussseite. Wir wandern das Hochufer hinauf und erreichen nach etwa einem Kilometer Icking und nach der Überquerung der Münchner Straße den S-Bahnhof Icking.

Varianten

Man kann auch nach Ebenhausen-Schäftlarn zurückwandern, was besonders für Autofahrer zu empfehlen ist. Hier gibt es drei Möglichkeiten:

- Vom Ickinger Wehr auf dem Damm nach Dürnstein zum Gasthaus zum Bruckenfischer, weiter zum Kloster Schäftlarn und auf dem Münchner Jakobsweg hinauf zum S-Bahnhof Ebenhausen-Schäftlarn
- Oder am linken Isarufer bis zum Wanderparkplatz bei Dürnstein, bzw. wo die Felder beginnen, nach links zum Kloster abzweigen und ebenfalls zum S-Bahnhof Ebenhausen-Schäftlarn

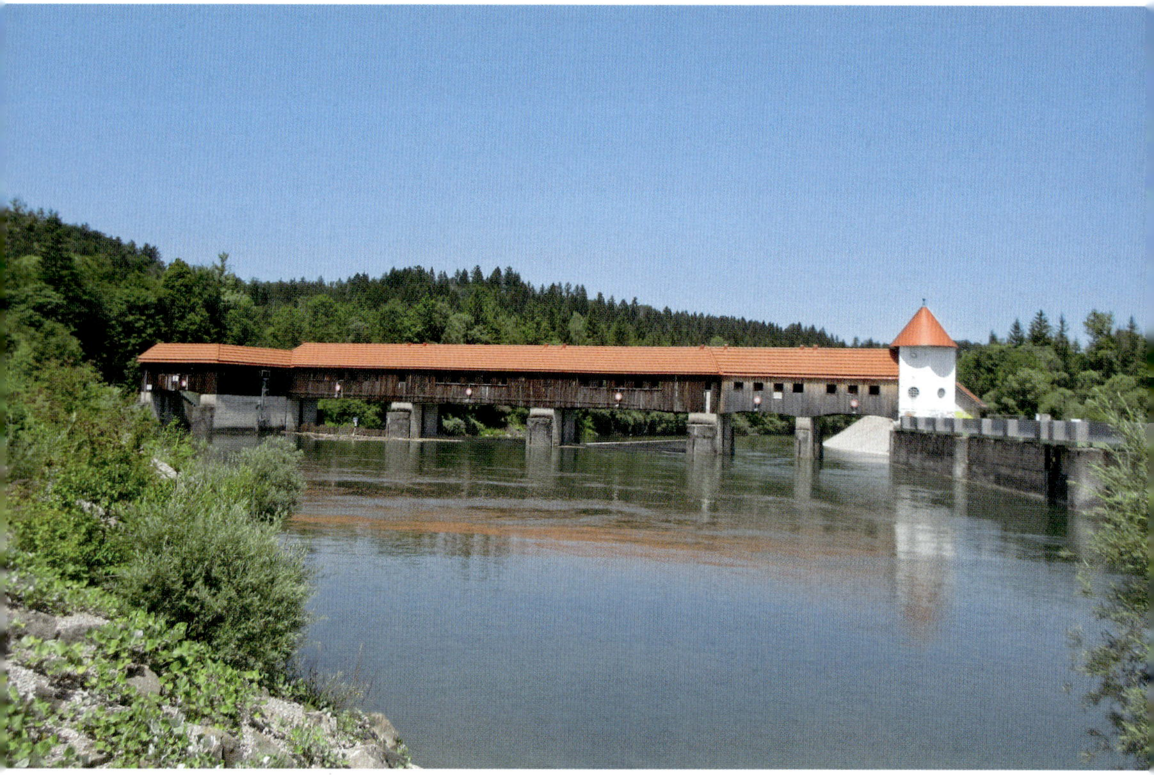

Unverwechselbar: das Ickinger Stauwehr

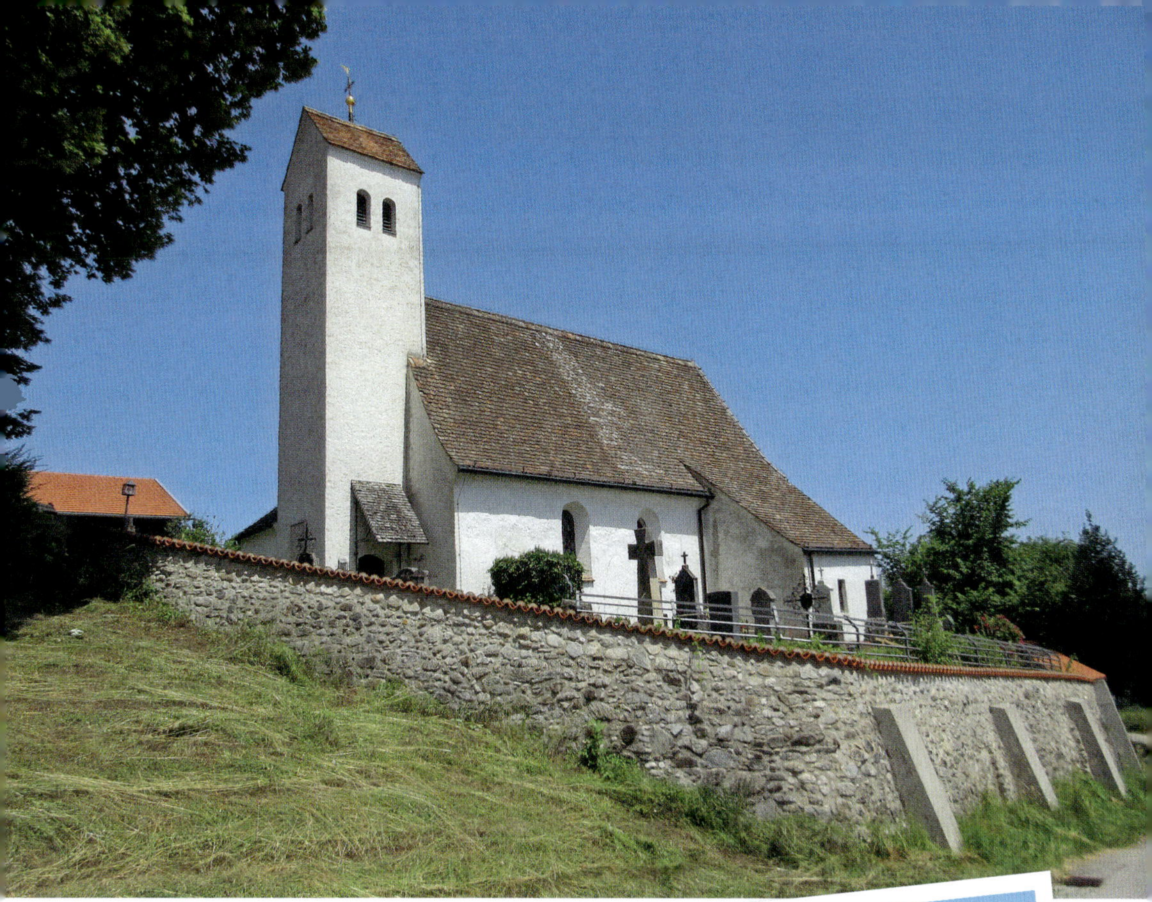

• Eine weniger bekannte Route führt oben am westlichen Hochufer von Icking nach Ebenhausen. Bei der Alten Heilig-Kreuz-Kirche biegen wir rechts ab und marschieren den Gregoriweg zum Dreispitz, einer dreieckigen Wiese, die dem Isartalverein gehört. Von dort führt links ein Weg oberhalb vom Gut Holzen nach Ebenhausen, das letzte Stück geht es leider wieder an der B 11 entlang.

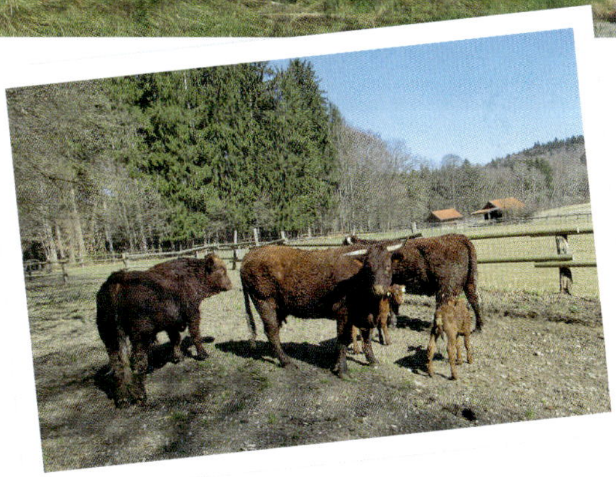

Tipp In der warmen Jahreszeit bietet sich der Ickinger Eisweiher zum Baden an. Man geht vom Ickinger Wehr ein kurzes Stück am linken Ufer des Mühltalkanals nach Norden. Nach links führen einige kleine Wege den Hügel hinauf, gleich dahinter wieder abwärts zur Badestelle. Warum man den kleinen See Eisweiher getauft hat, ist nicht ganz klar. Im Sommer ist sein Wasser bacherlwarm und überhaupt nicht mit dem der eiskalten Isar zu vergleichen.

Glückliche Weiderinder beim Stollhof

Ganz oben: Das alte Heilig-Kreuz-Kircherl am Ickinger Isarhochufer

17 Von Grünwald nach Wolfratshausen

Durch das obere Durchbruchstal der Isar

leicht	22,5 km	180/160 Hm	4.30 Std.

Tourencharakter
Gehsteige, Feld- und Wirtschaftswege, Wanderpfade, die z. T. Trittsicherheit verlangen. Zumindest die breiteren Wege sind mit den gelben Dreiecken des ITV markiert.

Ausgangspunkt
Grünwald, Trambahn-Endhaltestelle Derbolfinger Platz
GPS: 48.041652, 11.523285

Endpunkt
Wolfratshausen, S-Bahnhof
GPS: 47.914346, 11.427146

Anfahrt
ÖPNV: Trambahnlinie 25 Richtung Grünwald bis Endhaltestelle Grünwald, Derbolfinger Platz; zurück vom S-Bahnhof Wolfratshausen mit der S7
Auto: Nicht sinnvoll, da Streckenwanderung

Einkehr
Gaststätten und Cafés in Grünwald, Mühltal, Dürrnstein, Aumühle, Puppling und Wolfratshausen. Man muss also nicht unbedingt eine Brotzeit, auf jeden Fall aber etwas zu trinken mitnehmen.

Karte
KOMPASS Wanderkarten-Set 184 München und Umgebung, 1:50.000

Information
muenchen.travel, tourismus.wolfratshausen.de

Hier, im bevorzugten Erholungsrevier der Münchner, gibt es viele Möglichkeiten, entlang der Isar zu wandern. Auf der rechten, weit weniger bekannten Isarseite ist eine Menge zu entdecken, z. B. die längste Floßrutsche Europas in Mühltal.

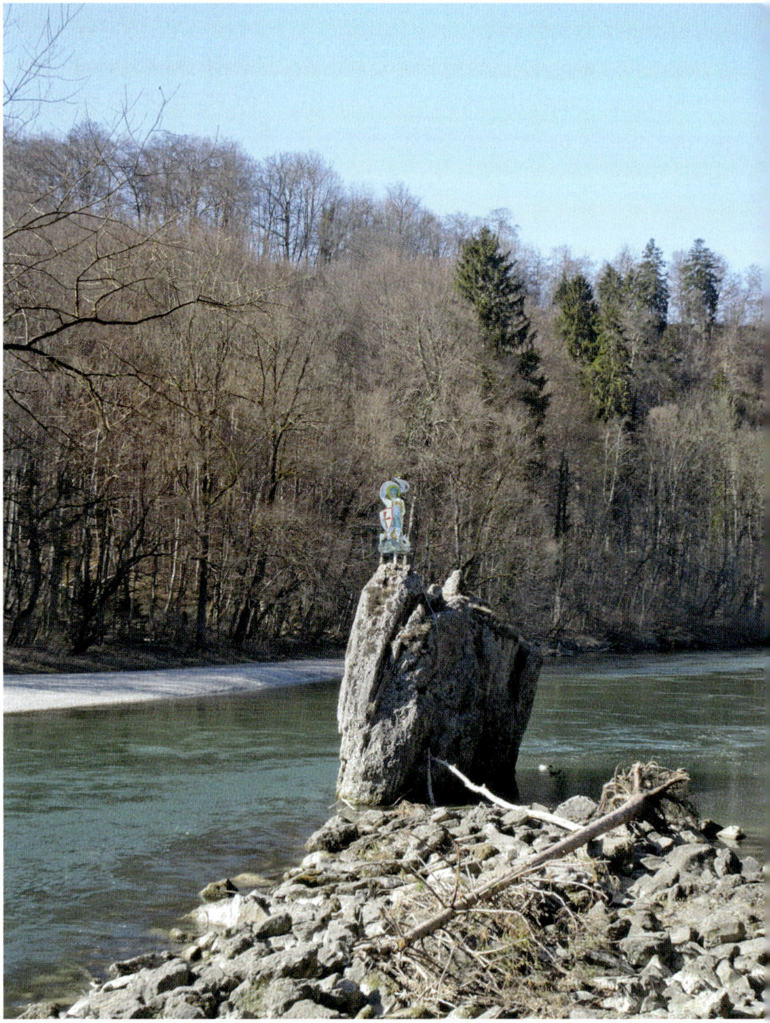

Die Wanderung Wir starten an der Straßenbahn-Endstation der Linie 25 in Grünwald und folgen der Schlossstraße zur Burg Grünwald. Hier biegen wir rechts ab und gehen den Fußgängerweg hinab, vorbei am Kiosk Mini-Brückenwirt, zur Isar. Unten angekommen, wandern wir nun auf dem Pfad flussaufwärts am Isarufer entlang bis zur Einmündung in den Georgensteinweg und weiter bis zum Wasserwerk. Ab hier führt ein Pfad, der ITV hat ihn hier als Knüppeldamm ausgebaut, am Isarwehr vorbei zum Georgenstein. Wir folgen nun dem Forstweg, biegen bei nächster Gelegenheit wieder rechts ab und folgen dem Pfad am Isarufer. Nach etwa zwei Stunden erreichen wir das Gasthaus zur Mühle. In unmittelbarer Nähe der Wirtschaft befindet sich die längste Floßrutsche Europas. Im Sommer können wir den Gaudiflößen zusehen, wie sie diese – 345 Meter lang und etwa 18 Meter hoch – als Höhepunkt der Fahrt hinunterrutschen. Wir queren dann beim Kraftwerk auf die andere Kanalseite, damit wir nicht auf der geteerten Autostraße nach Dürnstein laufen müssen. Dort können wir im Gasthaus zum Bruckenfischer einkehren.

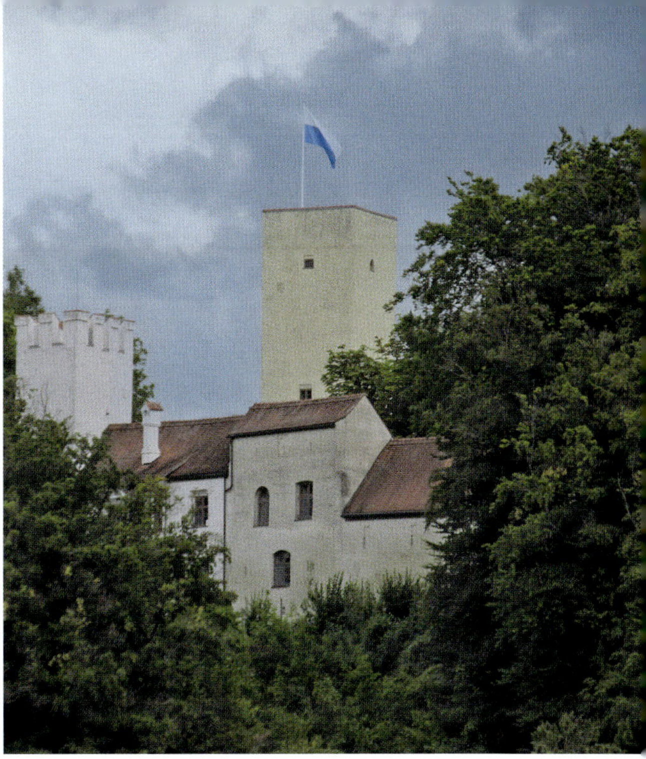

Bei den »oiden Rittersleit«: die Burg Grünwald

Linke Seite: Besteigen verboten! Und wie kam das Marterl auf den Georgenstein?

Wissenswertes

Der Ort **Grünwald** hieß früher Derbolfing, Ende des 12. Jahrhunderts bewachten dort wohl Ministerialen der Andechser Grafen eine Furt über die Isar. 1293 übernahmen die Wittelsbacher Herzöge Ort und Feste. Ab 1348 diente sie jedoch nur noch »zur Jagd und anderer Kurzweil«, was nichts anderes bedeutet, als dass die Münchner Herzöge sie für ihre erotischen Eskapaden nutzten. Um 1700 war die Burg dann ein Gefängnis für adelige Straftäter, hundert Jahre später ein Pulverlager. Heute beherbergt die Burg ein Zweigmuseum der Archäologischen Staatssammlung. Karl Valentin setzte ihr ein unsterbliches Denkmal mit seinem Lied »Die oiden Rittersleit«, dessen erste Strophe lautet:
»Zu Grünwald im Isartal, / liabe Leid es war amal, /do ham edle Ritter g'haust, / dene hot's vor gar nix graust. / Ja so warn's, ja so warn's, / die oiden Rittersleit«.

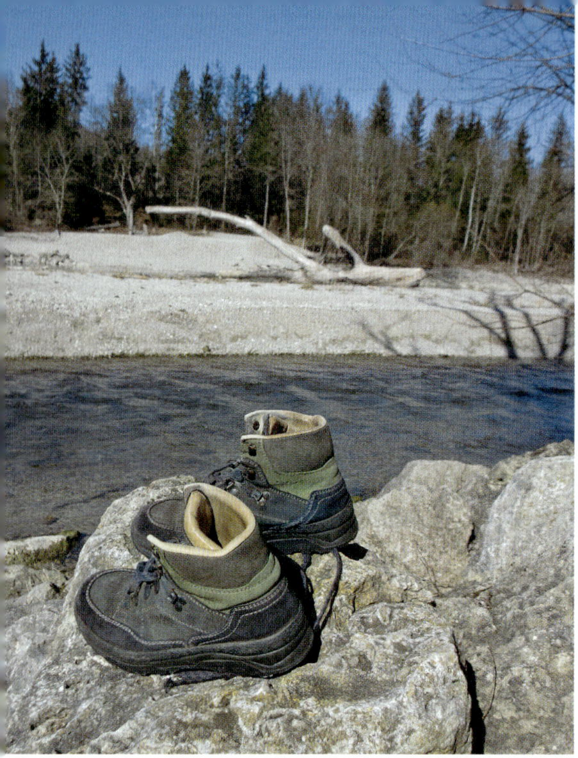

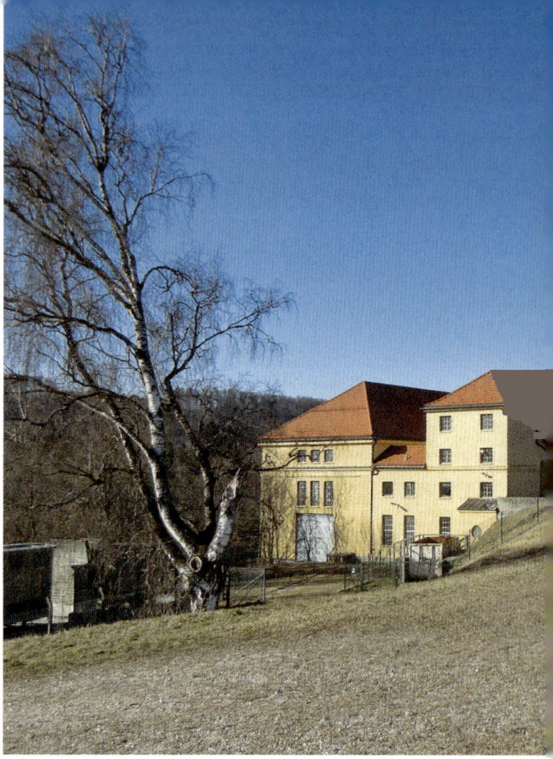

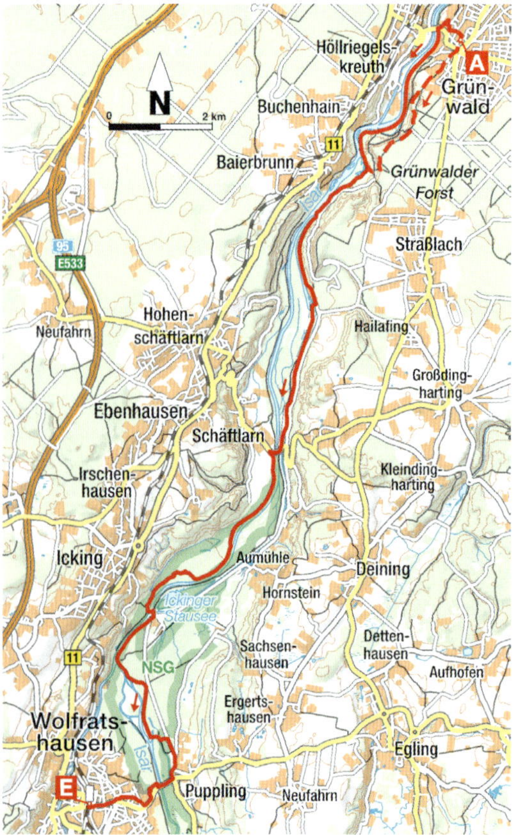

Für den Weiterweg gibt es zwei Möglichkeiten: Entweder wandern wir den Damm auf der linken Kanalseite bis zum Ickinger Wehr. Unterwegs kann man im Gasthof Aumühle einkehren, der mit fangfrischen Forellen lockt. Man muss dazu über die Holzbrücke auf die andere Seite wechseln.
Oder wir gehen über die Dürnsteiner Brücke, wenden uns beim Wanderparkplatz nach links und folgen einem kleinen Pfad, der uns entlang der Isar auch zum Ickinger Wehr bringt. Wir queren über eine enge Treppenanlage das Wehr.

Auf der rechten Isarseite treffen die Wege wieder zusammen. Eine geteerte, für den Kraftverkehr gesperrte Fahrstraße führt weiter nach Puppling. Es gibt aber auch die Möglichkeit, auf einem Pfad direkt am Ufer der Isar zu wandern. Auf beiden Wegen erreichen wir schließlich das Gasthaus Aujäger bei Puppling und gleich darauf die Marienbrücke. Unser nächstes Ziel ist der S-Bahnhof

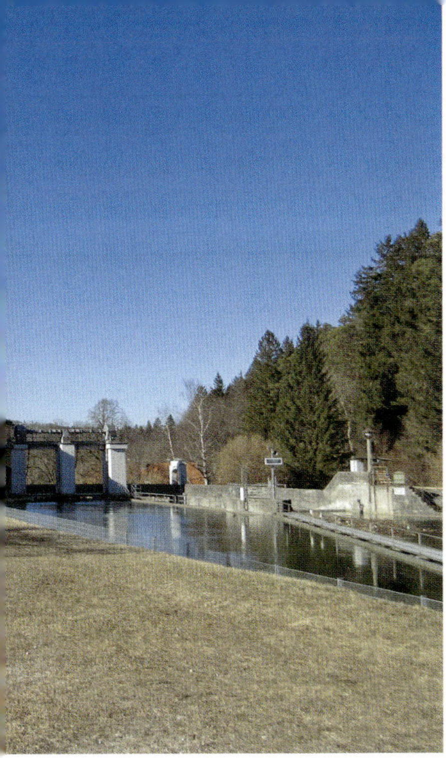

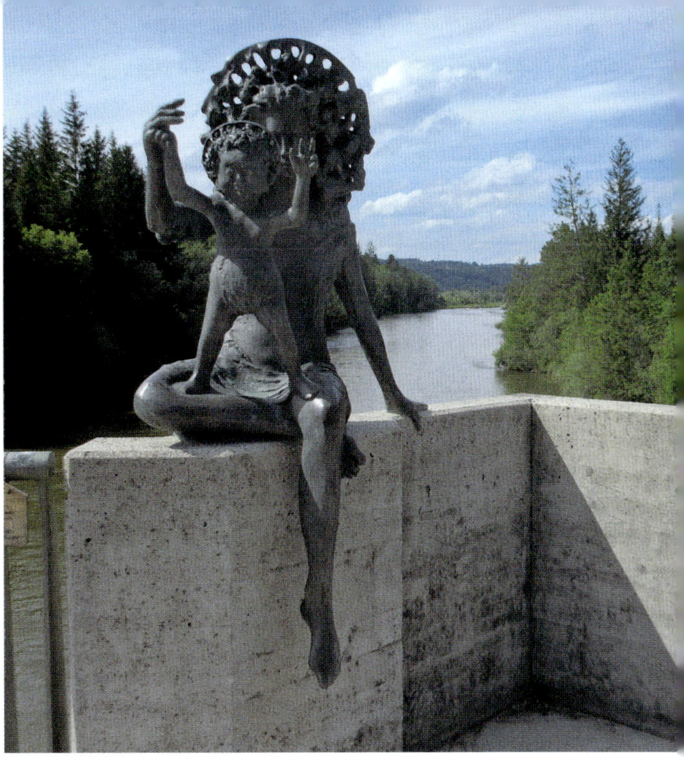

Wolfratshausen. Wir überqueren die Brücke und kommen über die Sauerlacher Straße zuerst nach Nantwein und schließlich zum Bahnhof.

Ungewöhnliche Darstellung der Madonna mit dem Jesuskind auf der Marienbrücke bei Nantwein

Mitte: Das Kraftwerk Mühltal

Links: Stiefel aus und Füße kühlen

Beim Kraftwerk Höllriegelskreuth beginnt der Isarwerkkanal.

Varianten

- Man kann die Tour an mehreren S-Bahn-Stationen (alle Linie S7 Wolfratshausen–Aying/Kreuzstraße) abkürzen.
- Ab dem Ickinger Wehr besteht auch die Möglichkeit, wie in Tour 19, über den Riemerschmidpark nach Wolfratshausen-Weidach zu wandern.

Hinweis Am besten zum Baden eignet sich die Isar beim Bruckenfischer, dort also, wo sie seicht ist. Und auch der Eisweiher lockt zum Hineinspringen. Nicht geeignet und z. T. äußerst gefährlich sind andere Stellen, etwa beim Georgenstein oder am Ickinger Wehr. Und noch etwas sollte man bedenken: Hier gibt es keine offiziellen Badestellen, also auch keine Aufsicht durch eine Wasserwacht.

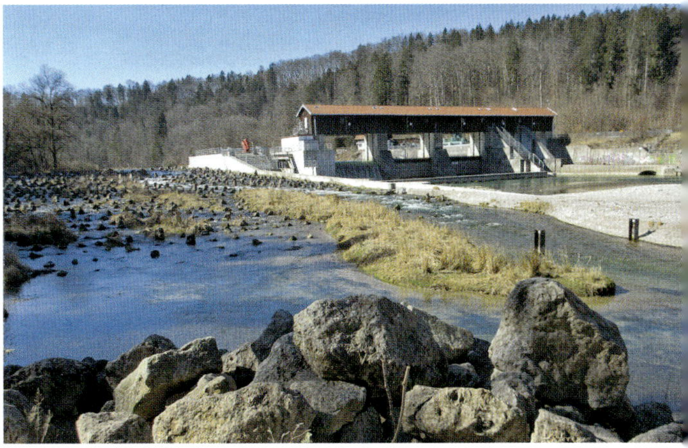

18 Von der Ludwigsbrücke nach Schäftlarn

Populäre Münchner Feierabend-Radtour

leicht | 48,8 km | 500 Hm | 3.00 Std.

Tourencharakter
Teerstraßen und Feldwege; der Weg ist fast überall mit Wegweisern versehen (z. B. Wolfratshausen oder Ludwigsbrücke usw.). Hinweis: Der Schäftlarner Berg ist steil und lang, also aufpassen.

Ausgangs-/Endpunkt
München, Ludwigsbrücke
GPS: 48.131726, 11.586692

Anfahrt
Richtung Deutsches Museum; nächster S-Bahnhof von der Ludwigsbrücke ist Isartor.

Einkehr
Zahlreiche Gaststätten, Biergärten, Cafés und Kioske auf der gesamten Strecke

Karte
KOMPASS Fahrradkarte 3337 Münchens Süden, Alpenvorland 1:70.000

Information
muenchen.travel

Für viele Münchner, die in der Au, in Giesing oder im Glockenbachviertel wohnen, ist das eine altbekannte, gerne unternommene Radtour. Und dies nicht nur am Wochenende, sondern – wie für meinen Nachbarn Erich – eine werktägliche Feierabendtour.

Die Radtour Wir starten an der Ludwigsbrücke und fahren den Radweg am linken Isarufer nach Süden zum Flaucher. An der Flaucherwirtschaft vorbei kommen wir zur Schinderbrücke. Nun links über den Schindersteg erreichen wir die Tierparkbrücke. Wir radeln über die Isar nach Thalkirchen. Gleich nach der Brücke biegen wir links ab, folgen zuerst dem Mühlbach, kommen am Asamschlössl vorbei und treten nun, immer auf der Trasse der ehemaligen Isartalbahn, etwa 40 Höhenmeter das Isarhochufer hinauf. Bald darauf erreichen wir die Großhesseloher Eisenbahnbrücke. Hier fahren wir nicht den Höllerer Berg hinab, sondern folgen den Gleisen, bis man sie unterqueren kann. Geradeaus könnte man hier auf das östliche Isarhochufer wechseln. Wir bleiben aber auf dem westlichen Hochufer.

Rechte Seite: Das Gasthaus Zur Mühle, in dem es sich gut einkehren lässt

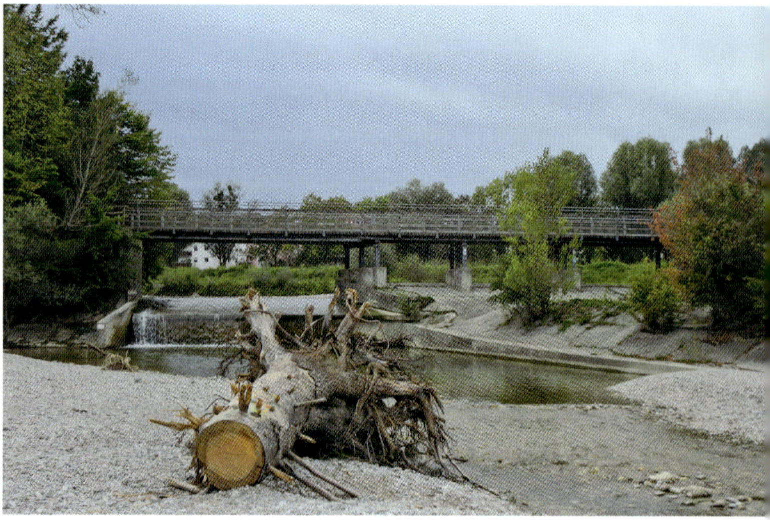

Der Schindersteg bei den Überfällen

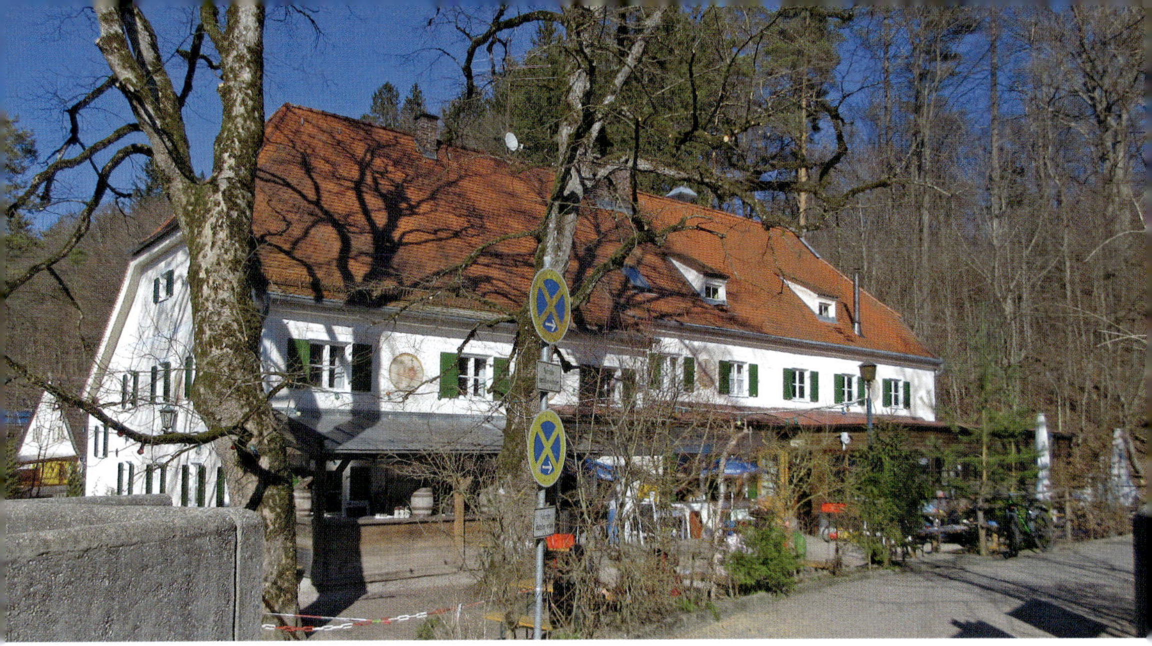

Wir fahren nun an der Waldwirtschaft, dem Gelände des Bundesnachrichtendienstes und der Burg Schwaneck vorbei, kommen nach Pullach und erreichen die kleine Brücke über die Carl-von-Linde-Straße in Höllriegelskreuth. Dort könnten wir die Tour abkürzen und hinüber nach Grünwald fahren. Unser Weiterweg führt jedoch über das Brückerl weiter am Hochufer entlang zum Waldgasthof Buchenhain. Hier könnte man die Treppe zum Klettergarten hinuntersteigen. Radfahrer kommen aber kaum auf eine solche Idee.

Wir folgen nun weiter der Beschilderung Richtung Wolfratshausen. Der Weg führt entlang der B 11 nach Baierbrunn und Hohenschäftlarn. Dort, an der Ampel, biegen wir links ab und fahren die kurvige Straße zum Kloster Schäftlarn hinunter. Die rasante Abfahrt ist wegen rücksichtsloser Autofahrer manchmal nicht ganz ungefährlich. Nachdem wir die sehenswerte Klosterkirche St. Dionys und Juliana sowie das Klosterstüberl passiert haben, kommen wir zur Dürnsteiner Isarbrücke und zum Gasthaus zum Bruckenfischer, unserem Umkehrpunkt.

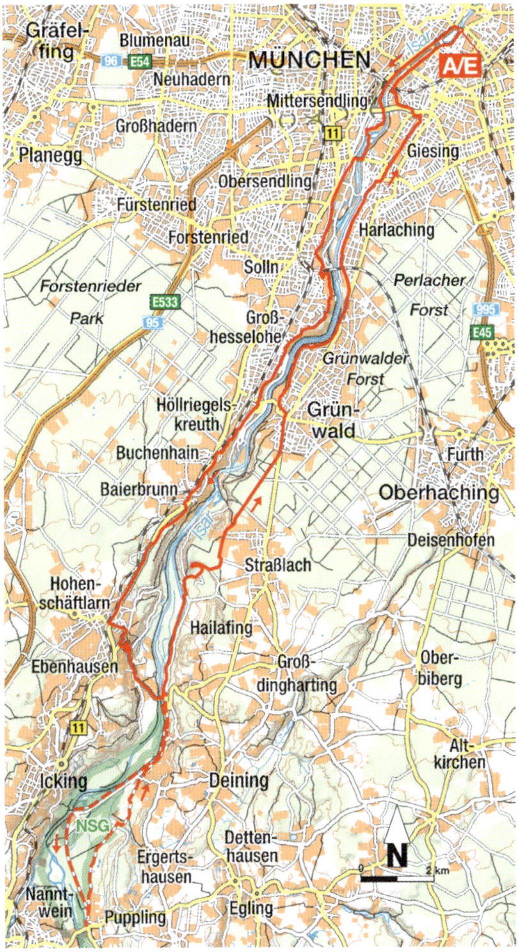

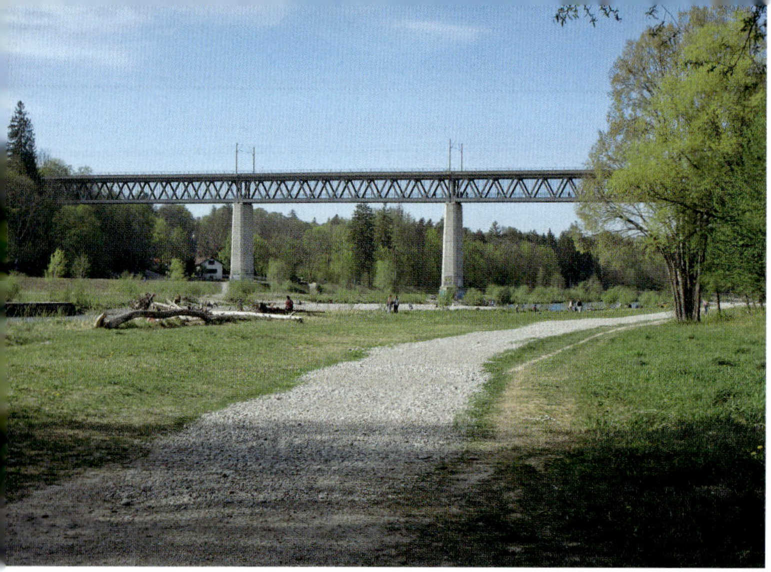

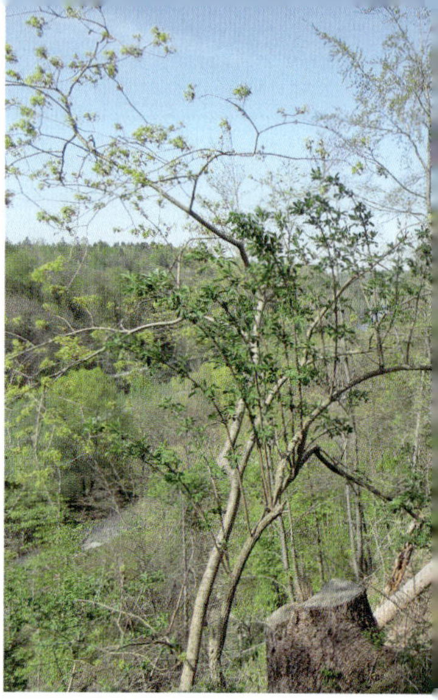

Die Großhesseloher Eisenbahnbrücke mit Fußgänger-/Fahrradbrücke darunter

Mitte: Steil fällt der Leitenwald am Grünwalder Hochuferweg hinab ins Tal der Isar.

Unser Rückweg führt links oder rechts am Isarkanal entlang nach Mühlthal. Hier geht es das Isarhochufer hinauf, für E-Biker kein Problem. Die offizielle Route des Isarradwegs schickt uns nach links und führt auf einer für Autos gesperrten Forststraße hinauf. Oben geht es wieder links. Immer den Wegweisern folgend radeln wir entlang der Frundsbergerhöhe und durch den Grünwalder Forst nach Grünwald. Hier biegen wir links ab zur Burg Grünwald und folgen weiter dem Weg entlang des Hochufers. Hier müssen wir etwas vorsichtig fahren, begegnet man doch meist vielen Fußgängern, die oft mit ihren Hunden hier spazieren gehen. Sich immer in der Nähe des Hochufers haltend – einmal müssen wir kurz neben der Straße herfahren – erreichen wir bald wieder die Großhesseloher Brücke.

Wir bleiben weiter auf dem Hochufer, um das St.-Anna-Kircherl müssen wir rechts herumfahren, überqueren dann bei der Harlachinger Einkehr über die Verkehrsinsel die Karolingerallee und radeln geradeaus weiter, bis wir schließlich in der Nähe des Grünwalder Stadions den Dürnberg hinab zur Candidstraße (Mittlerer Ring) fahren. Auf dem Radweg neben ihr erreichen wir die Flaucheranlagen, biegen hier rechts ab und fahren entlang des Entenweihers zur Braunauer Eisenbahnbrücke. Nun immer am Isarradweg weiter erreichen wir wieder die Ludwigsbrücke.

Varianten Man kann die Tour an den verschiedenen Isarbrücken abkürzen, also bei der Großhesseloher Eisenbahnbrücke (insgesamt etwa 20 km) oder der Grünwalder Brücke (insgesamt etwa 28 km).

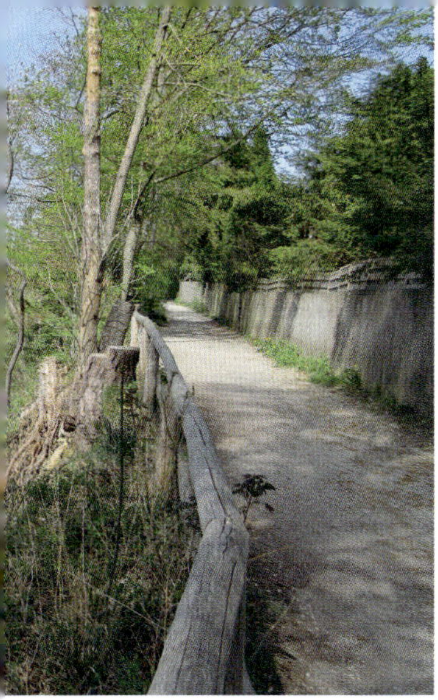

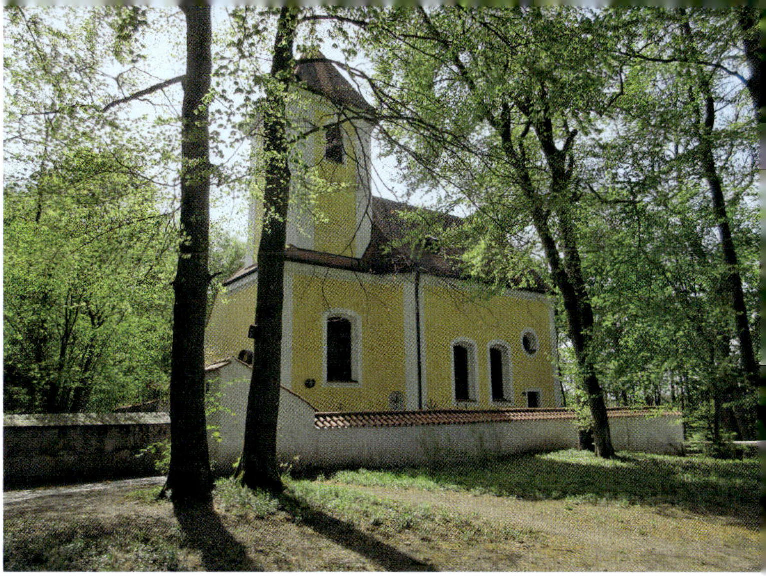

Das Harlachinger St.-Anna-Kircherl über dem Tierpark Hellabrunn

Hinweise

- Die Wander- und Radwege in diesem Teil des Isartals sind unterschiedlich markiert, gelbe Schilder (große für Radfahrer, kleine für Wanderer) stammen vom Isartalverein, weiße mit grünem Text von der Stadt München und den Landkreisen. Und nicht immer sind die großen Ziele (z. B. die Ludwigsbrücke oder Wolfratshausen), sondern nur das nächste Zwischenziel angegeben. Wenigstens beim ersten Mal sollte man eine (gute) Fahrradkarte mit dabeihaben, um sich nicht zu verfahren.
- Bei dieser Radtour kommt man an zahlreichen Cafés, Kiosken und Gaststätten vorbei. Und viele Münchner haben dabei ihre Lieblingseinkehr, sei es ein ganz bestimmter Biergarten oder Kiosk. Oftmals ist hier die Einkehr das Ziel, man fährt also nach einer Radlerhalben von dort aus wieder zurück.

Wissenswertes

Eine Münchner Besonderheit sind die **Kioske** an und im Umfeld der Isar. Sie sind meist um das Jahr 1900 entstanden und hatten ihre Blütezeit nach dem Zweiten Weltkrieg in den 1950er- und 1960er-Jahren. Heute ist der Kiosk ein Ort, an dem man sich auch nach Ladenschluss mit Getränken, Zeitungen, Zeitschriften, Zigaretten, Eis und Süßigkeiten versorgen kann. Zur Radl-Feierabendtour gehört bei vielen Münchnern noch ein kurzer Halt am Kiosk, um mit seinen Spezln noch schnell was zu trinken, bevor es wieder nach Hause geht. Auch das ist München!

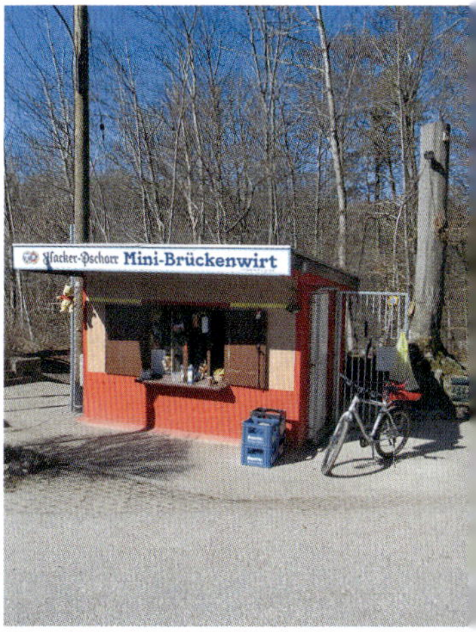

Bei Grünwald: einer von vielen Kiosken an der Isar

Der Isartalverein und Ludwig Graßler

Wer ein Buch über das Isartal und die Isar schreiben will, kommt um den **Isartalverein (ITV)** und Ludwig Graßler nicht herum. Als um 1900 mit dem Ausbau der Isar begonnen wurde, erkannten einige Naturliebhaber bald, dass damit das Isartal oberhalb Münchens sprichwörtlich den Bach heruntergehen wird. Nicht ganz uneigennützig gründeten sie 1902 unter der Federführung des renommierten Architekten Gabriel von Seidl den Isartalverein, um die Schönheit und den Erlebnis- und Freizeitwert dieser einzigartigen Landschaft zu erhalten. Da von Seidl die richtigen, sprich geldigen Leute kannte und die sich seinem Anliegen annahmen, hatte er Erfolg. Der ITV kaufte (und kauft) einfach schützens- und erhaltenswerte Grundstücke entlang der Isar auf und verhinderte so die Zerstörung des Oberen Isartals.

Den Isartalverein gibt es noch heute, der Beitrag für seine etwa 2000 Mitglieder hält sich in Grenzen. Wenn Sie nicht wissen, wem Sie eine Spende zukommen lassen wollen, hier könnten Sie fündig werden. Kerngebiet des ITV ist das Isartal zwischen München und Wolfratshausen, seit den 1970er-Jahren werden aber auch Wege zwischen Wolfratshausen und Bad Tölz markiert und das eine oder andere Grundstück hier betreut. Auch drei Weideprojekte zur Erhaltung der vorhandenen Flora seien erwähnt, eines in der Pupplinger Au mit Murnau-Werdenfelser Rindern und zwei weitere mit zwei Ziegenherden und ein paar Eseln zwischen Bad Tölz und Vorderriß.

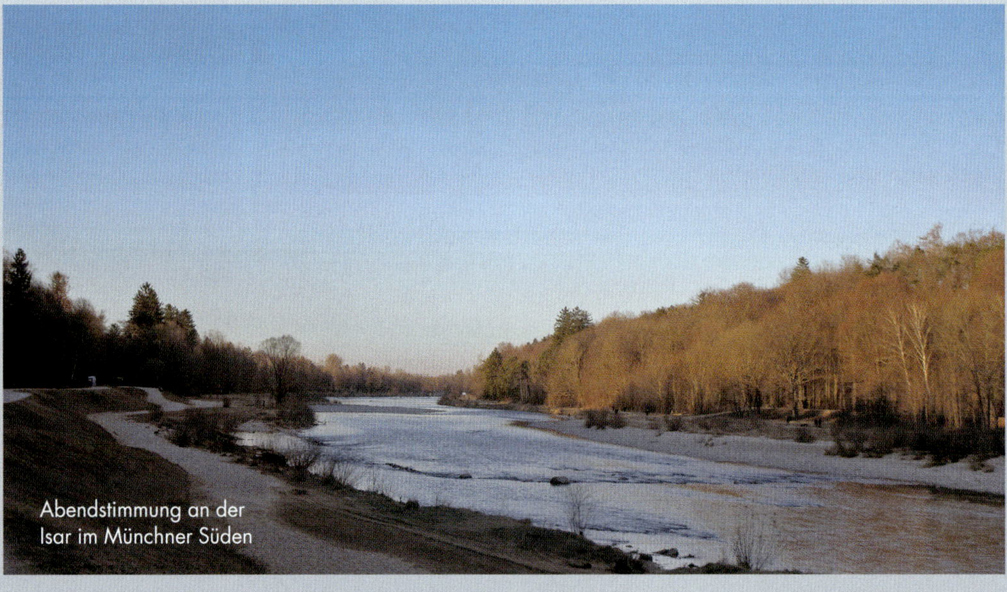

Abendstimmung an der Isar im Münchner Süden

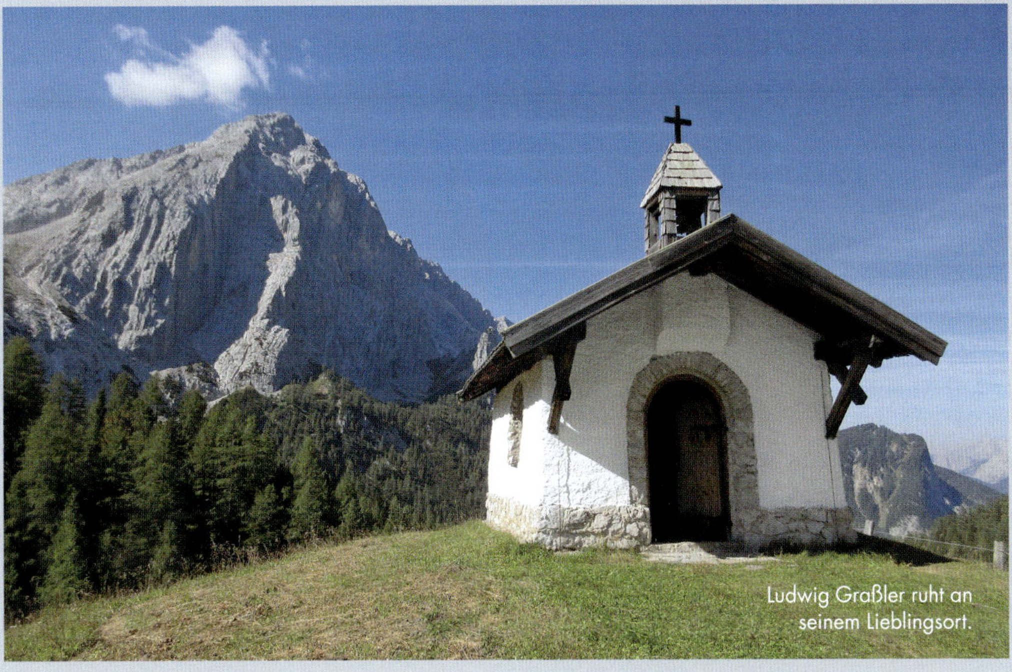

Ludwig Graßler ruht an seinem Lieblingsort.

Ein bekanntes Mitglied des ITV war **Ludwig Graßler**. Für den Verein erkundete er das Isarufer bis Bad Tölz für die Wanderwege entlang der Isar bis Bad Tölz. Berühmt wurde er aber als Weitwanderer und Autor, der den Fernwanderweg München–Venedig zuerst ausgekundschaftet, dann begangen und schließlich bekannt gemacht hat – heute eine der klassischen Alpenüberquerungen für Weitwanderer. Vier bis fünf Wochen muss man für die 550 Kilometer veranschlagen. Der erste Teil führt von München entlang der Isar durch das Karwendel bis ins Inntal. In den 1970er-Jahren war das eine gewaltige Herausforderung, es gab kaum genaue Karten und aktuelle Informationen konnten nicht einfach dem Internet entnommen werden. Das Auskundschaften der Route erforderte mühselige Kleinarbeit und nicht immer fand Graßler den einfachsten Weg. In späteren Wanderführern werden z. T. abweichende Routen beschrieben, besonders die Originalroute von Leger nach Hinterriß wird heute nicht mehr begangen und ist zu Recht in Vergessenheit geraten, weil sie einfach zu anstrengend und gefährlich war. Das soll aber Graßlers Verdienst in keiner Weise schmälern, im Gegenteil. Es sei zudem erwähnt, dass er auch einen zweiten, in der Öffentlichkeit weit weniger bekannten Wanderweg konzipierte, nämlich von München nach Prag. Er kannte also auch die Mittlere und Untere Isar, die er mit seinen Vereinskameraden vom ITV erwanderte. Er starb am 22. August 2019 im Alter von 94 Jahren in Wolfratshausen, seine letzte Ruhestätte fand er neben der Kapelle am Halleranger (siehe Tour 1 und Bild oben) direkt an seinem Traumpfad, dem er sein Leben lang verbunden war.

19 Von München nach Wolfratshausen

Variantenreicher Wanderklassiker durch das Obere Isartal

leicht | 35,6 km | 430/360 Hm | 8.30 Std.

Tourencharakter
Gehsteige, Feld- und Wirtschaftswege sowie Wanderpfade, die z. T. Trittsicherheit verlangen

Ausgangspunkt
München, Ludwigsbrücke bzw. Isartorplatz
GPS: 48.131726, 11.586692 (Ludwigsbrücke), 48.133931,11.58298 (Isartorplatz)

Endpunkt
S-Bahnhof Wolfratshausen
GPS: 47.914346,11.427146

Anfahrt
ÖPNV: Nächster S-Bahnhof von der Ludwigsbrücke ist Isartor; zurück vom S-Bahnhof Wolfratshausen mit der S7
Auto: Nicht sinnvoll, da Streckenwanderung

Einkehr
Im Stadtbereich München zahlreiche Möglichkeiten in verschiedenen Biergärten und Kiosken, im Isartal in den größeren Ortschaften, z. B. in Pullach, Grünwald, Baierbrunn, Schäftlarn oder Dürrnstein

Karte
KOMPASS Wanderkarten-Set 184 München und Umgebung, 1:50.000

Information
muenchen.travel, tourismus.wolfratshausen.de

Dieser Tourenvorschlag ist nur einer von vielen, jeder Münchner hat seine Lieblingsroute an der Isar. Wir wandern hier auf der ersten Etappe des Traumpfads München–Venedig bzw. dem Münchner Jakobsweg. Die Tour ist lang, man kann sie aber auf mehrere Tage aufteilen.

Wir starten an der Ludwigsbrücke in München. Wir wandern am rechten Isarufer zur Tierparkbrücke. Nun gehen wir entweder direkt am Tierpark entlang zur Marienklause oder nehmen den Damm zwischen Isar und dem Werkkanal. Nun wechseln wir auf die linke Isarseite, überqueren auch noch den Kanal und kommen nach Hinterbrühl. Hier einzukehren wäre noch ein bisschen früh, aber gegen ein zweites Frühstück kann man eigentlich nichts sagen.

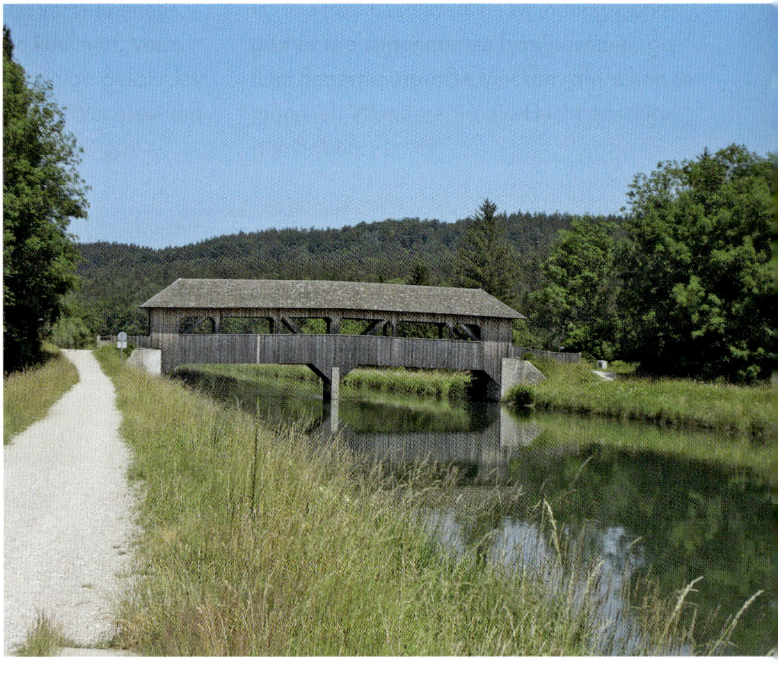

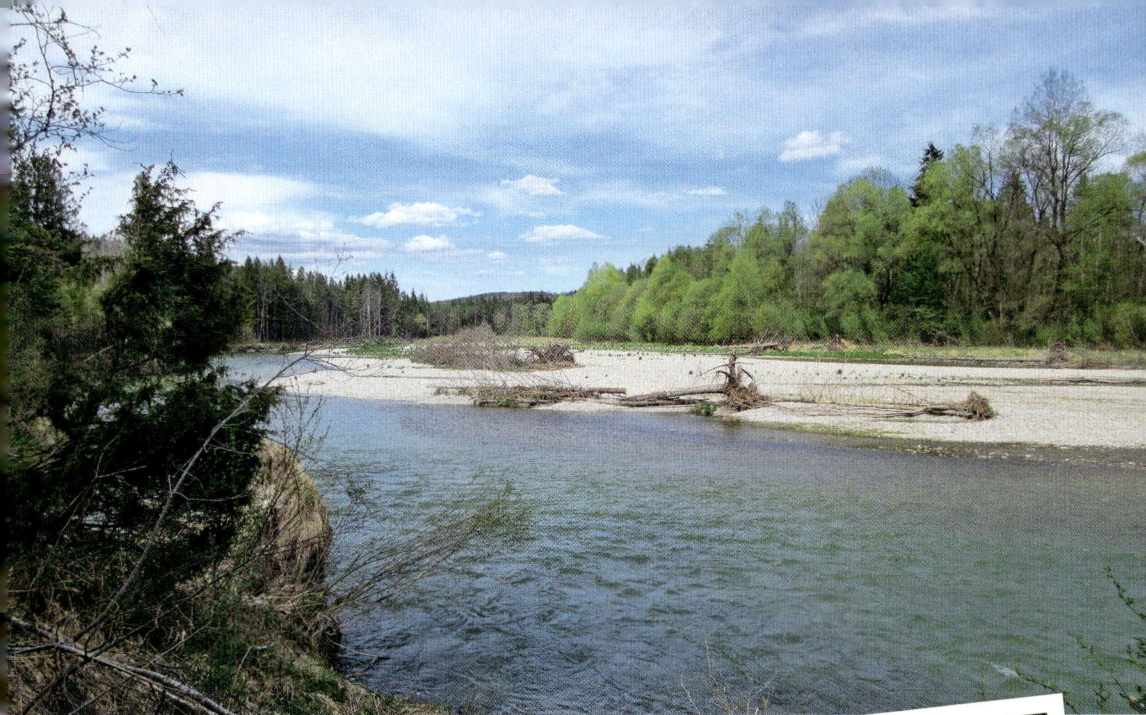

Wir folgen nun dem Werkkanal zur Großhesseloher Eisenbahnbrücke. Ein kurzes Stück hinter ihr steigen wir rechts das Hochufer hinauf und kommen so zur Waldwirtschaft. Unser Weiterweg führt die nächsten sechs Kilometer am Hochufer entlang, vorbei an der Burg Schwaneck, durch Pullach, über die Fußgängerbrücke, über die Carl-von-Linde-Straße bis zum Waldgasthof Buchenhain. Nun steigen wir die Treppen hinunter zum Klettergarten. Unser Weiterweg führt hinab zur Isar, dort treffen wir auf einen breiten Wirtschaftsweg, dem wir nach rechts folgen.

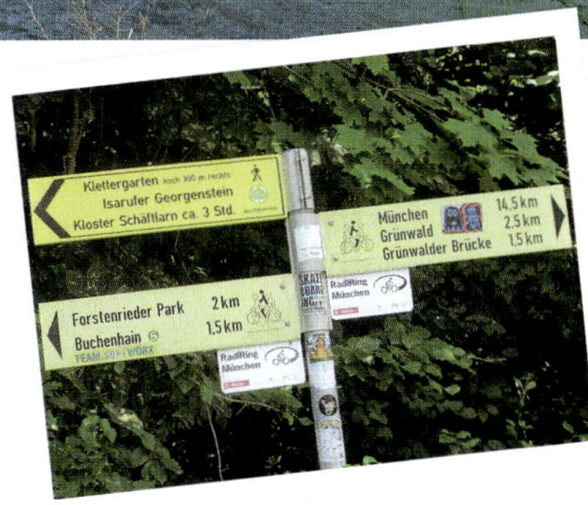

Hier kann man sich nur schwer verlaufen. Dafür sorgen schon die Schilder des Isartalvereins.

Ganz oben: Kiesbänke gehören zur typischen Flusslandschaft an der Oberen Isar.

Bald kommen wir am Georgenstein vorbei, der sich bei Flusskilometer 163,2 gegenüber am anderen Isarufer befindet und früher eine gefürchtete Gefahrenstelle für die Flößer darstellte. Der Weg zum Kloster Schäftlarn ist eigentlich markiert, man muss aber schon ein bisschen aufpassen, um die gelben Dreiecke mit dem Logo des ITV, z. T. auch die kleinen Schildchen mit einem Radfahrer »Kloster Schäftlarn«, nicht zu übersehen. Etwa vier Kilometer nach Buchenhain teilt sich der Weg, wir wählen den linken, der rechte führt hinauf nach Hohenschäftlarn. Bald darauf kommen wir zu einem kleinen Tal. Hier teilt sich der Weg noch einmal. Wir steigen den schmalen Pfad links hinunter, überschreiten den kleinen Bachlauf und gehen wieder bergauf

Linke Seite: Eine Fußgängerbrücke bringt uns über den Isarkanal zum Gasthaus Aumühle.

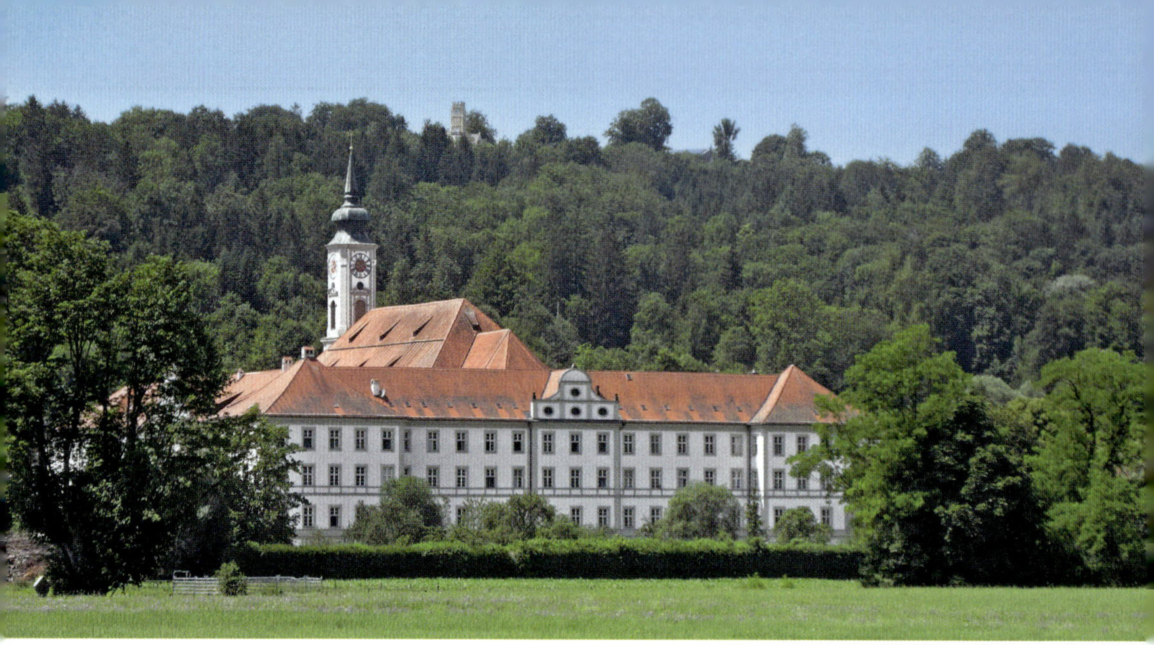

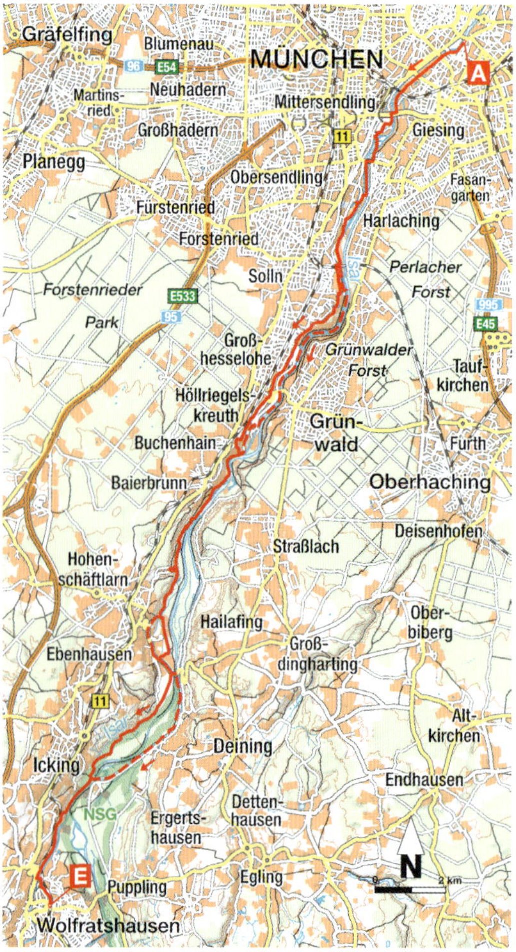

zum breiten Forstweg. Oben finden wir wieder Markierungen, die uns den Weg zum Kloster Schäftlarn weisen.

Falls man das verpasst hat, auch kein Problem, man muss halt knapp 100 Höhenmeter mehr laufen. Oben kommt man an der Bürg vorbei, einer vorgeschichtlichen Wallanlage. Im Bogen geht es um sie herum, der Abstieg zum Kloster ist beschildert.

Wenn wir den richtigen Abzweig erwischt haben, haben wir jetzt noch die Möglichkeit das Stück auf der Autostraße, die von Hohenschäftlarn herabkommt, zu vermeiden. Dort, wo der Wirtschaftsweg wieder deutlich bergauf zieht, zweigt nach links steil ein Ziehweg hinunter ab. Achtung: Die Markierung leitet den Wanderer und Radfahrer geradeaus bergauf (!). Wir gehen dort ein kurzes Stück hinab zu einem romantischen Bach, über den eine kleine Fußgängerbrücke führt. Nach etwa 200 Metern erreichen wir den Damm, der das Kloster Schäftlarn vor Hochwasser schützen soll. Falls man doch noch zum Kloster bzw. Klosterstüberl will: Ein Schild weist nach rechts dorthin.

Man kann aber auf dem Damm auch gleich bis zum Brückenwirt wandern. Dort gehen wir etwa 100 Meter nach rechts in Richtung Kloster, biegen aber sofort links ab und wandern auf dem Feldweg rechts des Damms nach Süden. Nach etwa einem Kilometer erreichen wir das Naturschutzgebiet Ickinger Au. Kleine Pfade führen uns zum Ickinger Wehr. Unser Weiterweg nach Wolfratshausen führt dann am linken Isarufer flussaufwärts. Unter der kaum noch sichtbaren Weißen Wand geht es bis zur Loisachmündung.

Hier müssen wir jetzt steil den Berg hinaufsteigen. Oben treffen wir auf die Gleise der S-Bahn. Neben ihnen wandern wir links die Schlederleiten hinab zur Floßlände bei der Weidachmühle. Dort überqueren wir auf der Weidacher Hauptstraße die Loisach und gehen immer in Nähe der Bahngleise zum S-Bahnhof Wolfratshausen.

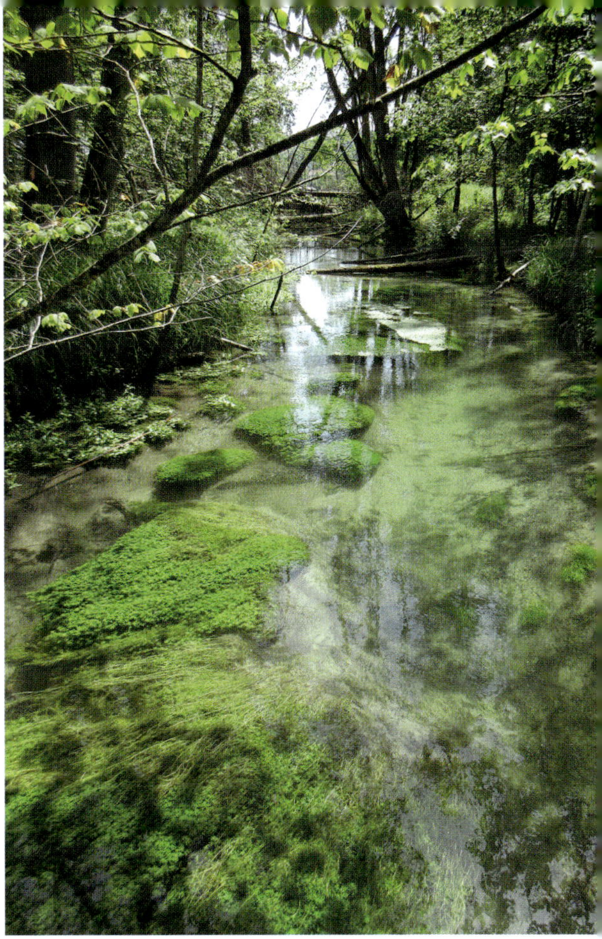

Im »Dschungel« der Isarauen

Linke Seite: Die Benediktinerabtei Schäftlarn umfasst auch ein Gymnasium.

Varianten Man kann diese doch ziemlich lange Tour an allen S-Bahn-Stationen der Linie S7 (Wolfratshausen–Aying/Kreuzstraße) beginnen oder auch abbrechen.

Wissenswertes

Diese Wanderung ist Teil von Ludwig Graßlers **Traumpfad München–Venedig** (kurz TMV). Er führt vom Marienplatz entlang der Isar ins Karwendel, weiter ins Inntal, über die Tuxer und Zillertaler Alpen und durch die Dolomiten zur Poebene. Hat man die etwa 550 Kilometer Strecke und die 20.000 Höhenmeter bewältigt, kommt man nach mindestens 28 Wandertagen auf dem Markusplatz in Venedig an. Graßler verabschiedete seine Venedigwanderer stets am 8.8. um 8 Uhr am Münchner Marienplatz. Da konnte es in einigen Quartieren unterwegs schon eng werden. Info: muenchen-venedig.net

20 Von Grünwald zur Ludwigsbrücke

Klassischer München-Spaziergang entlang der Isar

leicht | 13,8 km | 90/150 Hm | 3.00 Std.

Tourencharakter
Überwiegend Asphalt und Kieswege; steiler Abstieg ins Isartal, sonst unwesentlich, es geht immer leicht bergab.

Ausgangspunkt
Grünwald, Trambahn-Endhaltestelle Derbolfinger Platz
GPS: 48.041652,11.523285

Endpunkt
München, S-Bahnhof Isartorplatz
GPS: 48.131726, 11.586692

Anfahrt
ÖPNV: Trambahnlinie 25 Richtung Grünwald bis Endhaltestelle Grünwald, Derbolfinger Platz; nächster S-Bahnhof von der Ludwigsbrücke ist Isartor.
Auto: Nicht sinnvoll, da Streckenwanderung

Einkehr
Mehrere Biergärten, z. B. am linken Hochufer die Waldwirtschaft Großhesselohe, in den Flaucheranlagen der Biergarten Zum Flaucher; dazu Cafés, Eisdielen und urige Kioske

Karte
KOMPASS Wanderkarten-Set 184 München und Umgebung, 1:50.000

Information
muenchen.travel

Hier im Münchner Süden hat man die Qual der Wahl, welchen Weg man an der Isar einschlagen soll. Man kann eigentlich nicht viel falsch machen, denn schön sind sie alle. Das wissen natürlich auch viele Münchner, also lieber unter der Woche gehen.

Die Wanderung Von der Trambahn-Endhaltestelle der Linie 25 in Grünwald folgen wir erst einmal der Schlossstraße zur Burg Grünwald. Wenn man sie noch nicht kennt: Ein Blick hinein lohnt sich, auch ein Besuch des Museums und des Cafés.
Unser Weiterweg führt hinunter zur Isar, entweder links über den Treppensteig neben der Straße oder rechts auf einem Weg gleich hinter dem Schloss. Hier, an der Brücke, kann man am Kiosk noch schnell ein Radler zischen, dann geht man hinab zur Isar und folgt dem Pfad flussabwärts. Unterwegs findet man hin und wieder Schilder, die den Durchgang wegen Steinschlags verbieten oder nur auf eigene Gefahr erlauben. Hier heißt es auf-

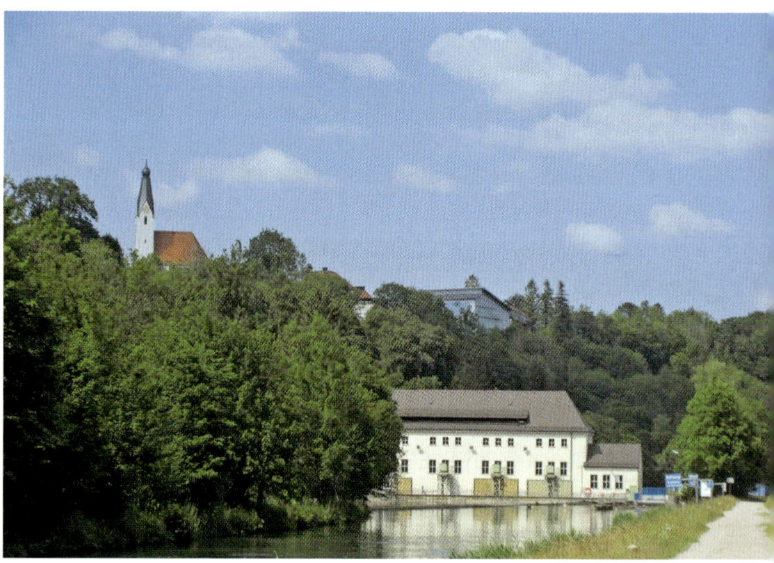

Pullach von der Variante am Damm zwischen Isar und Kanal

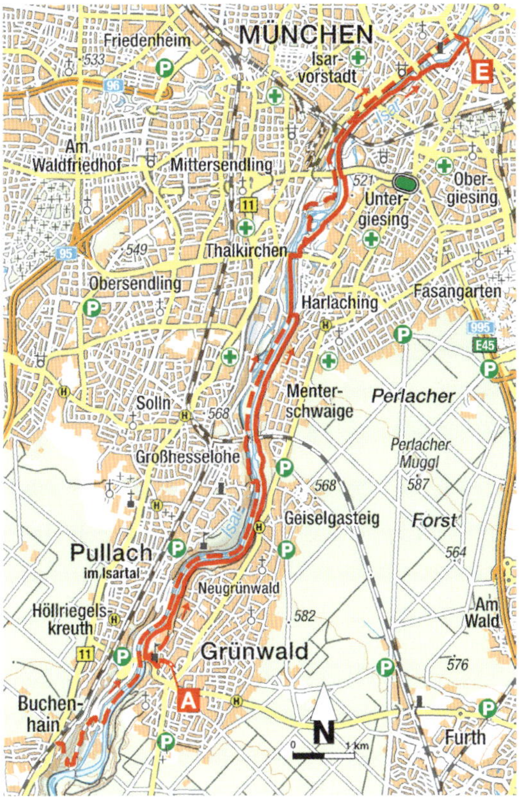

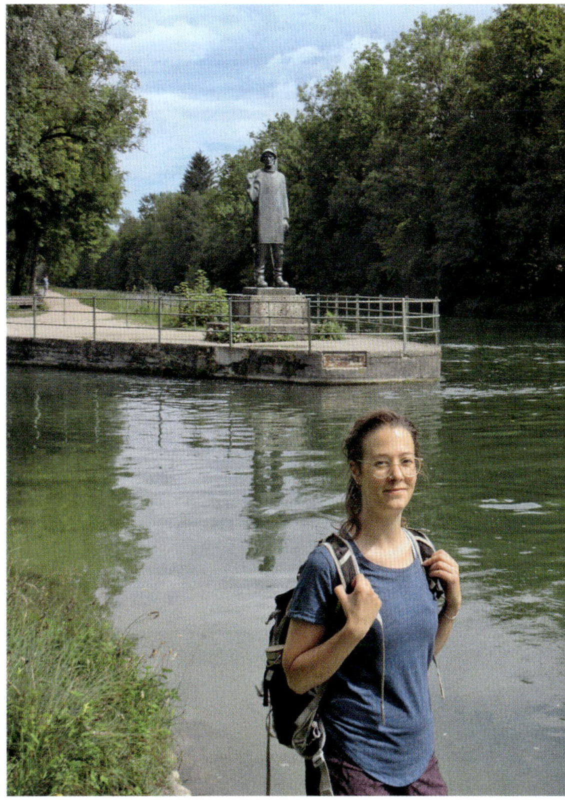

passen, oben am Hang sieht man die Abbruchzonen. Je näher man am Isarufer geht, desto ungefährlicher ist es. Man wird sich natürlich bemühen, dieses Gelände zügiger hinter sich zu lassen, man sollte dort nicht unnötig stehen bleiben oder sich gar zu einer Brotzeit niederlassen. Wer dem Ganzen aus dem Weg gehen will, wandert auf dem Hochufer zur Stadtgrenze von München.

Am Flößerdenkmal in Hinterbrühl bei der Floßlände

Unten: Die kleine Holzkapelle Marienklause

Ab der Großhesseloher Eisenbahnbrücke gibt es drei Möglichkeiten, zur Marienklause zu kommen: Einmal auf dem breiten Kiesweg, dann direkt am Isarufer oder, auch ganz reizend, einem Steig auf halber Höhe des Isarhanges, der aber manchmal gesperrt sein kann. Gleich hinter der Klause befindet sich der Tierpark Hellabrunn. Wir wandern entweder auf dem Damm den Tierpark entlang oder gehen hinab zum Isarufer, bis wir nach etwa einem knappen Kilometer die Thalkirchner Brücke erreichen.

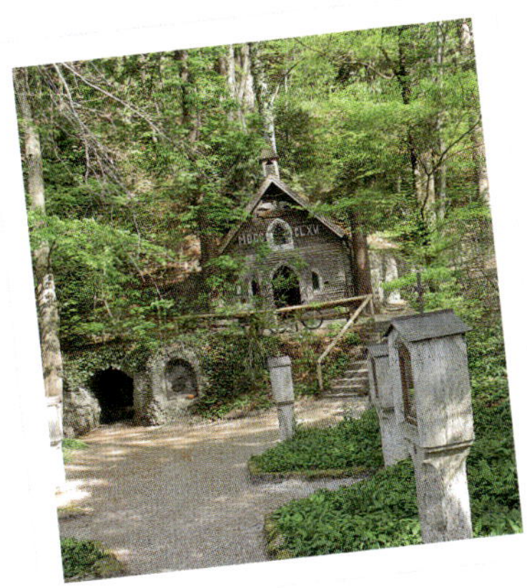

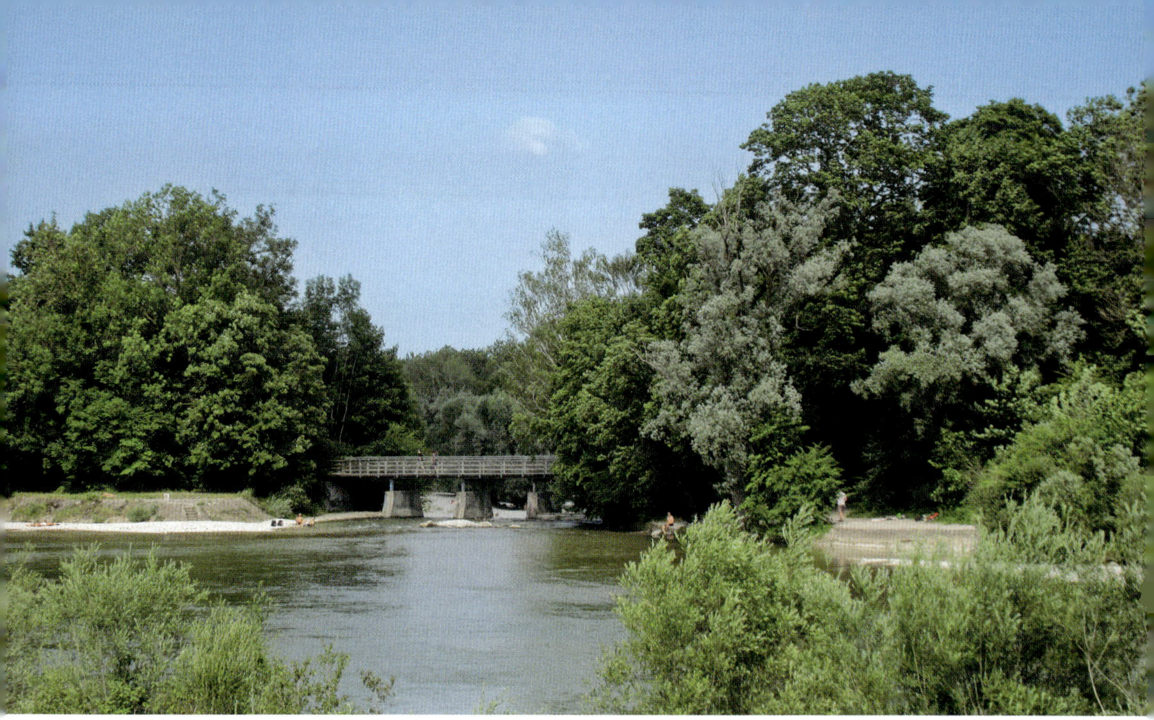

Bei den Überfällen beginnt der Flaucher.

Auch zwischen dem Isarwerkkanal und der Isar finden wir einen lohnenden Weiterweg. Bei der Tierparkbrücke halten wir uns rechts und kommen gleich darauf zum Schindersteg.
Hier müssen wir uns wieder entscheiden, nach links über die lange Brücke zur Flaucherwirtschaft oder rechts auf dem Damm

Wissenswertes

Der **Flaucher** erstreckt sich auf beiden Seiten der Isar von der Braunauer Eisenbahnbrücke bis zur Thalkirchner Tierparkbrücke. Es ist ein äußerst beliebtes Naherholungsgebiet der Münchner, d. h., besonders an warmen Sommerabenden und an schönen Wochenenden ist er mehr als gut besucht, eher überlaufen. Wen wundert es, hier kann man offiziell grillen und in der Isar baden oder im Biergarten einkehren. So kann es nicht ausbleiben, dass die Freizeitgewohnheiten der Münchner sich nicht immer mit den Belangen des Naturschutzes im Einklang befinden. Trotz der großen Belastung der Natur bietet der Flaucher einer Vielzahl von Tier- und Pflanzenarten einen einzigartigen Lebensraum innerhalb der Stadtgrenzen. Deshalb wurde er als Fauna-Flora-Habitatgebiet für den europäischen Biotopverbund an die Europäische Union gemeldet und genießt hierdurch einen besonderen Schutz. Unter dem Motto »Neues Leben für die Isar« wurde die Flusslandschaft zwischen Großhesseloher Brücke und Museumsinsel renaturiert. Die Isar darf nun wieder Kiesbänke wegspülen und das Material an anderer Stelle ablagern, sodass neue Flussschleifen und Inseln entstehen. Hier können sich vom Verschwinden bedrohte Pflanzen und Tiere wieder ansiedeln.

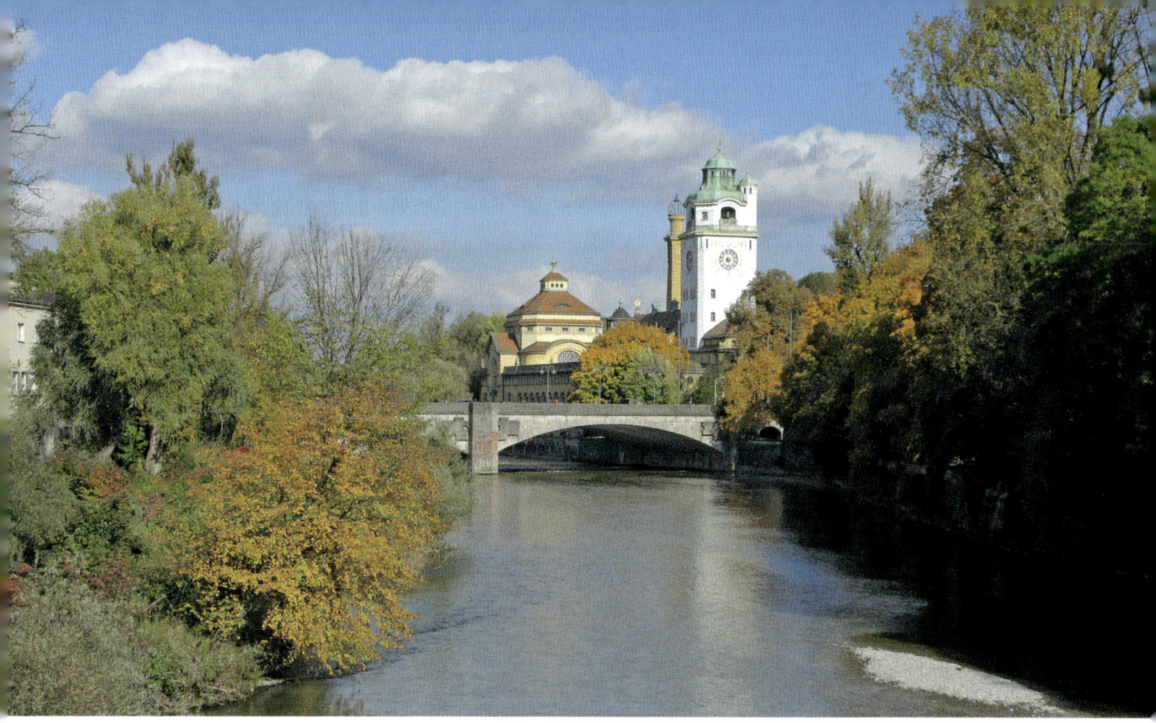

oder direkt am Isarufer. Der Radweg im Hochwasserbett ist für Wanderer tabu und wäre auch nicht zu empfehlen, denn es sind einfach zu viele Radfahrer unterwegs.
Egal, ob nun links oder rechts der Isar: Unter der Brudermühlbrücke hindurch kommen wir zur Braunauer Eisenbahnbrücke. Vorbei an der Wittelsbacherbrücke, der Reichenbachbrücke und der Corneliusbrücke erreichen wir schließlich das Deutsche Museum und die Ludwigsbrücke. Dort wenden wir uns nach links und gehen die Zweibrückenstraße hinunter zum S-Bahnhof Isartorplatz. Ganz gleich welchen Weg wir wählen, schön sind sie alle!

Der Jugendstilbau des Müllerschen Volksbads

An der renaturierten Isar im Münchner Stadtgebiet

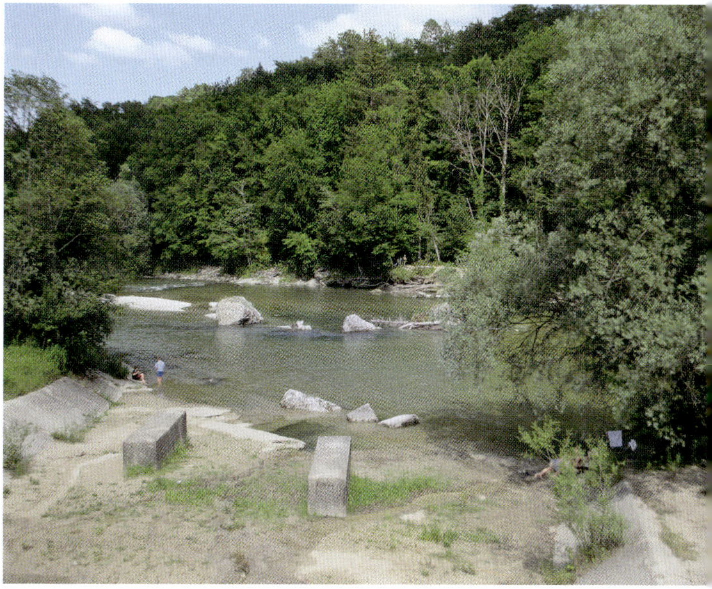

Hinweis Geeignete Badestellen findet man z. B. an den Überfällen beim Schindersteg oder an der Isar zwischen der Großhesseloher Eisenbahnbrücke und der Marienklause. Direkt dort am Wehr zu baden ist allerdings weniger empfehlenswert, es ist zu gefährlich.

Isar-Biber – Rückkehr der pelzigen Nager

Man kann heute kein Buch über die Isar schreiben, ohne auf das Thema Biber einzugehen. Und dabei setzt man sich wahrscheinlich zwischen zwei Stühle: Entweder man ist für den Biber oder gegen ihn. Eine andere Alternative hat man wohl nicht.
Aber zuerst ein paar grundlegende Fakten: Der Biber, das größte heimische Nagetier, war ursprünglich in ganz Europa verbreitet, doch wurde er im 19. Jahrhundert fast vollständig ausgerottet. 1966 wurden einige Exemplare bei uns wiederangesiedelt, unter anderem im Mündungsgebiet der Isar. Ende der 1980er-Jahre waren sie isaraufwärts wandernd in München angekommen. Vor allem im Norden der bayerischen Landeshauptstadt sind inzwischen alle geeigneten Lebensräume von ihm zurückerobert worden. Der Biber erreicht eine durchschnittliche Körperlänge von 1,30 Metern vom Kopf bis zum flachen Schwanz, auf den etwa 30 bis 35 Zentimeter entfallen. Ein ausgewachsenes Tier kann ein Gewicht von bis zu 30 Kilogramm erreichen, meist wiegt er aber weniger als 20 Kilogramm. Jungtiere werden im Alter von drei Jahren vertrieben und müssen sich ein eigenes Revier suchen.
Bei uns ist das ein schwieriges Unterfangen, da bereits alle von Artgenossen besetzt sind. Je nach Nahrungsangebot hat es eine Uferlänge von einem bis fünf Kilometern. Angeblich entfernen sich Biber nicht weiter als 20 Meter vom Ufer, manche halten sich aber nicht daran und dringen weit in die Felder vor, wobei sie als reine Vegetarier dem Landwirt einen Großteil der Erntearbeit abnehmen. Das freut diesen natürlich nicht sonderlich, für größere Schäden gibt es einen Ausgleichsfonds des Freistaates Bayern. Zumindest im Winter zwingt der Hunger den Biber, Bäume umzulegen, weil es sonst nichts für ihn zu fressen gibt. In Auwäldern ist das kein Problem, denn Weiden treiben meist aus den Baumstümpfen wieder aus. Da ein Biber aber nicht zwischen für den Menschen wertlosen Gehölzen der Auen und wertvollen Obstbäumen und Nutzholz unterscheidet, geht er seiner Arbeit auch in Parks und Forsten nach. Hier gestehen die Biberschützer den Waldbesitzern zu, dass ausnahmsweise eingegriffen werden darf, indem man etwa Uferbäume mit einem Drahtgeflecht schützt.
Doch nicht nur seine Holzfällaktionen verschaffen dem Biber seinen schlechten Ruf, er ist das einzige bei uns lebende Wildtier, das seinen Lebensraum seinen Bedürfnissen entsprechend rigoros umgestaltet. Umgekehrt macht das der Mensch zwar auch. Dass das für manche Tier- und Pflanzenarten den Super-GAU bedeutet, stört uns Menschen meist nicht. Wenn so etwas aber der Biber macht, dann ist das ganz was anderes.
Kurz gesagt: Der Mensch und der Biber haben halt völlig gegensätzliche Vorstellungen bezüglich des Isarausbaus. So verwundert es auch nicht, dass es hier zu Konflikten kommt, wobei die Biberberater der Unteren Naturschutzbehörden versuchen, die Wogen zu glätten und zu vernünftigen Kompromissen zu kommen. Der Biber gestaltet sein Revier nach seinen Vorstellungen:

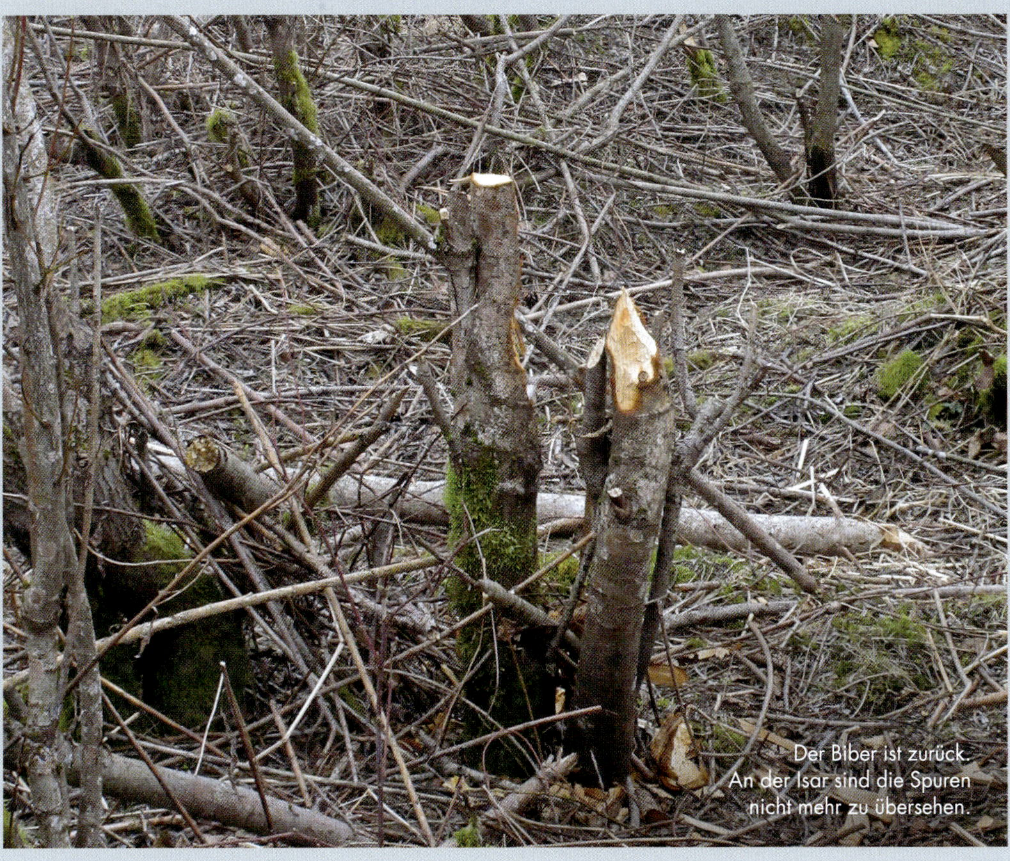

Der Biber ist zurück. An der Isar sind die Spuren nicht mehr zu übersehen.

So benutzt er die umgelegten Bäume, um Dämme zu bauen. Da die Eingänge zu seinen Wohnbauten stets unter der Wasseroberfläche liegen, staut er Bäche auf, wenn der Wasserstand zu niedrig ist. Dadurch werden angrenzende Felder manchmal unter Wasser gesetzt. Von ihm werden auch Röhrengänge in das Ufer gegraben, die er als Bau nutzt. Wenn Felder bis an das Gewässer heranreichen, kommt es schon mal vor, dass Traktoren in unterhöhlten Bodenbereichen einbrechen. Und natürlich graben sie ihre Röhren auch in Deiche. Die Wasserwirtschaftsämter haben sich schon seit den 1990er-Jahren darauf eingestellt. Seitdem versucht man, die Biber durch Gitter und Steinschüttungen abzuhalten. Heute ist der Biber europaweit geschützt und wieder weit verbreitet. Man findet an der Mittleren und Unteren Isar noch zwei andere Nager, die von Unkundigen leicht mit dem Biber verwechselt werden: die Bisamratte und die Nutria (Sumpfbiber). Beide sind Nachkommen entkommener oder freigelassener Tiere, die aus Pelztierfarmen stammen.

So sind nun einmal die Fakten, und egal, ob es dem einen oder anderen gefällt oder auch nicht, der Biber ist zurückgekehrt. Er ist (wieder) da und das werden wir schlicht und einfach akzeptieren müssen.

21 Durch den Englischen Garten

Spaziergang oder Wanderung entlang der Münchner Stadtbäche

leicht | 11,0 km | 50 Hm | 2.15 Std.

Tourencharakter
Meist Kieswege, z. T. auch schmale Pfade neben dem Schwabinger Bach

Ausgangspunkt
Prinzregentenstraße, Trambahnhaltestelle Nationalmuseum/Haus der Kunst
GPS: 48.142944, 11.588532

Endpunkt
Fröttmaning, U-Bahnhof der Linie U6
GPS: 48.212277, 11.616733

Anfahrt
ÖPNV: Tram-Linie 16 Romanplatz–St. Emmeram, Haltestelle Nationalmuseum/Haus der Kunst; zurück mit der U-Bahn-Linie 6 Richtung Klinikum Großhadern
Auto: Nicht sinnvoll, da Streckenwanderung

Einkehr
Zahlreiche Wirtschaften und Kioske im Englischen Garten

Karte
KOMPASS Wanderkarten-Set 184 München und Umgebung, 1:50.000

Information
muenchen.travel, englischer-garten-muenchen-infos.de

Die Tour ist sehr abwechslungsreich, sie führt durch Münchens größten und populärsten Park bis zur nördlichen Stadtgrenze, durch wildes Biberland, das man in der Nähe einer Millionenstadt so nicht erwartet und das nur wenige Insider kennen.

Die Wanderung Wir starten an der Eisbachbrücke, wobei wir womöglich nicht gleich losmarschieren und noch ein bisschen zuschauen, wenn gerade versierte Surfer an der Eisbachwelle ihr Können zeigen.

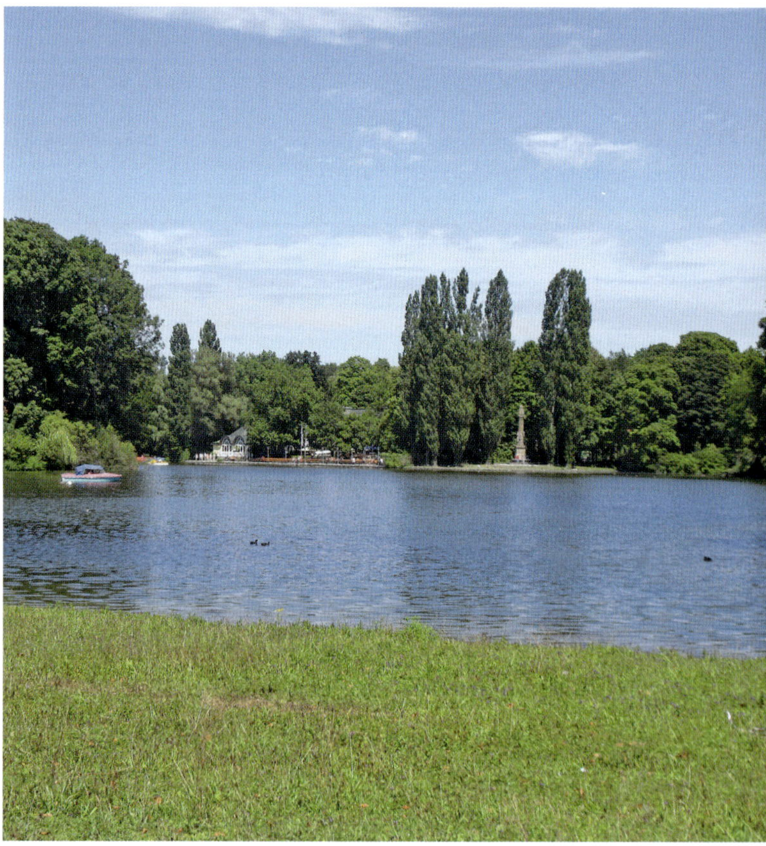

Der Kleinhesseloher See wird über den Oberstjägermeisterbach mit Isarwasser gespeist.

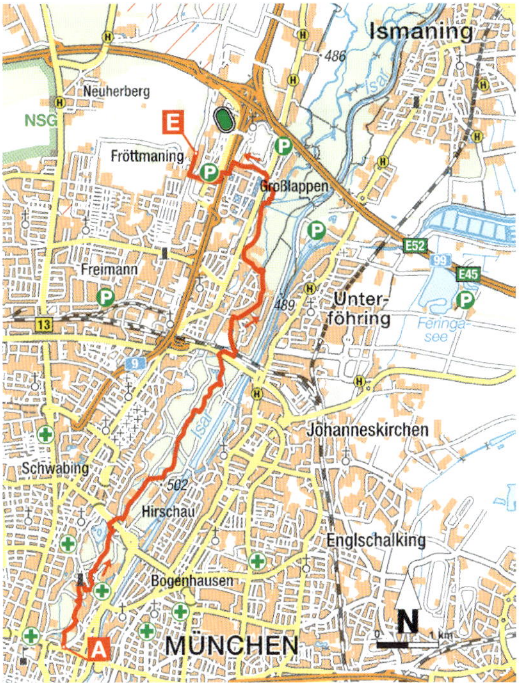

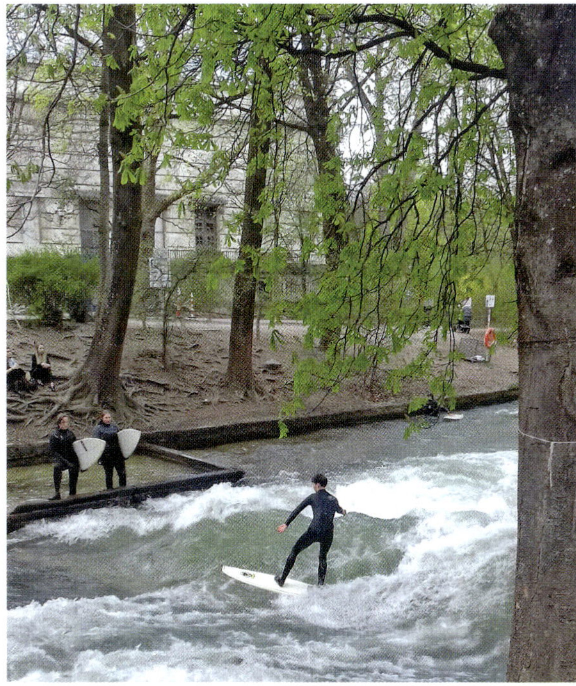

In der ganzen Welt bekannt: die Eisbachwelle

Wir folgen dann dem Eisbach bis zum sogenannten Wasserfall. Hier biegen wir links ab und gehen weiter am Eisbach entlang. Kurz vor dem Monopteros und dem Chinesischen Turm teilt er sich. Wir folgen dem linken Bach, dem Oberstjägermeisterbach bis zum Kleinhesseloher See. Hier halten wir uns leicht links, gehen an seinem Ufer entlang und zweigen rechts ab zur Fußgängerbrücke über den Mittleren Ring, die uns in den Nordteil des Englischen Gartens bringt.

Wir halten uns rechts und folgen nun dem Oberstjägermeisterbach zum Schwammerlweiher. Um zum Aumeister zu kommen, gehen wir nun auf der linken, westlichen Bachseite weiter. Über den Libellenteich erreichen wir die beliebte Ausflugsgaststätte. Der Weiterweg führt nun ein kurzes Stück nach Osten zur Mündung des Oberstjägermeisterbachs in den Schwabinger Bach. Wir nehmen nicht (!) den kleinen Pfad durch die erste Unterführung unter dem Föhringer Ring, durch den der Schwabinger Bach fließt, sondern die zweite mit

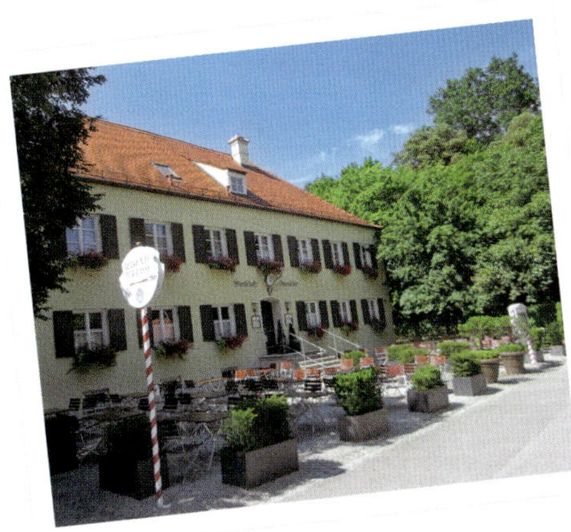

Der Aumeister ist eine Münchner Institution.

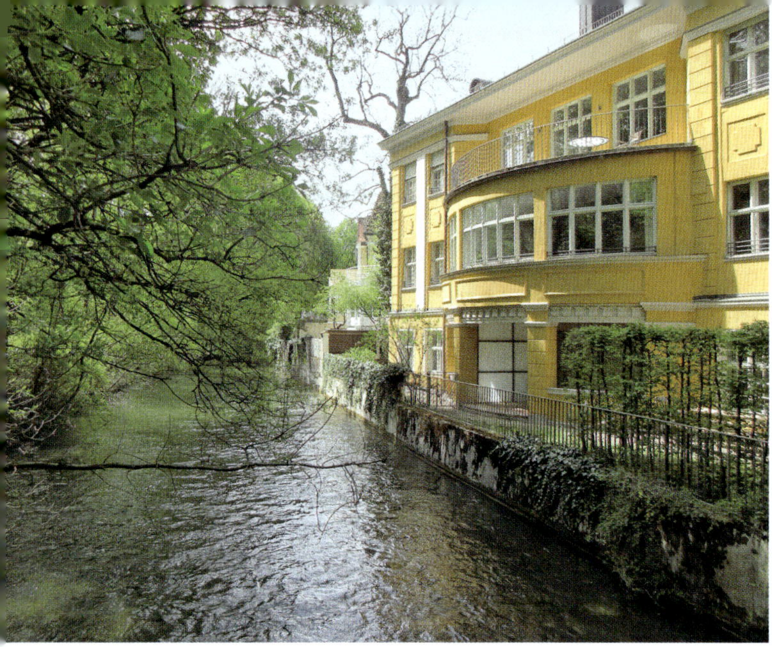

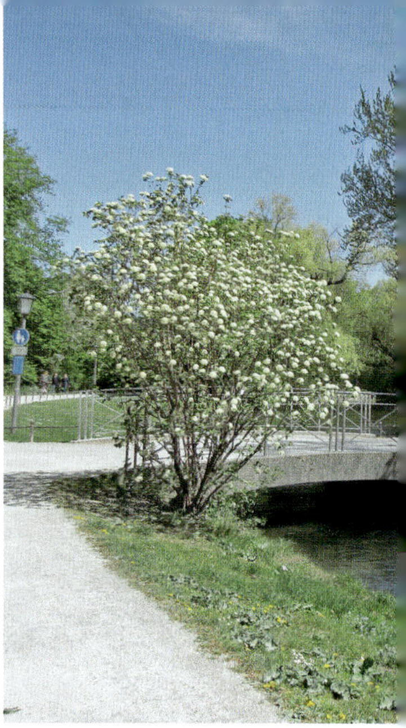

Der Schwabinger Bach begrenzt den Englischen Garten an seiner Westseite.

dem Eiskanal. Diesem folgen wir gut 200 Meter, bis ein Weg nach links zur Leinthaler Straße abzweigt. Wir überqueren sie und folgen dem Feldweg gegenüber, der uns bald wieder zurück zum Schwabinger Bach führt.

Drei große und mehrere kleine Bäche fließen durch den Englischen Garten.

Nun geht es an diesem entlang, bis zur Floriansmühlstraße. Wir folgen den Wegweisern nach rechts Richtung Freising, kommen am Bayerischen Rundfunk vorbei und erreichen bald die

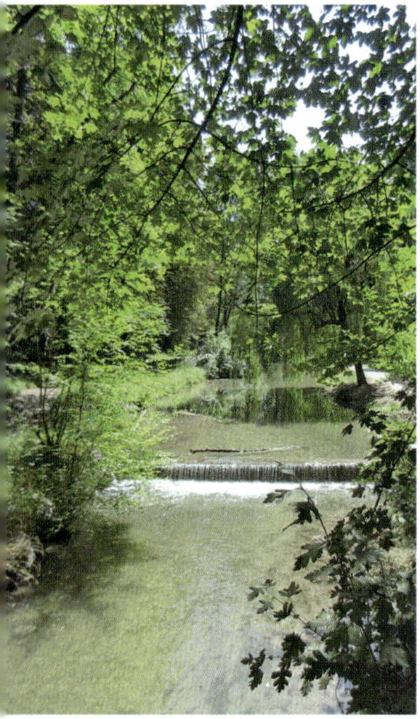

Wissenswertes

Die **Münchner Stadtbäche** waren ursprünglich Seitenarme der Isar. Nach der Stadtgründung wurden viele von ihnen als Energiequelle für Mühlen und für die Müllabfuhr genutzt. Auch der Wassergraben um den mittelalterlichen Mauerring wurde von ihnen gespeist. Im 19. Jahrhundert verloren sie aber weitgehend ihre Funktion. Die meisten wurden gegen Ende der 1960er-Jahre verfüllt, die restlichen überbaut. Heute fließen links der Isar nur noch der Westermühl- und der Köglmühlbach oberirdisch, die als Eisbach bzw. als Schwabinger Bach in den Englischen Garten münden. Rechts der Isar existiert noch der Auer Mühlbach. Einige Stadtbäche sollen wieder freigelegt werden, wie etwa der Westliche Stadtgrabenbach zwischen dem Sendlinger Tor und der Josephspitalstraße. Einen Zeitplan gibt es noch nicht.

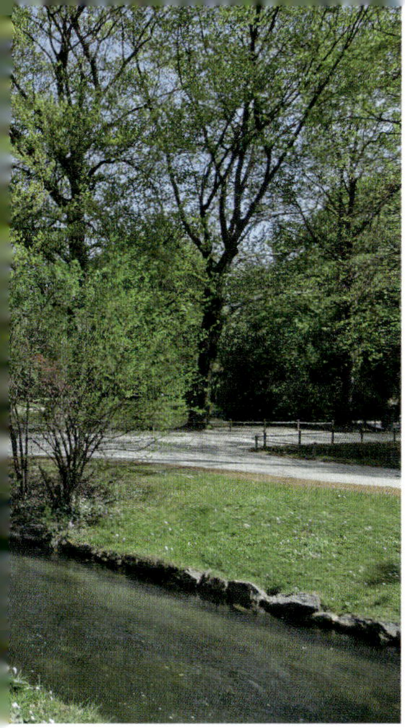

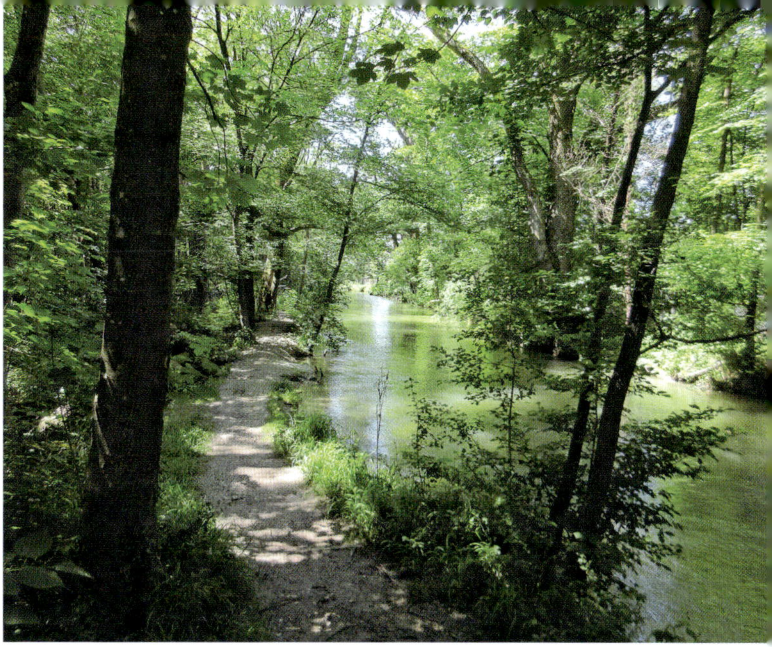

Oberen Isarauen. Wir folgen dem breiten Weg weiter, bis nach etwa einem Kilometer ein Brückerl links über den Schwabinger Bach führt. Auf der anderen Seite gehen wir zuerst links (!) ein Stück bachaufwärts bis zur Sondermeierstraße. Dort halten wir uns halb rechts und treffen nach etwa 300 Metern den Garchinger Mühlbach. Der anfangs breite Weg schnürt sich immer weiter zusammen und führt als schmaler Pfad den Bach entlang. An einigen Stellen behindern uns umgestürzte Bäume. Schließlich kommen wir zum Notauslasskanal des Klärwerks Großlappen. Auf einer schmalen Brücke überqueren wir den Kanal, der die geklärten Abwässer dem Mittleren Isarkanal zuführt.

Im Norden des Parks liegt das Landschaftsschutzgebiet Hirschau und Obere Isarau, ein wildes Biberrevier.

Mitte: Eine von über 100 Brücken im Englischen Garten

Hier, an der Infotafel, verzweigt sich der Garchinger Mühlbach, nach links fließt das Wasser zum Schleißheimer Kanal, nach rechts in den Unteren Schwabinger Altbach. Wir folgen den Schildern zur Allianz Arena und überqueren beim Islamischen Zentrum München die Freisinger Landstraße. Bei der Bushaltestelle Wallnerstraße rechts folgen wir dann dem Weg links haltend in das Wäldchen hinein und dann dem Lottlisa-Behling-Weg zwischen Fröttmaninger Berg und Klärwerk Großlappen bis zur A9. Diese überqueren wir auf der Brücke und erreichen dahinter unser Ziel, den U-Bahnhof Fröttmaning.

Varianten Gerade bei dieser Tour gibt es unzählige Möglichkeiten zu variieren, die hier nicht ausführlich beschrieben werden können bzw. sollen.

22 Vom Aumeister über Garching nach Freising

Durch das Gfild und das Freisinger Moos zur Domstadt

leicht | 51,5 km | 150/200 Hm | 3.30 Std.

Tourencharakter
Meist einfach zu befahrene Rad- und Feldwege sowie verkehrsarme Nebenstraßen; ab und zu muss man bei der Querung größerer Autostraßen Vorsicht walten lassen; insgesamt flach mit wenigen Steigungen

Ausgangspunkt
München, U-Bahn-Haltestelle Studentenstadt
GPS: 48.183371, 11.607635

Endpunkt
Freising, S-Bahnhof Freising
GPS: 48.395445, 11.744074

Anfahrt
ÖPNV: U-Bahn-Linie 6 Klinikum Großhadern–Garching Forschungszentrum bis Haltestelle Studentenstadt; zurück mit der S-Bahn-Linie 1 Richtung Leuchtenbergring
Auto: Nicht sinnvoll, da Streckentour

Einkehr
Viele Gaststätten in Unterföhring, Ismaning und Garching; Kioske an den Badeseen

Karte
KOMPASS Fahrradkarte 3334 München und Umgebung, 1:70.000

Information
muenchen.travel, tourismus-kreis-freising.de

Wer den Münchner Norden noch nicht kennt, wird kaum glauben, dass sich diese Region nicht nur hervorragend zum Radeln, sondern im Sommer ebenso gut zum Baden eignet. Am Ziel Freising erreichen wir die südlichsten Buckel des Unterbayerischen Tertiärhügellandes.

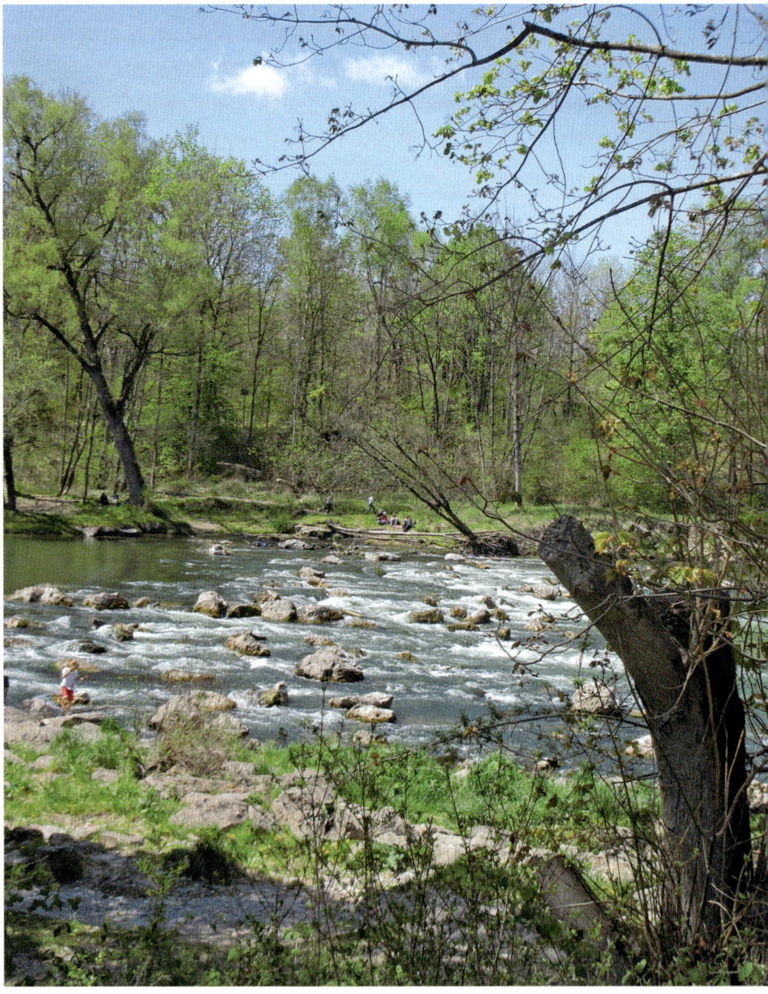

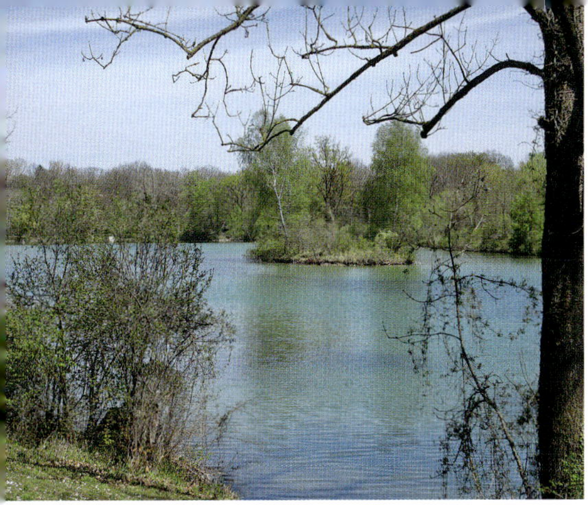

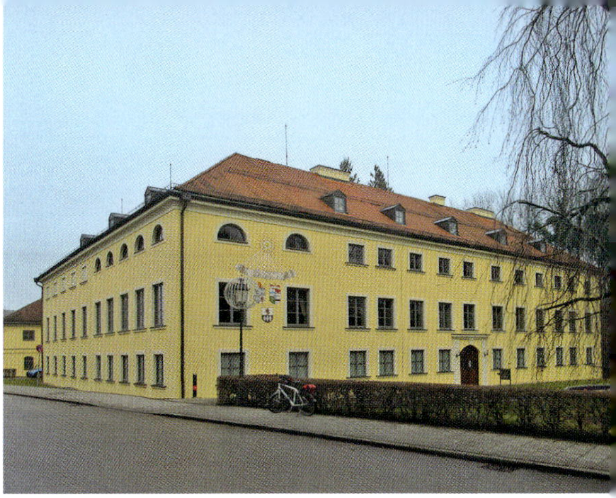

Schloss Ismaning ist heute das Rathaus der Gemeinde.

Links: Badegelegenheit Numero eins: der Poschinger Weiher

Die Radtour Wir starten an der U-Bahn-Haltestelle Studentenstadt. Zuerst radeln wir über die Grasmeierstraße bis zum Schwabinger Bach im nördlichen Englischen Garten. Dort fahren wir links neben dem Bach bis zur Gaststätte Aumeister. Hier folgen wir den Wegweisern in Richtung Allianz Arena, Isarauen und Unterföhring. Unser Weg führt an den BR-Fernsehstudios vorbei zum Isarsteg. Wir überqueren ihn und fahren etwa 200 Meter isaraufwärts zum Poschinger Weiher – heute unsere erste Möglichkeit, in einen See zu springen.

Ein kleiner Anstieg wartet nun auf uns. Wir treten die Straße »Am Poschinger Weiher« hinauf, überqueren die stark befahrene St 2053 und fahren am Mittleren Isarkanal entlang bis zur A 99. Hier treffen wir auf den »RadlRing München«, dem wir nach links Richtung Ismaning folgen. Kurz vor Ismaning kommen wir

Linke Seite: Eine von vielen Sohlrampen, die der Renaturierung der Isar dienen

Wissenswertes

Bei unserer Tour kommen wir am **Schloss Ismaning** vorbei. Nach dem Sturz des französischen Kaisers Napoleon flüchteten Eugène de Beauharnais, sein Stiefsohn und Schwiegersohn des ersten bayerischen Königs Maximilian I. Joseph, mit seiner Gemahlin an den bayerischen Hof. Für die beiden musste natürlich eine standesgemäße Bleibe gefunden werden. Also erwarb 1816 Beauharnais das Schlösschen, das ihm bis zu seinem Tod 1824 als Sommerresidenz diente. Hier gingen nun zehn Jahre lang französische Emigranten, Parteigänger Napoleons, ein und aus, misstrauisch beäugt von den Spitzeln der Sieger, also der Österreicher und des neuen französischen Königs. Max I. Joseph jedoch hielt schützend die Hand über seinen Schwiegersohn, vermutlich auch, weil er der politischen Großwetterlage nicht traute. Das Schlossmuseum dokumentiert die Geschichte, für Gruppen werden auch Führungen durch die Prunkräume angeboten. Info: schlossmuseum-ismaning.de

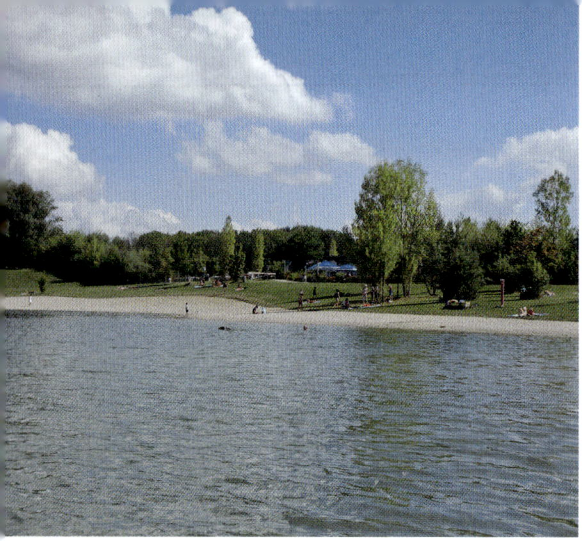

Badegelegenheit Numero sechs: der Badesee Pullinger Weiher

zum Eisweiher, Badegelegenheit Numero zwei. Die Wegweiser leiten uns weiter Richtung Rathaus (Schloss), Fischerhäuser und Freisinger Isarbrücke. Über die Brücke und neben der B 471 radeln wir Richtung Garching. Kurz vor der Ortschaft zeigt ein Schild nach rechts zum Biergarten Mühlenpark und zur U-Bahn Garching. Den Weg ins Zentrum können wir nun nicht verfehlen. Ab dort folgen wir den Wegweisern zum Garchinger See, der Badegelegenheit Numero drei.

Unser Weiterweg führt zum Echinger See, die nächste Badegelegenheit. Neben der Autobahn kommen wir zu einem Parkplatz und treffen gleich darauf die Autostraße nach Dietersheim. Nun fahren wir rechts über die Brücke, gleich dahinter nach links in den Bruckfeldweg und rechts an einem Bauernhof vorbei. Wir radeln links um die Echinger Lohe herum zum Industriegebiet Eching Ost. Wir überqueren vorsichtig die Echinger Straße, fahren kurz links und biegen an der Ampel rechts in die Fraunhoferstraße ein. Auf ihr geradeaus weiter über die Bahnlinie, biegen wir gleich dahinter in einen Feldweg rechts ab. Beim Bauhof an der Autostraße fahren wir links, nach etwa einem halben Kilometer rechts und erreichen bald Neufahrn. An der Ecke Weidenweg und Massenhausener Straße folgen wir den Wegweisern Richtung »Kranzberg, Mühlseen«. Der Radweg führt über die Autobahn A 92 zum Freizeitgelände Mühlseen. An der Autostraße nach rechts haben wir nun den Badesee Numero fünf erreicht.

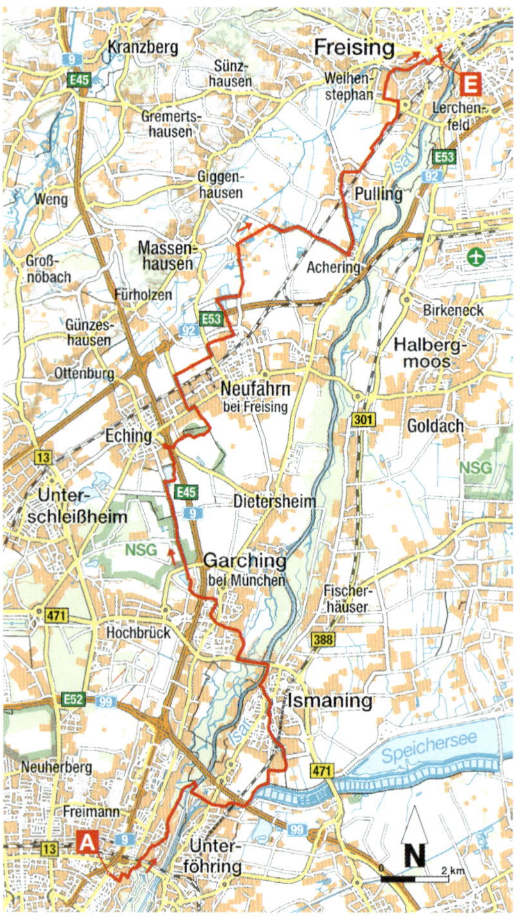

Jetzt fahren wir geradeaus weiter nach Osten durch das Freisinger Moos und kommen nach etwa einem halben Kilometer zum Moosmühlenweg. Hier biegen wir links ab. Es geht an den Fischteichen der Moosmühle vorbei zum Mieskanal. Hinter der Brücke folgen wir diesem nach rechts und treffen etwa einen Kilometer weiter auf eine Autostraße; sie ist Teil des »Wasserwegs Freising«. Uns hier rechts haltend kommen wir nach Achering. Dort zeigen Wegweiser Richtung Pulling. Mit dem Pullinger Weiher lockt hier ein weiterer Badesee.

Ganz unten: Schon von Weitem grüßt uns die Brauerei Weihenstephan.

Nur wenig bekannt: der Vöttinger Weiher

Die Schlussetappe führt zuerst nach Pulling. Am Ende der Ortschaft fahren wir beim Kriegerdenkmal rechts in die Dürnecker Straße. Nun radeln wir zuerst neben den Gleisen her, dann durch das ehemalige Moos, bis wir schließlich die Westtangente Freising (FS 44) erreichen. Mithilfe einer Unterführung kommen wir auf die andere Straßenseite. Falls wir noch zum Vöttinger Weiher – der letzten Gelegenheit zum Schwimmen – wollen, müssen wir sofort nach links fahren. Andernfalls folgen wir den Wegweisern nach Freising. Über den Fürstendamm erreichen wir über die Bahnhofstraße den S-Bahnhof.

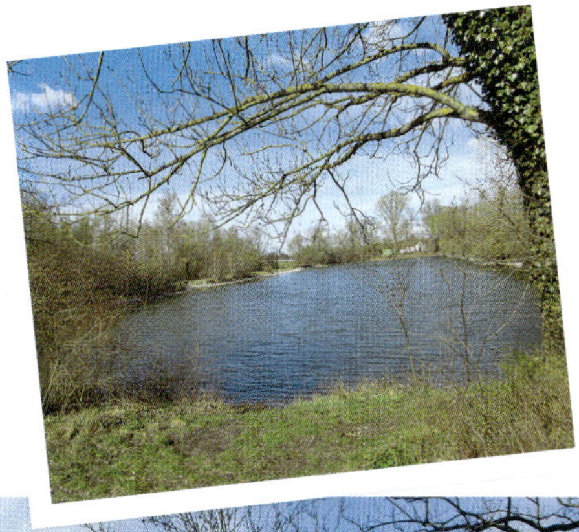

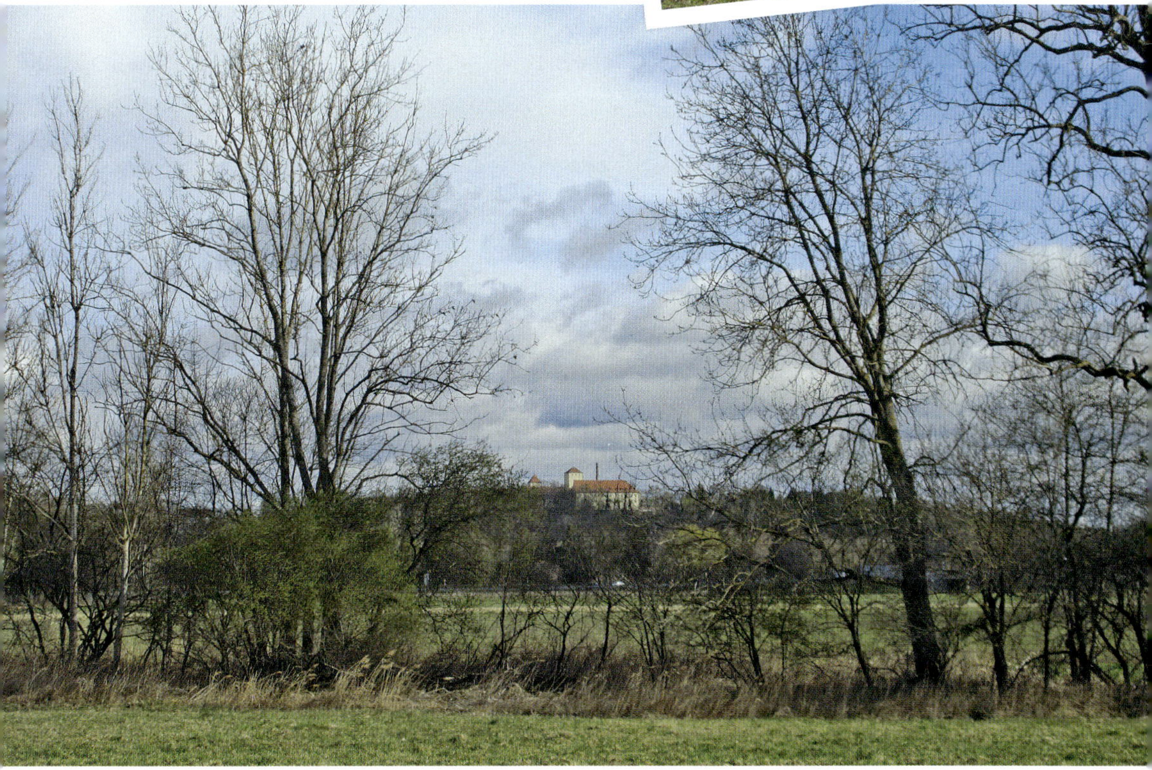

23 Von Hallbergmoos nach Garching

Vom Flughafen MUC durch die Isarauen zum Garchinger Atom-Ei

leicht | 13,2 km | 60/30 Hm | 3.00 Std.

Tourencharakter
Rad- und Feldwege, z. T. Pfade neben der Isar

Ausgangspunkt
Hallbergmoos, S-Bahnhof
GPS: 48.309267, 11.714269

Endpunkt
Garching, U-Bahnhof der Linie U6
GPS: 48.24929, 11.652278

Anfahrt
ÖPNV: Mit der S-Bahn-Linie 8 Richtung Flughafen München bis Hallbergmoos; zurück mit der U-Bahn-Linie 6 Garching Forschungszentrum–Klinikum Großhadern
Auto: Nicht sinnvoll, da Streckenwanderung

Einkehr
Mehrere Gaststätten am Tourende in Garching

Karte
KOMPASS Wanderkarten-Set 184 München und Umgebung, 1:50.000

Information
muenchen.travel

Auf dieser nicht zu langen, aber durchaus lohnenden Wanderung lernt man das Mittlere Isartal unterhalb Münchens kennen. Man wandert durch scheinbar unberührte Landschaft vom Flughafen MUC an einem romantischen Wasserschlösschen vorbei zum Campus Garching der TU München.

Die Wanderung Wir gehen an den Gleisen bei der S-Bahnstation Hallbergmoos kurz nach Süden bis zur großen Autostraße St 2053. Neben ihr folgen wir dem geteerten Radweg nach rechts zu einem Kreisverkehr und noch etwa einen Kilometer weiter bis kurz vor die Isarbrücke. Hier zweigt links ein Feldweg ab, der bald unter einer Überlandleitung am Isardamm entlang

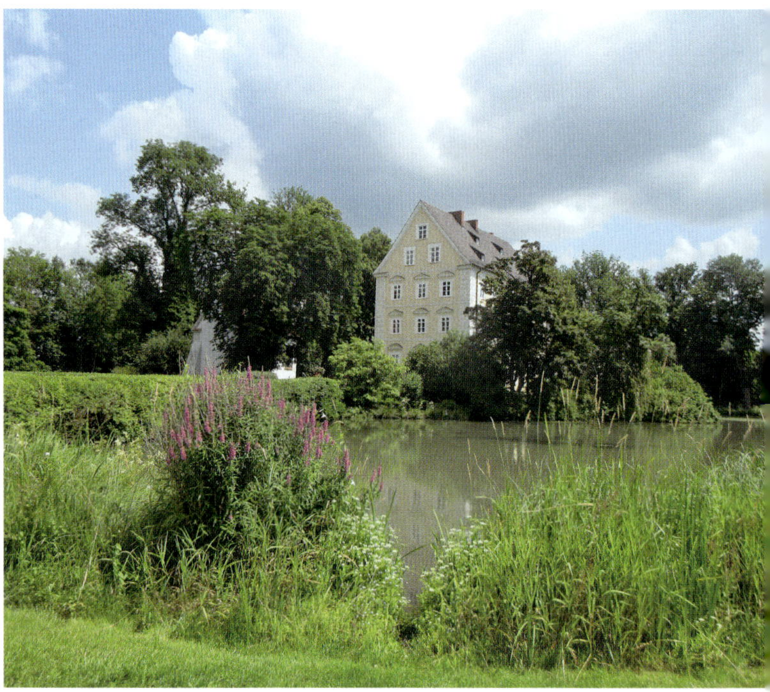

Das Wasserschloss Erching aus dem 17. Jahrhundert ist ein wenig bekanntes Kleinod.

nach Süden führt. Nach etwa eineinhalb Kilometer zweigt nach links ein Weg ab (Wegweiser »Erching«); er führt den Damm hinunter und durch Wirtschaftsgebäude zum Wasserschloss Erching. Man kann das Schloss auf einem Fußweg umrunden und ein paar Bänke laden zu einer kurzen Rast ein. Diesen Abstecher sollte man unbedingt unternehmen, obwohl man das Wasserschloss nur von außen besichtigen kann.

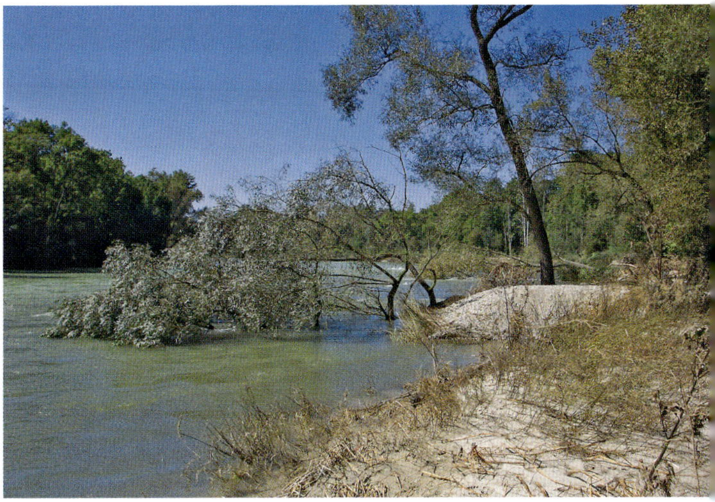

Auch die gezähmte Isar reguliert ihren Lauf selbst.

Anschließend geht es wieder zurück zur Überlandleitung. Wir folgen noch kurz den Strommasten nach links, biegen bei nächster Gelegenheit rechts ab und kommen bald zur Isar, der wir etwa zwei Kilometer flussaufwärts bis zum Isarsteg Dietersheim folgen. Wir wechseln auf die andere Isarseite und wandern etwa einen Kilometer weiter isaraufwärts bis zur Brücke über den

Wissenswertes

Das **Schloss Erching** liegt auf einer Insel inmitten des ringförmigen Schlossweihers. Bereits um 1400 wurde hier eine Burg errichtet, die 1652 in ein barockes Jagdschloss umgewandelt wurde. Bis zur Säkularisation gehörte das Schlossgut zum Hochstift Freising. 1829 erwarb dann Joseph von Utzschneider das Anwesen und errichtete ein Mustergut zum Anbau von Kartoffeln und Rüben mit einer Zuckerfabrik. Nach verschiedenen Besitzern kaufte es 1898 schließlich Josef Selmayr, der letzte Bürgermeister der Gemeinde Bogenhausen. Er hatte als Loambaron (Ziegeleibesitzer) ein Vermögen gemacht. Bis heute ist das Schlossgut im Besitz seiner Familie.

Der **Campus Garching** bildet heute den größten Standort und das Zentrum der Technischen Universität München (TUM). Mit mehr als 20.000 Studierenden ist der Forschungscampus eines der größten Zentren für Wissenschaft, Forschung und Lehre in Deutschland. Neben der Lehre wird hier transdisziplinäre Spitzenforschung betrieben. Die TUM ist seit 2006 »Exzellenzuniversität« und zählt in einigen Fachbereichen zu den 50 besten Universitäten weltweit. Auf dem Gelände befindet sich auch das Atom-Ei, wie der erste Forschungsreaktor München (FRM) von den meisten Garchingern genannt wird. Er wurde bereits am 31. Oktober 1957 in Betrieb genommen.

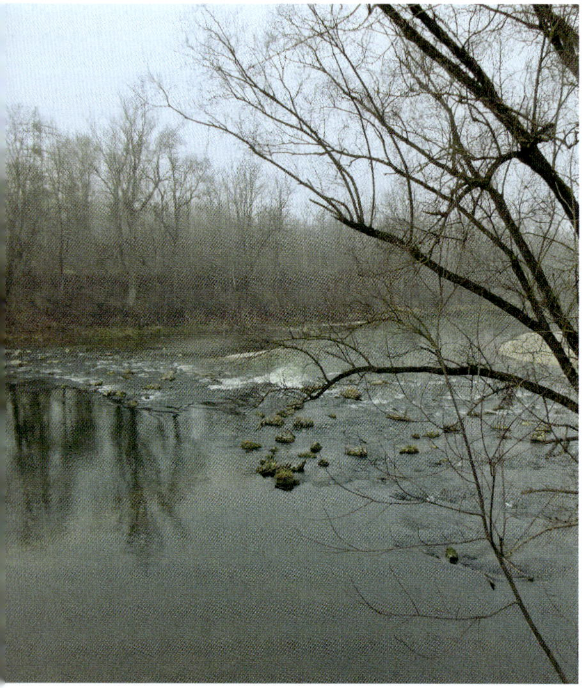

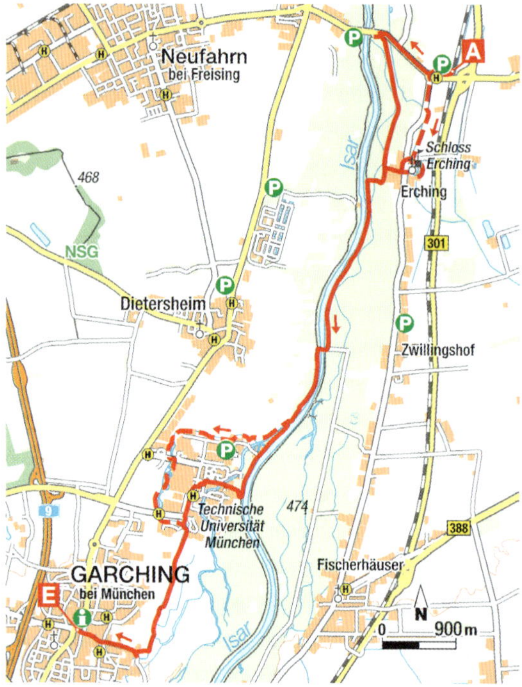

Herbst an der Mittleren Isar

Garchinger Mühlbach. Wir folgen nun dem Isarradweg bis etwa zum Flusskilometer 130,6. Hier führt ein Weg nach rechts auf das Campusgelände der TU München und zur U-Bahn-Endstation der Linie U6. Man könnte die Tour hier beenden, allerdings sind wir bisher erst etwa 10 Kilometer gewandert.

Wir folgen der Boltzmannstraße, bis von rechts die Ludwig-Prandtl-Straße kommt, gehen hier zuerst geradeaus weiter, halten uns dann rechts und folgen dem Wiesäckerbach bachaufwärts nach Süden. Nach etwa einem Kilometer wechseln wir zurück auf die andere Uferseite und gehen weiter, bis wir die Brücke am Städtischen Obstgarten erreichen, wo der Wiesäckerbach aus dem Garchinger Mühlbach ausgeleitet wird. Diesem Weg folgen wir noch ein kurzes Stück bis zur Teerstraße. Hier biegen wir rechts ab und kommen zum Biergarten Mühlenpark.

Nach der Einkehr haben wir noch einen knappen Kilometer zur U-Bahn. Dazu folgen wir der Mühlgasse nach Westen und kommen über die Bürgermeister-Amon-Straße zur Pfarrkirche St. Katharina an der Münchener Straße. Der U-Bahnhof Garching befindet sich gleich links.

Das Erdinger Moos südlich des Flughafens

24

Fahrt durch eine weitgehend unbekannte Radlregion

Auf dieser Tour lernt man das Erdinger Moos südlich des Flughafens kennen. Diese Landschaft, eingezwängt zwischen der Großstadt und dem Großflughafen, ist erstaunlich einsam und birgt manch verborgenes Kleinod, etwa wenig bekannte Ausflugsgaststätten und kleine Badeweiher.

leicht | 60,8 km | 150/160 Hm | 4.30 Std.

Tourencharakter
Wenig befahrene Autostraßen und Feldwege

Ausgangspunkt
S-Bahnhof Unterföhring
GPS: 48.194029, 11.712005

Endpunkt
U-Bahnhof Fröttmaning
GPS: 48.194029, 11.712005

Anfahrt
ÖPNV: Mit der S-Bahn-Linie 8 Richtung Flughafen München bis Unterföhring; zurück mit der U-Bahn-Linie 6 Garching Forschungszentrum–Klinikum Großhadern
Auto: Nicht sinnvoll, da Streckenwanderung

Einkehr
Kioske am Feringasee, an der Finsinger Alm und am Finsinger Weiher; Gaststätten in Garching

Karte
KOMPASS Fahrradkarte 3334 München und Umgebung, 1:70.000

Information
muenchen.travel, tourismus-kreis-freising.de

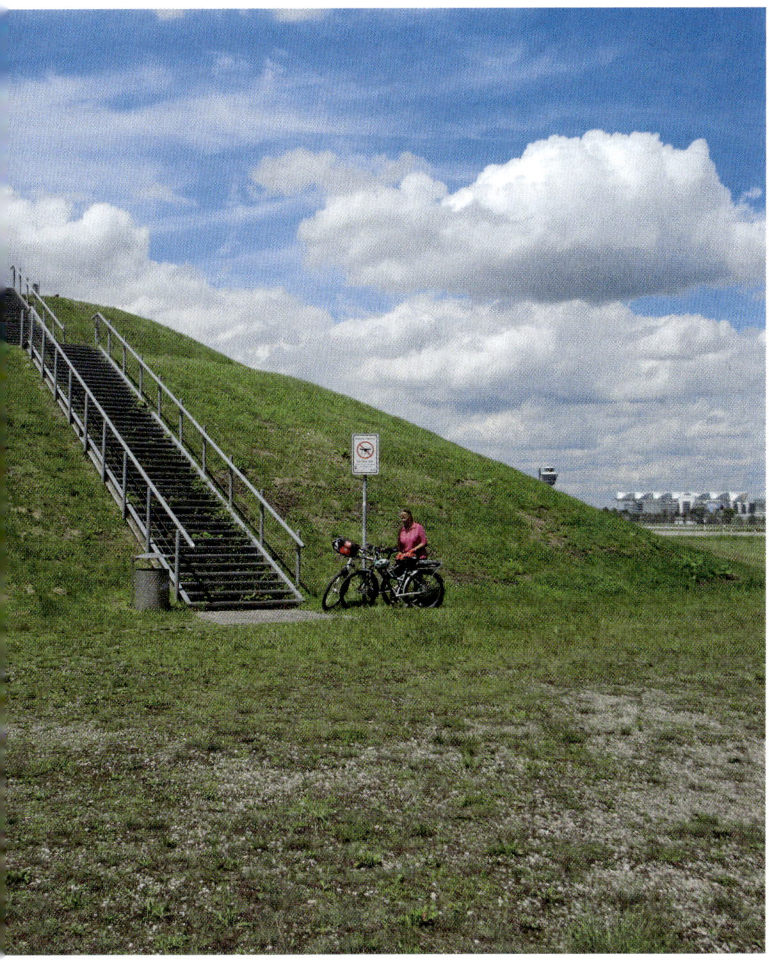

Hier geht es rauf zum Aussichtshügel Süd am Flughafen München.

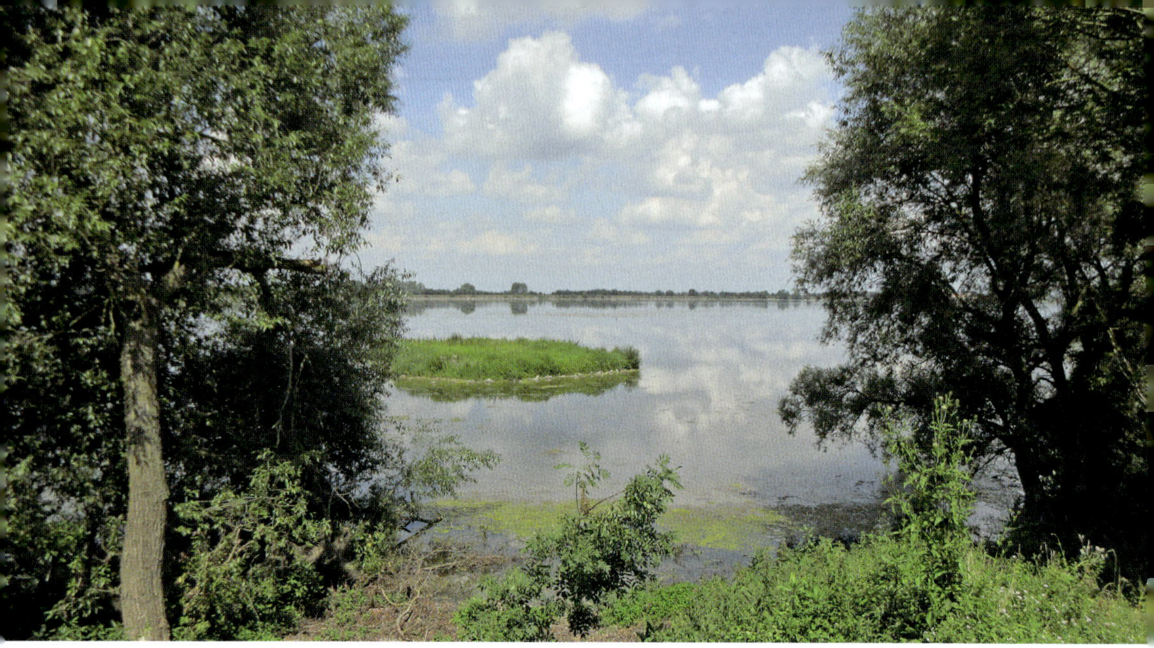

Die Natur hat sich den Ismaninger Speichersee zurückerobert.

Rechte Seite: Ein Denkmal in Zengermoos erinnert an das verschwundene Dorf Franzheim.

Die Radtour Wir starten am S-Bahnhof Unterföhring, biegen rechts ab in die Medienallee und folgen den Wegweisern zum Feringasee. Wir radeln rechts um den See herum, über die A 99 und an ihr ostwärts etwa einen Kilometer entlang, bis wir links in einen Feldweg einbiegen können. Auf diesem kommen wir zum Mittleren Isarkanal, dort rechts und weiter zum Birkenhof.

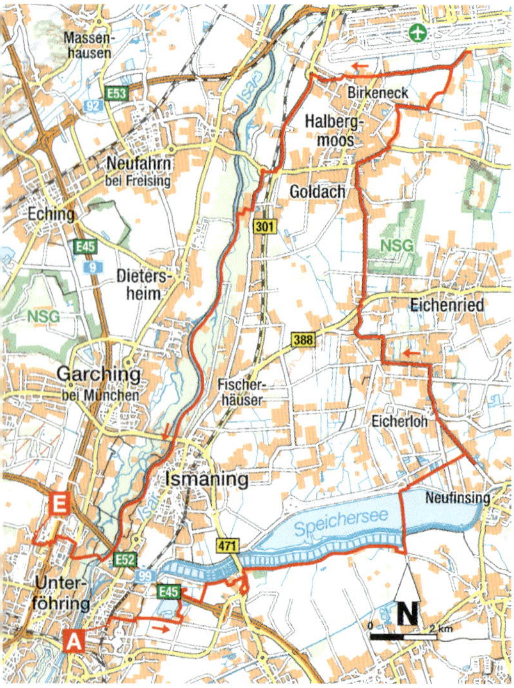

Die Überquerung der B 471 ist ein bisschen umständlich, es gibt keinen direkten Übergang. Also fahren wir ein Stück auf dem Feldweg neben der Bundesstraße bis zu einem Kreisverkehr und auf der anderen Seite der B 471 zurück zum Kanal. Diesem folgen wir nun etwa sechs Kilometer bis zur Erlmühle. Dort biegen wir links ab und radeln über den Damm des Ismaninger Speichersees hinüber zum Nordufer. Gleich dahinter geht es rechts zur Finsinger Alm.

Unser Weiterweg führt nach Eicherloh. Wir radeln nordwärts Richtung Kirche und dann die Torfstraße entlang bis zur Ismaninger Straße, in die wir links einschwenken. Nach etwa eineinhalb Kilometern biegt sie nach rechts ab und führt weiter bis zur Brennermühlstraße. Hier geht es links und weiter nach Freieneck, dort wieder rechts und weiter bis Zengermoos. Wir radeln nun auf der Goldacher Straße Richtung Norden und erreichen nach etwa vier Kilometern Goldach. Wir biegen noch vor der Ortschaft rechts ab in die Schönstraße und weiter zur Hauptstraße. Dort geht es wieder rechts. Nach etwa einem Kilometer zweigt links der Birkenweg ab; nun weiter auf diesem zur Ferstlstraße. Hier rechts zum Gut Wildschwaige, gleich dahinter wieder links zu einer Autostraße und dort rechts erreichen wir den Aussichtshügel Süd. Hier lag vor dem Bau des Großflughafens München »Franz Josef Strauß« das Dorf Franzheim.

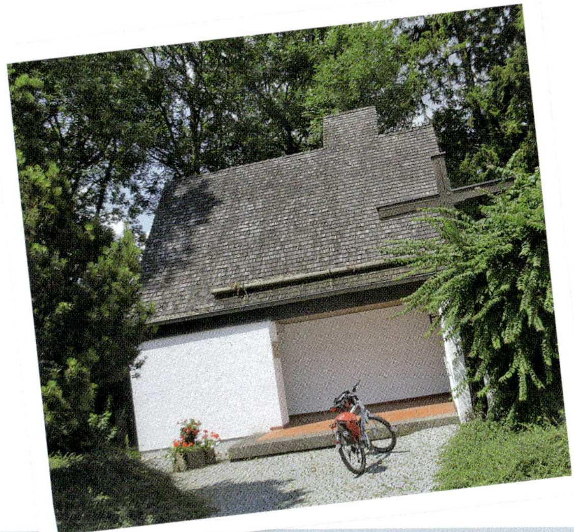

Wissenswertes

Der **Ismaninger Speichersee** wurde 1929 zur Wasserregulierung der Kraftwerke des Mittleren Isarkanals angelegt. Nahebei befinden sich die etwa 80 Teiche des Guts Birkenhof, die früher der natürlichen Abwasser-Nachklärung der Stadt München und der Karpfenzucht dienten. 2002 wurde das Teichgut vom Bayerischen Naturschutzfonds angepachtet, 2004 als Vogelschutzgebiet (SPA) im europäischen Biotopverbund NATURA 2000 gemeldet, nachdem bereits 1962 der Speichersee zum Europareservat und 1976 zum Feuchtgebiet internationaler Bedeutung erklärt worden war. Mit einer Wasserfläche von mehr als 600 Hektar ist er etwa so groß wie der Tegernsee. Am See ist es das ganze Jahr über ruhig. Nur ein paar Infotafeln informieren über die hier zu beobachtenden Vogelarten, wie Drosselrohrsänger, Rothalstaucher, Silberreiher oder die zahlreichen Entenarten. Außer Radfahrern, Spaziergängern oder Joggern trifft man höchstens ein paar Angler, aber immer zahlreiche Vogelliebhaber mit Fernglas und Kameras.

Franzheim entstand zu Beginn des 19. Jahrhunderts als weitläufige Streusiedlung. Ab 1850 wurde großflächig Torf abgebaut, ein damals wertvoller Brennstoff vor allem für Münchner Brauereien und Ziegeleien. Jedes Jahr zogen ganze Kolonnen von Torfstechern ins Moos. Manche von ihnen blieben und siedelten sich im Moos an. Langsam wuchs Franzheim, 1922 bauten die Bewohner eine Baracke zu einer Schule aus, 1926 wurde die Siedlung offiziell Franzheim benannt und in den 1940er-Jahren an das Stromnetz angeschlossen. Nach dem Zweiten Weltkrieg schien es mit der Ortschaft schnell weiter aufwärts zu gehen. Damit war dann Schluss, als sich die Bayerische Staatsregierung mit einem Kabinettsbeschluss 1969 für den Standort Erdinger Moos für den neuen Großflughafen München II als Ersatz für München-Riem entschied. Etwa 400 Einwohner wurden »abgesiedelt«. Heute ist das Dorf völlig verschwunden und nur noch ein kleines Denkmal in Zengermoos erinnert an den Ort.

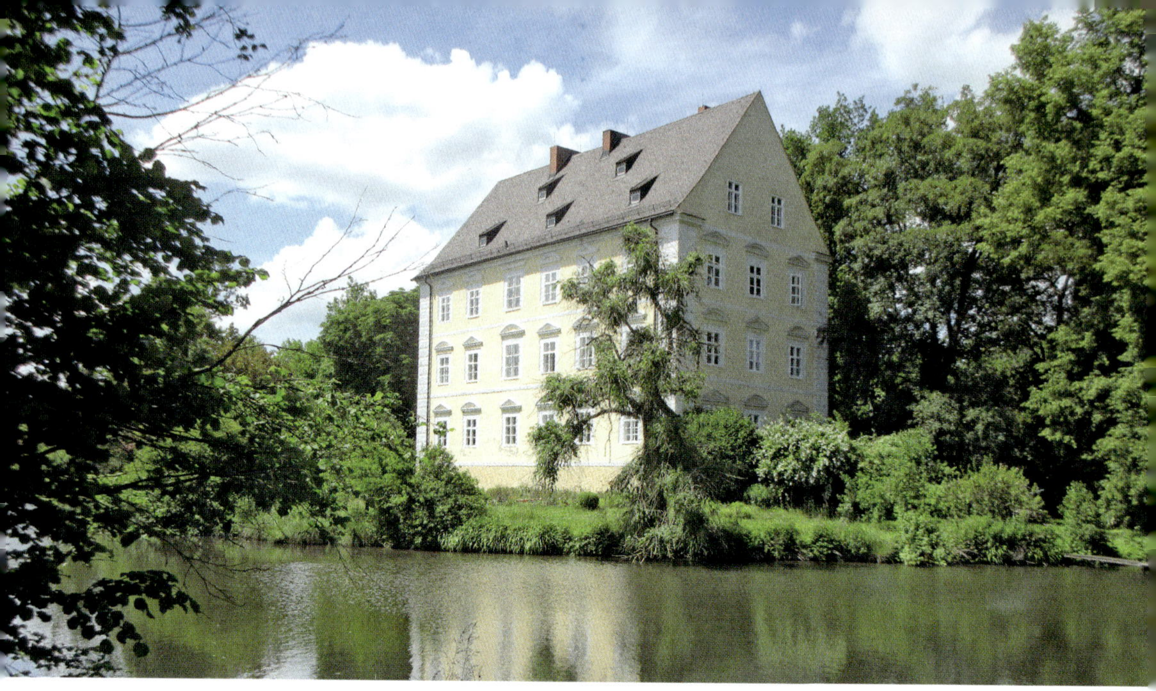

Schloss Erching ist nur von außen zu besichtigen.

Rechte Seite: Der Flughafen München »Franz Josef Strauß« ist Deutschlands zweitgrößter Airport.

Unterwegs auf dem Isarradweg zwischen Freising und München

Jetzt geht es in der Nähe des Zauns, der den Flughafen umgibt, nach Westen (Wegweiser »Flughafenroute«) bis zur B 301. Hier fahren wir links und auf dem Radweg nach Süden zur S-Bahn-Station Hallbergmoos. Um auf die andere Seite der Gleise zu gelangen, müssen wir erst links abbiegen und dann dem Radweg neben der Autostraße bis zum Kreisverkehr folgen. Dort nehmen wir die dritte Ausfahrt zum Gut Erching. Nach etwa einem Kilometer kommen wir zum Schloss (siehe S. 127), auf der rechten Straßenseite liegen ein paar Wirtschaftsgebäude. Hier führt unser Weiterweg hindurch zum Isardamm. Über diesen drüber, auf dem Feldweg dahinter nach links und bei nächster Gelegenheit (Wegweiser) nach rechts zum Isarradweg. Der Rückweg führt isaraufwärts, wobei es egal ist, ob wir auf der rechten oder linken Isarseite fahren. Einige Brücken bzw. Stege geben uns die Möglichkeit, die Seite zu wechseln. Nach der A 99 kommen wir zum Isarsteg Unterföhring. Hier folgen wir den Wegweisern nach rechts zur Allianz Arena und zum U-Bahnhof Fröttmaning.

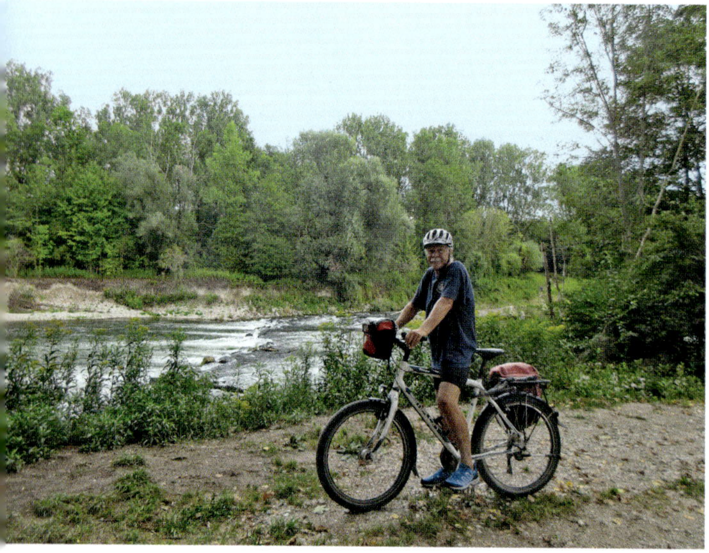

Varianten Man kann die Tour an Bahnhöfen abkürzen, etwa beim S-Bahnhof Hallbergmoos (S8) oder an einem der beiden U-Bahnhöfe in Garching (U6).

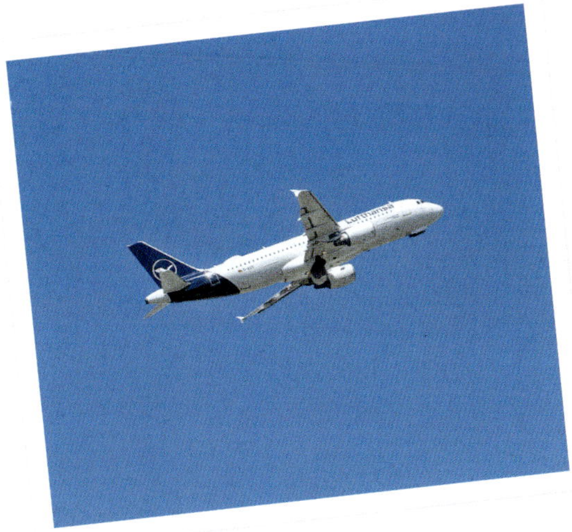

Tipps

- Bademöglichkeiten gibt es am Feringasee und am Finsinger Weiher.
- Am Aussichtshügel Süd werden wir selten allein sein, dort finden sich immer Flugbegeisterte ein, die mit ihren Riesenkameras die in unmittelbarer Nähe startenden und landenden Flugzeuge fotografieren. Der Blick nach Norden schafft halt immer ideales Licht zum Fotografieren.

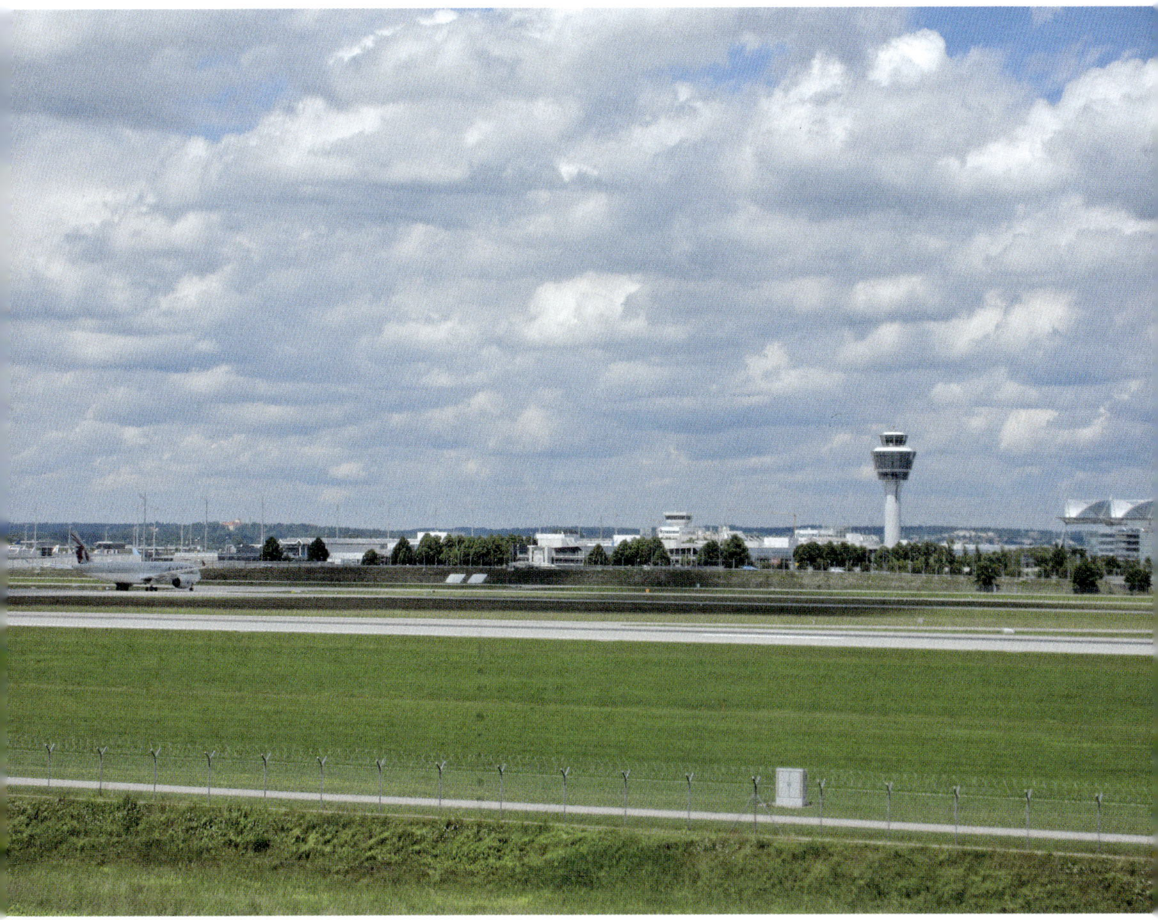

25 Durch das nördliche Erdinger Moos

Radtour zwischen Isar und Flughafen

leicht | 32,0 km | 80/90 Hm | 2.00 Std.

Tourencharakter
Wenig befahrene Autostraßen und Feldwege

Ausgangs-/Endpunkt
Freising, Korbiniansbrücke
GPS: 48.397368, 11.751423

Anfahrt
ÖPNV: Mit der S-Bahn-Linie 1 bis Endhaltestelle Freising
Auto: Auf der A 92 bis zur Ausfahrt Freising Mitte, dann auf der B 301 nach rechts bis zur Ismaninger Straße; bei nächster Gelegenheit links abbiegen, um auf der Ismaninger Straße zu bleiben; Parkplatz links beim Sportpark Savoyer Au

Einkehr
Biergarten Stoibermühle; zahlreiche Cafés und Gaststätten in Freising

Karte
KOMPASS Fahrradkarte 3334 München und Umgebung, 1:70.000

Information
tourismus-kreis-freising.de

Diese Tour führt durch die gefährdete Landschaft des Erdinger Mooses nördlich des Flughafens, soll doch hier eine höchst umstrittene dritte Startbahn gebaut werden. Die nicht allzu lange Tour ist auch ideal für Familien mit Kindern.

Die Radtour Wir starten an der Korbinianbrücke in Freising und radeln auf dem Isarradweg am rechten Isarufer durch die Isarauen zwischen der Isar und der Moosach flussabwärts bis zur Brücke, die Oberhummel mit Gaden verbindet. Dort biegen wir rechts ab und überqueren die Isar. Auf diesem kurzen Stück sind wir vorsichtig, da die Autostraße doch recht viel befahren ist. Am östlichen Ortsrand von Gaden treffen wir auf die Moosburger Straße. Hier heißt es aufpassen: Es geht kurz links und dann sofort in den anfangs geteerten Wirtschaftsweg rechts,

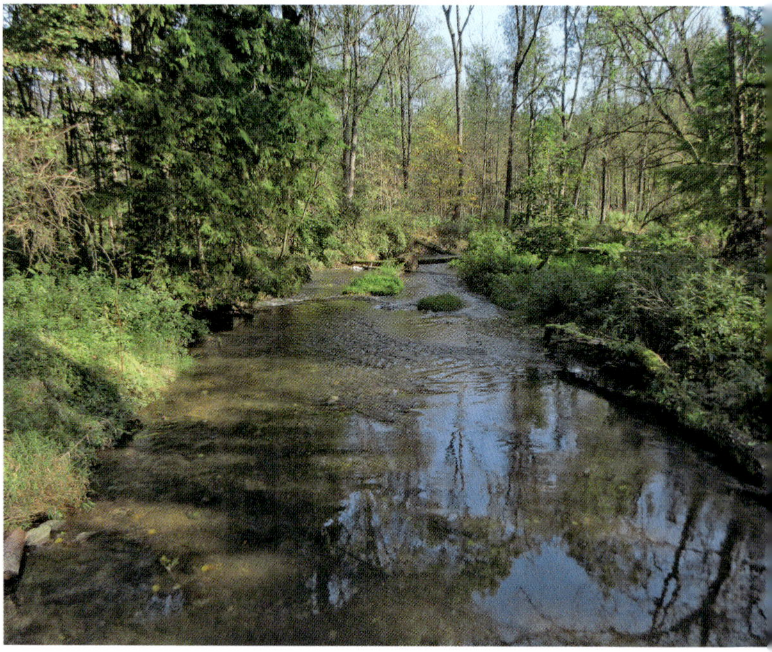

Das kleine Flüsschen Moosach kurz vor der Mündung in die Isar

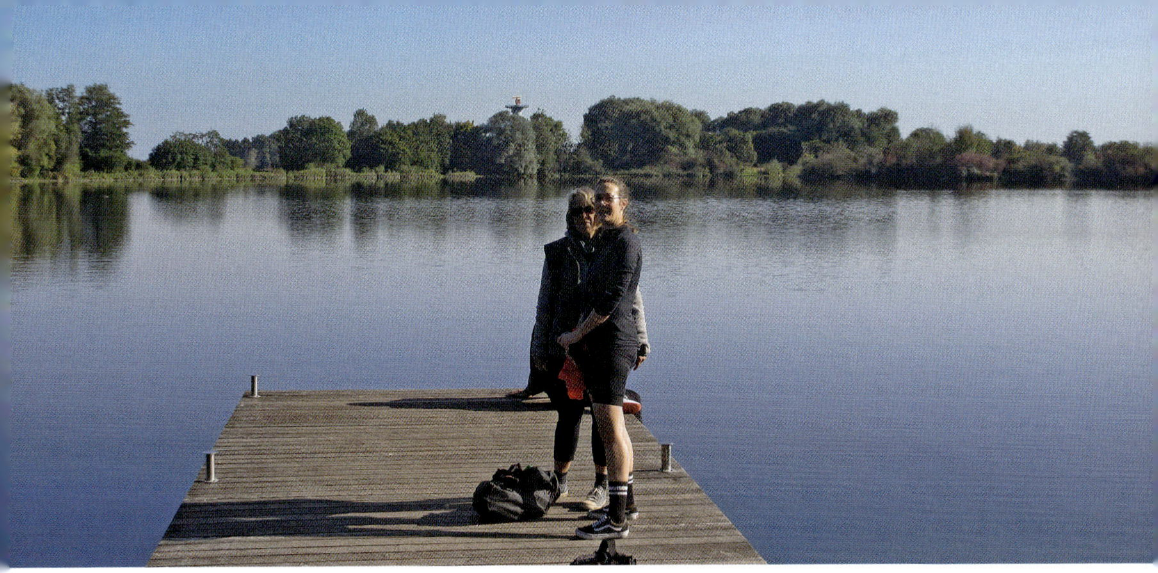

der für den normalen Autoverkehr gesperrt ist. Nach etwa einem Kilometer kommen wir zu einer Brücke über die A 92. Wir überqueren sie und fahren nach rechts durch das Naturschutzgebiet Viehlaßmoos. Nach 2,5 Kilometern erreichen wir eine Autostraße, hier halten wir uns links. Nach einem knappen Kilometer biegen wir rechts ab Richtung Eittingermoos. Nun geht es schnurgerade durch das lang gestreckte Straßendorf, bis wir zur Stoibermühle kommen. Hier locken im Sommer ein Badesee und ein kleiner Biergarten.

Am Stoibermühlsee lockt im Sommer das kühle Nass.

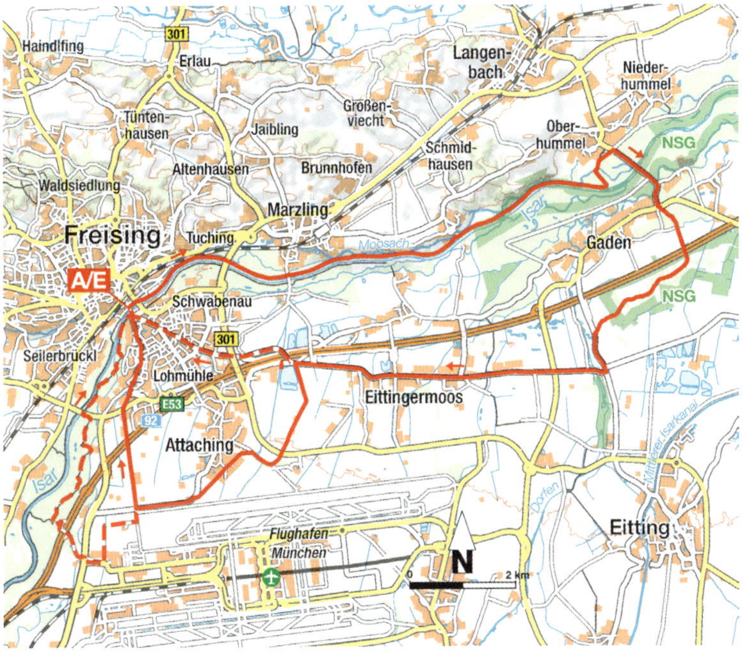

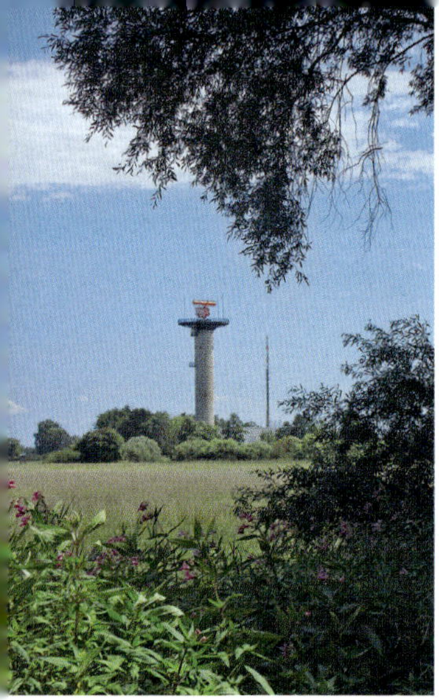

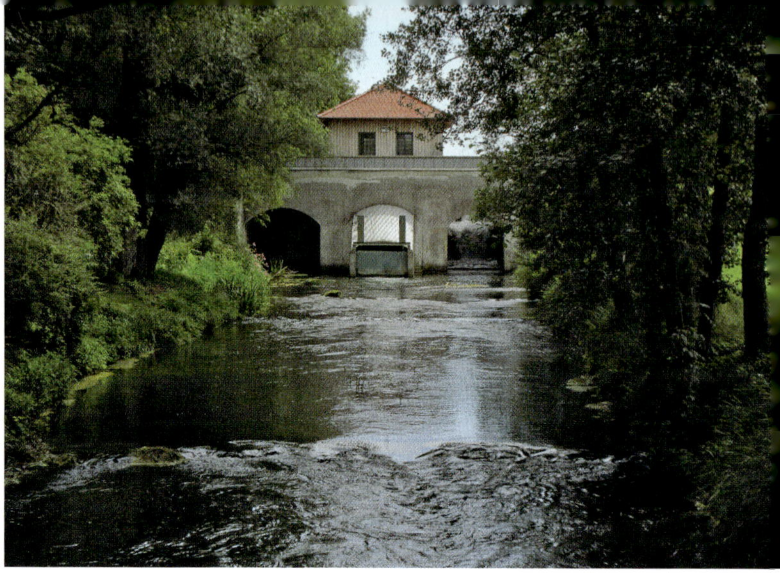

Der Radarturm und Antennenmast (ASR Nord) des Flughafens MUC nahe der Stoibermühle

Rechts: Das alte Kraftwerk am Flüsschen Dorfen nahe der Ortschaft Eittingermoos

Dann fahren wir den Feldweg östlich des Badesees nach Süden. Nach knapp zwei Kilometern erreichen wir die St 2084. Diese überqueren wir vorsichtig und radeln gegenüber auf der Teerstraße in Richtung Flughafen weiter. Nach einem knappen halben Kilometer biegen wir vor dem kleinen Flüsschen links in die Straße An der Goldach ein. Am Ende der Häuser führt geradeaus ein Feldweg weiter, er bringt uns direkt zum Aussichtshügel Nord. Von seinem »Gipfel« aus können wir die Flugzeuge

Wissenswertes

Das **Erdinger Moos** wurde erst ab 1850 entwässert und besiedelt. Vorher war es ein Niemandsland zwischen dem Hochstift Freising und dem Kurfürstentum Baiern. Da war es unwirtlich, manchmal sogar höchst gefährlich, denn Verbrecher suchten Unterschlupf, Unholde und Naturgeister trieben ihr Unwesen. Nun aber errichteten die Siedler in den Moorkolonien Straßendörfer. Die Höfe liegen sich längs einer Straße gegenüber, hinter ihnen erstrecken sich die Felder, Wiesen und Äcker. Einige Dörfer mussten dem Großflughafen »Franz Josef Strauß« weichen. Sollte man die dritte Landebahn doch noch bauen, werden andere folgen. Heute versucht man, ehemalige Moorgebiete wieder zu renaturieren, da Moorboden durch die Bildung von Torf ein guter CO_2-Speicher ist. Im Erdinger Moos wird das kaum möglich sein, der riesige Flughafen verhindert das. Und daran ändern auch die paar ausgewiesenen Natur- und Landschaftschutzgebiete nichts.

starten und landen sehen, bei gutem Wetter oder Föhn erblickt man sogar die Alpen. Unterhalb des Hügels steht das Schmiedkreuz, das seit 1996 an den Märchenkönig Ludwig II. erinnert.

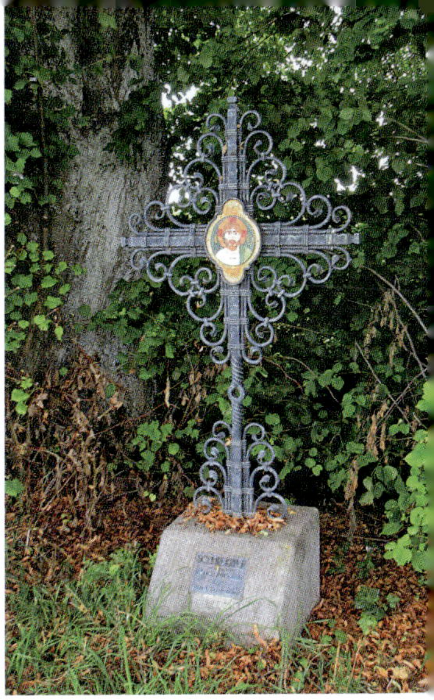

Das Schmiedkreuz erinnert an den Märchenkönig Ludwig II.

Die Schlussetappe führt zuerst am Flughafengelände nach Westen. Wir treffen nach etwa einem Kilometer auf den beschilderten Radweg »Ring der Regionen«, dem wir nach rechts folgen. So kommen wir nach etwa vier Kilometern zurück zur Korbiniansbrücke.

Variante Wem die 32 Kilometer nicht genügen, kann die Tour noch verlängern: Wo wir auf den »Ring der Regionen« treffen, biegen wir nicht rechts, sondern links ab. Nach etwa anderthalb Kilometern erreichen wir die Nordallee, die uns nach links zum Besucherhügel bringen würde. Wir biegen aber rechts ab in die Freisinger Allee, überqueren die B 301 (Ismaninger Straße), fahren kurz nach rechts und biegen sofort wieder in den Wirtschaftsweg links ein. Er führt erst über die Autobahn A 92 und dann in rund einem Kilometer zum Isarradweg. Hier rechts flussabwärts zurück zur Korbiniansbrücke. Die Tour verlängert sich so auf etwa 36,5 Kilometer.

Auf einem Feldweg radelt man durch das Naturschutzgebiet Viehlaßmoos.

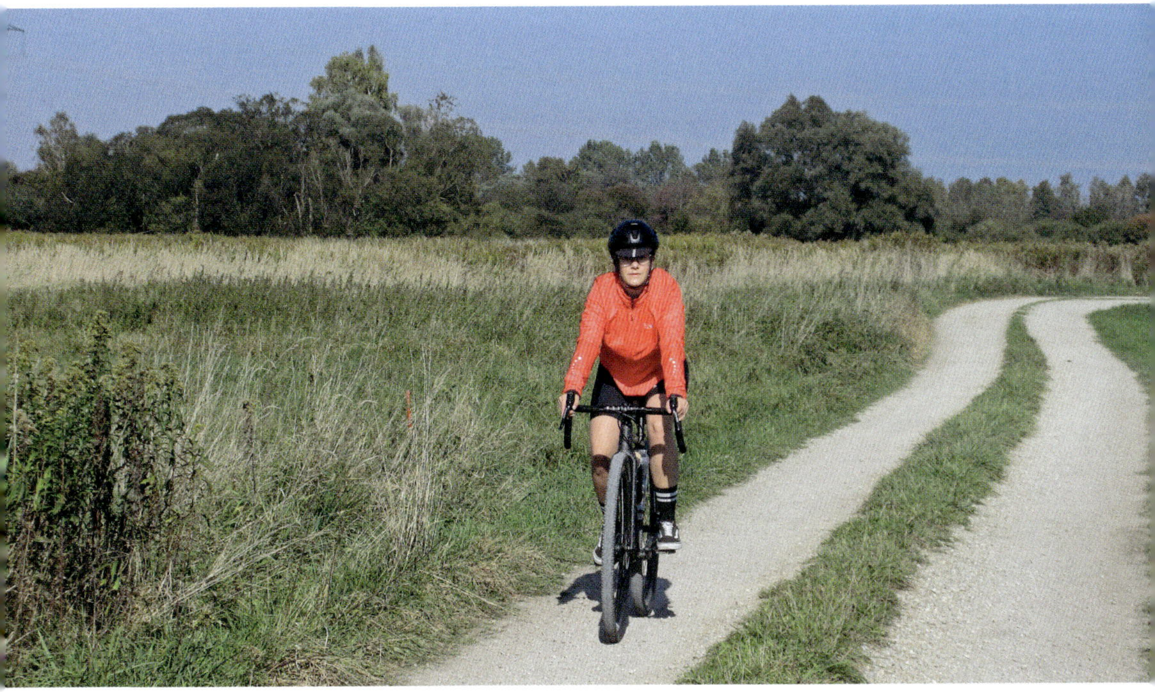

Der Ausbau der Wasserkraft der Isar

Die Isar darf nicht immer so fließen, wie sie will, dafür haben nicht nur wir Menschen, sondern auch die Biber gesorgt, letztere schon immer bzw. seit sie wieder bei uns heimisch geworden sind. Von den Menschen, die sich an den Flüssen ansiedelten, wurde das Wasser schon immer als Energielieferant genutzt. An den Ufern befanden sich zahlreiche Mühlen, Namen wie Mühlthal usw. erinnern noch heute daran. Oft kam es dabei zu Konflikten mit den Flößern, die natürlich eine freie Fahrrinne benötigten und für die eine Bootsmühle mitten im Wasser eine nicht unerhebliche Gefahrenquelle darstellte.

Um die Wasserkraft richtig nutzen zu können, waren jedoch eine ganze Reihe von Erfindungen notwendig. Der französische Ingenieur Fourneyron erfand um 1825 die erste Wasserturbine. 1849 entwickelte James B. Francis aus ihr die Francis-Turbine, die von Viktor Kaplan noch einmal verbessert wurde. Doch erst als Werner von Siemens 1866 den elektrodynamischen Generator erfand, konnte die Wasserkraft überall im Land genutzt werden. Turbinen lösten ab etwa 1900 systematisch die Mühlräder ab, auch die Isar wurde nun für die Energieerzeugung interessant und die Elektrizität als »weiße Kohle« zum Motor der Industrialisierung.

Zwischen 1903 und 1907 errichteten die Städtischen Elektrizitätswerke München bei Moosburg das (alte) Uppenbornkraftwerk. Es nutzte den Höhenunterschied von etwa zehn Metern durch einen vier Kilometer langen Kanal. Um den Strom in die Landeshauptstadt zu leiten, musste nun auch die erste 50-kV-Hochspannungsleitung Deutschlands gebaut werden. Möglich wurde dies, nachdem 1882 Oskar von Miller, der Gründer des Deutschen Museums in München, die erste Freileitungsübertragung mit Hochspannung zwischen München und Miesbach realisiert hatte.

Nach dem Ersten Weltkrieg begann man mit dem Bau des Mittleren Isarkanals, um die knapp 90 Meter Höhenunterschied zwischen München und Moosburg mit einer Kraftwerkstreppe zu nutzen. Bis zu 8100 Arbeiter waren gleichzeitig mit dem Bau beschäftigt, eine gewaltige Anstrengung gegen die Arbeitslosigkeit nach dem Krieg. Der Bau des Kanals wurde nicht etwa in das Gelände gegraben, er verläuft über weite Strecken auf hohen Dämmen mehr als 15 Meter über der Umgebung. Dabei überquert er z. B. das Flüsschen Sempt in einem Düker-ähnlichen Bauwerk, und einige kleinere Bäche werden unter dem Kanal hindurchgeleitet. Um damals die Arbeitskräfte und das benötigte Material an ihren Einsatzort zu bringen, wurden sogar mehrere Feldbahnen gebaut. Die Moosbahn etwa führte vom Kufsteiner Platz in München zur Baustelle des Kraftwerks Neufinsing. Für die Versorgung der elektrisch betriebenen Baumaschinen musste extra das Tivoli-Kraftwerk in München ausgebaut und eine 20-kV-Leitung entlang der Kanaltrasse verlegt werden.

1929 wurden die 51 Kilometer des ersten Bauabschnitts des Mittleren Isarkanals mit

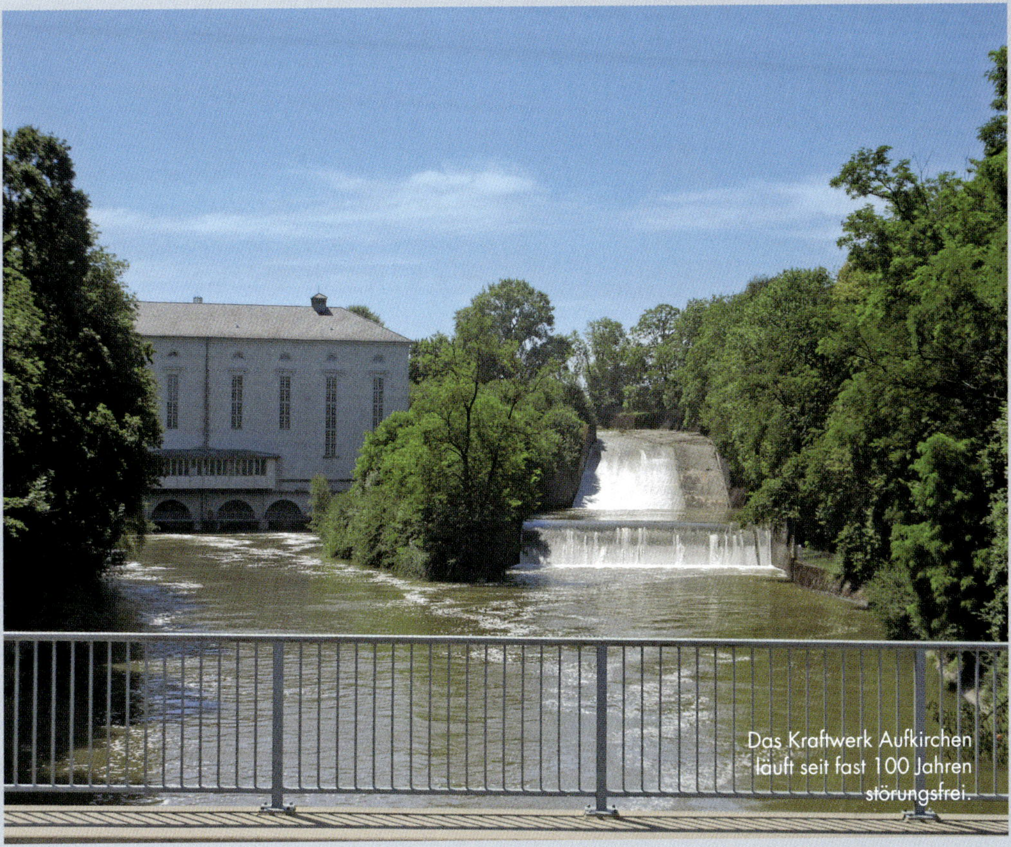

Das Kraftwerk Aufkirchen läuft seit fast 100 Jahren störungsfrei.

nun fünf Kraftwerken fertiggestellt. Bedingt durch die Weltwirtschaftskrise baute man aber in den 1930er-Jahren nicht mehr weiter. So konnte erst 1951 das letzte Kraftwerk Uppenborn 2 ans Netz gehen. Letzteres ist ein reines Laufwasserkraftwerk, es soll am Ende der Kraftwerkstreppe der Isar eine möglichst gleichbleibende Wassermenge zuführen. Die anderen Kraftwerke sind für Schwellbetrieb eingerichtet, sie können also auf die Schwankungen des Strombedarfs reagieren. Alle haben auch einen sogenannten Leerschuss, d. h. einen Kanal, in dem nicht benötigtes Wasser am Kraftwerk vorbeigeleitet werden kann.

Die drei künstlichen Speicherseen dienen dazu, Schwankungen des Wasserzuflusses aus der Isar auszugleichen, damit für Verbrauchsspitzen genügend Wasser vorhanden bzw. ein gleichmäßiger Rückfluss in die Isar bei Landshut gewährleistet ist. Sie haben sich inzwischen zu bedeutenden Schutzgebieten für durchziehende und hier heimische Wasservögel gemausert.

Von größeren Katastrophen blieb das Bauwerk verschont, wenn man vom Dammbruch am 12. Juli 1931 bei Wartenberg absieht. Erst nach drei Stunden konnte ein Sperrwehr geschlossen werden, ohne dass größere Schäden zu beklagen gewesen wären.

26 Der Mittlere Isarkanal

Entlang der technisch genutzten Isar von München nach Moosburg

leicht | 67,0 km | 200/300 Hm | 5.00 Std.

Tourencharakter
Wenig befahrene Autostraßen und Feldwege, z. T. auch Radwege; überwiegend flach

Ausgangspunkt
München, U-Bahnhof Nordfriedhof
GPS: 48.17310, 11.59677

Endpunkt
Moosburg an der Isar, Bahnhof
GPS: 48.47031, 11.930765

Anfahrt
ÖPNV: In München mit der U-Bahn-Linie 6 bis Haltestelle Nordfriedhof; zurück vom Bahnhof Moosburg a. d. Isar mit DB-Regionalzug bis München Hbf.
Auto: Nicht sinnvoll, da Streckentour

Einkehr
Finsinger Alm (finsingeralm.de); Gaststätten in Neufinsing, Moosinning, Eitting, Langenpreising und Moosburg; Kiosk am Thenner Weiher

Karte
KOMPASS Fahrradkarte 3334 München und Umgebung, 1:70.000;
LDBV Bayern Umgebungskarte UK 50-42 München Ost, 1:50.000 sowie UK 50-35 Landshut, 1:50.000

Information
tourismus-kreis-freising.de

Isarkanal, das klingt jetzt wenig verlockend. Doch der Mittlere Isarkanal führt rund 65 Kilometer durch ein erstaunlich ursprüngliches, wunderschönes Bauernland. Da stört nicht einmal die Nähe des Großflughafens München »Franz Josef Strauß«.

Die Radtour Wir starten am U-Bahnhof Nordfriedhof (U6) und fahren die Crailsheimer Straße entlang des Friedhofs und dann durch den Englischen Garten zum Stauwehr Oberföhring. Von dort radeln wir zwischen Kanal und Isar nach Norden. Nach dem Poschinger Weiher führt unser Weg rechts das Hochufer hinauf. Wir überqueren vorsichtig die Münchner Straße und radeln auf der Bauhofstraße bis zur Moosbahnbrücke weiter am Kanal entlang. Wir überqueren sie und fahren auf der Birkenhofstraße weiter zum Birkenhof. Es gibt keinen direkten Übergang zum

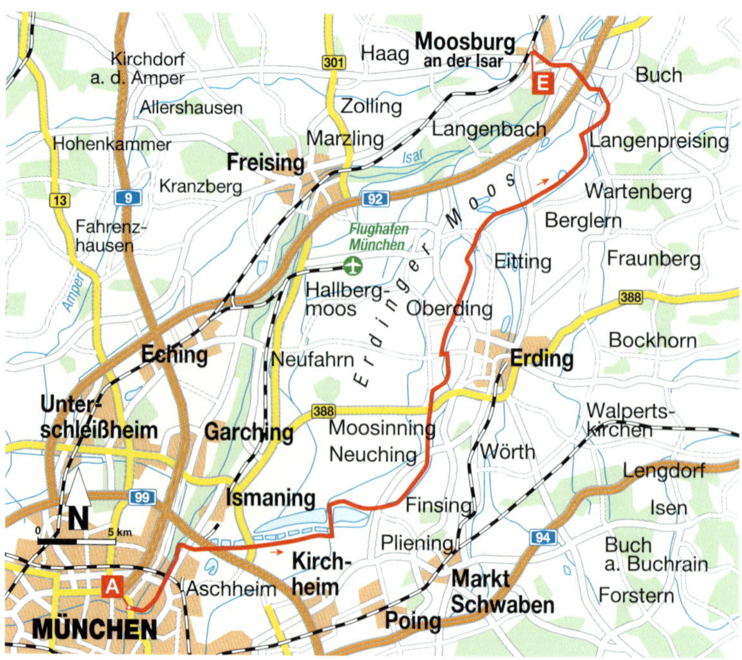

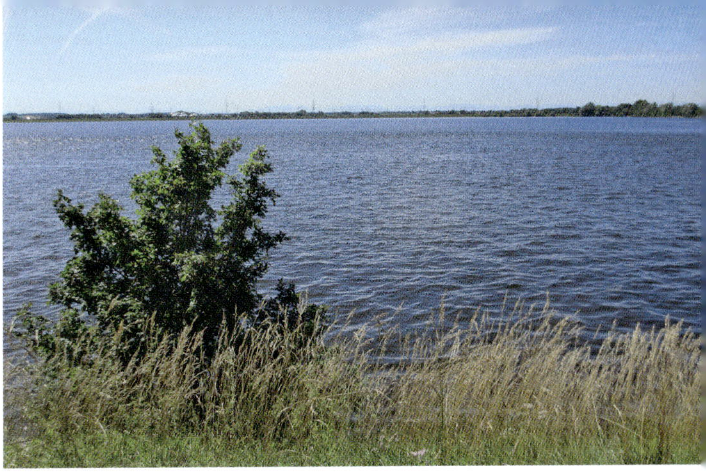

Überqueren der B 471, wir müssen also ein Stück auf dem Feldweg neben der B 471 bis zu einem Kreisverkehr fahren und auf der anderen Seite wieder zurück zum Kanal. Diesem folgen wir nun etwa sechs Kilometer bis zur Erlmühle. Hier biegen wir links ab und fahren über den etwa einen Kilometer langen Damm des Ismaninger Speichersees. Drüben geht es, falls wir keinen Abstecher zur Finsinger Alm planen, auf der Straße unter dem Damm weiter zum Laufwasserkraftwerk Neufinsing.

Vogelparadies Ismaninger Speichersee

Dort über die Brücke, links in den Lärchenweg abzweigend und dann links in die Erdinger Straße abbiegend fahren wir auf dieser bis zum Kanal vor. Noch vor der Brücke biegen wir rechts in den Feldweg ein und radeln am Kanal entlang. Nach der Kläranlage überqueren wir die Hofener Straße und strampeln bis zur nächsten Brücke, auf der wir nun die Kanalseite wechseln. Bald haben wir Niederneuching erreicht. Kurz an der Münchner Straße nach rechts und gleich wieder nach links, führt unser Weiterweg an der Kirche vorbei zur Moosinninger Straße und entlang des Kanals nach Moosinning. Nachdem wir die Erdinger Straße (B 388) überquert haben, radeln wir gegenüber die Freisinger Straße geradeaus weiter.

Zahlreiche Brücken ermöglichen uns, auf die andere Kanalseite zu wechseln.

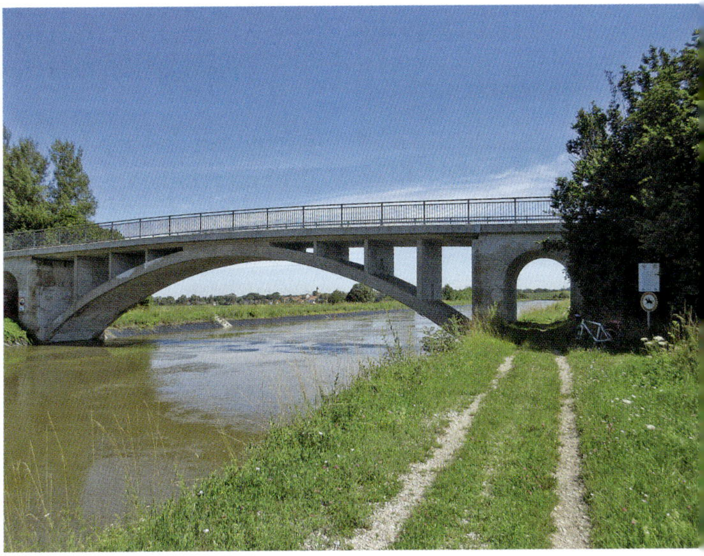

Nach etwa 2,5 Kilometern biegen wir rechts ab und gelangen auf dem Sempt-Isen-Radweg nach Kempfing. Wir fahren nun wieder über eine Brücke und biegen nach 100 Metern links ab. Der Feldweg etwas abseits des Kanals führt nach Aufkirchen. Bevor wir in die Ortschaft hineinfahren, lohnt noch ein Abstecher nach links. Vor dem Kraftwerk können wir schon die Basispyramide von 1801 sehen. Sie steht mitten im Feld, man kann sich ihr also nur zu Fuß nähern.

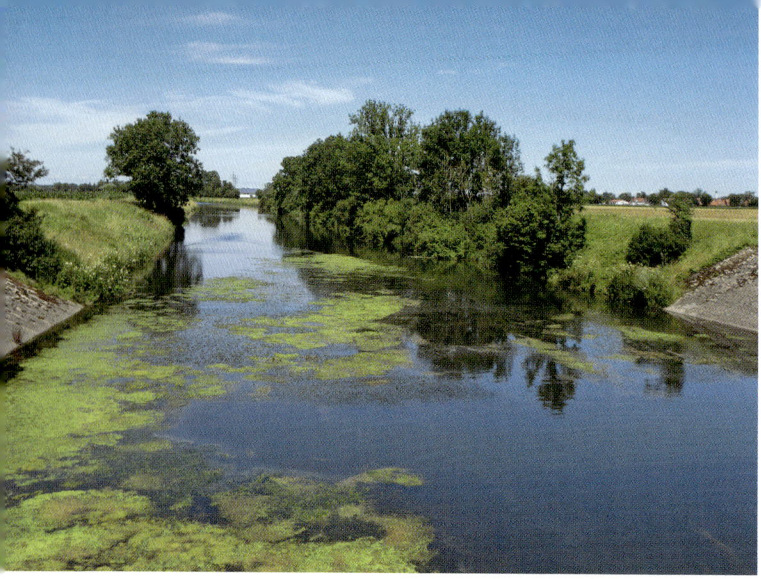

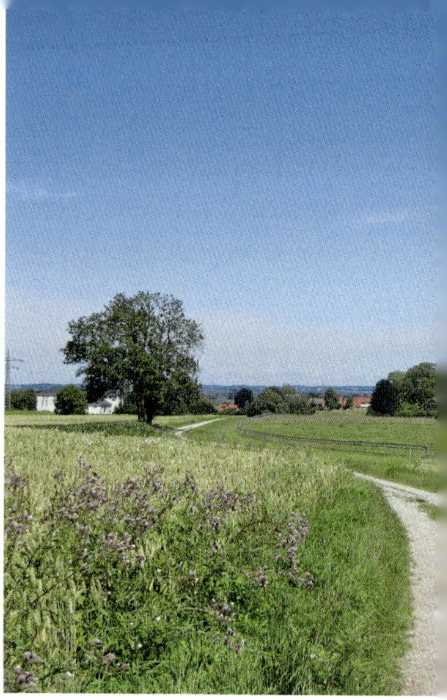

Der Sempt-Flutkanal

Unten: Die Aufkirchener Basispyramide

Um nach Aufkirchen zu gelangen, müssen wir wieder zurück bis zur Abzweigung. An der Kirche vorbei geht es den Notburgaweg hinunter zur Dorfstraße. Dort überqueren wir wieder mal die Brücke.

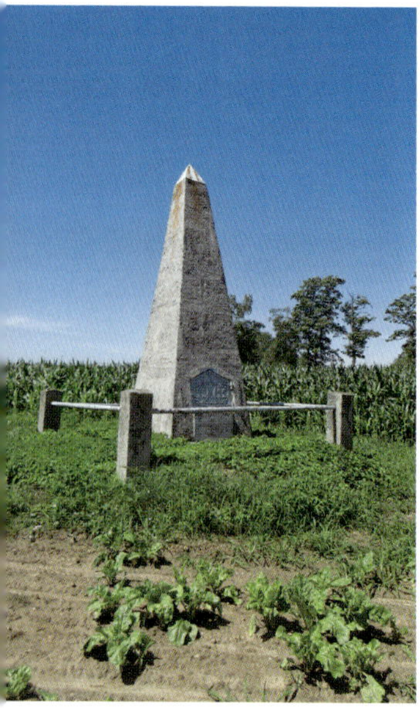

Wissenswertes

In **Aufkirchen** befindet sich eine der beiden **Basispyramiden** der Basislinie für die trigonometrische bayerische Landvermessung von 1801. Die andere steht in Unterföhring im Landkreis München. Im Jahre 1800 forderte Napoleon I. von seinem Bündnispartner Bayern eine genaue militärisch-topografische Karte. Ausgangspunkt der Vermessung war die Sichtachse des nördlichen Turmknopfes der Münchner Frauenkirche mit der Turmspitze der Kirche von Aufkirchen. Mit der damals möglichen Genauigkeit erstellte man eine Grundlinie. Für sie wurde eine Länge von 74.191,6 bayerische Fuß, das sind 21.653,8 Meter, ermittelt. Eine Überprüfung im Jahre 1921 ergab Erstaunliches: Die Messung von damals war nur 70 Zentimeter zu kurz.

Gleich dahinter biegen wir rechts ab und folgen der Straße nach Niederding. Kurz vor dem Ort kommt von rechts der Radweg »Durchs Erdinger Land«, dessen Wegweisern wir nun folgen. Über Reisen fahren wir weiter bis zur Brücke vor Eitting, wo wir auf die Straße »Am Moosrain« treffen, in die wir links abbiegen. Wir umfahren im Bogen das Wasserkraftwerk. Bei der zweiten

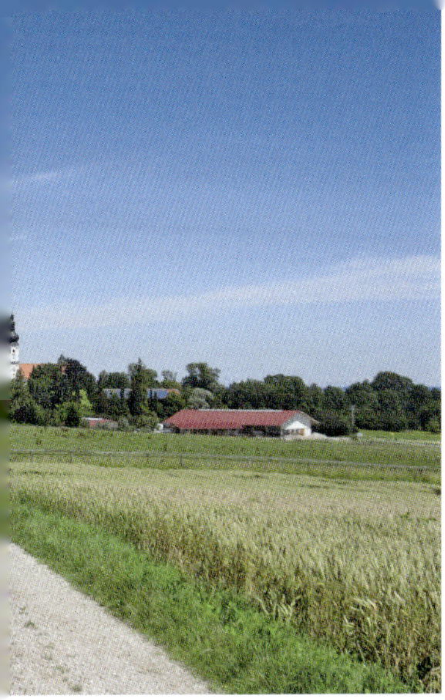

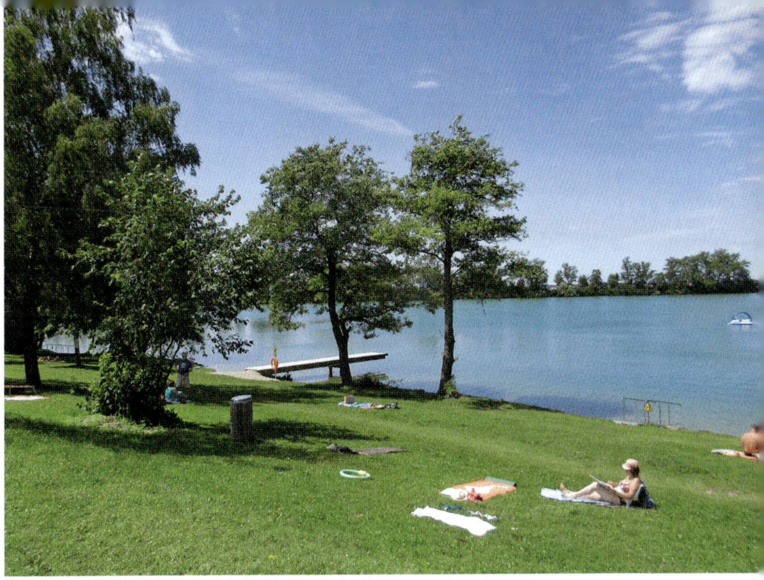

Brücke zweigt der Radweg »Durchs Erdinger Land« links ab. Wir nehmen hier aber den Feldweg rechts neben dem Kanal. Nach etwa sechs Kilometern erreichen wir den Thenner Weiher, eine willkommene Gelegenheit – wir sind jetzt immerhin schon 50 Kilometer unterwegs – zum Kaffeetrinken oder Brotzeiten und um womöglich ins Wasser zu springen.

Am Thenner Weiher lässt es sich gut rasten.

Mitte: Nahezu ursprüngliches Bauernland nahe dem Flughafen »Franz Josef Strauß«

Wir fahren noch etwa zwei Kilometer am Kanal entlang und biegen dann links in die Autostraße ein, die uns nach Langenpreising bringt. An der Kirche vorbei biegen wir rechts ab in die Preysingstraße. Nach dem Sägwerkskanal geradeaus weiter, fahren wir nun auf der Landshuter Straße zur St 2082. Wir überqueren sie und treten den Schotterweg hoch zur Kanalbrücke. Auf der anderen Seite geht es weiter kanalabwärts zum Kraftwerk Pfrombach. Ein kurzes Stück folgen wir noch dem Kanal, dann zweigen wir vor Moos links ab, fahren ein letztes Mal über eine der zahlreichen Kanalbrücken (wie viele waren das jetzt gleich wieder?) nach Oberpolln, unter der Autobahnbrücke hindurch und treffen auf die Holzlandstraße. Hier biegen wir links ab und erreichen nach etwa 2,5 Kilometern die Isarbrücke in Moosburg. Zur Altstadt geht es noch einmal den Berg hoch. Der Bahnhof befindet sich westlich des Zentrums, wir erreichen ihn über die Bahnhofsstraße.

Hinweis Manchmal besteht die Möglichkeit, direkt auf dem Kanaldamm zu fahren. Es muss aber deutlich darauf hingewiesen werden, dass das nicht ganz ungefährlich ist. Ein Sturz in den Kanal ist immer lebensgefährlich.

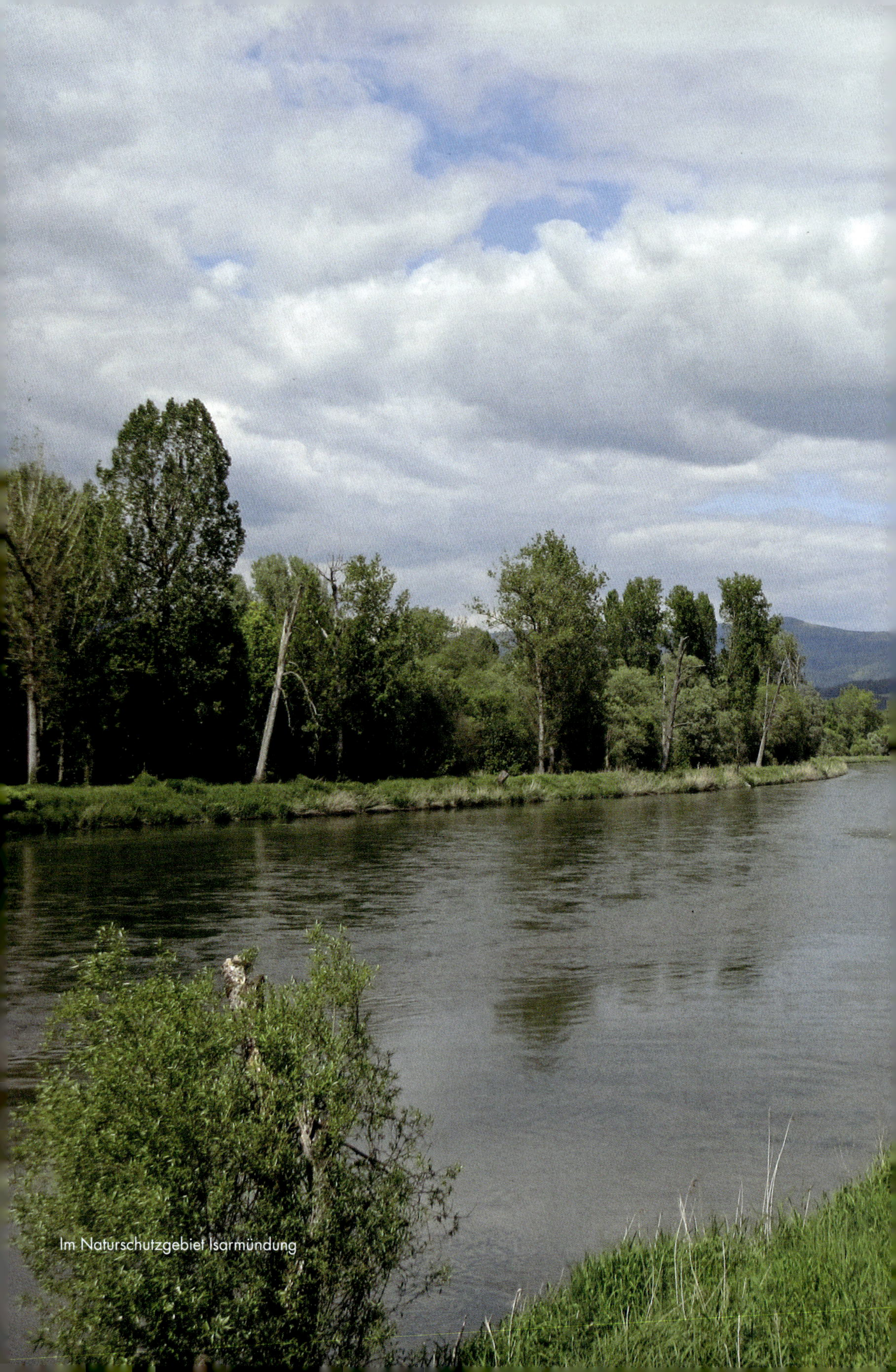

Im Naturschutzgebiet Isarmündung

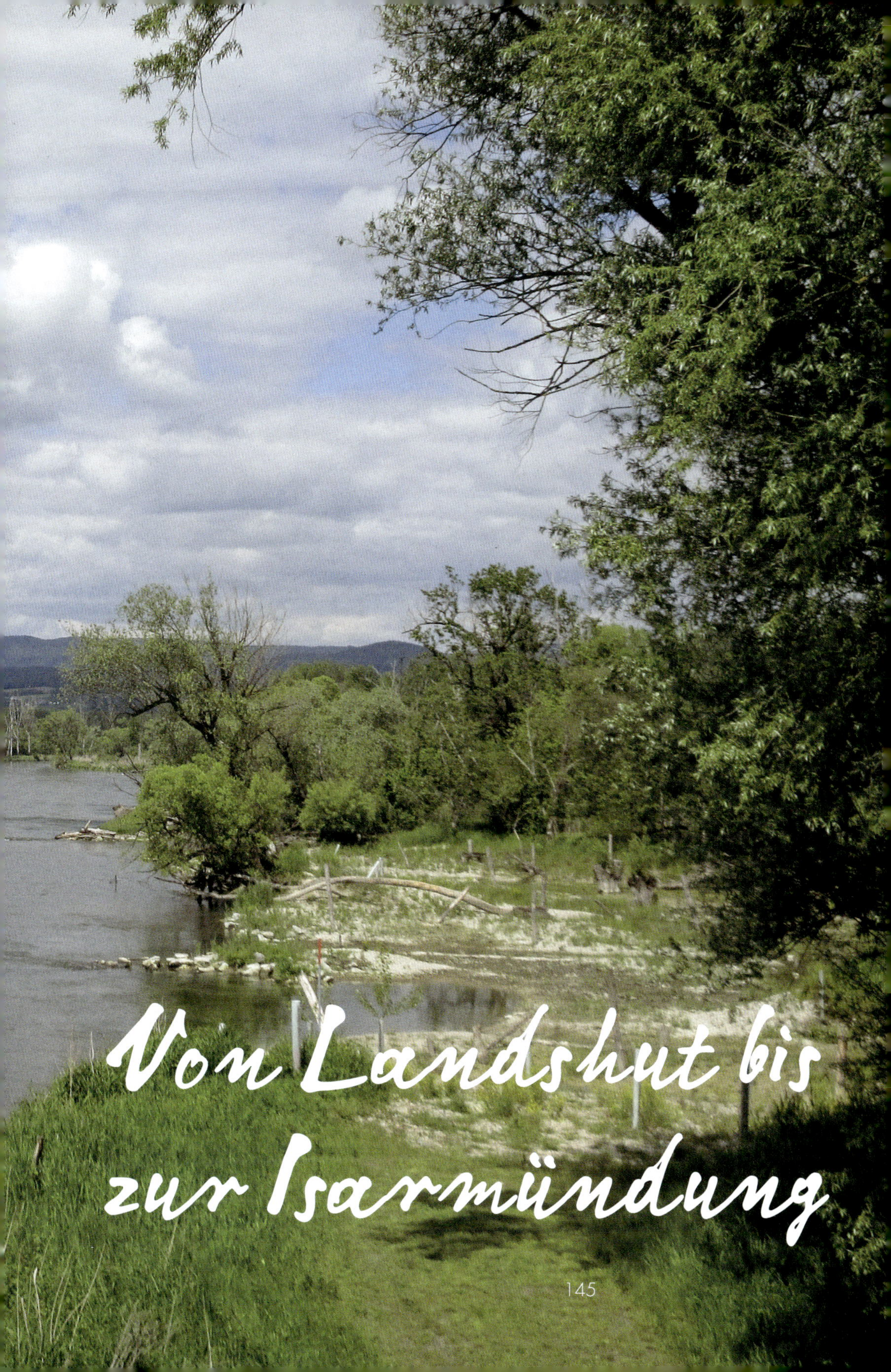

Von Landshut bis zur Isarmündung

27 Von Landshut nach Moosburg

Auf dem Oxenweg durch den Moosburger Trichter

leicht | 35,5 km | 190 Hm | 2.30 Std.

Tourencharakter
Teerstraßen, Rad- und Feldwege, wenig befahrene Autostraßen

Ausgangs-/Endpunkt
Landshut, Parkplatz Grieserwiese bzw. Hauptbahnhof Landshut
GPS: 48.53045, 12.143578 (Grieserwiese), 48.547552, 12.136588 (Bahnhof)

Anfahrt
ÖPNV: Mit DB-Regionalzug München–Passau bis Landshut Hauptbahnhof; von dort Rad-Anfahrt zum Routeneinstieg (siehe Variante)
Auto: Auf der A 92 bis Ausfahrt Landshut-West, weiter auf der St 2045 über die Flutmulde bis zur B 15; hier rechts abbiegen und nach der Luitpoldbrücke rechts haltend weiter bis zum großen Parkplatz am Festplatz Grieserwiese

Einkehr
Ellermühle (biergarten-ellermuehle.de); Gaststätten in Bruckbergerau, Volkmannsdorf und Eching; bei der Variante auch in Moosburg

Karte
LDBV Bayern Umgebungskarte UK 50-35 Landshut, 1:50.000

Information
landshut-tourismus.bayern

Diese besonders für Familien mit Kindern geeignete Tour führt abseits viel befahrener Autostraßen. Wir lernen dabei gleich drei Landschaften kennen: das Bauernland auf dem linken Isarufer, die Auwälder der Mittleren Isar und das Durchbruchstal zwischen Kronwinkl und Landshut.

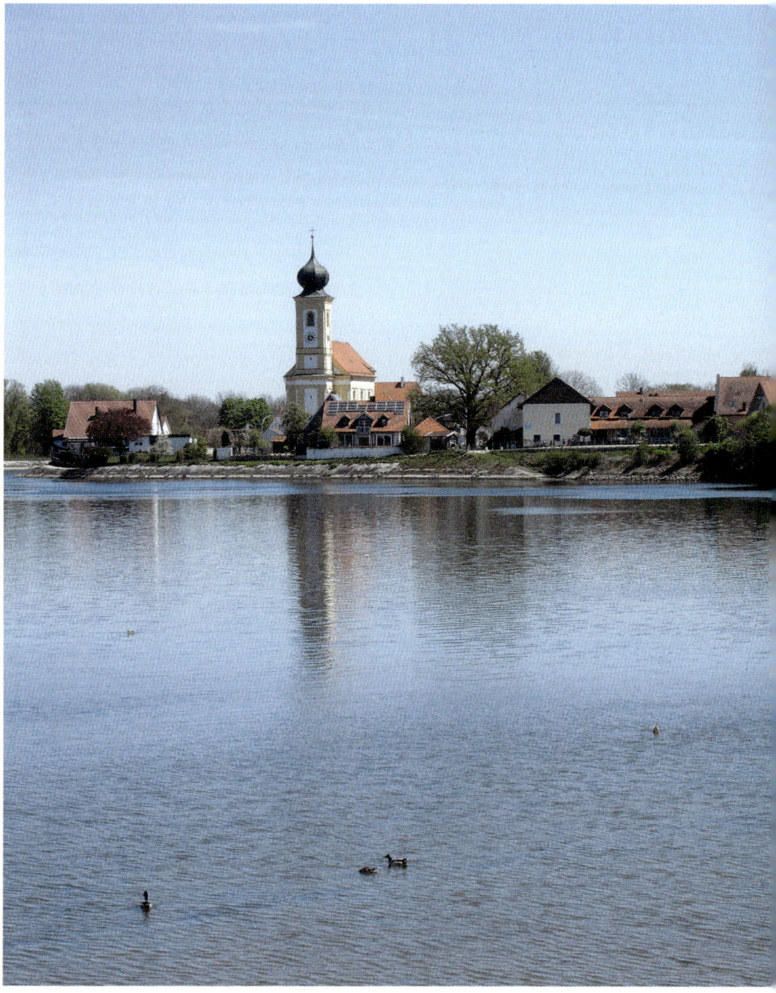

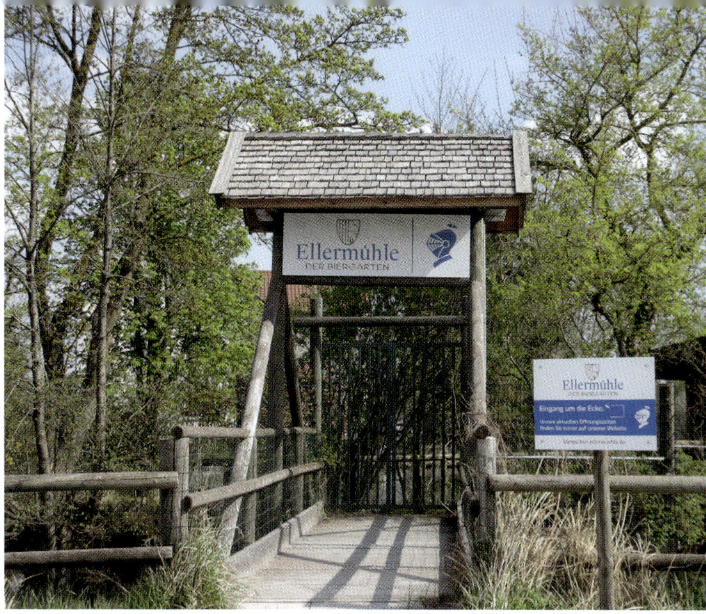

Die Radtour Wir starten südwärts am Parkplatz Grieserwiese in Landshut. Über den Achdorfer Isarsteg wechseln wir ans linke Isarufer und fahren etwa einen Kilometer isaraufwärts. Wo ein schmälerer Weg links zum Isarufer hinabführt, halten wir uns halb rechts und bleiben auf dem breiten Kiesweg. Nach etwa zwei Kilometern überqueren wir den Hammerbach und radeln rechts von ihm bis zu einer Kleingartenanlage. Dort biegen wir rechts ab. Wir fahren auf der Klötzlmüllerstraße in die Siedlung hinein, biegen an der Bannwallstraße links ab. Beim Schocherweg geht es noch mal links und an seinem Ende nach rechts zur Flutmulde. Wir überqueren sie und radeln geradeaus weiter über den Klötzlmühlbach nach Siebensee. Hier geht es wieder nach links. Wir folgen immer der Straße und erreichen über die Wampelmühle die Ortschaft Münchnerau. Nun die Straße geradeaus, dann über die Autobahn bis zur Staatsstraße 2045. Dort biegen wir links ab und folgen dem Radweg neben der Autostraße über Waas und Peterreuth zur Ellermühle. Bis hierher waren es gerade mal 8,5 Kilometer, trotzdem wäre eine Einkehr eine Überlegung wert.

Die Ellermühle lädt unterwegs zur Einkehr.

Linke Seite: Eching liegt schön am gleichnamigen Stausee.

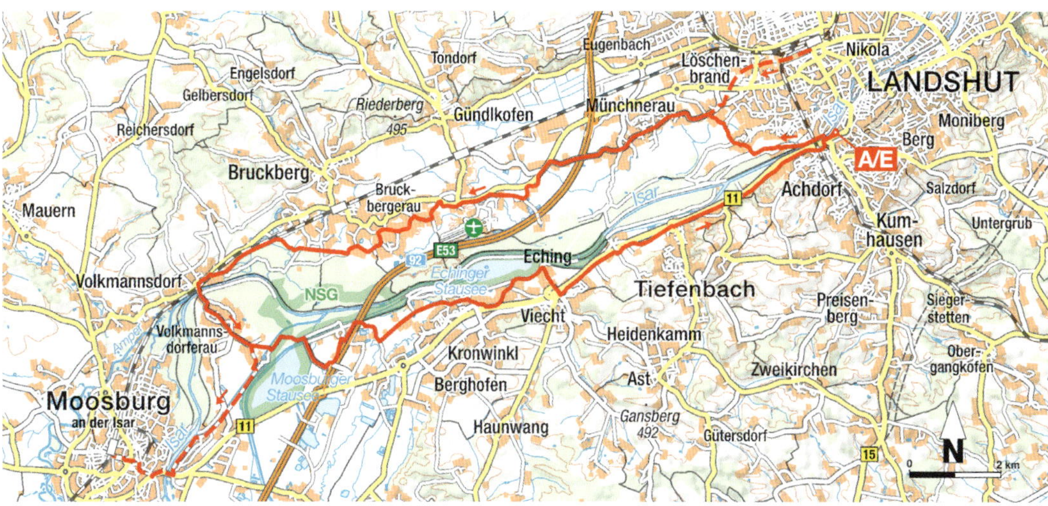

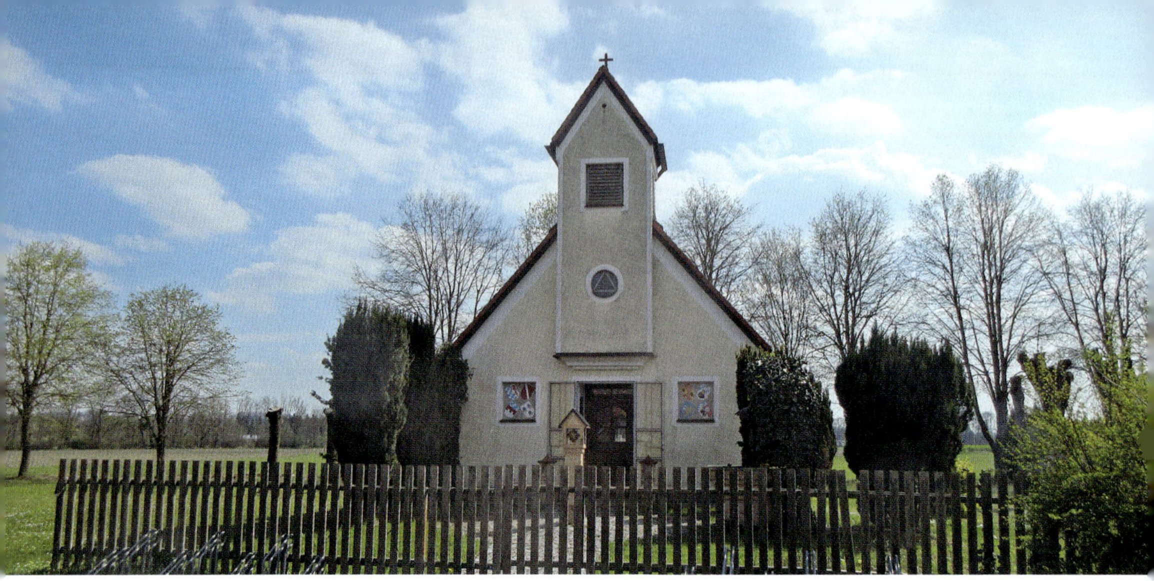

Die kleine Friedenskapelle in Bruckbergerau

Der Weiterweg führt auf dem Radweg nach Gündlkoferau. Anschließend halten wir uns links und folgen der Plantagenstraße durch Bruckbergerau. Nach der Friedenskapelle biegen wir links in die Auenstraße ab, fahren die Obere Auenstraße weiter und zweigen an der Isarstraße wieder nach links ab. Nachdem wir wieder den Klötzlmühlbach überquert haben, fahren wir geradeaus zum Damm. Auf ihm radeln wir zwischen Wald und Feldern weiter, bis wir schließlich bei einem Solarpark auf die Bahnlinie Landshut–Freising treffen. Nun geht es links die Gleise entlang nach Volkmannsdorf. Hier heißt es ein bisschen aufpassen, müssen wir doch ein kurzes Stück auf der Autostraße entlangfahren. Wir biegen sofort wieder nach links ab Richtung Volkmannsdorferau. Die Straße führt über die Brücke: Hier mündet die Amper in die Isar. Wir bleiben auf der Isarstraße und biegen am Ortsende links in die Uppenbornwerkstraße zum Werkkanal ab. Hier zweigt rechts die Variante nach Moosburg ab.

Wir aber nehmen hier den offiziellen Isarradweg, der hier links zurück nach Landshut führt. Dazu folgen wir den Wegweisern des Isarradweges zuerst zum Wehr am Moosburger Stausee. Nun geht es zur Autobahn, dann links an dieser entlang vorbei an zwei Bauernhöfen zur Zufahrt des Uppenbornkraftwerks. Unter der Autobahnbrücke hindurch und über die Sempt weiter, biegen wir nach dem Sporerbauer links ab und fahren über Schapolterau weiter nach Weixerau. Hier wäre der Abzweig zum schon sichtbaren Schloss Kronwinkl. Wir radeln aber weiter zum Echinger Stausee und nach Eching. In der kleinen Ortschaft lässt es sich wieder einmal prima einkehren.

Der Isarradweg führt nun in leichter Steigung hinauf nach Viecht und auf dem Radweg neben der B 11 weiter durch das Durchbruchstal der Isar zurück zum Parkplatz Grieserwiese in Landshut.

Variante Wer mit der Bahn angereist ist, folgt einer anderen Route bis zur Wampelmühle und kann die Tour in Moosburg beenden: Wir starten am Hauptbahnhof Landshut. Unten in der Flutmulde fahren wir rechts. Nach der Riederbrücke biegen wir nach etwa 2,5 Kilometern am Rennweg rechts ab und erreichen die Hauptroute bei der Wampelmühle.
Nach Volkmannsdorferau kommen wir zur Brücke über den Werkkanal. Hier zweigen wir rechts ab (Wegweiser »Moosburg«) und fahren flussaufwärts bis zur Isarbrücke in Moosburg. Um ins Zentrum zu gelangen, radeln wir die Landshuter Straße entlang, dann bergauf die Straße Auf dem Gries und kommen über die Herrnstraße zum Stadtplatz. Über die Bahnhofstraße erreichen wir den Bahnhof. Vorher sollten wir aber unbedingt noch ein bisschen durch Moosburg bummeln und das Kastulusmünster besichtigen. Die Tour verkürzt sich dann auf 24 Kilometer.

Ganz unten: Großes Spektakel am Kraftwerk Uppenborn I

Auf den Stauseen nahe Moosburg findet man ungewöhnlich viele Höckerschwäne.

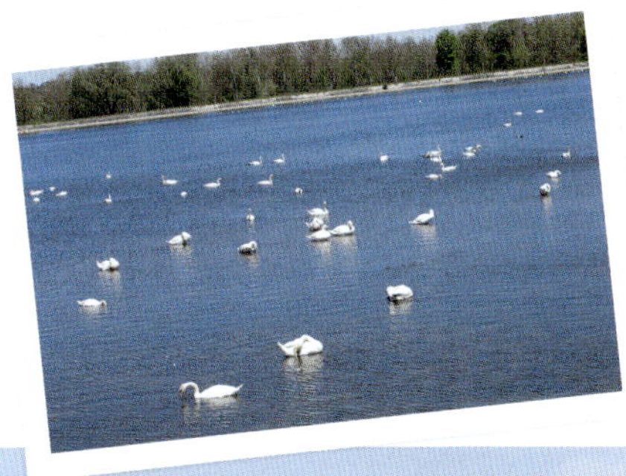

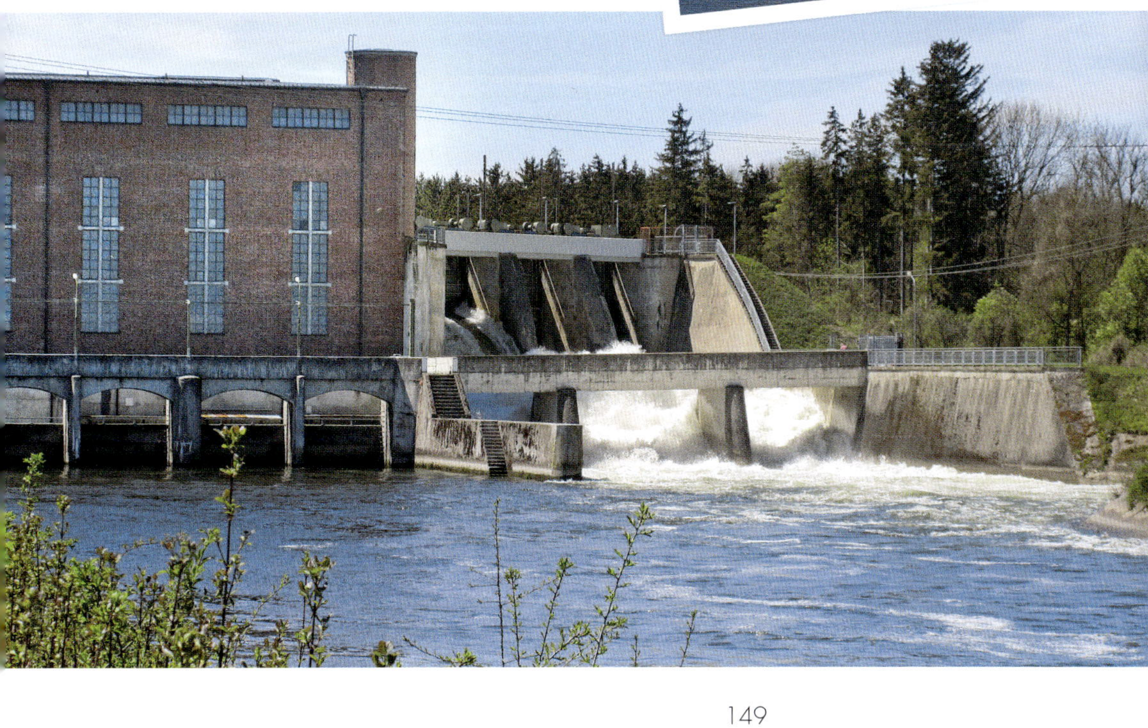

Vorbemerkung zum Landshuter Höhenwanderweg

Der Landshuter Höhenwanderweg gilt als Schmankerl unter den niederbayerischen Wandervögeln. Es gibt eine Hauptroute von Buch am Erlbach über Landshut bis Hüttenkofen (ca. 50 km und 600 Hm) sowie zahlreiche Rundwege, die man allein oder kombiniert mit der Streckenwanderung begehen kann. Alle Höhenwanderwege sind gefahrlos das ganze Jahr über zu machen, eine Unterbrechung ist jederzeit möglich und auch die Anreise ist wesentlich kürzer (vorausgesetzt man wohnt in der Nähe der Isar). Die einzelnen Etappen sind gut recherchiert, die Wege meist ausreichend beschildert, wenn auch nicht immer in beiden Richtungen. Da hilft es manchmal, sich an Wegverzweigungen einfach umzudrehen: Meist sieht man dann einen kleinen Wegweiser. Und nomen est omen: im Verlauf eines Wandertages können schon mal einige Hundert Höhenmeter zusammenkommen.

Das klingt jetzt alles super, aber trotzdem gibt es ein Problem: Bis auf wenige Ausnahmen gestaltet sich die An- bzw. Abreise mit öffentlichen Verkehrsmitteln kompliziert. Die Bahnlinie befindet sich auf der anderen Seite der Isar, Buslinien bedienen zwar die Ausgangs- bzw. Zielorte, sind aber nicht für Wanderer, sondern für Berufspendler und Schüler konzipiert. Man wird also um seinen eigenen Pkw nur schwer herumkommen.

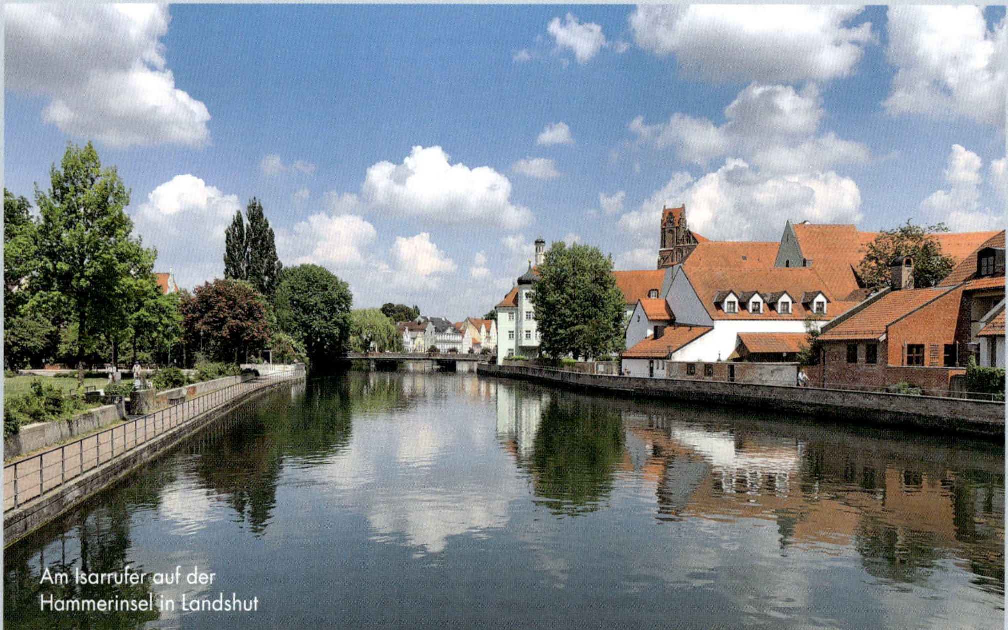

Am Isarrufer auf der Hammerinsel in Landshut

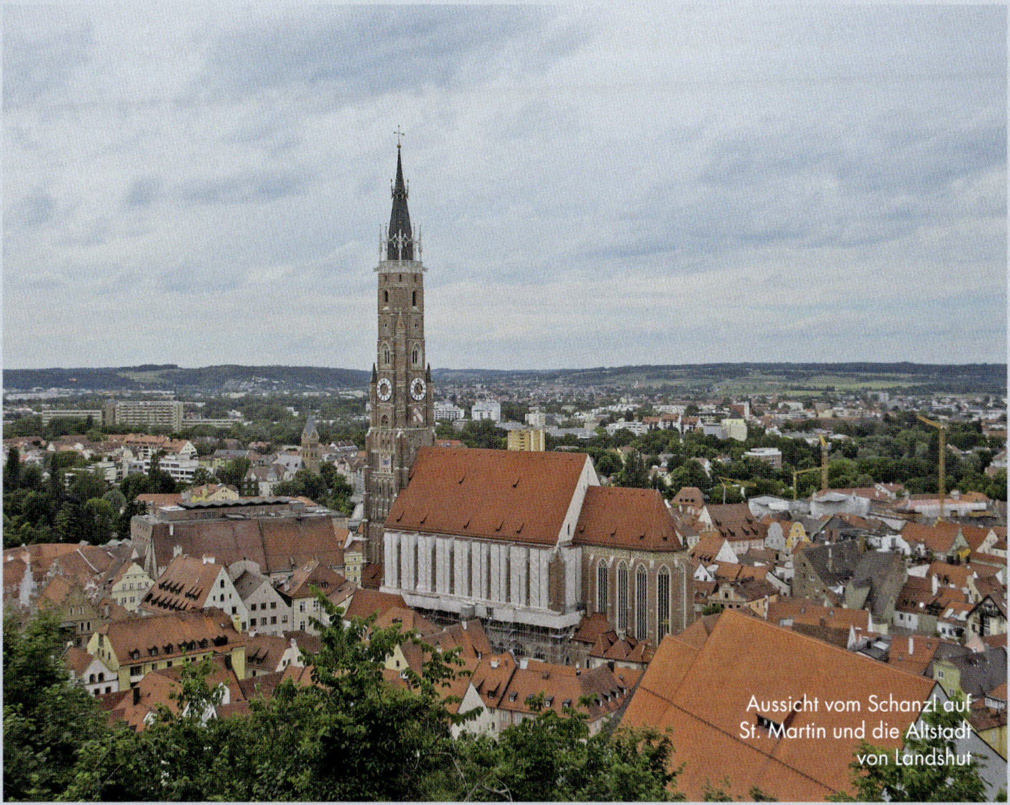

Aussicht vom Schanzl auf St. Martin und die Altstadt von Landshut

Man könnte auch sein Rad am Zielort abstellen, mit dem Auto nach Landshut fahren (Parkplatz Grieserwiese) und von dort starten. Am Ende der Wanderung radelt man auf dem Isarradweg wieder zurück nach Landshut. Es gibt eine weitere Möglichkeit, aber leider nur für den nördlichen Landshuter Höhenweg: Man fährt mit der Bahn nach Wörth an der Isar, geht dann zu Fuß nach Niederaichbach und startet von dort. Sonst bleibt nur die kostspieleige Möglichkeit, sich mit dem Taxi chauffieren zu lassen. Wenn sich aber eine Gruppe zusammenfindet, wäre das eine nicht mehr ganz so teure Alternative. Wer jetzt denkt, dann nehme ich halt das Rad, hat auch ein Problem. Manchmal sind die ausgeschilderten Wege nur schmale Pfade, einmal muss man sogar über eine steile Treppe den Berg hinaufsteigen. Man bräuchte also ein Mountainbike und muss sich hin und wieder abseits der »offiziellen Route« seinen Weg selbst suchen. Geht grundsätzlich auch!

Noch ein Tipp: Für den Landshuter Höhenwanderweg gibt es einen Prospekt mit Wanderkarten. Die Broschüre ist kostenlos bei der Tourist-Information Landshut (Rathaus, Altstadt 325) und im Landratsamt Landshut (Veldener Straße 15) erhältlich. Zudem kann man sie als PDF aus dem Internet herunterladen (landkreis-landshut.de/themen/freizeit-und-tourismus/broschueren).

28 Südlicher Landshuter Höhenwanderweg

Von Buch am Erlbach in die Herzogstadt

leicht | 19,5 km | 290/330 Hm | 5.00 Std.

Tourencharakter
Teerstraßen, Feldwege und auch Pfade. Der Landshuter Höhenweg ist gut markiert, man kann sich (eigentlich) nicht verlaufen.

Ausgangspunkt
Buch am Erlbach
GPS: 48.454573, 12.023814

Endpunkt
Landshut, Ländtorplatz an der Ludwigsbrücke
GPS: 48.535285, 12.148916

Anfahrt
ÖPNV: Keine für Wanderer brauchbare Verbindung (zurück zum Ausgangspunkt siehe Hinweis)
Auto: Auf der A 92 bis Ausfahrt Moosburg Nord; weiter auf der B 11 in Richtung Landshut-Stadtmitte/Buch a. Erlbach bis Kreisverkehr erste Ausfahrt auf die St 2082 nehmen und nach ca. 3 km links nach Buch am Erlbach

Einkehr
Gaststätten in Buchbach, Kronwinkl, Eching und natürlich in Landshut

Karte
LDBV Bayern Umgebungskarte UK 50-35 Landshut, 1:50.000

Inforation
landshut-tourismus.bayern

Der Landshuter Höhenwanderweg ist wunderschön, er führt weitab des Durchbruchtals der Isar auf der östlichen Hochfläche durch eine noch weitgehend landwirtschaftlich geprägte Landschaft. Dabei eröffnen die Höhenrücken immer wieder wunderbare Ausblicke.

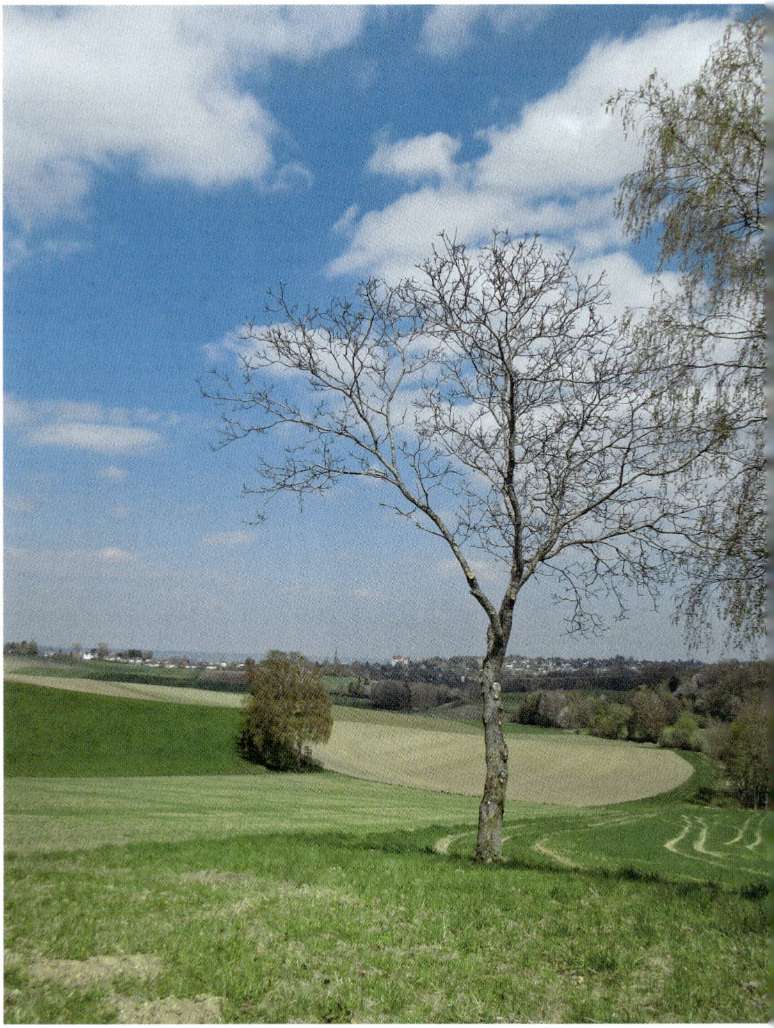

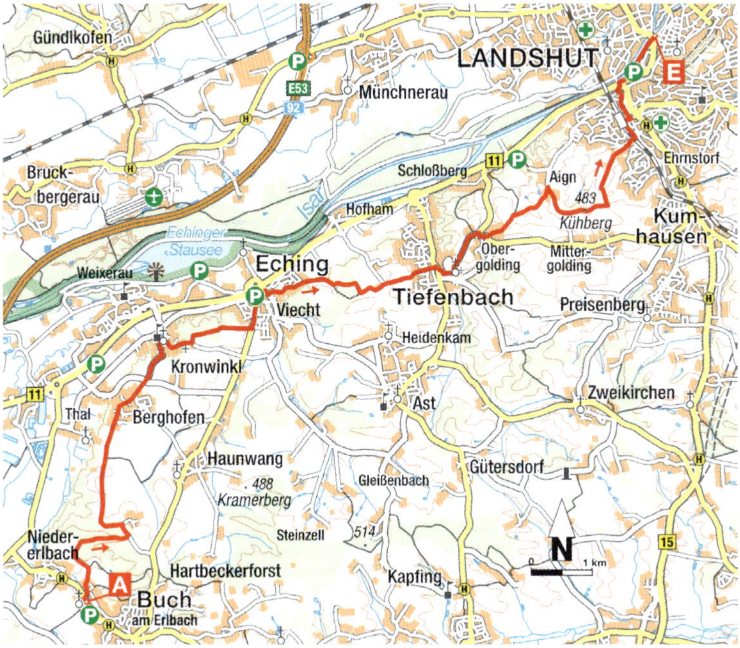

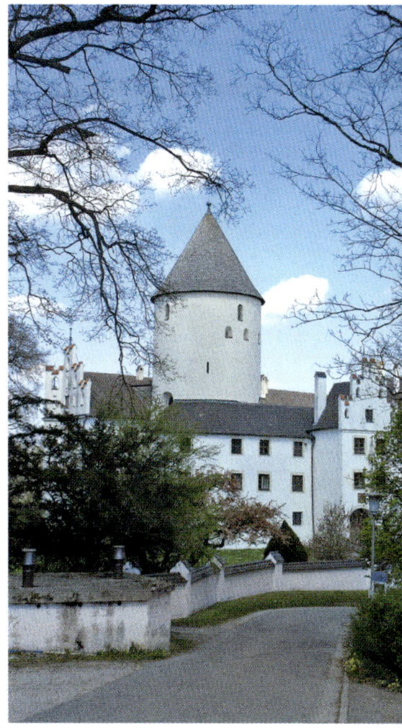

Der mächtige Bergfried von Schloss Kronwinkl

Linke Seite: Wenig spektakulär präsentiert sich die typische Landschaft im südlichen Niederbayern.

Die Wanderung Unsere Wanderung beginnt am Parkplatz in der Nähe des Bucher Kindergartens. Wir folgen den Wegweisern zum Stommer Weiher, biegen dort rechts ab in die Brunnenstraße, überqueren den Erlbach und nehmen gleich dahinter den linken Weg, also nicht rechts bergauf. Unser Weg führt am Waldrand entlang, zweigt nach links ab und führt in angenehmer Steigung zu einer Weggabelung mit einer Infotafel. Durch den Wald geht es hinauf zum Höhenrücken. Wir folgen dem Wegweiser nach links, lassen Schirmreuth rechts liegen und wandern zuerst entlang des Waldes, dann über Felder weiter nach Berghofen. Vor der gotischen Kirche St. Peter und Paul lädt uns eine Bank zum Rasten ein.

Weiter geht es nun, leider neben der Autostraße, geradeaus hinunter nach Kronwinkl. Wir kommen direkt am Schloss vorbei, das man jedoch nur von außen besichtigen kann. Unser Weiterweg führt rechts die Straße hinauf zur Grund- und Mittelschule.

Dort biegen wir am großen Parkplatz links ab und folgen dem Weg durch den Wald nach Viecht. Es geht die Haunwanger Straße hinunter zur Hauptstraße, dort halten wir uns rechts, gehen am Kriegerdenkmal vorbei und biegen gleich dahinter rechts in die Aster Straße ab. Schon nach wenigen Metern weist

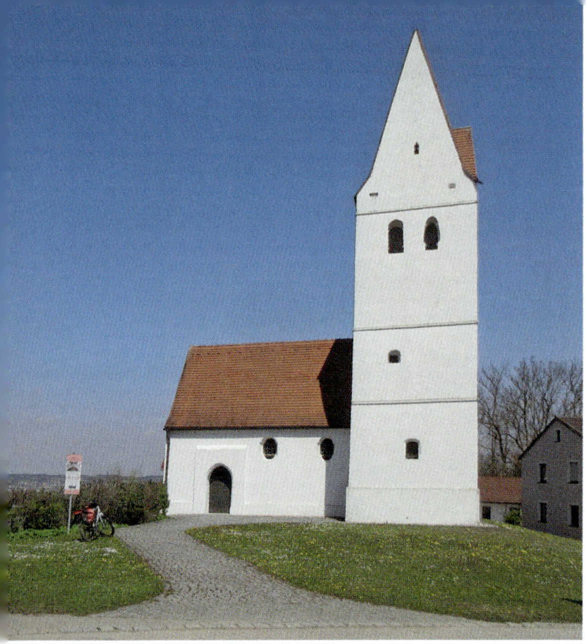
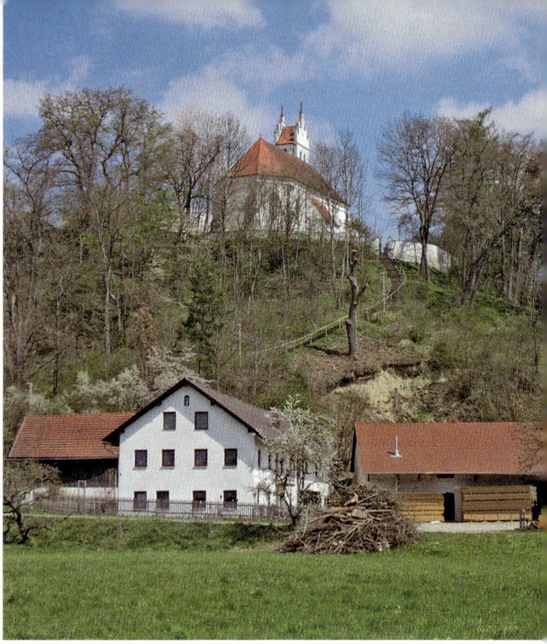

Die gotische Kirche St. Peter und Paul in Berghofen

Rechts: Unser Wanderweg führt hinauf zur weithin sichtbaren Filialkirche St. Ulrich auf dem Hügel über Tiefenbach.

ein Wegweiser nach links in die Ahornstraße, gleich darauf bergauf rechts in die Birkenstraße und dann wieder rechts in die Erlenstraße. Das klingt kompliziert, ist es aber nicht, diese Strecke ist gut beschildert. Wir wandern am Waldrand nach links, eine Abzweigung nach rechts lassen wir unbeachtet und gehen weiter, bis wir am Ortsende auf einen Feldweg treffen, dem wir geradeaus folgen. Zuerst wieder durch Felder geht es in den Wald hinein. Hier müssen wir ein bisschen aufpassen, unser Weiterweg zweigt links als schmaler Pfad ab und führt aber ausreichend markiert steil nach oben.

Vorbei am Tierheim Heinzelwinkl kommen wir nach Tiefenbach. Wir überqueren die Hauptstraße und gehen rechts den Wirtsanger entlang. Nach etwa 100 Metern biegen wir links ab und gehen ein kurzes Stück zur Brücke über den Tiefenbach. Hier kurz nach rechts, dann biegen wir in die nächste Straße links ein und steigen einen steilen Treppensteig empor zur Kirche St. Ulrich. Am Parkplatz wenden wir uns nach rechts und folgen der Teerstraße nach Obergolding. Dort biegen wir rechts ab und gehen ein kurzes Stück an der Kreisstraße entlang. Wo diese rechts abbiegt, führt unser Weg geradeaus weiter. Hier fehlt nun ein Wegweiser: Zuerst links und dann rechts haltend kommen wir zur Pferdepension bei Aign. An der Autostraße biegen wir scharf rechts ab. Hier hat man einen wunderschönen Ausblick auf die Burg Trausnitz und die Turmspitze von St. Martin. Wir wandern die Autostraße entlang.

Wo diese nach rechts abbiegt, gehen wir geradeaus weiter Richtung Funkmast. Ein Stück weiter zweigt unser Weg rechtwinklig links ab (Wegweiser) hinunter zum Rosenthal. Wir folgen der Straße zu den Bahngleisen. Wir gehen unter diesen hindurch und weiter bis zur Bachstraße. Dort biegen wir wieder links ab und folgen dem Roßbach hinunter zur Isar. Nun gehen wir flussabwärts zum Parkplatz Grieserwiese und weiter zur Luitpoldbrücke, unserem Ziel.

Ganz unten: Ein eher ungewöhnlicher Blick auf Landshut, links St. Martin, rechts Burg Trausnitz

Marterl am Landshuter Höhenwanderweg

Hinweis Wer nicht in ein Taxi zurück zum Ausgangspunkt investieren will, dem bleibt noch diese Möglichkeit: Vor der Wanderung mit dem Auto nach Landshut, dort ein Fahrrad z. B. am Ländtorplatz abstellen, auf der B 11 weiter nach Buch am Erlbach fahren und dort parken. Mit dem Drahtesel zurück auf dem Isarradweg bis Viecht, dann nach Südwesten bis Buch am Erlbach.

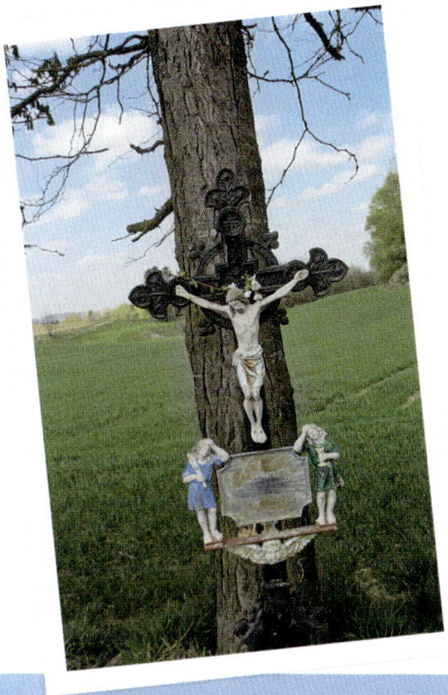

Tipp In Berghofen lohnt ein Besuch der Filialkirche St. Peter und Paul, falls sie geöffnet ist. Mit ihren gotischen Fresken aus der Zeit um 1420 gilt sie als eine Perle unter den Kunstschätzen Niederbayerns. Einen kleinen Eindruck gibt die Infotafel vor der Kirche.

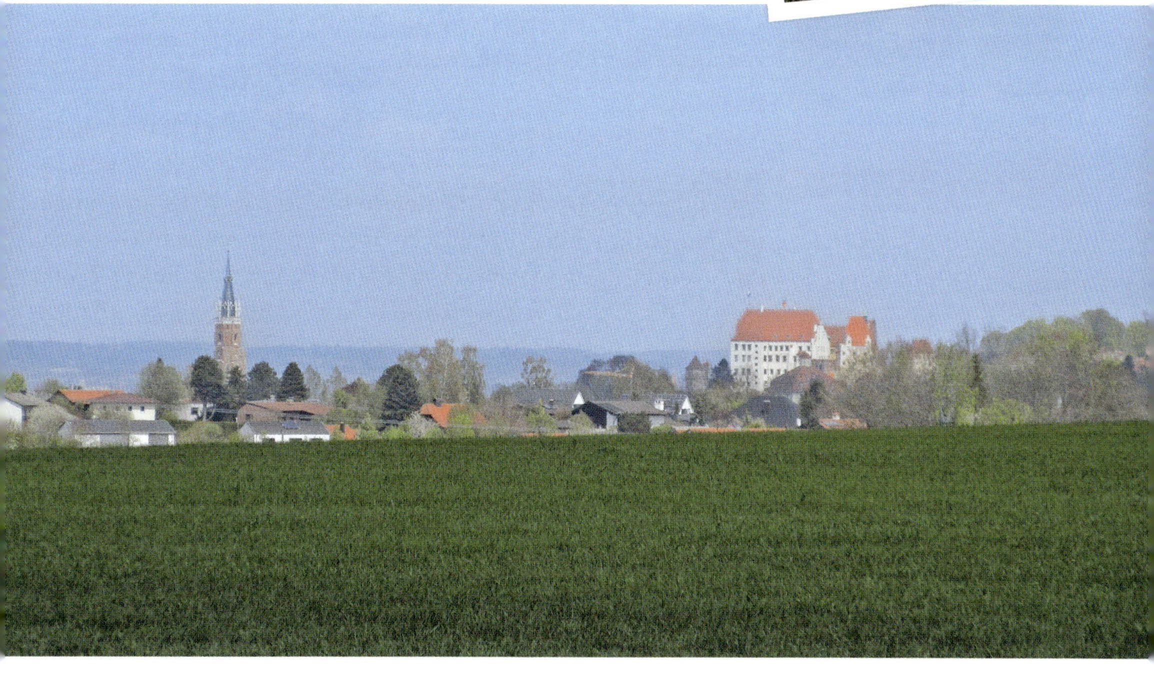

29 Landshuter Höhenwanderweg: Rundwanderweg E3

Gemütliche Runde zwischen dem Echinger Stausee und dem Tertiärhügelland

leicht | 7,7 km | 110 Hm | 2.00 Std.

Tourencharakter
Teerstraßen, Feldwege und z. T. auch Pfade

Ausgangs-/Endpunkt
Eching-Viecht, Parkplatz Hauptstraße
GPS: 48.498529, 12.060676

Anfahrt
ÖPNV: Keine Verbindung
Auto: Auf der A 92 bis Ausfahrt Moosburg Nord; weiter auf der B 11 in Richtung Landshut-Stadtmitte/Buch a. Erlbach bis Eching; dort halb rechts auf die Aster Straße und rechts auf die Hauptstraße zum Parkplatz

Einkehr
Gaststätten in Kronwinkl und Eching

Karte
LDBV Bayern Umgebungskarte UK 50-35 Landshut, 1:50.000

Information
landshut-tourismus.bayern

Dieser ausgedehnte Spaziergang dürfte der wahrscheinlich am häufigsten begangene Rundwanderweg des Südlichen Landshuter Höhenwanderwegs sein. Das hat natürlich seinen Grund, kommt man doch an einer alten Ritterburg und einem europaweit bekannten Vogelschutzgebiet vorbei.

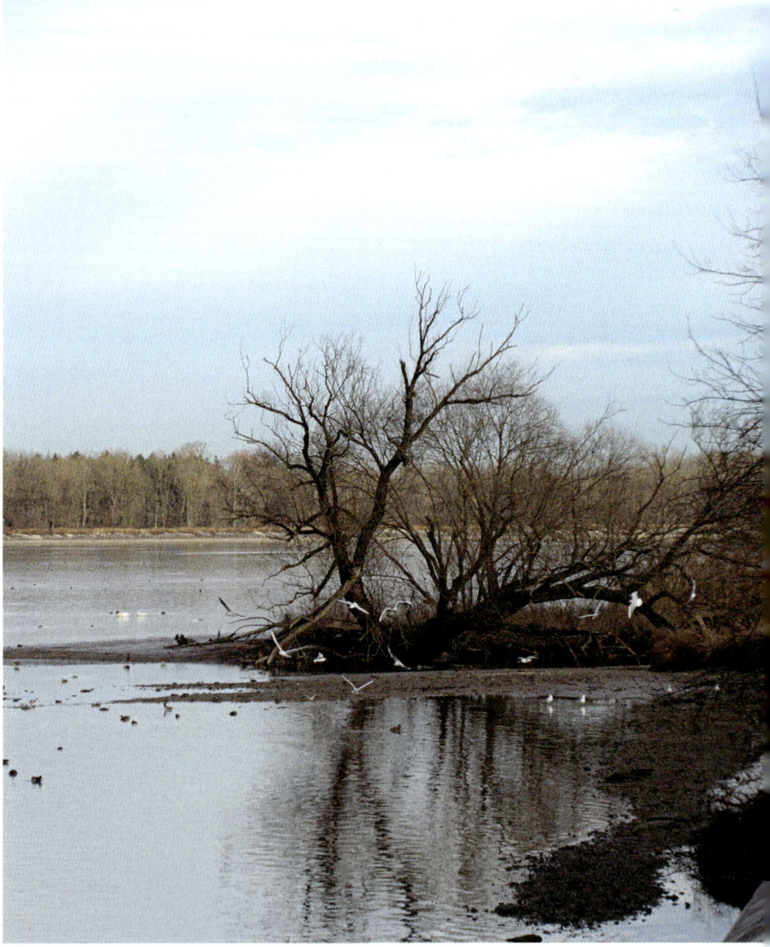

Am Echinger Stausee überwintern viele Zugvögel.

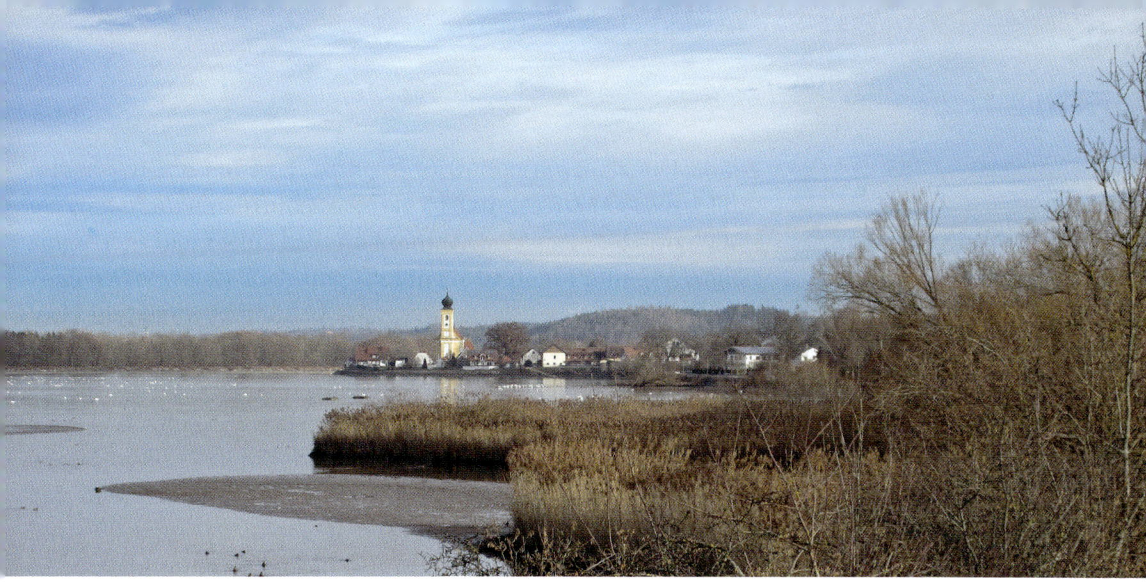

Die Wanderung Unsere Wanderung beginnt am Parkplatz in Viecht. Wir gehen am Kriegerdenkmal vorbei und biegen gleich dahinter rechts in die Aster Straße ab. Schon nach wenigen Metern treffen wir auf einen Wegweiser des Landshuter Höhenwanderwegs in Richtung Landshut. Er zeigt nach links in die Ahornstraße, gleich darauf geht es bergauf rechts in die Birkenstraße und dann wieder rechts in die Erlenstraße. Das klingt verwirrender, als es ist, denn diese Strecke ist gut beschildert. Am Waldrand wandern wir noch ein kurzes Stück nach links. Bei der nächsten Weggabelung gehen wir rechts den Wirtschaftsweg bergauf in den Wald hinein.

Beim Moosburger Trichter tritt die Isar ins Tertiärhügelland ein.

Nach etwa einem Kilometer treffen wir auf eine Wegkreuzung. Hier biegen wir rechts ab und folgen dann geradeaus dem breiten Weg, bis wir wieder die Aster Straße am oberen Ende von Viecht erreichen. Wir wandern ein Stück die Straße abwärts und kommen gleich darauf zu einer Abzweigung. Wir folgen kurz

Auch ohne Karte sollte man sich hier zurechtfinden.

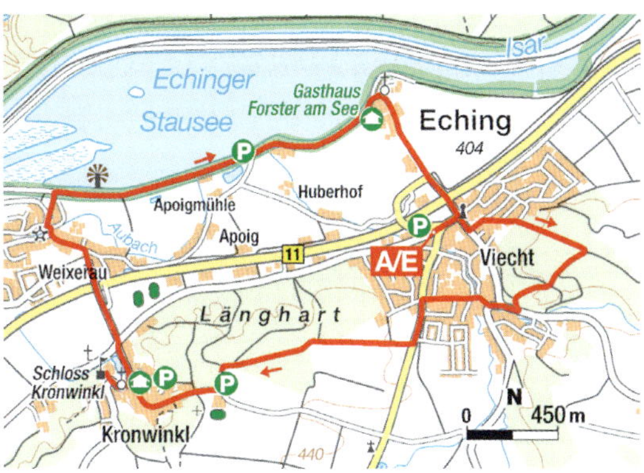

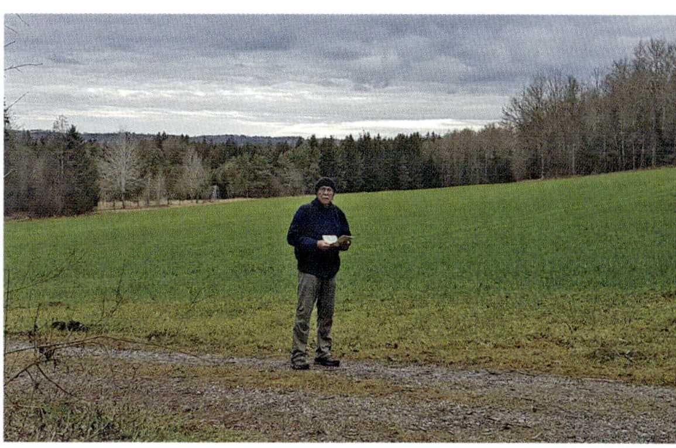

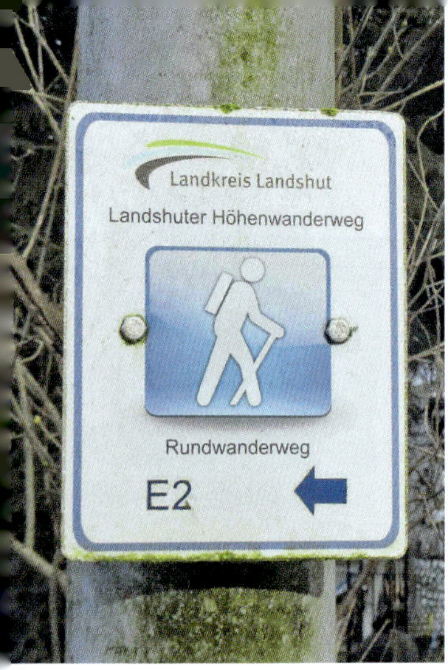

der Bachstraße nach links und gehen sofort wieder rechts in die Zusserfeldstraße. Hier finden wir Wegweiser E2 des Landshuter Höhenwanderwegs. Geradeaus weiter treffen wir bald auf die Haunwanger Straße, hier kommt die direkte Variante von rechts. Nun kann man sich kaum noch verlaufen, der Rest ist immer gut beschildert. Am Ortsende biegt der Weg rechts ab, führt über Felder bergauf und dann durch Wald bergab zum großen Parkplatz der Grund- und Mittelschule Kronwinkl. Auf der kleinen Nebenstraße geht es hinunter in den Ort. Dort bietet sich ein kurzer Abstecher hinauf zum Schloss Kronwinkl an, das man aber nur von außen besichtigen kann.

Der Landshuter Höhenwanderweg ist meist gut beschildert.

Rechte Seite: Schloss Kronwinkl wird noch immer von den Grafen von Preysing bewohnt.

Wir wandern hinunter, folgen der Schlossstraße, überqueren auf einer Brücke die B 11 und erreichen Weixerau. An der Fischerstraße geht es links, kurz nach der Brücke bei der Fischerei Gunpenberger an der Kleinen Sempt entlang zum Echinger Stausee. Hier wenden wir uns rechts und wandern am Ufer entlang, vorbei am Aussichtsturm weiter nach Eching. Dort bei der Kirche gehen wir wieder rechts und kommen bald wieder nach Viecht.

Der Echinger Stausee gehört zum Naturschutzgebiet Vogelfreistätte Mittlere Isarstauseen.

Variante Man kann natürlich sofort vom Parkplatz die Haunwanger Straße hinaufgehen. Die Tour verkürzt sich dadurch auf gute 6 Kilometer und etwa 60 Höhenmeter.

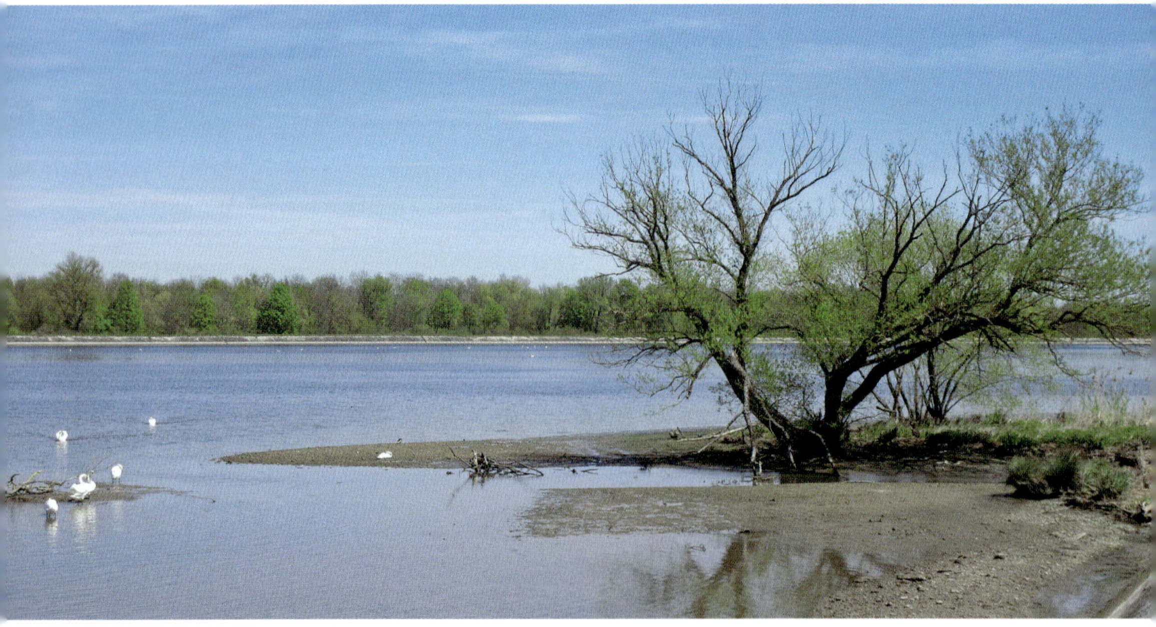

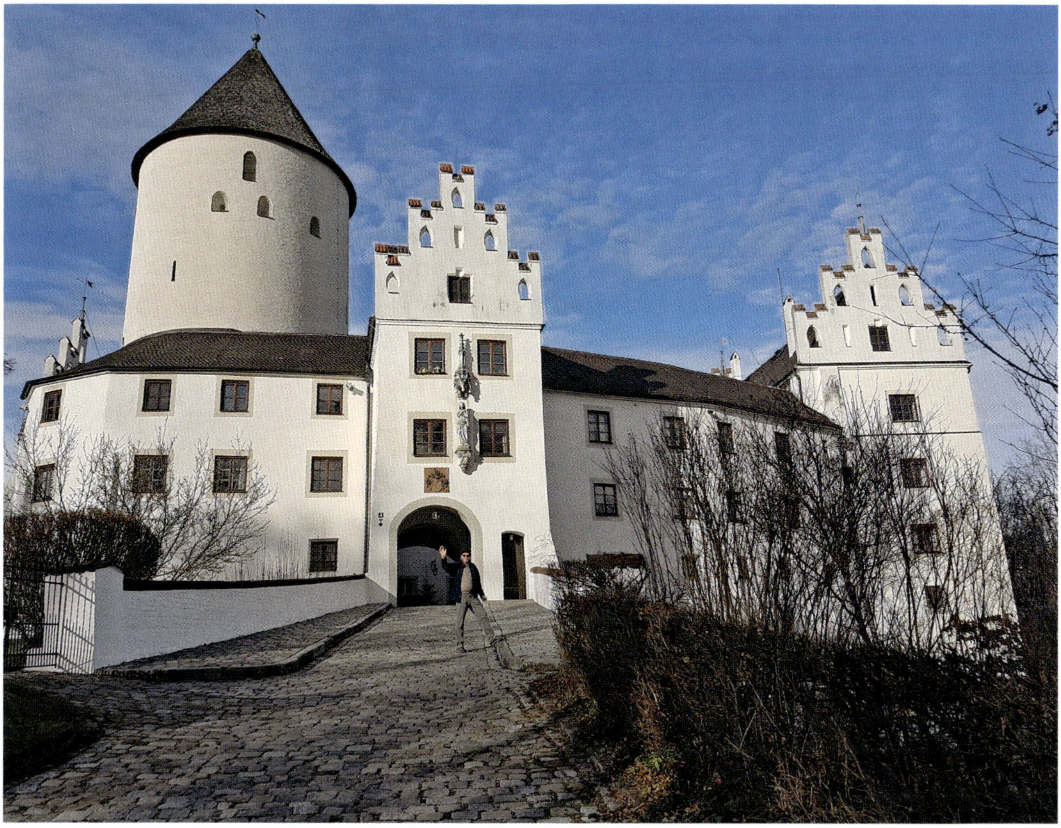

Wissenswertes

Bei der Wanderung kommen wir am **Schloss Kronwinkl** vorbei. Dieses ist nicht zugänglich, da es sich noch immer im Besitz der Grafen von Preysing befindet und auch von ihnen bewohnt wird. Deshalb kann man es nur von außen, von der Schlossstraße aus, besichtigen. Der älteste Teil des bestens instandgehaltenen Schlosses ist der 22 Meter hohe Bergfried. Die Grafen dienten den bayerischen Herzögen und Königen durch viele Jahrhunderte. Um 1130 erschienen sie erstmals als Dienstmannen (Ministerialen) der Wittelsbacher. Gute 100 Jahre später treten sie schon regelmäßig als Inhaber einflussreicher Hofämter auf, z. B. als Kämmerer oder Räte. So saßen sie auch in der Ständevertretung des alten Herzogtums Baierns. Und in dieser Position muckte mancher von ihnen auch gelegentlich gegen den Herzog auf, so musste einer von ihnen 1580 sogar das Land verlassen. Wieder ein Jahrhundert später war dann ein Johann Maximilian Emanuel von Preysing zeitweise der mächtigste Beamte im absolutistischen Kurfürstentum Baiern, als Oberststallmeister, Obersthofmeister, Oberstkämmerer, Wirklicher Geheimer Rat und Geheimer Konferenzminister.

30 Spaziergang über Landshut

Auf dem Landshuter Höhenwanderweg über der Herzogstadt

leicht | 11,7 km | 300/270 Hm | 3.00 Std.

Tourencharakter
Wanderung auf Geh- und Feldwegen, z. T. auch Pfaden oder Teerstraßen

Ausgangspunkt
Landshut, Bushaltestelle Am Lurzenhof
GPS: 48.55917, 12.201122

Endpunkt
Landshut, Ländtorplatz an der Ludwigsbrücke
GPS: 48.535285, 12.148916

Anfahrt
ÖPNV: Mit DB-Regionalzug München–Passau bis Landshut Hauptbahnhof; dann weiter mit Buslinie 3 oder 14 zum Lurzenhof
Auto: Auf der A 92 nach Landshut; am besten parkt man in der Nähe der Isar auf der Grieserwiese (siehe Tour 27)

Einkehr
Tafernwirtschaft im Hotel Schönbrunn (hotel-schoenbrunn.de); zahlreiche Cafés und Gaststätten in Landshut

Karte
KOMPASS Wanderkarten-Set 160 Niederbayern, 1:50.000

Information
landshut-tourismus.bayern

Der nördliche Landshuter Höhenweg ist recht lang, deshalb hier eine kürzere Variante. Diese Wanderung führt ständig auf und ab, da kommen doch ganz schön Höhenmeter zusammen. Da sie jedoch nahe Landshut verläuft, kann man sie immer wieder vorzeitig beenden.

Die Wanderung Wir starten bei der Bushaltestelle Am Lurzenhof. Zuerst folgen wir der Straße noch etwa 200 Meter stadtauswärts und biegen dann rechts ab in den Feldweg. Nach einem knappen halben Kilometer kommen wir zur Ochsenau. Dort informieren einige Tafeln über das Naturschutzgebiet »Alter Standortübungsplatz mit Isarleite« und die Geschichte der Altbayerischen Oxenwege. Rechts befindet sich eine Weide, hier

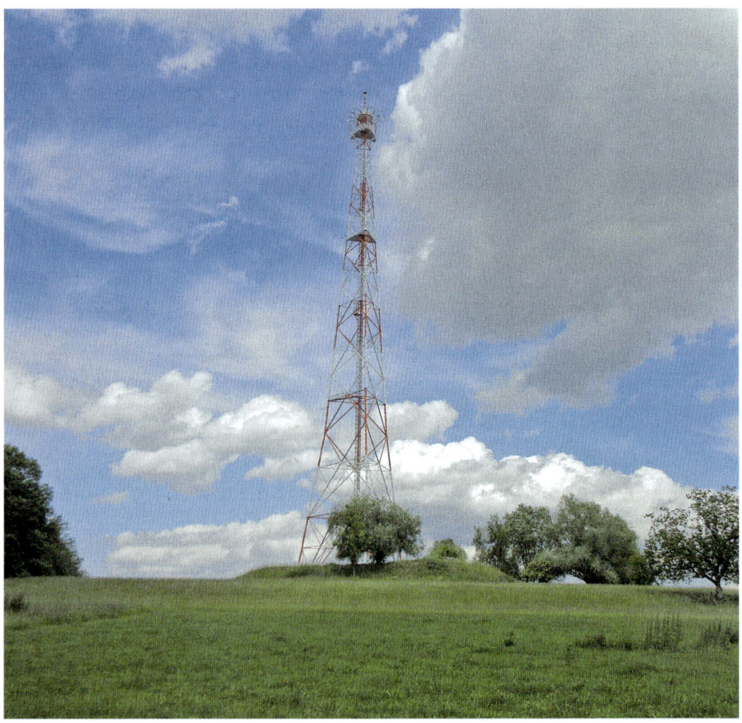

Der NATO-Turm im Naturschutzgebiet »Alter Standortübungsplatz mit Isarleite«

können wir – wenn wir Glück haben – eine kleine Herde von vier Ungarischen Graurindern beobachten. Wir gehen den Weg geradeaus weiter, gleich nach dem Beginn des Waldes zweigt rechts die Abkürzung zum Wolfsbacher Weg ab. Wir aber wenden uns nach links und gehen an zwei wilden Waldschluchten vorbei. Erst neben der zweiten führt ein Weg nach rechts hinauf ins Naturschutzgebiet. Er ist nicht markiert, verengt sich immer mehr, einige Bäume sind quer über den Weg gestürzt. Oben auf der Hochfläche kommen wir in der Nähe des NATO-Turms heraus, kurz noch durch eine Wiese gehend treffen wir dort auf die Hauptroute des nördlichen Landshuter Höhenwanderwegs.

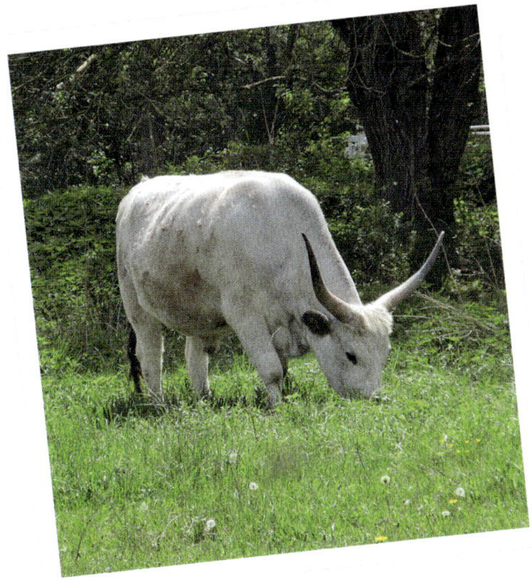

Ungarisches Graurind in der Ochsenau

Wir folgen ihr nach rechts bis zu einer Hinweistafel, die über ehemalige Hofstellen hier informiert. Bei ihr biegen wir rechts ab und folgen den Markierungen in den Wald. Der Weg ist

Wissenswertes

Der **»Alte Standortübungsplatz mit Isarleite«** war lange militärisches Sperrgebiet und ist heute ein Naturschutzgebiet. Seit 1880 gab es bereits unten im Isartal einen Exerzierplatz, der Mitte der 1930er-Jahre auf die angrenzende Hochfläche ausgedehnt wurde. Nach dem Zweiten Weltkrieg diente das Gelände US-Panzereinheiten als Übungsplatz, nach deren Abzug übernahm es 1968 die Bundeswehr. Mit Auflösung der Landshuter Garnison wurde auch das militärische Übungsgelände aufgegeben. Damals dachte man zeitweilig sogar an eine Bebauung, die jedoch durch die Intervention des Bundes Naturschutz verhindert werden konnte, waren doch in der Zeit der militärischen Nutzung die unterschiedlichsten Biotope entstanden. Auf diesem im ersten Augenblick karg erscheinenden Lebensraum weiden heute Schafe, die die Verbuschung des Trockenbiotops verhindern sollen. Ein herrliches Panorama bietet der sechs Meter hohe Plaikaturm, der von den Besuchern auch bestiegen werden kann. Viele Tafeln bringen den Wanderern und Spaziergängern die Besonderheiten dieser Landschaft näher. Heute ist das Naturschutzgebiet zu jeder Jahreszeit ein besonderes Erlebnis. Dabei ist zu beachten, dass in der Zeit vom 1. März bis 31. August Wegegebot herrscht, also die Wege nicht verlassen werden dürfen, und dass darüber hinaus das ganze Jahr über weitere Verbote zu beachten sind.

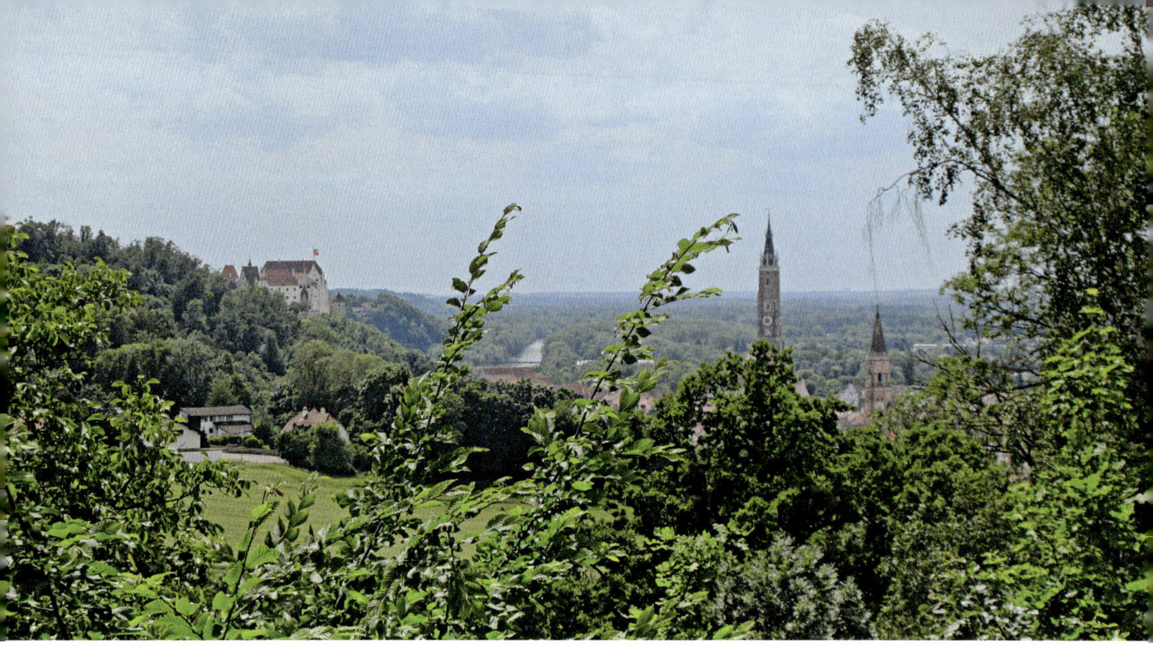

Blick von der Carossahöhe über Landshut

markiert, erst an der zweiten Kreuzung biegen wir rechts ab und wandern – zum Schluss auf der Straße zum Weiler Kranzed – hinunter zum Wolfsbacher Weg. Hier treffen der Hauptweg und die Abkürzung wieder zusammen. Wir gehen nach links auf dem Feldweg – vorbei am Entenhäusl, einem alten, jetzt sanierten Bauernhäusl – nach Schönbrunn. Dort könnten wir in der Tafernwirtschaft einkehren.

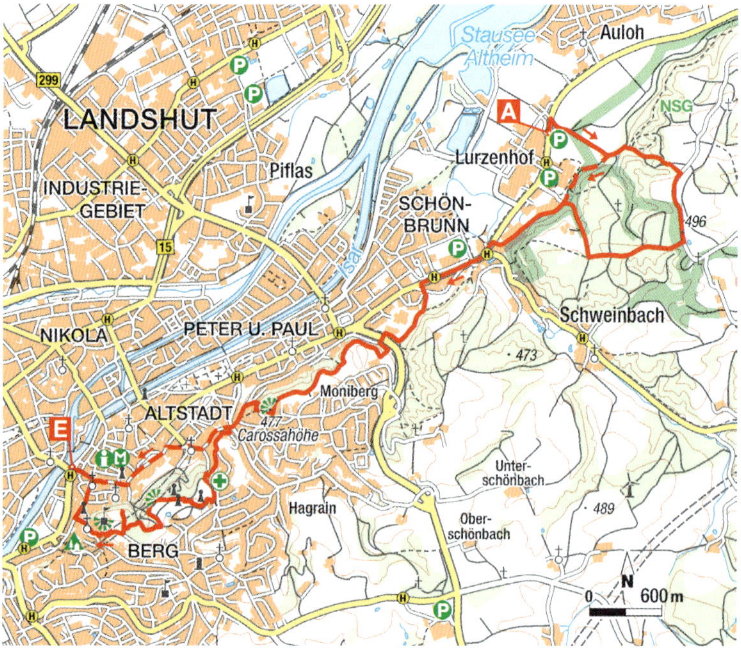

Nun folgt leider eine »Kröte«: Wir müssen etwa einen halben Kilometer entlang der Autostraße Richtung Landshut gehen. Bei der Bushaltestelle Messepark zweigen wir links ab, gehen links um das Studentenwohnheim Uni Apart herum und entlang einer Wiese zum Waldrand am Berghang. Ein Weg führt uns nach rechts zur kleinen Wallfahrtskapelle an der B 299. Unser Weiterweg führt rechts der Bundesstraße leicht bergab zu einer Unterführung. Durch diese gelangen wir auf die andere Straßenseite. Dort wenden wir uns nach links. Eine Treppe führt bei einer Bank nach rechts den Berg hinauf. Oben am Waldrand halten wir uns rechts und gehen immer den Weg an der Hangkante entlang zur Carossahöhe. Von dort hat man einen prächtigen Ausblick auf Landshut und die Umgebung.

Anschließend steigen wir die Holztreppe rechts hinunter zum Schönbrunner Weg und überqueren bei der Brauerei Landshuter Brauhaus die Hagrainer Straße. Hier könnten wir abkürzen, indem wir geradeaus zur Freyung hinabsteigen. Wir aber folgen den Markierungen und gehen leicht links die Straße hinauf, zweigen gleich darauf bei einer Treppe rechts ab den Berg hinauf und nehmen oben den Weg links. Er führt zum Kinderkranken-

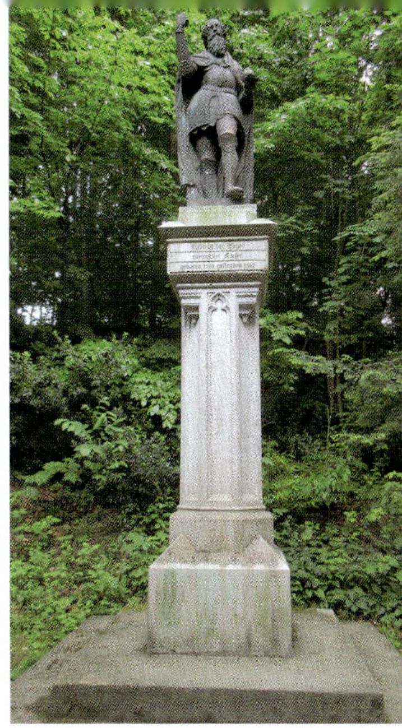

Denkmal Ludwigs des Bayern im Landshuter Hofgarten

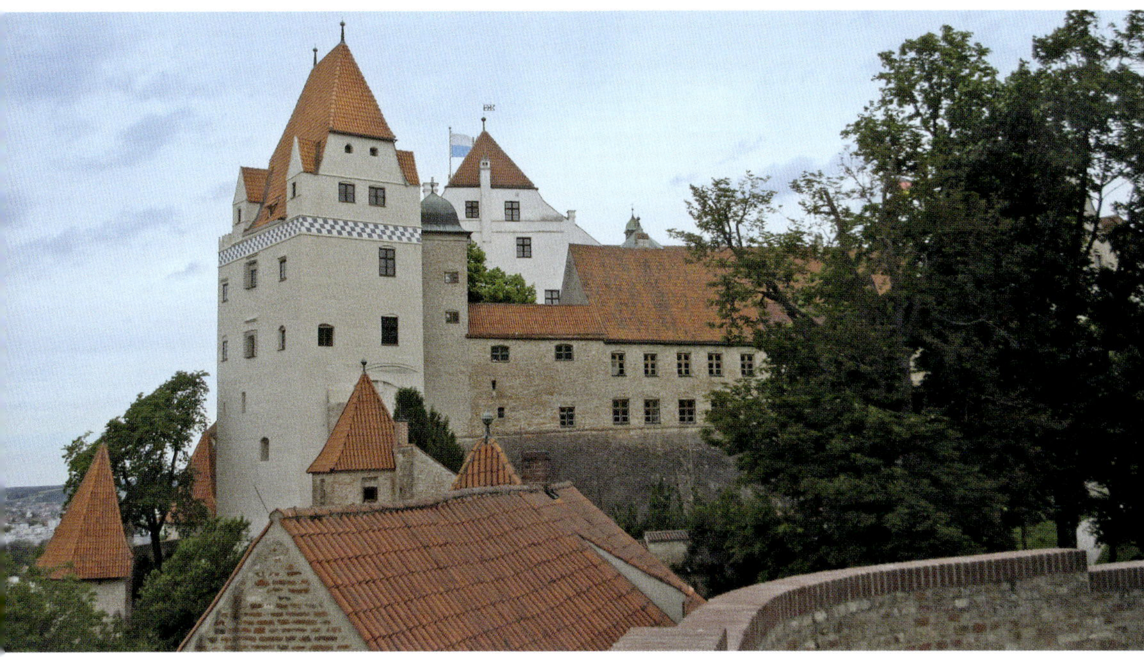

Burg Trausnitz mit dem Wittelsbacher Turm

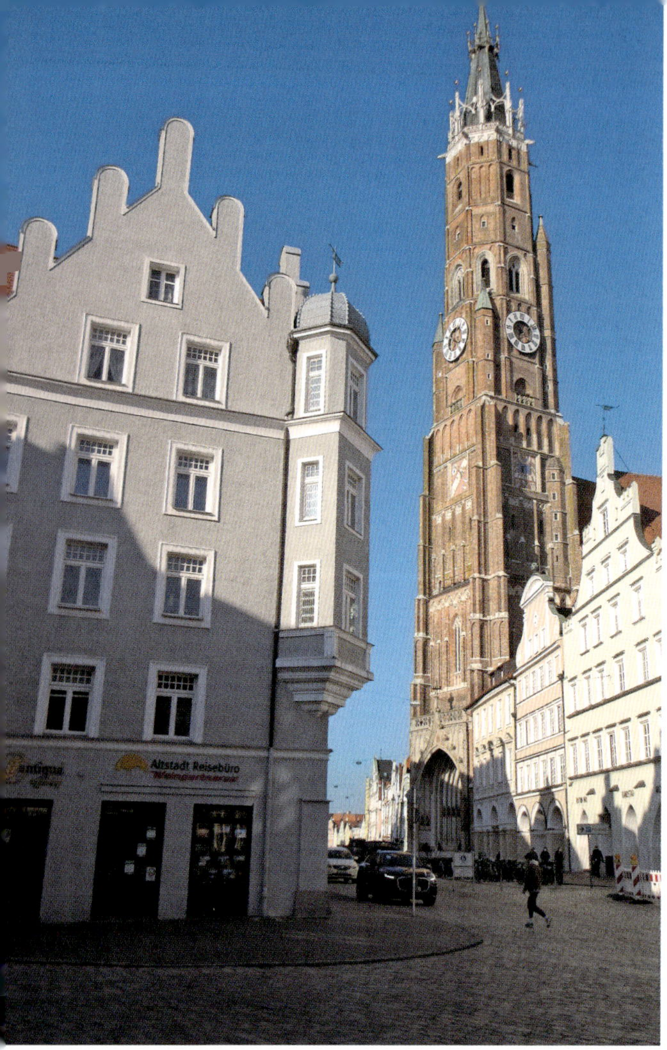

haus St. Marien. Dort steigen wir kurz rechts hinunter und links den Bernlochnerschluchtweg wieder aufwärts. Gleich darauf zweigt rechts eine Treppe hinauf zum Herzoggarten im Hofgarten ab.

Ab hier sind nun mehrere Wege möglich, alle gleich schön. Empfehlen möchte ich den Weg vorbei am Herzogschlössl, über das Tiergehege zum Stadtblick und weiter zum Schanzl bei der Burg Trausnitz. Von dort hat man wieder einen fantastischen Blick hinab auf Landshut, vor allem auf die Altstadt. Natürlich muss der Burg Trausnitz, oder besser gesagt der Schlossschänke, auch ein Besuch abgestattet werden, bevor man über die Treppe, das sogenannte Ochsenklavier, hinunter in die Altstadt steigt. Wir spazieren schließlich noch kurz durch das historische Zentrum zum Rathaus, an dem unsere Wanderung endet.

Die Kirche St. Martin mit dem höchsten Backsteinturm der Welt

Rechte Seite: »Himmel Landshut – tausend Landshut« – so grüßten 1475 die Landsknechte ihre Herzöge und so jubeln die Landshuter während der Landshuter Hochzeit noch heute.

Variante Wenn die Tour zu lang wird, etwa mit Kindern, dann kann man nach der Carossahöhe auf der Schönbrunner Straße direkt in die Freyung abzweigen und durch die Neustadt und die Altstadt der Luitpoldbrücke laufen. Die Tour verkürzt sich dadurch um etwa zwei Kilometer und man hat etwa 80 Höhenmeter weniger zu bewältigen.

Hinweis Wenn man mit der Bahn anreist, nimmt man den Bus der Linie 3 zum Lurzenhof. Für Pkw-Benutzer bietet sich als Parkplatz die Grieserwiese an, die Bushaltestelle der Linien 3 und 14 findet man dann in der Altstadt vor dem Rathaus. Der Weg ist in beide Richtungen gleich lohnend. In Landshut aber hat man kein Problem mit dem ÖNPV, am Lurzenhof hingegen muss man, falls man den Bus verpasst hat, schon mal eine halbe Stunde warten.

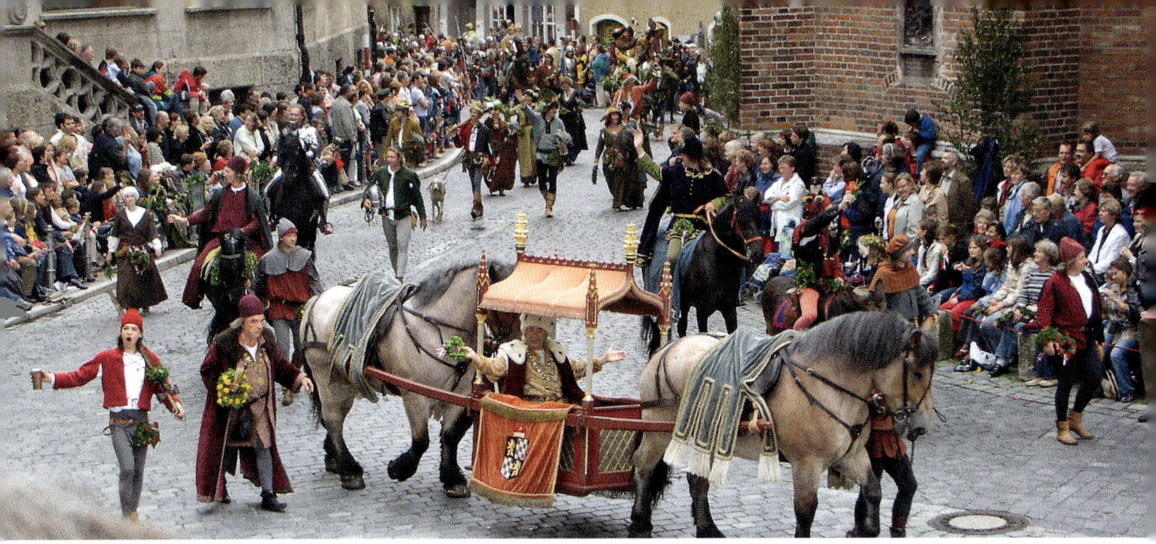

Wissenswertes

Die nördlichste Stadt Italiens? Dieser Klischee-Titel wird vor allem an München vergeben, des Öfteren auch an Regensburg, aber vieles spricht auch für **Landshut**. Es erinnert an Siena und teilt mit der mittelalterlichen Stadt in der Toskana ein ähnliches Schicksal. Nach einer Blütezeit im Spätmittelalter verschwanden beide in der politischen Bedeutungslosigkeit, beide verloren einen Krieg gegen einen Nachbarn und hatten in der Folge nicht mehr das Geld, um sich mit neuen, »modernen« Bauten zu schmücken. Sie gelten beide als der Inbegriff der gotischen Stadt, der »cittá gotica«. Und beide erinnern mit opulenten Festen an ihre Blütezeit: die eine zweimal im Jahr mit dem Palio, einem nicht nur für die Pferde lebensgefährlichen Rennen am Stadtplatz, die anderen alle vier Jahre mit einer Hochzeit, deren Protzigkeit mehr als fünf Jahrhunderte überdauerte. Übrigens, bei diesen Festen sind Fremde als zahlende Gäste gern gesehen, es sind aber die Sienesen bzw. die Landshuter, die feiern. Es ist ihr Fest und während dieser Zeit ist für die meisten Einheimischen alles andere unwichtig. Noch eine Gemeinsamkeit gibt es: Beide Städte bauten riesige Türme, um ihren Stadtherren zu zeigen, dass sie ihnen ebenbürtig sind. Der Rathausturm von Siena, der Torre del Mangia, ist 102 Meter hoch und ragt hinauf zum Dom, der Kirchturm von St. Martin in Landshut ist sogar noch höher und ist auf Augenhöhe mit der Burg Trausnitz.

Auch kunstgeschichtlich ist Landshut Italien verbunden. Hier steht der erste Renaissancepalast nördlich der Alpen, die Stadtresidenz. Ludwig X. ließ sie in den Jahren 1536 bis 1543 erbauen, nachdem er in Mantua den Palazzo del Te kennengelernt hatte. Beide Städte haben eine Universität bzw. Hochschule. Bevor die Ludwigs-Maximilians-Universität 1826 nach München verlegt wurde, war sie etwa ein Vierteljahrhundert in Landshut beheimatet. Natürlich gibt es auch Unterschiede, Landshut war nie eine freie Reichsstadt oder gar ein Stadtstaat. Die Landshuter wurden von ihren Herzögen argwöhnisch beäugt, und wenn sie nach zu viel Mitsprache strebten, liefen sie Gefahr, aus der Stadt verbannt zu werden oder – im wortwörtlichen Sinne – ihren Kopf zu verlieren. Trotzdem oder vielleicht deshalb lieben die Landshuter ihre Herzöge noch heute: »Lieber geknechtet als bedeutungslos!«

31 Landshuter Höhenwanderweg: Rundwanderweg N3

Vom Atommeiler in das niederbayerische Bauernland

leicht | 14,0 km | 250 Hm | 3.30 Std.

Tourencharakter
Feldwege und z. T. auch wenig befahrene Nebenstraßen

Ausgangs-/Endpunkt
Niederaichbach, Parkplatz in der Nähe der Isarbrücke
GPS: 48.605518, 12.316575

Anfahrt
ÖPNV: Keine für Wanderer brauchbare Verbindung (siehe Varianten)
Auto: Auf der A 92 bis Ausfahrt Wörth an der Isar, weiter in Richtung Wörth a. d. Isar/Niederviehbach/Niederaichbach/Postau, an Kreisverkehren in die Landstraße und in die Isarstraße nach Niederaichbach; Parkplatz vor der Isarbrücke links

Einkehr
Landgasthof Scheugenpflug in Hüttenkofen (landgasthof-scheugenpflug.de)

Karte
KOMPASS Wanderkarten-Set 160 Niederbayern, 1:50.000

Information
landkreis-landshut.de

Bei dieser Tour treffen zwei Extreme aufeinander: Wir starten in Niederaichbach in der Nähe des Kernkraftwerks Isar 2 und wandern dann durch idyllisches Bauernland. Die Wege sind nicht zu »gach« (bairisch für steil) und gut zu gehen, immer wieder informieren Schautafeln über Land und Leute.

Die Wanderung Vom Parkplatz in Niederaichbach gehen wir ein kurzes Stück zur Isarbrücke, überqueren sie und gehen am Kreisverkehr geradeaus weiter die Königsfelderstraße hinauf. Noch bevor wir das Schloss erreichen, biegen wir links ab und gehen das Ernstgasserl hinab zur Kneippanlage am Aichbach und weiter zur St.-Nikolaus-Kirche. Wir folgen nun immer dem Bach flussaufwärts, überqueren eine Brücke und wandern über

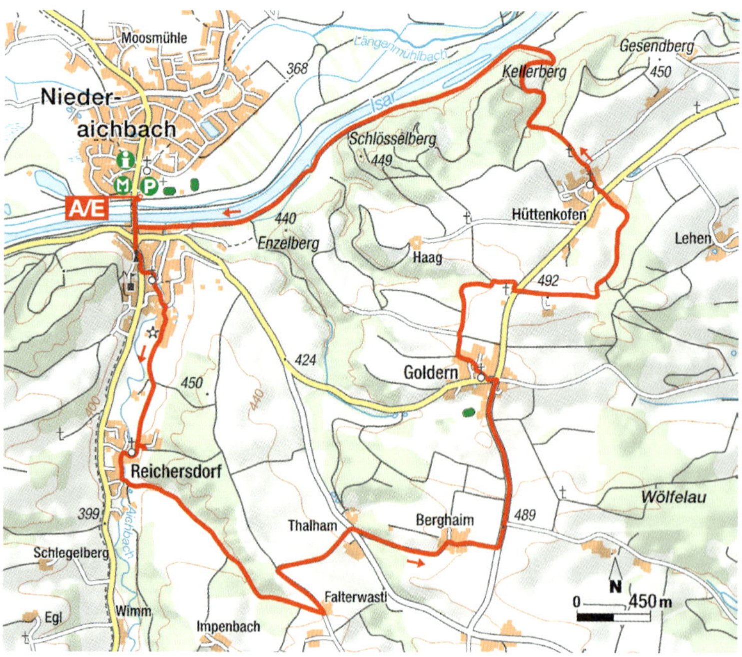

Felder weiter zur Ortschaft Reichersdorf. Vorbei an der Kirche St. Margaretha geht es wieder hinunter zum anderen Ufer des Aichbachs. Der Weg wendet sich nun nach links an einem Steinbruch vorbei. Links am Waldrand befindet sich ein Wegkreuz. Hier wird an den französischen Piloten Thierry Millet erinnert, der am 30. März 1988 in der Nähe bei einem Absturz mit einem Mirage-Jagdflugzeug ums Leben gekommen ist. Unser Weiterweg führt geradeaus in den Wald und dann zum Bauernhof Falterwastl. Dort nehmen wir links die Teerstraße, die nach etwa 300 Metern rechts ab biegt und hinunter zur Ortschaft Thalham führt.

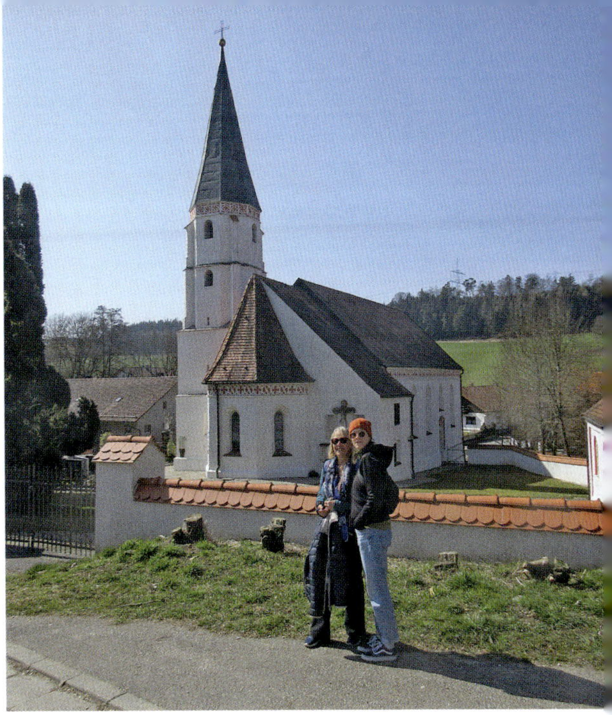

Filialkirche St. Margaretha in Reichersdorf

Wir folgen den Wegweisern hinauf nach Bergham und weiter nach Goldern. Leider müssen wir bis dorthin auf einer Teerstraße gehen. Sie ist zwar nur wenig befahren, aber Autostraße ist halt Autostraße. In Goldern führt unser Weg nach links an der Kirche vorbei und dann nach rechts. Am Waldrand halten

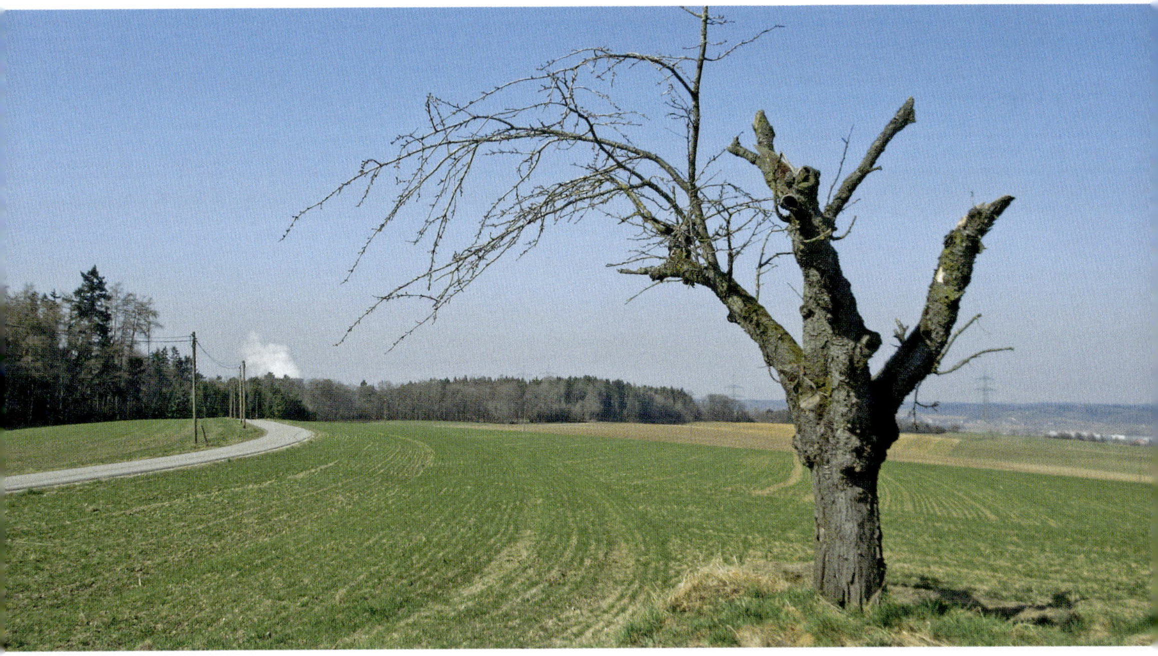

Im Hintergrund ist immer die Dampfwolke des Kernkraftwerks Isar 2 zu sehen.

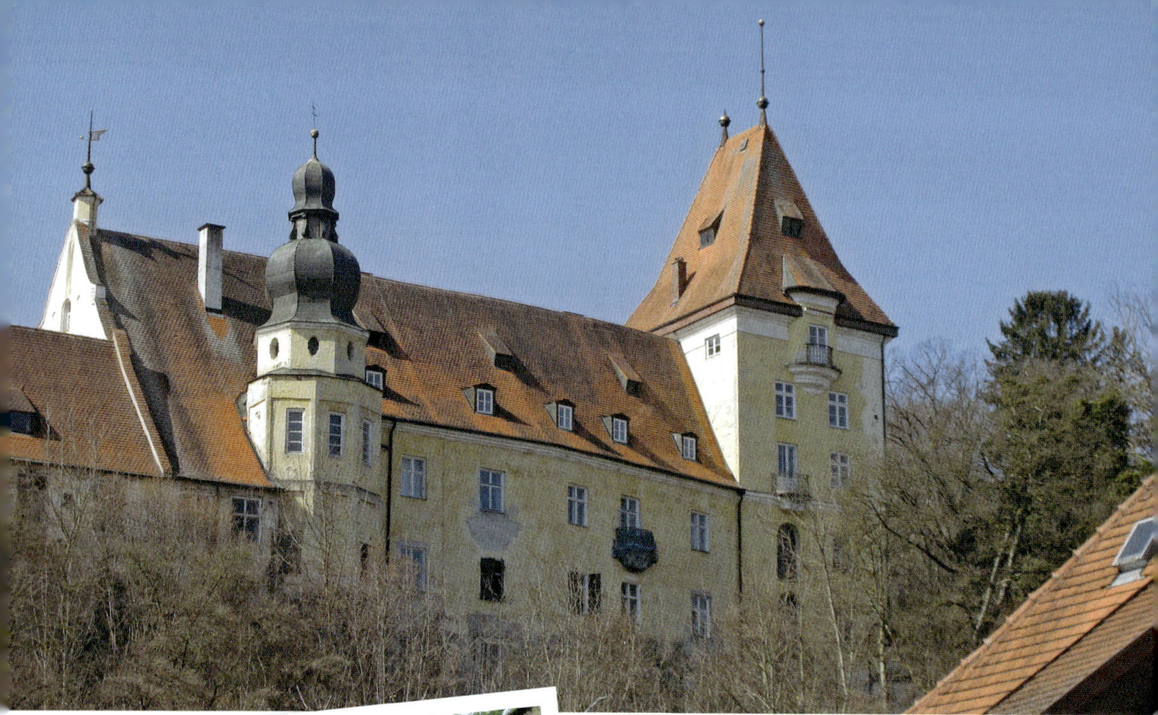

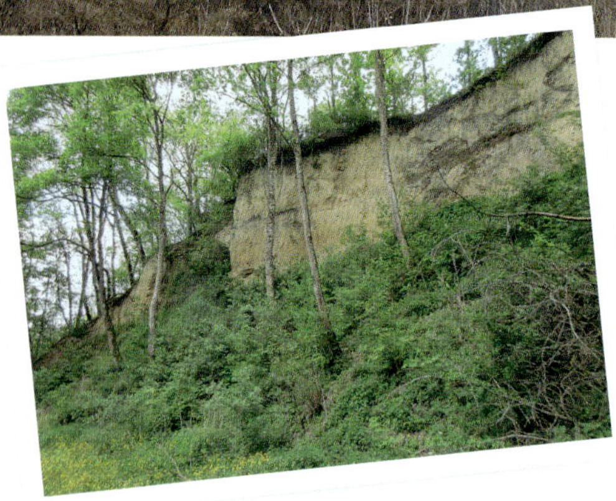

wir uns rechts. Hier müssen wir uns nun entscheiden: Gehen wir links oder rechts herum nach Hüttenkofen? Beide Wege sind etwa gleich lang. Zu beachten ist, dass der Weg nach Osten in der anderen Richtung markiert ist, sodass man sich ein paarmal rückwärts orientieren muss. Da aber unten im Tal Hüttenkofen bereits zu sehen ist, kann man sich nicht verlaufen.

Hangrutschung am Enzelsberg am rechten Isarufer

Ganz oben: Schloss Niederaichbach, auch bekannt als das Kloster Kaltenthal in der TV-Serie »Um Himmels Willen«

Dort geht es an der Kirche vorbei, links liegt der stattliche Landgasthof Scheuenpflug. Wir aber wandern geradeaus leicht bergauf zum Waldrand. Im Wald führt der Weg nun abwärts hinab ins Isartal. An der ersten Weggabelung halten wir uns links und folgen dem Forstweg bergab. Er biegt rechts ab und erreicht bald den Isarradweg. Hier gehen wir nun links isaraufwärts, bis wir nach etwa drei Kilometern wieder die Isarbrücke in Niederaichbach erreichen.

Varianten

- Die Tour mit dem ÖPNV durchzuführen ist etwas kompliziert: Entweder starten wir am Bahnhof Wörth a. d. Isar und wandern auch wieder dorthin zurück (die Strecke verlängert sich dabei um 6 km). Oder wir fahren mit dem Bus der Linie 309 von Landshut nach Niederaichbach (bitte die Vorbemerkungen zu den vier Touren des Landshuter Höhenwanderwegs beachten, siehe S. 150).

- Man kann die Tour auch mit dem Rad machen (wegen der nicht ganz einfachen ÖPNV-Anfahrt eine überlegenswerte Alternative): Man radelt etwa von Landshut oder Dingolfing auf dem Isarradweg zum Ausgangspunkt, fädelt dann in die Runde ein und fährt entlang der Isar wieder zurück. Die Steigungen sind machbar, lediglich bei der Abfahrt von Hüttenkofen hinunter zur Isar heißt es ein bisserl aufpassen.

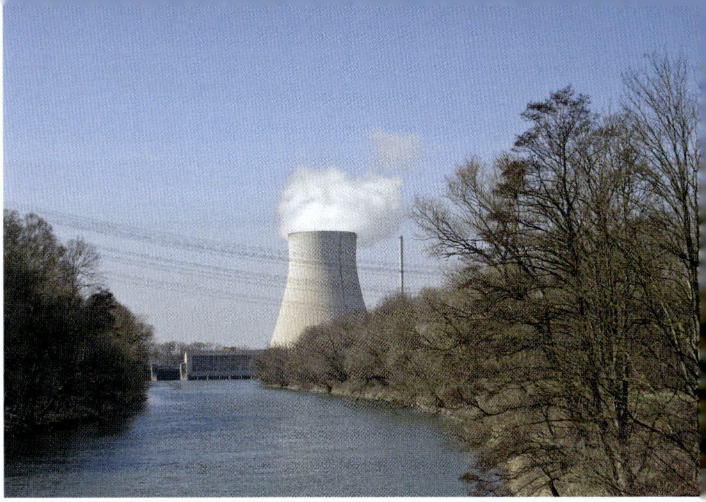

Bald wird der Kühlturm von Isar 2 nicht mehr dampfen.

Hinweis Die Tour ist ideal im Frühjahr und auch im Herbst, im Sommer können die Wege durch die Felder sehr sonnig, sprich heiß werden.

Wissenswertes

Das **Kernkraftwerk Isar**, auch Kernkraftwerk Isar/Ohu liegt 14 Kilometer flussabwärts von Landshut. Sein Vorgänger war das Kernkraftwerk Niederaichbach, ein Druckröhrenreaktor, der nur von 1973 bis 1974 an 18 Tagen voll in Betrieb war. Auf dem Werksgelände des Kraftwerks befinden sich heute zwei bautechnisch völlig unterschiedliche Reaktoren: Block 1 ist ein Siedewasserreaktor, Block 2 ein Druckwasserreaktor. Schon vor dem Bau des ersten Reaktors wurde leidenschaftlich um die Nutzung der Kernkraft gestritten. Von den Befürwortern als sichere Versorgung mit Elektrizität bewertet, von den Gegnern als gefährliche Technik verurteilt. Wobei nicht verschwiegen werden kann, dass bis heute die Endlagerung der abgebrannten Brennstäbe einer Lösung bedarf. Seit März 2011 ist nur noch der Block 2 im Betrieb. Wegen des Ukrainekrieges, der stark gestiegenen Energiepreise und der drohenden Energiekrise forderte der bayerische Ministerpräsident Markus Söder 2022 noch, dass man Isar 2 mindestens so lange betreibt, bis die Brennstäbe komplett genutzt sind. Inzwischen ist das Ende des Atomkraftwerks aber beschlossen: Ab dem 15. April 2023 wird Isar 2 heruntergefahren. Wie üblich beziehe ich hier keine Stellung. Ich habe zwar eine Meinung, aber die ist eher grundsätzlicher Natur. Natürlich brauchen wir eine gesicherte Energieversorgung. Aber wir sollten uns beizeiten darauf einstellen, dass es ein immer Mehr nicht geben wird und wir in Zukunft mit einem Bruchteil auskommen müssen.

32 Rund um Landshut

Feierabend-Radtour oder gemütlicher Sonntagsausflug

leicht | 31,4 km | 100 Hm | 2.30 Std.

Tourencharakter
Leichte Runde auf Teerstraßen, Rad- und Feldwegen

Ausgangs-/Endpunkt
Landshut, Hauptbahnhof oder Parkplatz Grieserwiese
GPS: 48.547325, 12.136245 (Hauptbahnhof), 48.53045, 12.143578 (Grieserwiese)

Anfahrt
ÖPNV: Mit DB-Regionalzug München–Passau bis Landshut Hauptbahnhof
Auto: Auf der A 92 nach Landshut; Parkplatz am Bahnhof (gebührenpflichtig); oder vom Hbf. die Luitpoldstraße/B 15 weiter und nach der Luitpoldbrücke rechts haltend bis zum großen Parkplatz am Festplatz Grieserwiese

Einkehr
Kiosk an der Gretlmühle; zahlreiche Gaststätten und Cafés in Landshut

Karte
KOMPASS Wanderkarten-Set 160 Niederbayern, 1:50.000

Information
landshut-tourismus.bayern

Diese Runde um Landshut ist besonders für den Sommer geeignet, denn dann kann man bei der Gretlmühle kurz ins Wasser hüpfen. Dabei sei auch ein kurzer Abstecher auf dem Oxenweg zu den vier Ungarischen Graurindern Nahe Auloh besonders empfohlen.

Die Radtour Wir starten beim Hauptbahnhof Landshut nach Süden, fahren in die Flutmulde hinab und neben dem Flüsschen Pfettrach nach links zur Piflaser Brücke. Unser Weiterweg führt nun immer an der Isar entlang, bis wir bei Flusskilometer 67,6 links über ein Brückerl fahren und weiter zur Staatsstraße 2047. Dort nehmen wir den Radweg nach rechts. Nach etwa eineinhalb Kilometern leiten uns Wegweiser an der Fischerstraße nach rechts (u. a. »Landshut, Isarsteig«). Beim Brückerl über den Sickergraben halten wir uns rechts isaraufwärts und erreichen

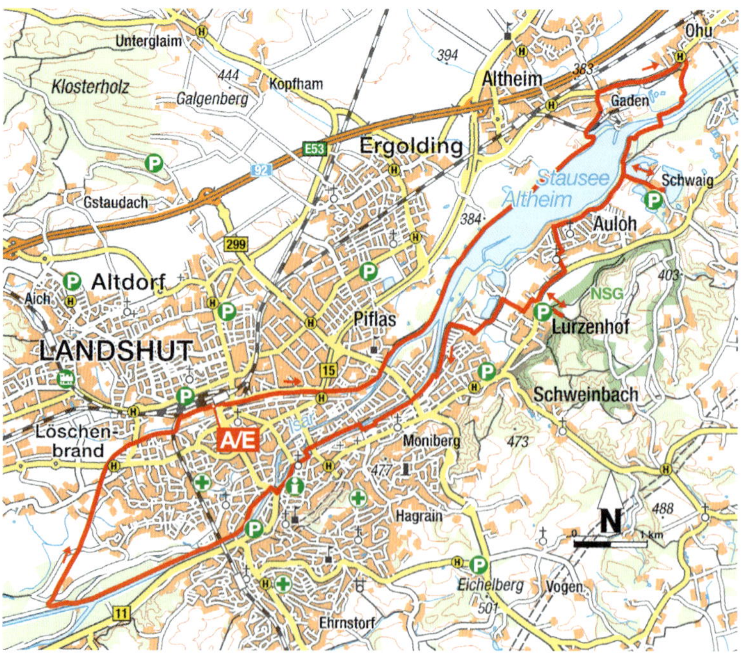

gleich darauf den Isarsteg. Auf der anderen Isarseite fahren wir auf dem Isarradweg flussaufwärts. Etwa einen halben Kilometer nach dem Wasserkraftwerk Altheim führt wieder eine kleine Brücke nach links zu einer Teerstraße. Wir folgen dieser kurz nach rechts und biegen bei nächster Gelegenheit links zum Freizeitgelände Gretlmühle ab. Hier haben wir erstmals Gelegenheit, Brotzeit zu machen, bzw. im Sommer können wir auch ins Wasser springen.

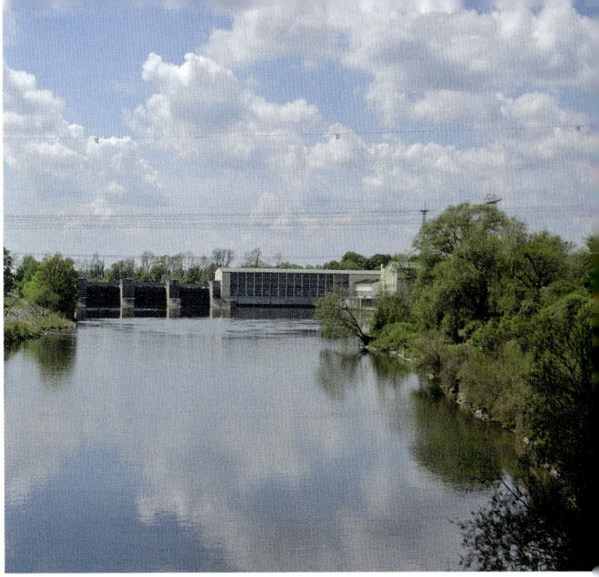

Zunächst müssen wir zurück zum Isarradweg, dem wir weiter isaraufwärts folgen. Nach etwa drei Kilometern weist das Schild »Altbayerischer Oxenweg« nach links. Wir folgen dem Wegweiser, überqueren die Autostraße und fahren noch ein kurzes Stück auf dem Schotterweg. Dort in der Ochsenau informieren einige Tafeln über das Naturschutzgebiet »Alter Standortübungsplatz mit Isarleite« und die Geschichte der Oxenwege im Mittelalter. Rechts von ihnen können vier Ungarische Graurinder beobachtet werden, die hier eine neue Heimat gefunden haben.

Eines von vielen an der Unteren Isar: das Wasserkraftwerk Altheim

Ab Landshut finden sich zahlreiche Stauseen, hier der Stausee Altheim.

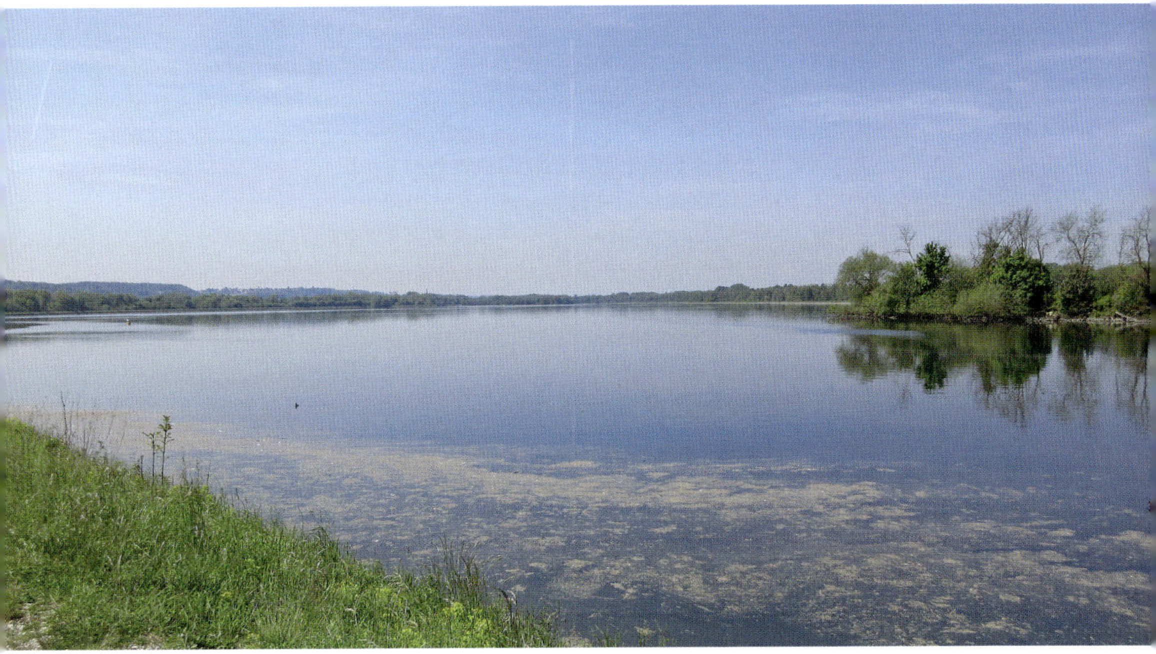

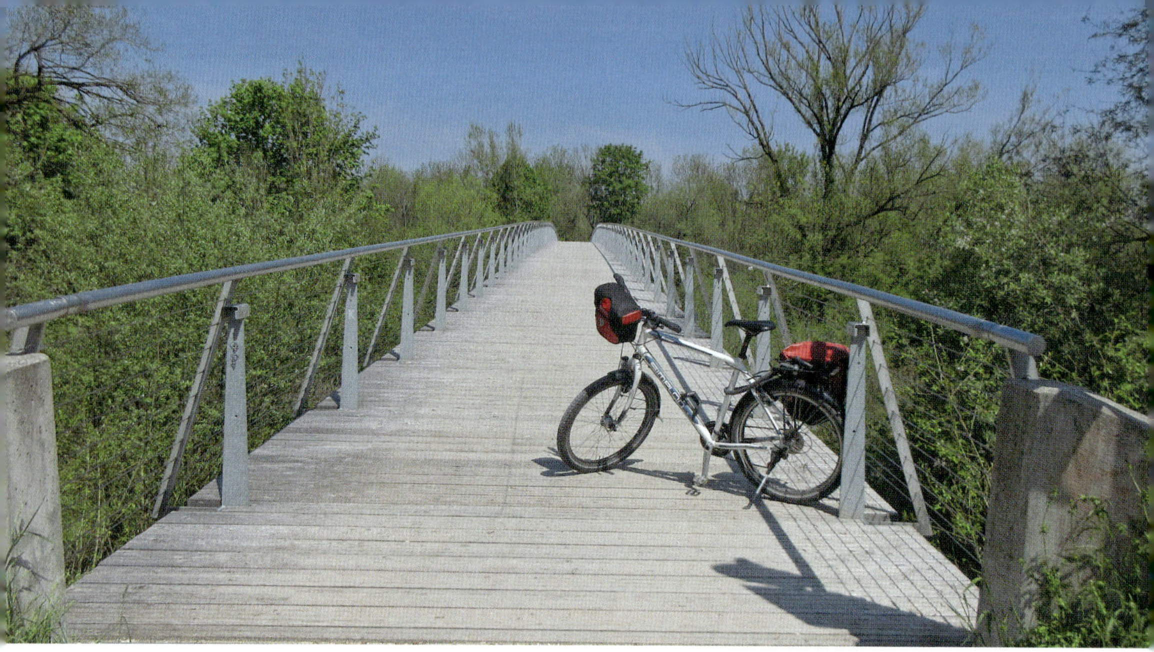

Der Isarsteg beim Kraftwerk Altheim ermöglicht uns, auf das andere Isarufer zu wechseln.

Wir müssen wieder zurück zum Isarradweg. Dort fahren wir weiter isaraufwärts bis zur Konrad-Adenauer-Brücke. Nun sind mehrere Wege zur Grieserwiese möglich, etwa an der Isar entlang, durch die Altstadt oder auch hinüber auf die Insel zwischen Großer und Kleiner Isar. Spätestens am Achdorfer Isarsteg müssen wir auf die linke, westliche Isarseite wechseln. Dort radeln wir weiter isaraufwärts, bis wir nach etwa drei Kilometern zur Flutmulde kommen. Auch hier sind kleine Varianten möglich. Wir biegen rechts ab und erreichen nach etwa vier Kilometern wieder unseren Ausgangspunkt, den Hauptbahnhof Landshut.

Varianten

- Autofahrer können auch den großen Parkplatz Grieserwiese (kostenlos) als Ausgangs- und Endpunkt wählen.
- Sollte uns der Besuch der Gretlmühle nicht reizen, radeln wir einfach den Isarradweg geradeaus weiter. Die Tour verkürzt sich dadurch unwesentlich um etwa einen Kilometer.
- Wollen wir den Ungarischen Grauochsen unterhalb des ehemaligen Truppenübungsplatzes Auloh keinen Besuch abstatten (was meiner Meinung nach schade wäre), so fahren wir ebenfalls einfach den Isarradweg geradeaus weiter. Die Tour verkürzt sich dadurch um etwa zwei Kilometer.
- Falls die Tour zu lang wird, etwa mit Kindern, dann kann man von der Konrad-Adenauer- Brücke aus sofort wieder zum Hauptbahnhof Landshut zurückfahren. Die Tour verkürzt sich dadurch auf etwa 24 Kilometer.

Tipp In Landshut das Radl absperren und einen Bummel durch die Altstadt, die Neustadt und die Freyung machen – und natürlich einen Cappuccino trinken, ein Eis schlecken oder in einer der vielen Gaststätten einkehren.

Die gotische Stadt: Landshuts Altstadt

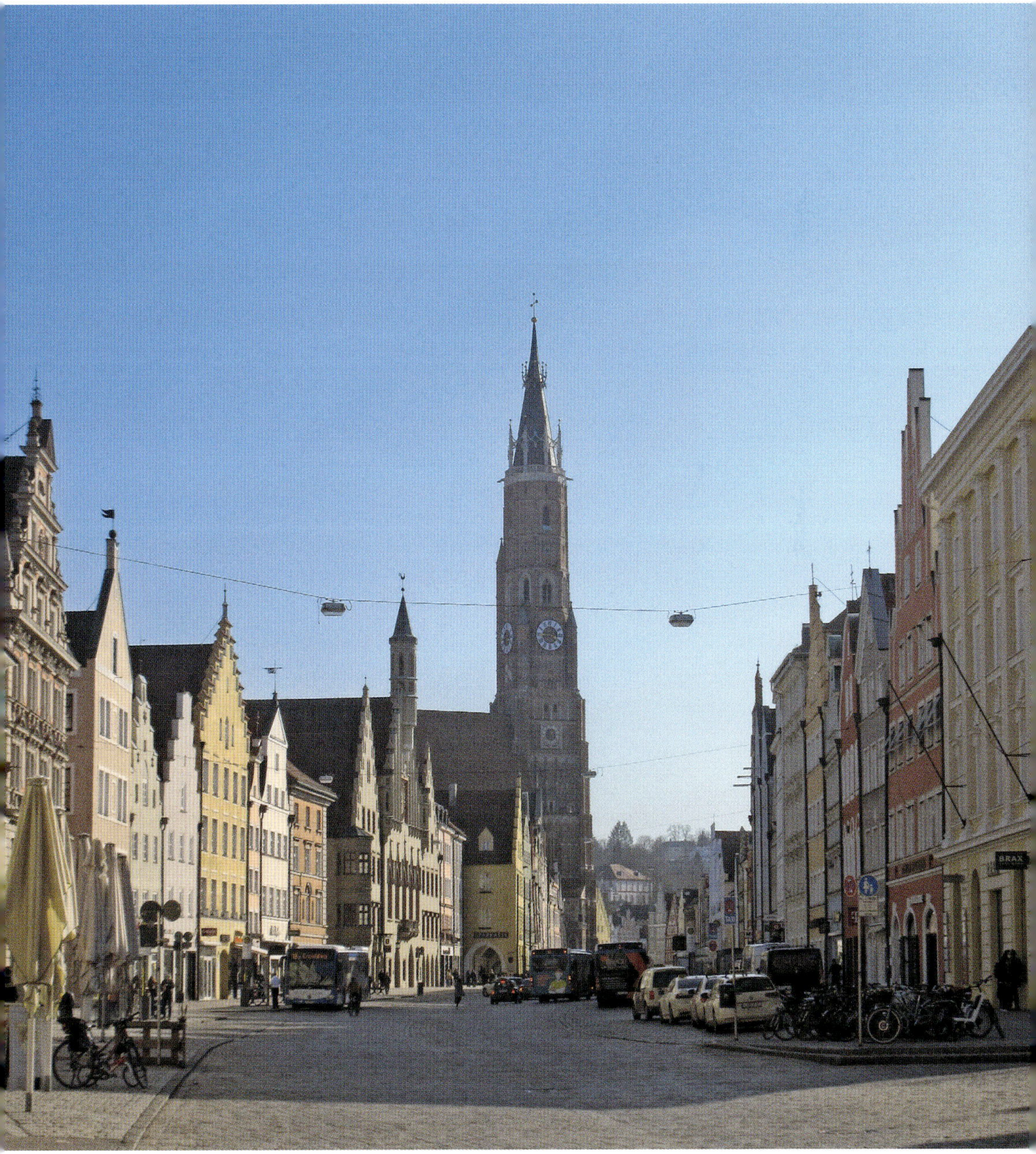

33 Auf dem Bockerlbahn-Radweg ins Vilstal

Von Landau an der Isar durchs Tertiärhügelland östlich der Isar

mittel | 42,1 km | 330 Hm | 2.30 Std.

Tourencharakter
Gut befahrbare Rad- und Feldwege, Autostraßen mit wenig Verkehr; längere Steigungen zwischen Landau und Möding sowie zwischen Eichendorf und Hackl

Ausgangs-/Endpunkt
Landau an der Isar, Bahnhof
GPS: 48.682564, 12.695278

Anfahrt
ÖPNV: Mit DB-Regionalzug München–Passau bis Bahnhof Landau (Isar)
Auto: Auf der A 92 bis Ausfahrt B 20 Richtung Landau a. d. Isar/Arnstorf/Simbach/Eichendorf; von der B 20 Richtung Harburg/Landau-Mitte-Nord abfahren; rechts auf die Harburger Straße, am Kreisverkehr in die Straubinger Straße und rechts in die Bahnhofstraße; dort Parkplätze

Einkehr
Gaststätten in Landau, Eichendorf, Oberpöring und Ettling

Karte
KOMPASS Wanderkarten-Set 160 Niederbayern, 1:50.000

Information
ferienland-dingolfing-landau.de

Bei dieser Radtour lernen wir die schönsten Abschnitte von gleich drei Radrouten kennen, zuerst den Bockerlbahnradweg, dann den Vilstal-Radweg und nach einer durchaus fordernden Bergstrecke kehren wir auf dem Isarradweg wieder zurück nach Landau.

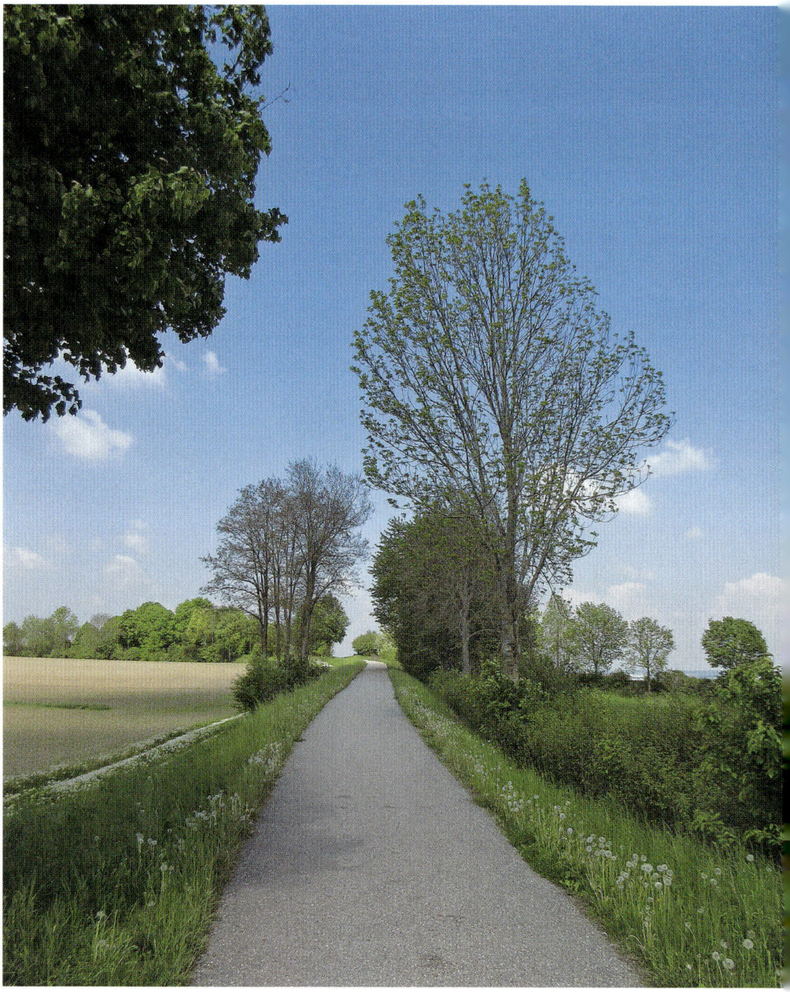

Der Bockerlbahnradweg verläuft auf einer ehemaligen Bahntrasse.

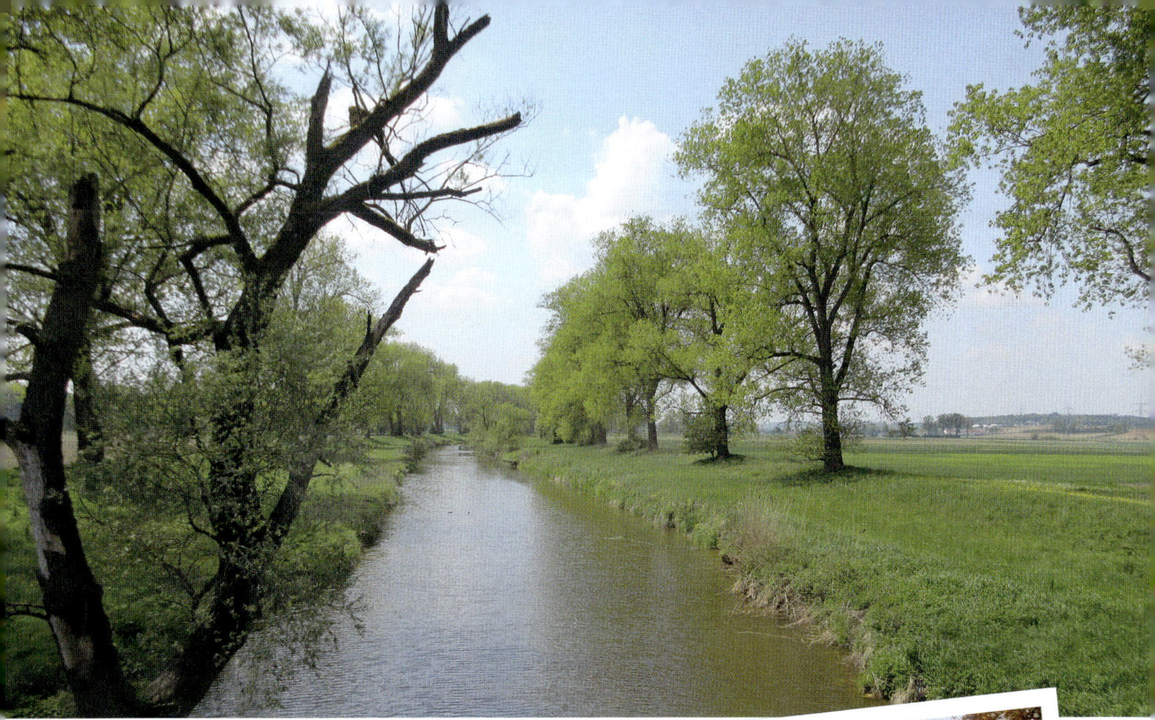

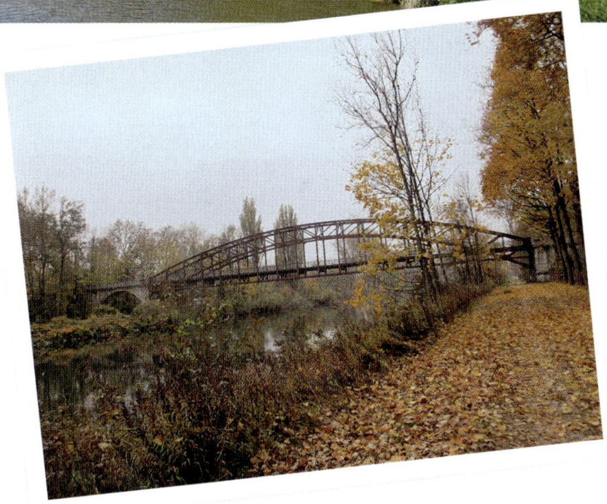

Die Radtour Wir starten am Bahnhof Landau und fahren auf der Bahnhofstraße Richtung Osten. 300 Meter weiter biegt rechts der Bockerlbahnradweg ab und erreicht nach etwa einem Kilometer die Bockerlbrücke. Nun strampeln wir mit mäßiger Steigung auf der ehemaligen Bahntrasse hinüber ins Vilstal. Nachdem wir die südliche Stadtgrenze Landaus passiert haben, führt der Radweg in angenehmem Gefälle hinab ins Vilstal nach Aufhausen. Dort, am ehemaligen Bahnhof, finden sich Gleisreste und eine »steinerne Lokomotive«. Wir fahren nun auf dem Vilstal-Radweg nach Eichendorf. Vom Marktplatz radeln wir rechts die Plattlinger Straße hinab zur Vils und biegen sofort hinter der Brücke links in den Wiesenweg ein.

Auch im späten Herbst ist eine Radtour an der Unteren Isar noch gut möglich.

Ganz oben: Die Vils, die kleine Schwester der Isar

Nach den letzten Häusern führt dieser als Wirtschaftsweg zuerst über den Vilskanal und weiter nach Hörmannsdorf. Dort treffen wir auf die Staatsstraße St 2325. Nach dem Kreisverkehr strampeln wir neben ihr auf dem Radweg hinauf nach Wisselsdorf. Im Ort biegen wir rechts ab Richtung Gneiding. Bis Hackl geht es noch bergauf, dann aber in sanftem Gefälle hinunter nach

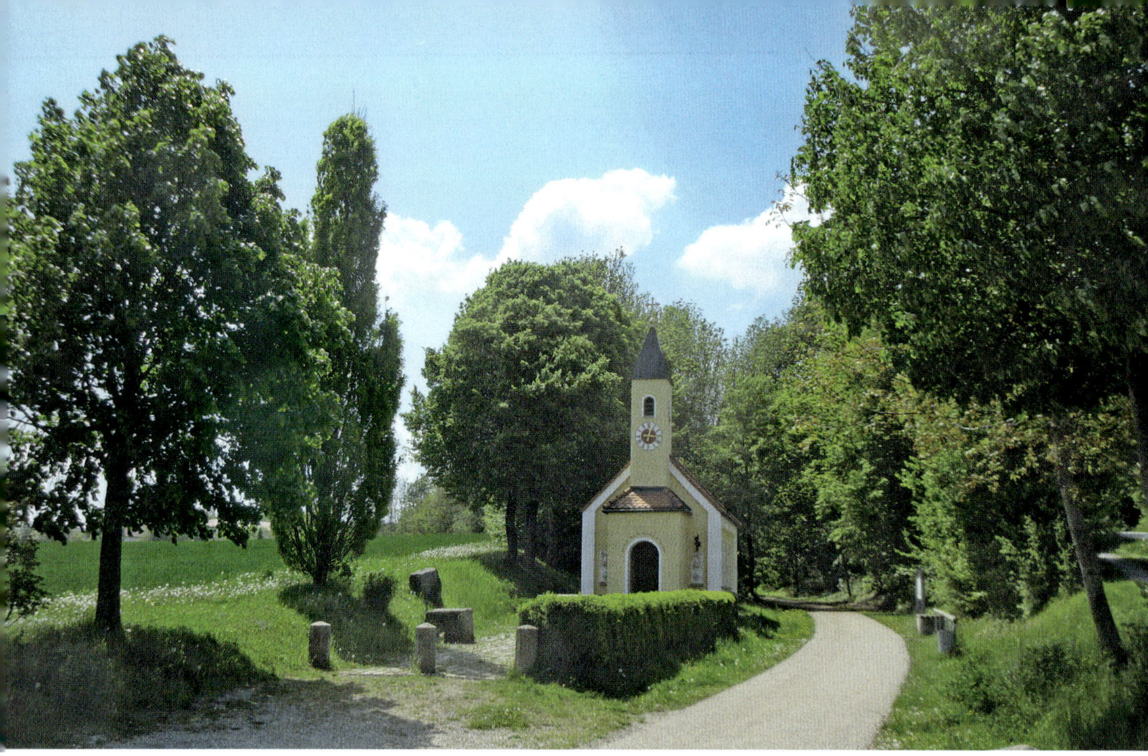

Die Sankt-Josefs-Kapelle neben dem Bockerlbahnradweg

Gneiding und geradeaus nach Oberpöring. Dort treffen wir auf den Isarradweg, dem wir nun flussaufwärts in Richtung Landau folgen. Er führt zuerst über die Brücke, biegt dann links ab in die Isarauen und kommt zur St 2325. Hier muss man ein bisschen

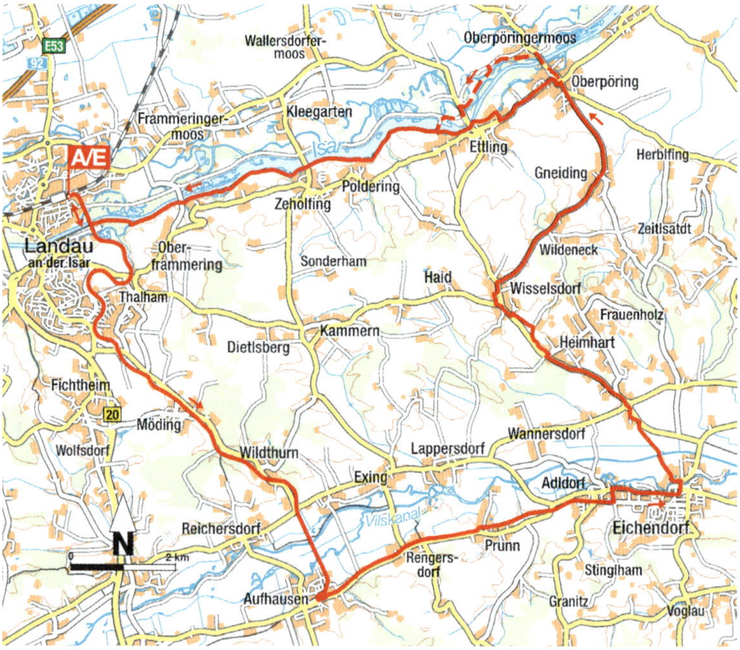

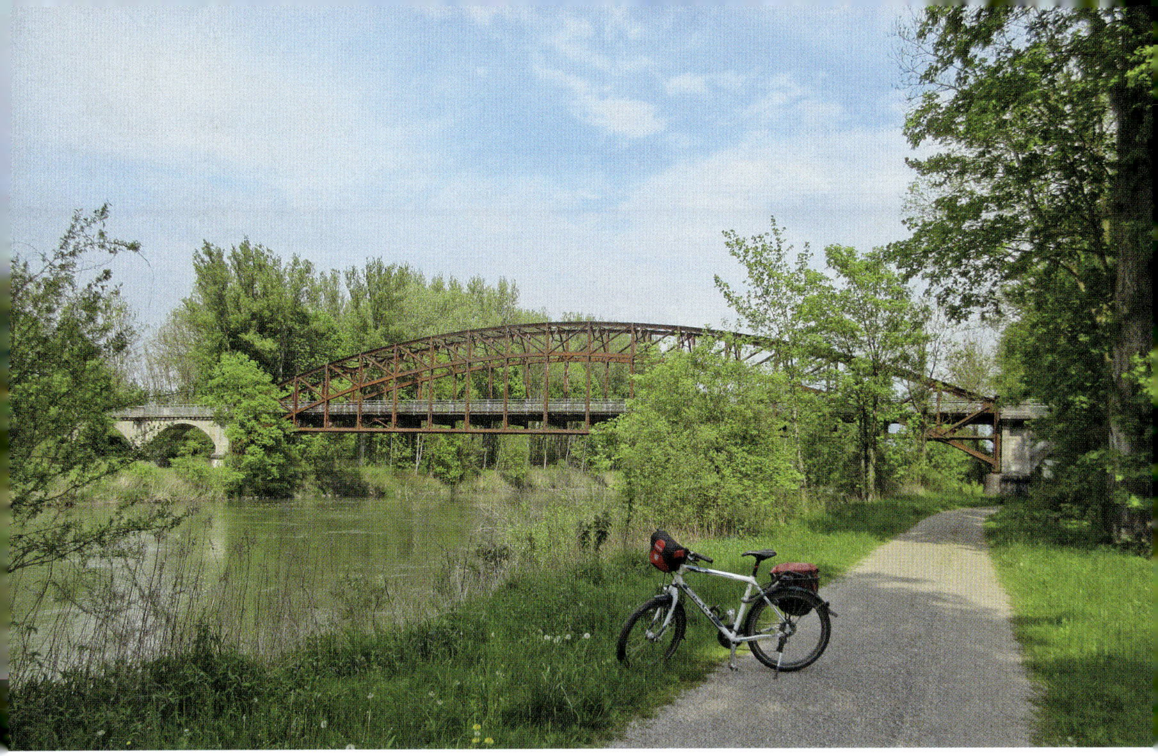

Die Bockerlbrücke ist eines der Wahrzeichen der Stadt Landau.

aufpassen. Es geht kurz links an der Straße entlang, dann nach etwa 300 Metern rechts in die Kraftwerkstraße. Über die Brücke beim Laufwasserkraftwerk Ettling kommen wir wieder auf die andere Isarseite. Nun radeln wir auf dem Isarradweg isaraufwärts zurück zur Bockerlbrücke. Ab dort geht es auf dem schon bekannten Weg zurück zum Bahnhof.

Tipps Im Sommer lockt nach der Tour noch das Freibad Landau (Freibadweg 5), im Frühjahr oder Herbst der Besuch des Kastenhofs, das Museum für Steinzeit und Gegenwart (Oberer Stadtplatz 20). Nicht nur für Kinder zwei »heiße Tipps«.

Wissenswertes

Die **Bockerlbrücke** ist eine stillgelegte Eisenbahnbrücke. Sie wurde 1903 erbaut und war damals Hightech pur: die längste selbsttragende Stahlbrücke in Bayern. 1945, in den letzten Tagen des Zweiten Weltkriegs, wurde sie gesprengt und konnte erst 1952 wieder ihren Dienst aufnehmen. Doch nur für kurze Zeit. Bereits 1964 wurde auf dieser Strecke der Personenverkehr eingestellt.

34 Rundfahrt an der Isarmündung

Von Plattling auf dem Isarradweg zur Donau und zurück

leicht | 34,0 km | 120 Hm | 2.30 Std.

Tourencharakter
Gut befahrbare Rad- und Feldwege, wenig befahrene Autostraßen

Ausgangs-/Endpunkt
Plattling, Parkplatz Friedhof St. Jakob bzw. Bahnhof Plattling
GPS: 48.772308, 12.889840 (Parkplatz),
48.779053, 12.864407 (Bahnhof)

Anfahrt
ÖPNV: Mit DB-Regionalzug München–Passau bis Bahnhof Plattling; von dort Rad-Anfahrt zum Ausgangspunkt am Friedhof St. Jakob, siehe Variante
Auto: Auf der A 92 bis Ausfahrt Plattling-West und auf die B 8 in Richtung Osterhofen; in Plattling nach der Isarbrücke links in die Friedhofstraße; Parkplatz vor dem Friedhof auf der linken Seite

Einkehr
Waldschänke Grieshaus; Gasthaus Hörner in Moos

Karte
KOMPASS Wanderkarten-Set 160 Niederbayern, 1:50.000

Information
infozentrum-isarmuendung.de, plattling.de

Im Auwald des Mündungsgebiets der Isar gibt es im Hochsommer jede Menge stechlustiger »Staunzen«, so heißen die großen Stechmücken in Niederbayern. Die Tour eignet sich deshalb eher für das Frühjahr oder den Herbst. Im Sommer sollte man jede Menge Insektenschutzmittel mit sich führen.

Die Radtour Wir starten am Parkplatz beim Friedhof und der Kirche St. Jakob in Plattling und folgen den Wegweisern des Isarradwegs bzw. der Via Danubia in Richtung »Infozentrum Isarmündung, Maxmühle« bzw. »Isarmünd«.

Nach dem Besuch des Infozentrums ist zu überlegen, ob man den Abstecher zum Aussichtsturm und zur Heckrinder-Weide machen sollte. Beides ist mit dem Rad problemlos möglich. Die Tour verlängert sich unwesentlich um gute drei Kilometer. Dazu biegt man bei der Weiterfahrt nach Isarmünd nach der Brücke über den Grafenmühlbach sofort links ab und gleich darauf noch

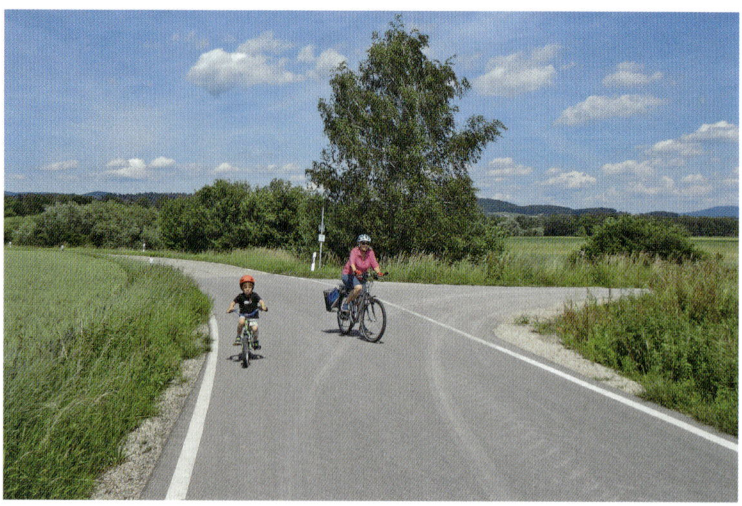

Dank verkehrsarmen Straßen ist die Isarmündung-Radtour auch mit kleinen Kindern möglich.

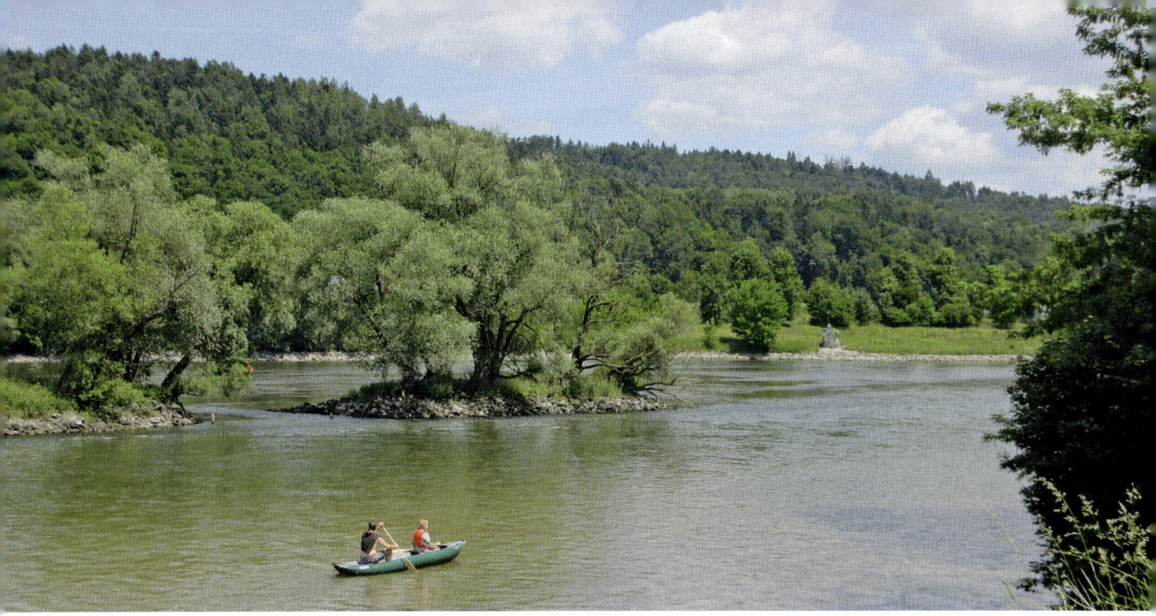

Ab hier befahren die Kanuten nun die Donau.

einmal links. Oben vom Damm hat man einen guten Blick auf die Auerochsen-Weide. Wir fahren noch ein kurzes Stück geradeaus, biegen dann rechts ab und bei nächster Gelegenheit wieder nach links. Zurück geht es auf demselben Weg zur Brücke über den Grafenmühlbach.

Wir folgen nun der Straße etwa drei Kilometer bis Isarmünd. Dort biegen wir hinter der Kapelle links ab und kommen zu einer Informationstafel oben auf dem Damm. Dort können wir uns über den Weg zur Isarmündung informieren. Bis auf das letzte Stück lässt sich der Weg auch mit einem Tourenfahrrad zurücklegen. Auf demselben Weg geht es wieder zurück nach Isarmünd.

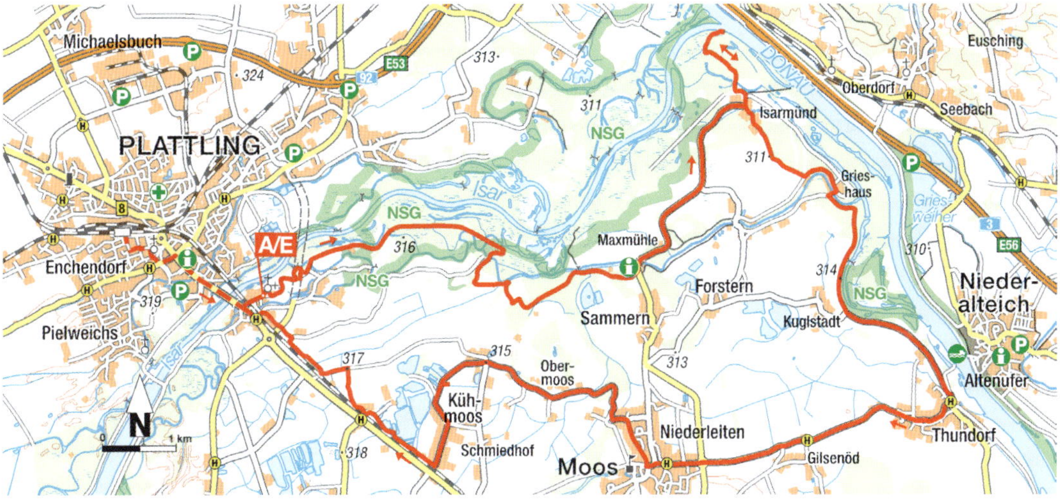

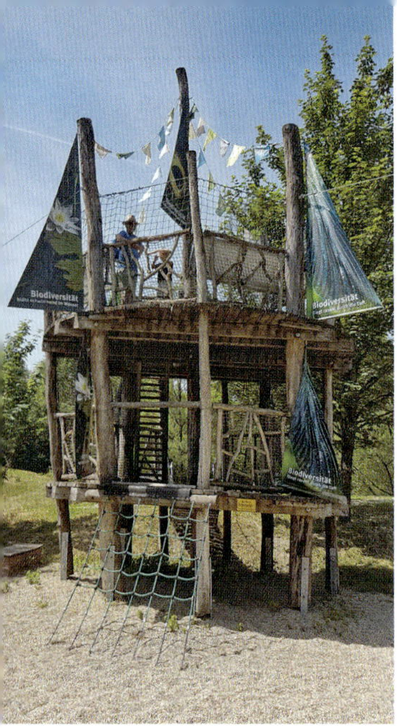

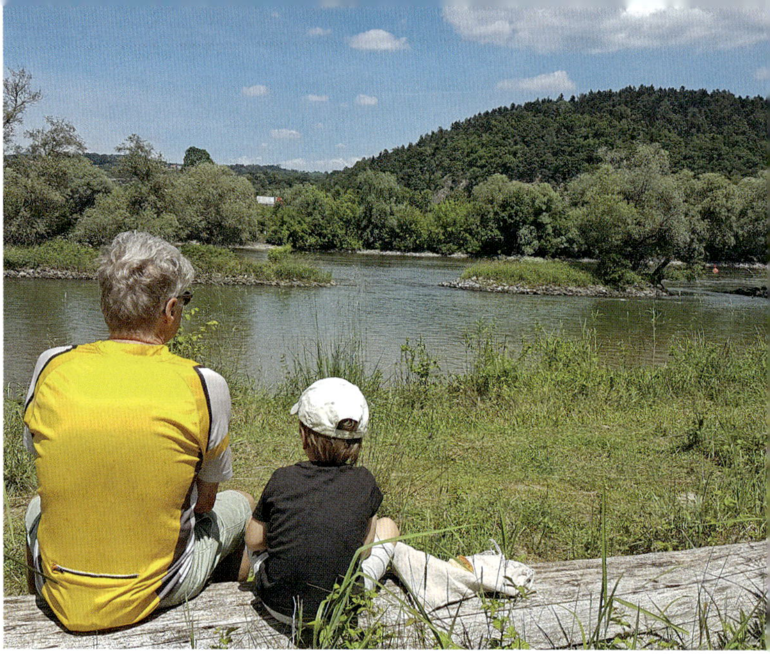

Das Infozentrum Isarmündung lockt auch mit einem tollen Spielplatz.

Rechts: Zwei Weltentdecker am Endpunkt des Isarradwegs

Wir folgen nun dem Damm nach Osten. Nach gut drei Kilometern erreichen wir die Waldschänke Grieshaus. Der Weiterweg führt über das kleine Brückerl hinter dem Gasthaus, nach 200 Metern biegen wir dann links ab und folgen immer den Wegweisern Donauradweg bzw. Via Danubia nach Thundorf. Dort biegt der Weg zur Donaufähre scharf links ab. Weiter auf dem Donauradweg kommen wir zur Pfarrkirche, die durchaus einen Besuch wert ist, biegen dann rechts in die Pfarrer-Weinberger-Straße ab und fahren nach Moos.

Wissenswertes

Der Besuch des **Infozentrums Isarmündung** lohnt auf alle Fälle, man sollte mindestens eine Stunde zur Besichtigung der kleinen Ausstellung und des Freigeländes einplanen. Im Jahr 2000 wurde das »Dr.-Georg-Karl-Haus« inmitten herrlicher Auwälder am Rande des einzigartigen Naturschutzgebietes eröffnet. Es zeigt den Besuchern die unterschiedlichen natürlichen Lebensräume der Isarmündung. Es gibt weiträumige Außenanlagen, einen Spielplatz für Kinder mit einem Informations- und Aussichtsturm, eine Dauerausstellung des Wasserwirtschaftsamtes Deggendorf, einen Lehrbienenstand des Bienenzuchtvereins Plattling, einen wenigstens teilweise barrierefreien Rundweg und mehrere Lehrpfade. Der Eintritt ist frei, die Dauerausstellungen sind vom 1. April bis 31. Oktober von Mittwoch bis Sonntag von 10:00 Uhr bis 17:00 Uhr (auch an allen Feiertagen) geöffnet. Darüber hinaus werden das ganze Jahr über interessante Veranstaltungen angeboten, z. B. Vorträge, Exkursionen und Workshops. Info: infozentrum-isarmuendung.de

Um dort einzukehren, müssen wir vor dem Schloss nach links in die Preysingstraße abbiegen, zuerst lockt die Schlosswirtschaft Moos, gleich dahinter das Gasthaus Hörner.

Können wir der Versuchung widerstehen, radeln wir rechts in den Zettelbachweg und strampeln links über die Leitenstraße nach Obermoos. Dort geradeaus weiter der Straße folgend kommen wir nach Kühmoos und schließlich zur Bahnlinie Osterhofen–Plattling. Entlang der Gleise geht es wieder zurück nach Plattling. Kurz vor der Isarbrücke biegen wir rechts zum Parkplatz bei St. Jakob ab.

Ganz unten: Das Naturschutzgebiet Isarmündung ist ein Paradies für Vögel und Biber.

Schautafeln laden am Infozentrum zur Entdeckung ein.

Varianten

- Falls wir mit der Bahn angereist sind, müssen wir quer durch Plattling zum Ausgangspunkt der Tour beim Parkplatz am Friedhof und der Kirche St. Jakob fahren.
- Allerdings können wir bei Bahnanreise entweder zum Bahnhof Osterhofen (9 Kilometer von Thundorf: auf der Via Danubia) weiterfahren oder in Deggendorf die Tour beenden (12 Kilometer von Thundorf: mit der Fähre Altaha auf die linke Donauseite und auf dem Donauradweg nach Deggendorf). Beide Alternativen sind beschildert.

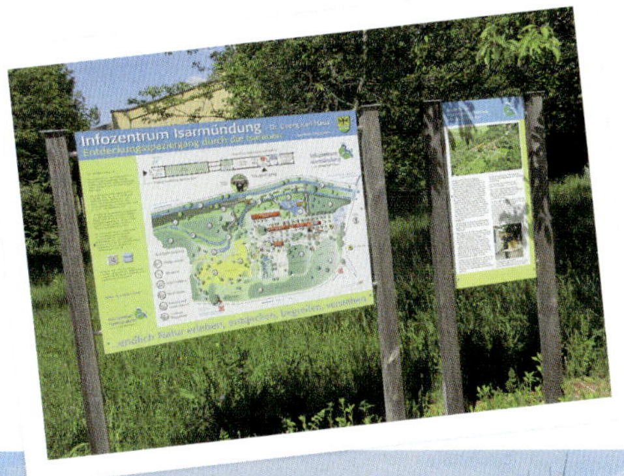

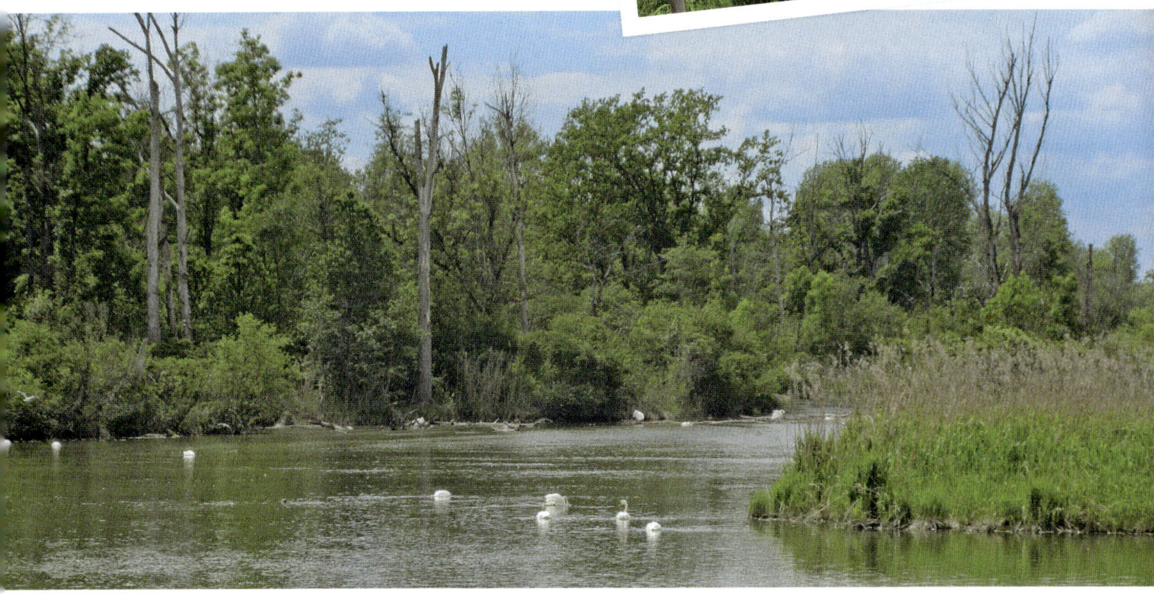

35 Durch das Naturschutzgebiet Isarmündung

Von Deggendorf nach Plattling

leicht | 20,9 km | 80/70 Hm | 4.00 Std.

Tourencharakter
Leichte Wanderung durch Auwälder und am Isarufer, Feldwege, beim Abstecher zur Isarmündung auch ein nicht immer einfach zu begehender schmaler Pfad; sonst Teerstraßen, Fußgänger- und Feldwege

Ausgangspunkt
Deggendorf, Hauptbahnhof
GPS: 48.83929, 12.95013

Endpunkt
Plattling, Bahnhof
GPS: 48.77937, 12.86376

Anfahrt
ÖPNV: Mit DB-Regionalzug München–Passau bis Bahnhof Deggendorf; wer hier geparkt hat, fährt von Plattling zum Hbf. Deggendorf zurück.
Auto: Auf der A 92 bzw. A 3 bis Kreuz Deggendorf, dann auf der A 92 bis Deggendorf Mitte; rechts auf Neusiedler Straße, an der ersten Ampel links auf Hans-Kramer-Str. und wieder links in die Bahnhofstr.; Parkplätz in Bahnhofsnähe

Einkehr
Unterwegs keine; zahlreiche Gaststätten in Deggendorf und Plattling

Karte
KOMPASS Wanderkarten-Set 160 Niederbayern, 1:50.000

Information
deggendorf.travel, plattling.de

Diese Wanderung führt durch die Auwälder des Naturschutzgebietes Isarmündung. Hinter den Dämmen bildet die Isar noch ein letztes Mal eine einzigartige Wildnis, bevor sie nach insgesamt 295 Flusskilometern in die Donau mündet.

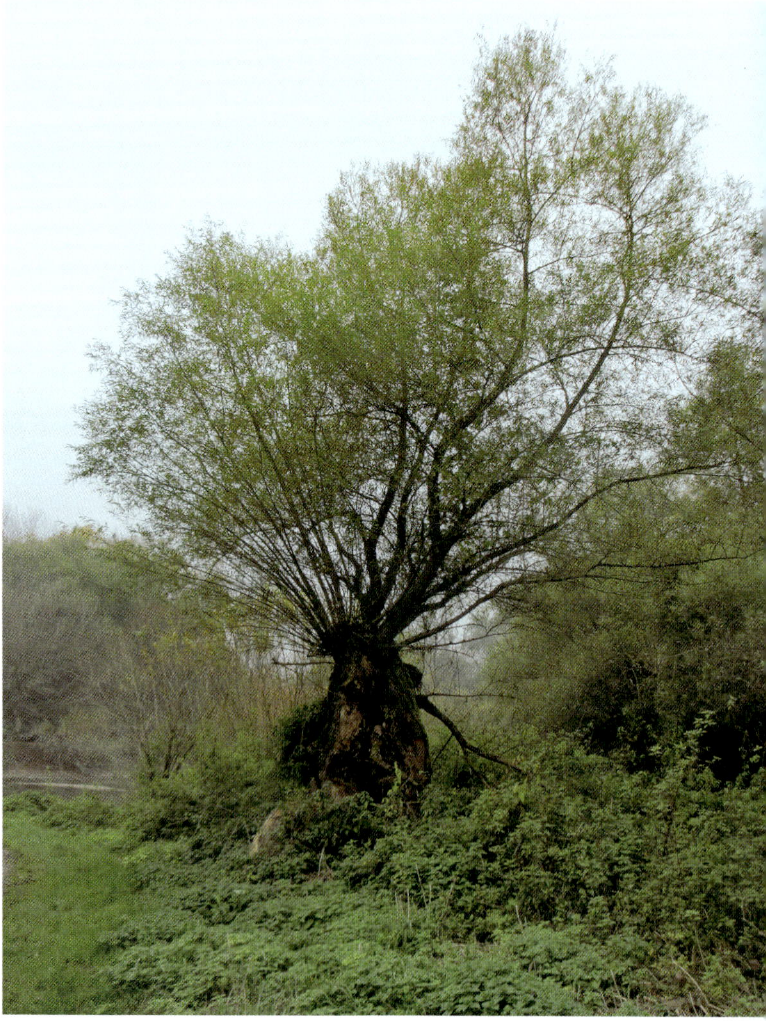

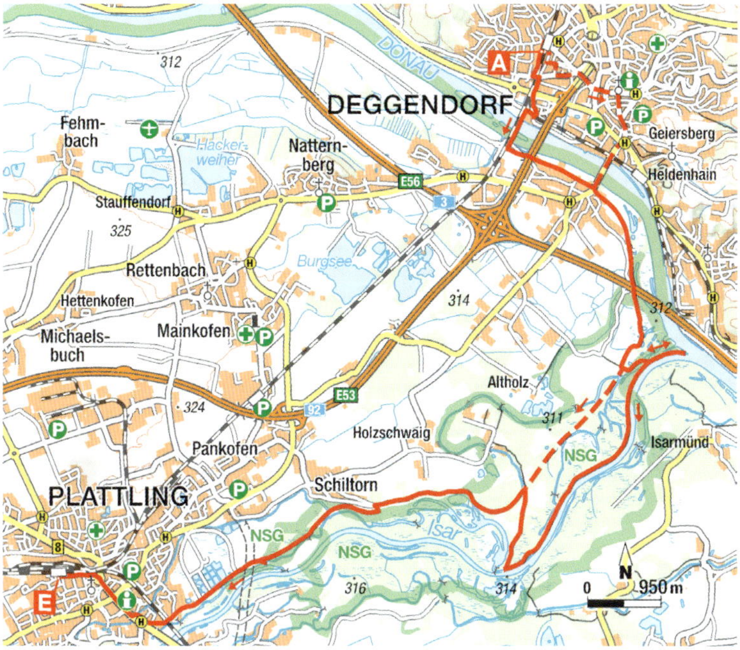

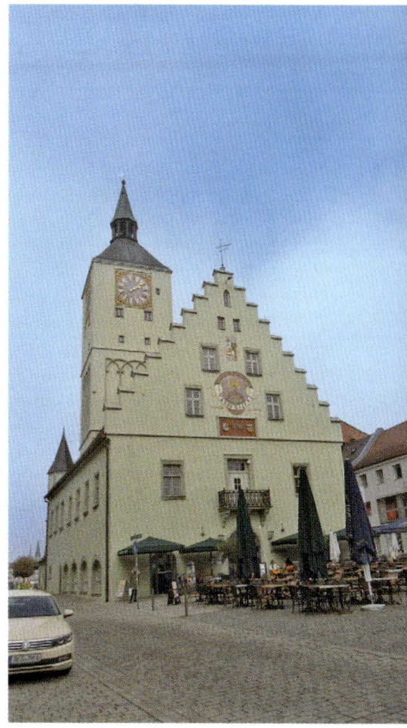

Das Alte Rathaus von Deggendorf

Die Wanderung Wir beginnen unsere Wanderung am Bahnhof Deggendorf. Wir verlassen den Bahnhof auf der Westseite und gehen nach Süden die Schwaigerbreite entlang. An der Mettener Straße gehen wir links auf die andere Seite der Gleise, biegen dann rechts in den St.-Florian-Weg ab, überqueren die Neusiedler Straße und erreichen über die Eginger Straße den Donausteg neben der Eisenbahnbrücke. Unser Weiterweg führt nun am Donauufer entlang zur Maximiliansbrücke. Wir folgen weiter dem Damm bzw. dem Wirtschaftsweg daneben donauabwärts.

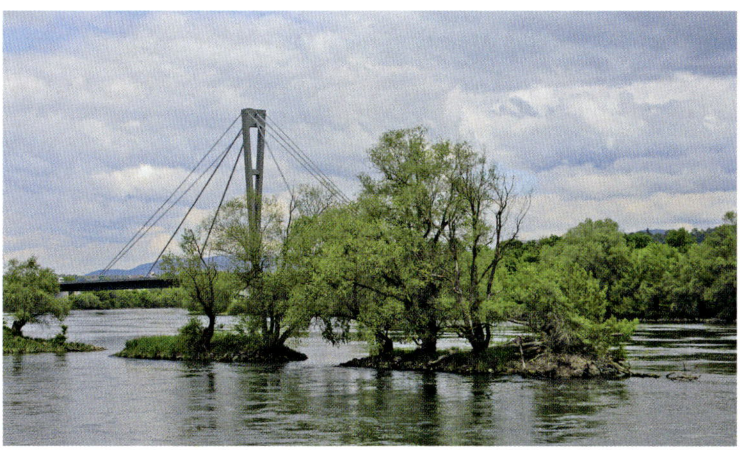

Linke Seite: Alte Weide nahe der Schwaig-Isar

Die Autobahnbrücke über die Donau nahe der Isarmündung

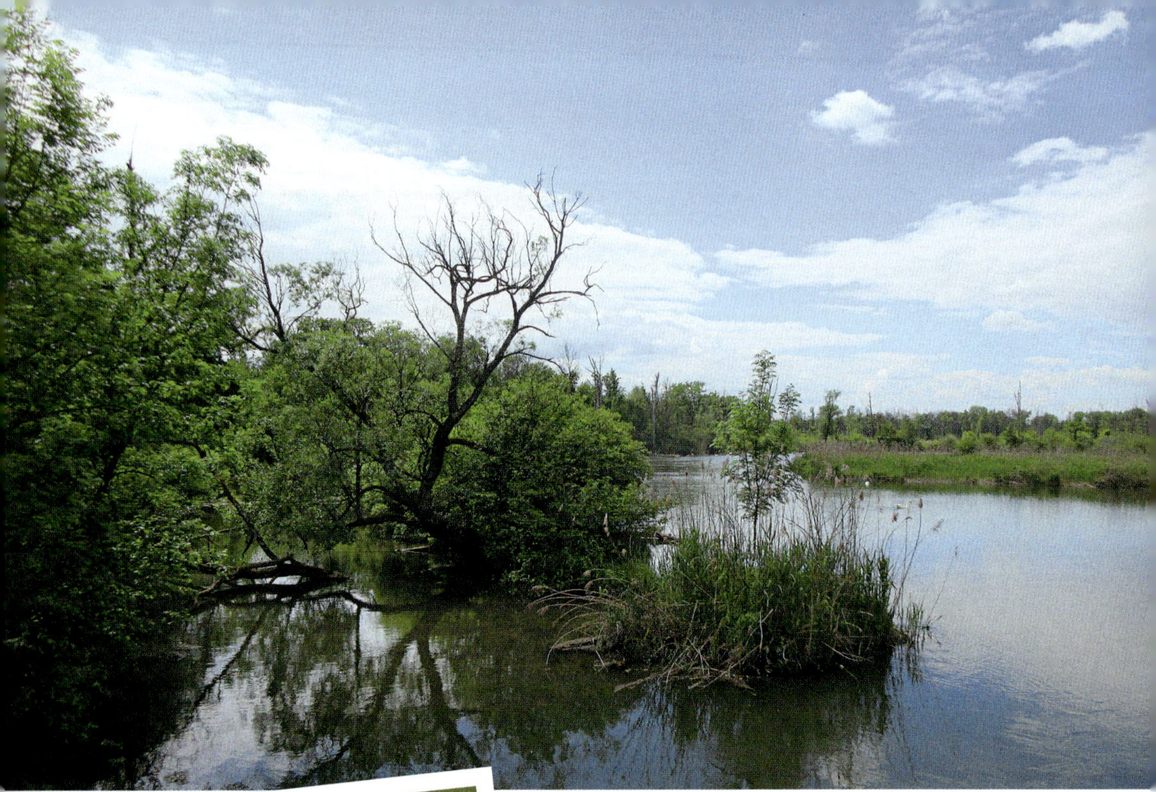

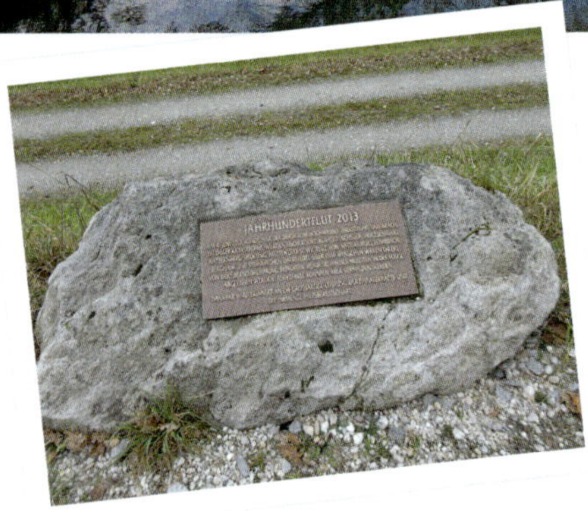

Erinnerung an den Dammbruch bei Fischerdorf im Frühsommer 2013

Ganz oben: Altwasser im Naturschutzgebiet

Gut einen Kilometer nach der Autobahnbrücke kommen wir zu einem kleinen Parkplatz, zu dem von rechts eine kleine Autostraße führt. Hier biegen wir links ab und gehen den Wirtschaftsweg hinunter. Wir kommen zur Schwaig-Isar, die wir auf einem kleinen Damm überqueren. Gleich darauf haben wir die Isar erreicht. Hier kann man auf einem schmalen Pfad zur Isarmündung gehen. Sie liegt noch einen guten halben Kilometer flussabwärts, die letzten 200 Meter sind uns aber verwehrt, da das letzte Schild (Flusskilometer 0) auf einer kleinen Insel steht.

Wir wandern wieder zurück zur Abzweigung und gehen nun immer am linken Isarufer entlang. Kurz nach Flusskilometer 7 führt der Weg rechts zum Damm empor. Wir wandern auf ihm weiter, bis wir zuerst die St.-Johann-Nepomuk-Brücke erreichen, bald darauf auch die Plattlinger Eisenbahnbrücke und schließlich die Autobrücke der B 8. Hier biegen wir rechts ab ins Ortszentrum von Plattling. Entlang der Passauer Straße geht es zum Ludwigsplatz. Geradeaus kommen wir zur Preysingstraße und weiter zur Bahnhofstraße und erreichen schließlich den Bahnhof Plattling.

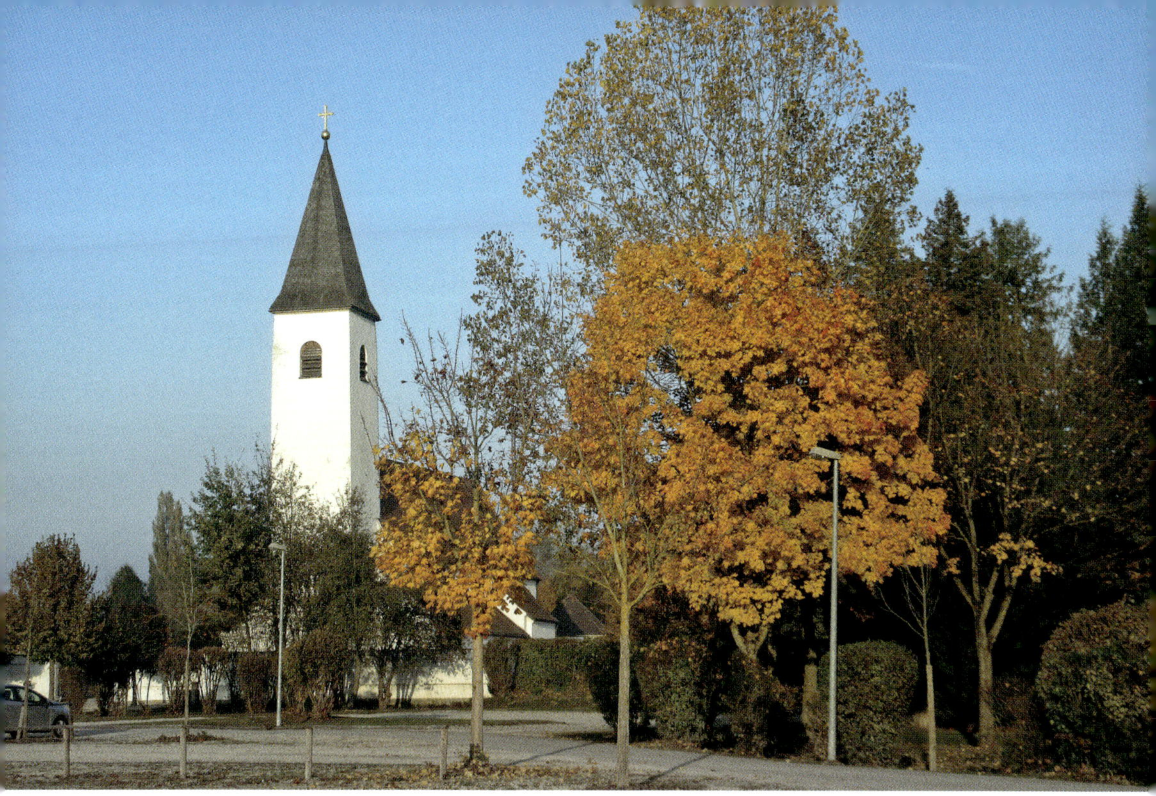

Die alte St.-Jakobs-Kirche in Plattling

Variante Statt beim Abzweig nach der Autobahnbrücke nach links zu gehen, kann man auch weiter dem Damm folgen. Die beiden Wege treffen kurz vor der Plattlinger Eisenbahnbrücke wieder zusammen. Schöner ist aber der Weg direkt am Isarufer entlang.

Wissenswertes

Plattling lag einst am anderen Isarufer, dort wo heute noch die St.-Jakobs-Kirche steht. Wegen häufiger Hochwasser wurde die Ansiedlung verlegt und als typische Wittelsbacherstadt neu angelegt. Heute nennt sie sich Nibelungenstadt. Im 21. Abenteuer erzählt der unbekannte Dichter des Nibelungenlieds, dass Kriemhild auf ihrem Weg ins Hunnenland von ihrem Onkel, dem Passauer Bischof Pilgrim in »Pledelingen« empfangen und beherbergt wurde. Daran erinnern heute zwei Bürgerfeste: Alle zwei Jahre findet der Nibelungenmarkt und alle vier Jahre das Nibelungenfestspiel statt. Doch bescherte die verkehrsgünstige Lage auch viel Ungemach: Im Landshuter Erbfolgekrieg wurde Plattling von pfälzischen Truppen geplündert, während des Dreißigjährigen Krieges brannte es dreimal nieder, im Österreichischen Erbfolgekrieg zerstörten 1742 ungarische Husaren die Isarbrücke. Im April 1945 erfolgte ein Luftangriff der 8. US-Luftflotte auf den Plattlinger Bahnhof; er dauerte nur sieben Minuten, dabei kamen jedoch rund 600 Menschen ums Leben.

Tipps zum Isarradweg

Der Isarradweg ist durchgehend hervorragend beschildert. Meist wird er flussabwärts gefahren. Dabei ist es möglich, nicht immer nur stur der Beschilderung zu folgen. Hier ein paar reizvolle Alternativen:

1. Tag: Anreise mit der Bahn nach Scharnitz und Fahrt zum Isarursprung: siehe Tour 1

2. Tag: Von Mittenwald nach Lenggries (etwa 60 Kilometer): zuerst auf dem ausgeschilderten Radweg bis zum Krüner Stausee, dann wie in Tour 9 nach Lenggries

3. Tag: Von Lenggries nach München (etwa 60 Kilometer): auf dem offiziellen Isarradweg über Bad Tölz und Königsdorf zur Tattenkofener Brücke; dort über die Isar, gleich darauf links nach Tattenkofen abbiegen und auf Feldwegen nach Norden weiter bis Ascholding; nun auf der Hauptstraße links nach Puppling; von dort auf dem beschilderten Isarradweg nach München; siehe Tour 16 und 17

4. Tag: Von München nach Moosburg (etwa 55 Kilometer): auf dem offiziellen Radweg links oder rechts der Isar bis Freising; ab dort am linken Isarufer weiter nach Moosburg

5. Tag: Von Moosburg nach Mamming (etwa 60 Kilometer): siehe Tour 27 und 32; hier gibt es mehrere Möglichkeiten:

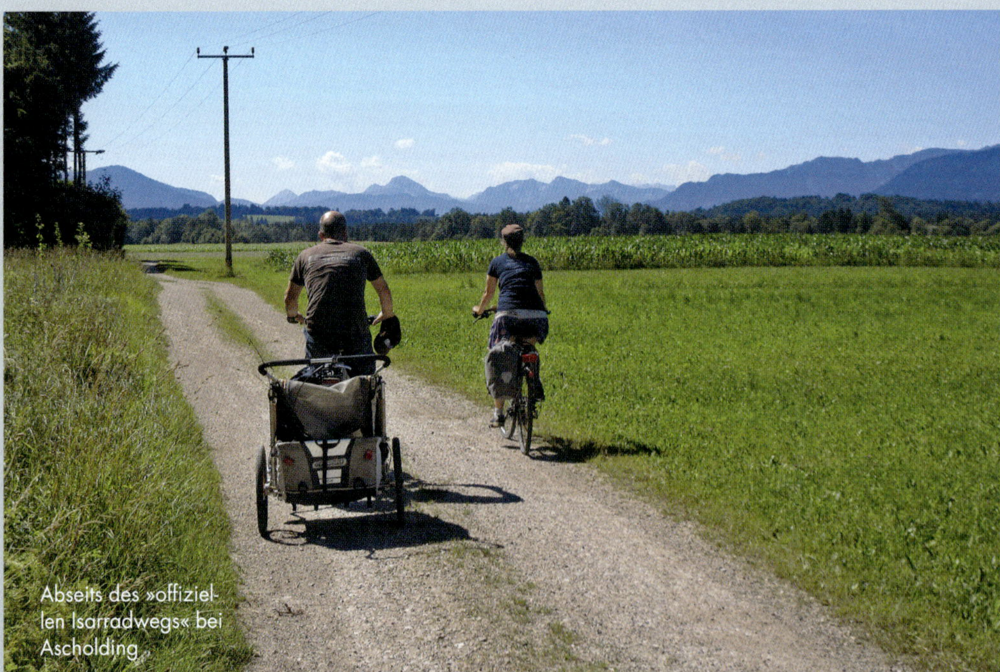

Abseits des »offiziellen Isarradwegs« bei Ascholding

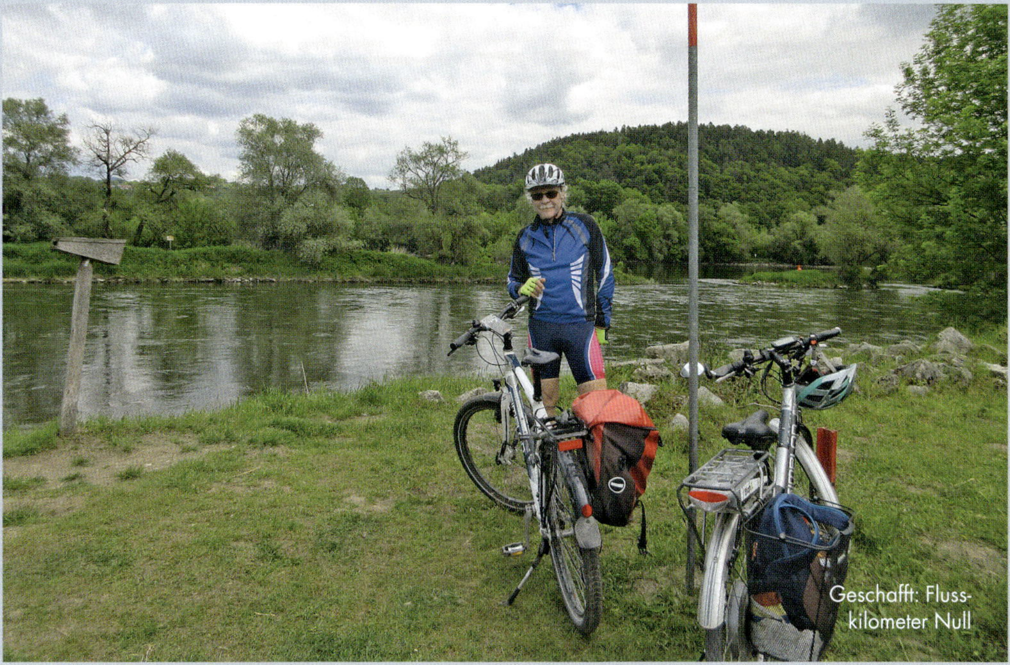

Geschafft: Flusskilometer Null

- Auf dem offiziellen Radweg: über den Echinger Stausee nach Landshut; siehe Rückweg Tour 27
- Variante 1: ab Volkmannsdorf auf dem linken Isarufer nach Landshut
- Variante 2: über Volkmannsdorf und Ellinger Mühle ebenfalls nach Landshut; siehe Tour 32

Ab Landshut: weiter auf dem offiziellen Isarradweg auf der rechten Isarseite nach Mamming

6. Tag: Von Mamming nach Plattling, Deggendorf oder Osterhofen (zwischen etwa 40 und 60 Kilometer): siehe Tour 34

- Auf dem offiziellen Radweg: rechts der Isar nach Plattling (etwa 30 Kilometer)
- Variante: auch auf der linken Isarseite möglich (Feldwege); Tipp: Unbedingt den »Wachsenden Stein« in Usterling auf der rechten Isarseite kurz vor Landau besuchen!

Ab Plattling gibt es nun mehrere Möglichkeiten:

- Offizielle Route: von Plattling über Schiltorn nach Deggendorf (nicht so toll)
- Variante 1: rechts der Isar nach Isarmünd, weiter zur Isarmündung (zu Fuß) und zurück nach Plattling (plus 26, insgesamt etwa 56 Kilometer)
- Variante 2: ab Isarmünd weiter auf dem Donauradweg zur Fähre bei Thundorf, übersetzen (nur im Sommer) und dann am anderen Donauufer nach Deggendorf (plus 30, insgesamt gute 60 Kilometer)
- Variante 3: ab Thundorf auf dem Donauradweg weiter nach Osterhofen (plus 26, insgesamt etwa 56 Kilometer)
- Variante 4: von Plattling am linken Isarufer auf bzw. neben dem Damm zur Donau zur Deggendorfer Radbrücke (etwa 45 Kilometer)

Zugabe

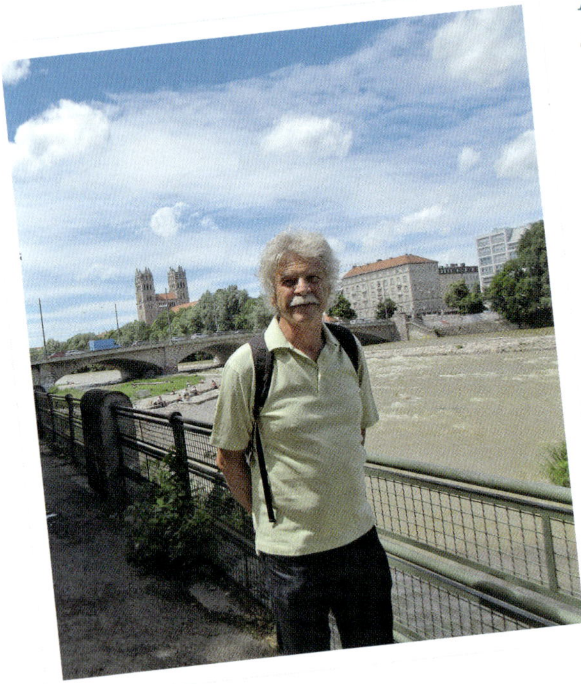

Mit Leib und Seele! *Ich bin Münchner, aufgewachsen in der Isarvorstadt. Ich hatte also immer ein besonderes Verhältnis zu dem Fluss fast direkt vor meiner Haustüre. Darum ist es nicht verwunderlich, dass ich dieses Buch über ein schmales, aber fast 300 Kilometer langes Wander- und Tourengebiet verfasst habe, da viele meiner Spaziergänge, Wander-, Berg- und Radtouren im Einzugsgebiet der Isar lagen, manche direkt an ihrem Ufer, andere in Sichtweite.*

Dankeschön! *Hier will ich mich nun bei allen bedanken, die mich auf meinen Erkundungstouren begleitet, die kritisch meine Vorschläge bewertet und die mir manch einen Tipp gegeben haben. Vor allem bei meiner Familie, aber auch bei meinen Freunden. Hier denke ich ganz besonders an meinen langjährigen Bergspezl Martin, der am heißesten Julitag 2022 mit mir eine Tour auf den Staffel machte, die sich aber leider für dieses Buch als ungeeignet erwies.*

Neues entdecken! *In der heutigen Zeit ist es sicher nicht verkehrt, wenn man Radfahrern und Wanderern zeigt, dass es nicht nur südlich von München lohnende Ziele gibt. Obwohl ich den Lauf der Isar nach all den Jahren nun ziemlich gut kenne, entdecke ich immer wieder Neues. Und das wünsche ich auch allen, die mit diesem Buch unterwegs sind.*

Ihr

Werner Glanz

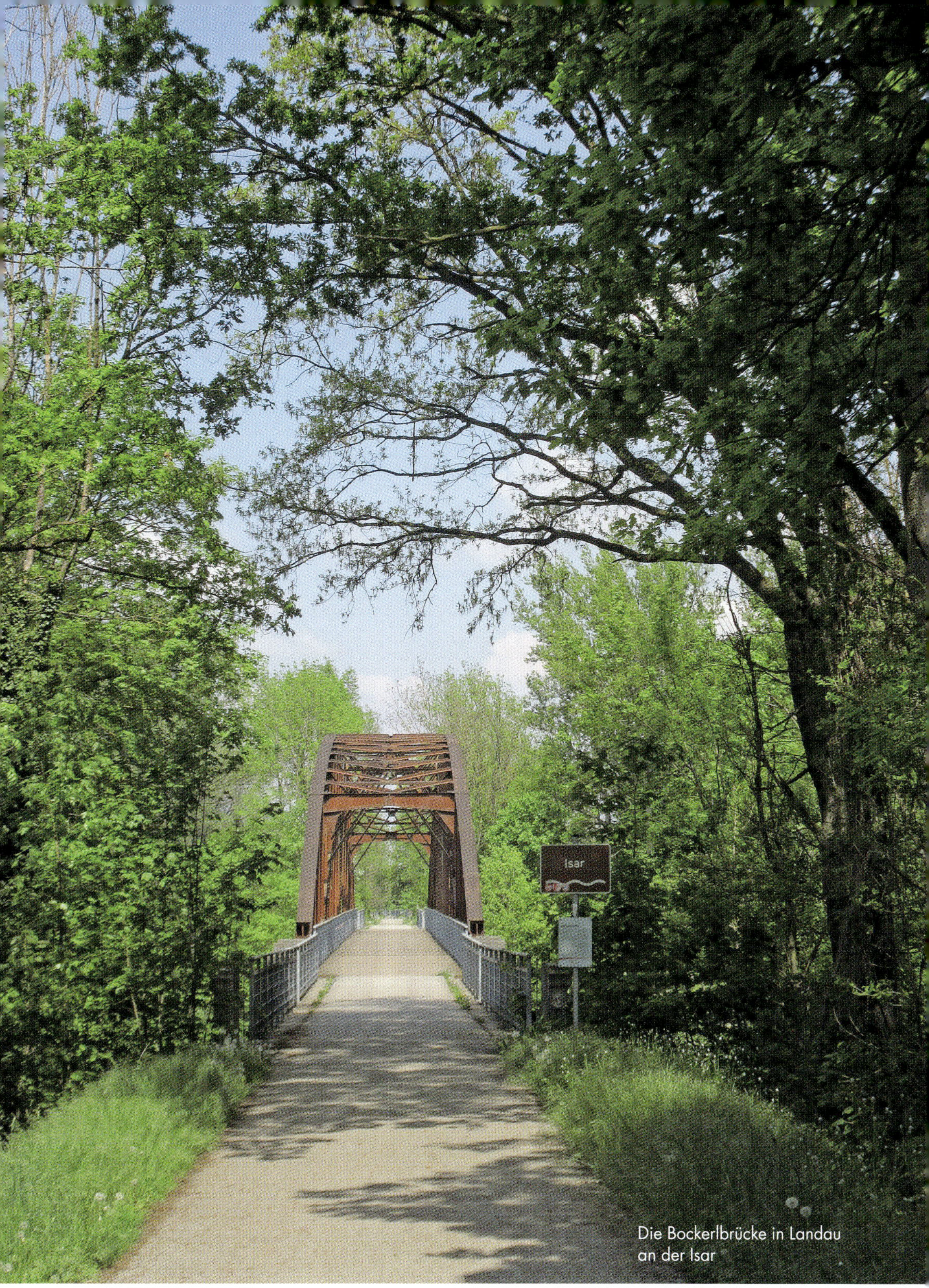

Die Bockerlbrücke in Landau an der Isar

Register

Impressum

Verantwortlich: Sabine Klingan
Redaktion, Lektorat und Satz: Christian Steinmaßl
Repro: LUDWIG Media
Kartografie: Bruckmann Verlag GmbH, Heidi Schmalfuß
Herstellung: Bettina Schippel
Printed in Poland by CGS Printing

★★★★★

Sind Sie mit diesem Titel zufrieden? Dann würden wir uns über Ihre Weiterempfehlung freuen. Erzählen Sie es im Freundeskreis, berichten Sie Ihrem Buchhändler, oder bewerten Sie bei Onlinekauf. Und wenn Sie Kritik, Korrekturen, Aktualisierungen haben, freuen wir uns über Ihre Nachricht an Bruckmann Verlag, Postfach 40 02 09, D-80702 München oder per E-Mail an lektorat@verlagshaus.de.

Unser komplettes Programm finden Sie unter www.j-berg-verlag.de

Alle Angaben dieses Werkes wurden vom Autor sorgfältig recherchiert und auf den neuesten Stand gebracht sowie vom Verlag geprüft. Für die Richtigkeit der Angaben kann jedoch keine Haftung übernommen werden, weshalb die Nutzung auf eigene Gefahr erfolgt. Insbesondere bei GPS-Daten können Abweichungen nicht ausgeschlossen werden. Sollte dieses Werk Links auf Webseiten Dritter enthalten, so machen wir uns die Inhalte nicht zu eigen und übernehmen für die Inhalte keine Haftung.

In diesem Buch wird aus Gründen der besseren Lesbarkeit das generische Maskulinum verwendet. Weibliche und anderweitige Geschlechteridentitäten werden dabei ausdrücklich mitgemeint, soweit es für die Aussage erforderlich ist.

Empfehlung der Redaktion
Sie sind auf der Suche nach weiterführender Literatur? Dann empfehlen wir Ihnen den Titel »Wandern in München« von Werner Glanz. Oder Sie werfen einen Blick in die Zeitschrift »BERGSTEIGER«. Hier werden Sie bestimmt fündig.

Bildnachweis: Alle Aufnahmen stammen vom Autor, außer auf S. 17 (SusaZoom), S. 39 (Korbinian Beilhack), S. 49 (SusaZoom), S. 150 (Zyankarlo).
Umschlagvorderseite: Wanderung auf den Hohen Kranzberg (li.o., /©lookphotos/ Wolfgang Ehn), Radeln an der Isar (re.o./AdobeStock/Ina Ludwig), (u.), Blick über das Isartal bei Königsdorf (u./©lookphotos/Wothe, Konrad)
Umschlagrückseite: Am Oberlauf der Isar (Tour 6)

Die Deutsche Nationalbibliothek verzeichnet diese Publikation in der Deutschen Nationalbibliografie; detaillierte bibliografische Daten sind im Internet über http://dnb.d-nb.de abrufbar.

ISBN 978-3-86246-826-3